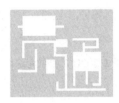

上海中高职贯通
人才培养质量保障实践探索

上海市教育评估院　编著

华东师范大学出版社
2020年·上海

图书在版编目（CIP）数据

上海中高职贯通人才培养质量保障实践探索 / 上海市教育评估院编著. —上海：华东师范大学出版社，2020

ISBN 978-7-5760-0991-0

Ⅰ. ①上… Ⅱ. ①上… Ⅲ. ①高等职业教育－人才培养－研究－上海 Ⅳ. ①G718.5

中国版本图书馆CIP数据核字（2020）第209721号

上海中高职贯通人才培养质量保障实践探索

编　　著	上海市教育评估院
责任编辑	孙　婷　伍忠莲
特约审读	何巧涓
责任校对	郑海兰　时东明
装帧设计	卢晓红
出版发行	华东师范大学出版社
社　　址	上海市中山北路3663号　邮编 200062
网　　址	www.ecnupress.com.cn
电　　话	021-60821666　行政传真 021-62572105
客服电话	021-62865537　门市（邮购）电话 021-62869887
地　　址	上海市中山北路3663号华东师范大学校内先锋路口
网　　店	http://hdsdcbs.tmall.com/
印刷者	常熟市文化印刷有限公司
开　　本	787×1092　16开
印　　张	28.25
字　　数	436千字
版　　次	2020年12月第1版
印　　次	2020年12月第1次
书　　号	ISBN 978-7-5760-0991-0
定　　价	78.00元
出版人	王　焰

（如发现本版图书有印订质量问题，请寄回本社客服中心调换或电话021-62865537联系）

编著委员会

主　任
冯　晖　刘　磊

副主任
马　骏　邹　旻

委　员（按姓氏笔画排序）
　　　　余剑珍　陆国民　赵冬燕　胡　兰　施新生　施慧君
　　　　骆德溢　高国兴　凌　航　黄　蓉　戴国平

目 录

前言 ... 1

设计篇　构建理论框架，推进实践探索　1

中高职贯通人才培养模式设计与实践 ... 3
中高职贯通人才培养模式试点专业遴选 ... 12
中高职贯通人才培养模式规范过程管理 ... 21
中高职贯通人才培养质量保障框架设计 ... 32
中高职贯通人才培养改革视域中的课程管理 ... 38
中高职贯通人才培养模式校级层面实践路径 ... 46

理念篇　落实贯通理念，强化质量保障　55

构建生态，融入标准，一体设计
　——基于一体化设计的应用电子技术专业中高职贯通人才培养
　　模式探索与实践 ... 57
中高职贯通数控技术专业人才培养
　——两校统筹，联合教研 ... 63
嬗变、共生，继往开来
　——行业趋势变化视域下的中高职贯通会计专业人才培养动态
　　调整 ... 68

立足联合教研工作机制创新,助力中高职贯通专业建设发展
　　——中高职贯通计算机网络技术专业建设典型案例　　72
"中高职协同深度合作,点面结合全面提高"共同打造高质量机电
　　一体化技术专业人才　　77
通信技术专业中高职一体化培养人才　　82
"新、传"融合
　　——中高职贯通培养汽车产业高端服务人才实践探索　　86
健全体系,提升质量
　　——中高职贯通文秘专业实践教学体系探索与实践　　91
中高职贯通"四有人才"
　　——一体化人才培养模式的探索和实践　　97
中高职贯通背景下室内艺术设计专业建设实践与探索
　　——专业课程教学中两校共同评价实施案例　　102
中高职贯通融合"双证融通",构建课程和师资的一体化　　107
完善教学文件,规范贯通培养　　111
数控技术四校联合质量保障体系建设
　　——中高职贯通质量保障体系建设　　116
中高职校际一体化培养质量监控体系构建　　121
过程和结果相结合的质量管理机制
　　——联合学业预警制度　　128
中高职贯通国际商务专业质量保障体系的教学改革实践与成效　　133
教学质量监控常抓不懈,确保人才培养质量
　　——飞机机电设备维修专业中高职贯通培养试点案例　　138

改革篇　合力推进改革,打造贯通资源　　143

夯实专业建设基础,全程全方位扎实育人
　　——机电一体化技术专业中高职贯通培养典型案例　　145

五位一体共建高质量空中乘务专业 150

优师资、强课程、重实践,打造贯通特色专业
　　——食品营养与检测专业中高职贯通品牌打造故事 155

团队建设促发展,双师融合铸技能
　　——中高职贯通电子商务专业师资队伍建设的探索与实践 160

集聚多方优质资源,强化学生专业技能 164

转变课堂模式,专业铸就工匠 168

中高职贯通数控技术专业人才培养
　　——对接临港装备产业,融入技能竞赛 172

"教、学、做、赛"一体化管理探索与实践
　　——以中高职贯通物流管理专业为例 176

"四步进阶、工学交替、素能一体"人才培养模式探索
　　——上海思博报关与国际货运专业中高职贯通培养成效显著 180

"院校联动、赛训结合"中高职贯通护理专业实践教学体系的构建与
　　探索 185

中高职贯通成就未来工匠
　　——机电一体化技术专业贯通培养试点案例 190

中高职贯通城市轨道交通机电技术专业建设的三条主线 195

构建"以赛促学、以赛促教"中高职贯通联合培养模式 199

立形、立心、立人
　　——基于三立教育的思想服务德性的培养 204

打造品牌工程造价工作室,助力中高职贯通人才培养 208

汇匠心,聚匠艺
　　——打造中高职贯通培养新高度 212

三情三养融合,打造出彩青春
　　——中高职贯通人才培养"综合素质培养"课程探索与实践 219

以职业能力为核心的人才培养 223

微课手段下的贯通教学
　　——以"国际贸易业务流程"为例 229

中高职贯通"服装缝制工艺"课程教学改革分析 235

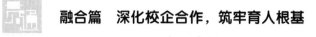

融合篇　深化校企合作，筑牢育人根基　　239

校企融合一体化贯通的实习实践教学
　　——中高职贯通连锁经营管理专业与来伊份公司合作教学的
　　　典型案例　　241
校企共育职业人，跟岗助力职业梦　　247
深化校企合作，助力专业人才培养　　252
以中高职校企联合工作室为特色的人才培养新模式探索　　257
基于"产教深度融合"的校企合作机制构建与实践
　　——以烹调工艺与营养专业为例　　262
七年之养，深耕赋能
　　——"产教融合"视域下中高职贯通影视动画专业人才培养路径
　　　研究　　266
"三段四步，校企共育"，探索"工学交替"新路径　　270
加强校企合作，助推实习实训　　276
校企合作解实践难题，"产教融合"育实用人才
　　——以上海市商业学校中高职贯通会计专业实习为例　　281
"产教融合"和磨课、研课助力园艺技术专业青年教师迅速成长　　286
对接国际标准，培养本土工匠　　291
"逸夫—秦伟校企联合包装大师工作室"模式探索与实践　　296
生物制药专业教学改革中的"产、教、研融合"　　301
让高职生走上研发工作岗位
　　——高职化工人才培养路径探索　　305
校企合作提升专业素养，"工学交替"服务上海进博会　　310
中高职教育贯通培养企业跟岗实习的实践研究
　　——以市政工程技术专业为例　　315
"产教融合"助提升，"合作发展"促双赢　　320

课堂实训与企业实践结合，校企合作共育时代工匠
　　——记"义齿制作生产性实训"系列特色课程的构建　　325
彩虹之梦扬起，我与企业心连心
　　——记中高职贯通"永达奖学金"　　329
"创新发展，校企合作"人才培养模式探究　　333

环境篇　创设软、硬环境，提高育人成效　　337

提升软技能，赋能学生终身发展　　339
突破软技能培育，实现专业"育人"　　344
动物医学仿真教学模型助力教学改革　　350
艺术设计专业人才贯通培养中的"实境"育人　　354
中高职贯通创新创业能力培养实践探索
　　——以工艺美术品设计专业为例　　358
德育学分评价体系下推进学生自主管理
　　——学制贯通背景下德育教育新方式的探索　　363
《鼎秀》展演
　　——上海第二工业大学形象设计专业中高职贯通共建成果　　369
把脉课堂实践教学，协力推进贯通专业建设
　　——校企共建城市轨道交通车辆大师工作室　　373
打通汽车技术和营销技能的"任督二脉"　　378
"三贯通一提升"，依托"产、教、研"基地，培养影视"微特效"动画
　　制作人才
　　——东海职业技术学院影视动画专业中高职贯通工作案例　　382
基于最近发展区实现特色班集体建设　　387

探索课堂实践改革,有效提高专业技能
　　——以上海市商业学校中高职教育贯通国际商务专业课堂教学
　　　改革与实践为例　　　　　　　　　　　　　　　　　391
夯实专业核心技能,提升学生综合职业能力
　　——打造环境工程技术专业高素质人才　　　　　　　　396
对接世界技能大赛,工匠型学生成长引领专业发展
　　——以应用化工技术专业中高职贯通培养模式试点为例　　400
匠心匠艺,精心培育园林专业技能人才
　　——以学生技能大赛为途径　　　　　　　　　　　　　405
职业导师引领数控技术人才培养实践　　　　　　　　　　　409
建三方交融互利生态,打造高素质技能型人才培养基地　　　414
PEB教学模式在中高职贯通国际商务专业的应用和创新拓展　　419
依托技能实践平台,培育园林专技工匠　　　　　　　　　　424
依托开放实训平台,促进专业办学能力提升　　　　　　　　429
打造先进实训环境,助推实践教学改革
　　——中高职贯通实训环境提升建设案例　　　　　　　　434

前 言

随着《国家中长期教育改革和发展规划纲要（2010—2020年）》的颁布，构建现代职业教育体系上升为国家职业教育发展的战略任务。"十二五"和"十三五"期间，国家和上海市相继发布了若干重要文件，着力推进现代职业教育体系建设，上海市中高职贯通人才培养模式即是在这样的背景下应运而生。从2010年至今，上海市中高职贯通人才培养模式走过了十年探索之路，受上海市教育委员会委托，上海市教育评估院组织开展了上海市中高职贯通人才培养模式试点专业遴选和过程管理工作，着力推进中高职贯通人才培养质量保障理论研究和实践探索，形成了一批有针对性的研究成果，有效地推动了相关职业院校的中高职贯通工作，提高了人才培养质量。

本书是对上海市中高职贯通人才培养模式及其质量保障实践的系统总结，全书共分为"设计篇""理念篇""改革篇""融合篇"和"环境篇"五篇，分别是针对上海市中高职贯通人才培养模式在某个领域开展的研究成果的系统梳理和相关实践成效的汇总整合。

"设计篇"反映了从理论层面开展中高职贯通人才培养模式的制度设计和实践推进，重点讨论了中高职贯通人才培养模式的设计与实践、专业遴选、规范过程管理、质量保障框架设计、课程管理以及校级层面的实践路径等，以期全方位展示上海市中高职贯通人才培养模式近年来的理论思考及其实践应用。其余四篇则由78个"十二五"期间批复开始招生的专业实践案例组成，是截至目前已经有毕业生的相关院校在试点中高职贯通人才培养模式方面的典型做法和经验的凝练和总结。"理念篇"反映了相关职业院校在落实贯通理念、优化人才培养、强化质量监控、完善质量保障方面的实践探索。"改革篇"反映了相关职业院校和有关企业等利益相关方合力推进改革，共同建设师资、课程、大赛等，服务人才培养的优质资源建设方面的实况。"融合篇"反映了相关职业院校在"产教融合""校企合作"方面的典型做法和取得的成效，特别体现在学生培养过程中企业的深度参与和相关"校企合作"机制的形成和作用的发挥。"环境篇"反映了相关职业院校在人才培养过程中创设软、硬环境方面作出的努力,"软环境"包括学生软技能的培养、教学方式方法的改革、新模式的引入等,"硬环境"包括实训环境的创设与改善、实训基地和平台的开拓和打造等。

在着力推进教育治理体系和治理能力现代化、构建现代职业教育体系的大背景下,本书编著委员会希冀书稿的出版对其他职业院校中高职贯通人才培养模式以及相似的人才培养模式改革和发展起到借鉴和参考作用。在本书的编写过程中,得到了专家们的指导与帮助,各学校领导和中高职贯通专业负责人也给予了大力支持,在此向所有为之付出努力的职业教育同仁们表示由衷的敬意和感谢!限于学识水平,不妥和纰漏之处恐在所难免,祈请专家、学者和读者不吝指正。

编著者
2020年8月

设计篇

构建理论框架,推进实践探索

中高职贯通人才培养模式设计与实践

内容简介：为落实《国家中长期教育改革和发展规划纲要（2010—2020年）》和《上海市中长期教育改革和发展规划纲要（2010—2020年）》提出的战略任务，上海市自2010年开始试点中高职贯通人才培养模式，该模式具有"一体设计、一年甄别、自由组合、高校引领、跨校融合"的特点，截至2020年已批准建设199个专业点，基本形成了结构合理、效果良好、有效呼应上海经济社会发展的中高职贯通人才培养模式。

从2010年至今，上海市开展中高职教育贯通人才培养模式探索已经十年，作为构建现代职业教育体系重要组成部分的中高职贯通教育，上海市从开展其培养模式试点以来就注重加强顶层设计，稳步推进。本文系统地梳理和总结了十年来的做法和经验，以期为上海市中高职贯通人才培养试点工作后续的良性发展与提升奠定基础。

一、上海中高职贯通人才培养模式开展的背景回顾

《国家中长期教育改革和发展规划纲要（2010—2020年）》（以下简称"国家《纲要》"）中提出"统筹中等职业教育与高等职业教育发展"的战略任务；《上海市中长期教育改革和发展规划纲要（2010—2020年）》（以下简称"上海市《纲要》"）提出"促进中等职业教育与高等职业教育衔接，构建中等职业教育与高等职业教育课程、培养模式和学制贯通的'立交桥'"的发展任务。可以看出，上海市《纲要》紧紧围绕国家《纲要》的"统筹中等职业教育与高等职业教育发展"的战略任务部署，并且在具体策略上提出了构建中等职业教育与高等职业

教育衔接的"立交桥"的发展任务。

《上海市教育委员会关于印发〈2010年上海市职业教育工作要点〉的通知》（沪教委职〔2010〕1号）对上海市开展中高职贯通人才培养模式试点工作作了具体部署，提出"研究制定中高职教育贯通培养模式试点工作方案。积极探索适应上海经济社会发展需要和特点的高素质技能型人才培养模式，整体构建职业教育人才培养体系，探索多样化发展职业教育模式。提升职业教育服务于先进制造业和现代服务业的能力，根据上海支柱产业、新兴产业和骨干行业的需要及职业岗位要求，选择具有较好的贯通基础和专业优势的职业院校，进行中高职教育贯通培养模式小规模试点探索。"这标志着上海市中高职贯通人才培养模式试点工作正式启动。新启动的中高职贯通人才培养模式是在充分吸取之前上海试点"3+3"培养模式经验教训基础上进行的，"3+3"培养模式是外围框架的贯通，侧重的是级别和层次的累加，而对内涵贯通上的忽略则是"3+3"培养模式一度饱受诟病的重要因素，而中高职贯通人才培养模式注重的是整体设计和内涵上的贯通。

自2010年至今的十年来，上海市教育委员会（以下简称"市教委"）于每年10月至11月发布当年开展中高职教育贯通人才培养模式试点工作的通知，新设专业申报评议工作由上海市教育评估院组织实施，在市教委的领导下每年对中高职贯通人才培养模式新设专业的申报评议工作作出具体规划，组织专家选择行业岗位技术含量较高、专业技能训练周期较长、熟练程度要求较高、复合性教学内容较多、社会需求量较大、招生就业需求较为稳定并且适合中高职贯通培养的专业开展试点。市教委还针对中高职贯通工作，陆续发布《上海市教育委员会关于继续开展中高职教育贯通培养模式试点工作的补充通知》（沪教委职〔2012〕25号）、《上海市教育委员会关于上海市职业院校制订中高职教育贯通专业人才培养方案的指导意见（试行）》（沪教委职〔2018〕20号）等文件，对试点专业的申报原则、实施要求、申报程序和时间节点进行了更加明确的要求，并对中高职贯通专业制订人才培养方案提出了指导意见。这些文件一脉相承，为上海市中高职贯通工作循序渐进、有条不紊地开展进而取得较好效果提供了政策依据和工作基础。

二、上海中高职贯通人才培养模式设计

上海市中高职贯通人才培养模式以科学发展观为指导，以服务为宗旨，以促进就业为导向，主动适应经济增长方式的转变和产业结构的调整及升级，积极探索适应上海经济社会发展需要的高素质技能型人才培养模式，推进和完善中高职衔接的职业教育人才培养机制，努力构建与市场需求、劳动就业紧密结合的"工学结合"、结构合理、形式多样、灵活开放、自主发展的现代职业教育体系。

（一）中高职贯通人才培养模式概述

中高职贯通人才培养模式特指上海市自2010年至今近十年来开展的职业教育改革试点中职与高职贯通培养人才的一种模式，其内涵是对具有相同专业方向的中等职业教育和高等职业教育的专业在人才培养的各个方面进行贯通设计，包括人才培养目标、人才培养方案、实验实训条件、师资队伍、教学管理和学生管理等，加速培养高素质技能型人才。根据《上海市教育委员会关于2010年开展中高职教育贯通培养模式试点工作的通知》（沪教委职〔2010〕5号）文件精神，从初中毕业生中选拔生源，人才培养方案采用"一体设计、分两段实施"的策略，即人才培养方案和课程设置按照五年的人才培养目标统一设计，前三年在中职学校实施，后两年在高职院校实施。学生学完一年课程后进行甄别，不适合或不愿意继续在同一专业学习的学生，可转入相同或相近中职专业学习；对完成专业人才培养方案的规定课程、考试成绩合格、符合毕业条件的学生，颁发高等职业院校的毕业证书，同时颁发中等职业学校的毕业证书。中高职贯通人才培养模式比传统的"中职+高职"模式修业时间少一年。

（二）中高职贯通人才培养模式特点

上海市中高职贯通人才培养模式的特点体现在以下几个方面：试点专业采用一体化设计，学生入学一年后按照规定开展甄别，中职学校和高职院校自由组合、联合申报和培养，高职院校在中高职贯通人才培养模式中起到引领作用，中职学校和高职院校在合作中实现跨校融合的机制。

1. 一体设计

《上海市教育委员会关于2010年开展中高职教育贯通培养模式试点工作的通知》(沪教委职〔2010〕5号)明确规定贯通人才培养方案要一体化设计,不分中高职阶段,确定了"一体设计"的总原则;然而由于其培养过程中有两个主体,客观上不论是学籍管理,还是两个校区的物理空间上均需采用分段管理的形式;但分段管理绝不代表着分段设计,对于开办中高职贯通人才培养模式的专业来说,一开始就要准确把握中高职贯通人才培养的定位,从行业企业对相应的岗位人才的实际需求出发,打破原有中职、高职分段培养的课程体系,在人才培养目标、人才规格、课程设置、课程内容与要求、教学安排、师资配备、实训条件配置、质量评价等方面进行系统规划、统筹安排和一体化设计。

上海市教委在每年发布的开展中高职教育贯通人才培养模式试点工作的通知中反复提到,申报中高职贯通人才培养模式试点专业的院校需要在申报时就考虑到"一体设计",在申报材料中需要体现人才培养方案一体化顶层设计。根据《上海市教育委员会关于印发〈2020年上海市职业教育工作要点〉的通知》(沪教委职〔2020〕1号)的文件精神,要推进以"人才培养方案一体化设计"为主题的中高职贯通联合教研,确保中高职贯通的"一体设计"特性,可见对于中高职贯通人才培养模式来说,"一体设计"占据至关重要的位置。

2. 一年甄别

上海市中高职贯通人才培养模式的另一个特点是"一年甄别"。"一年甄别"指在第一学年结束时,贯通院校根据学生的学习成绩、行为规范,学习状态、日常表现等,对学生的学习能力、适应能力和心智发展状态进行甄别,对不适应中高职贯通"长学制"培养模式的学生转入三年制中职相同或相近专业学习。

为了保障中高职贯通人才培养工作的有效运行,试点院校需根据《上海市教育委员会关于2010年开展中高职教育贯通培养模式试点工作的通知》(沪教委职〔2010〕5号)的精神制定相应中高职贯通专业"一年甄别"的规定,明确甄别的要求和注意事项。就目前而言,各个院校从自身角度出发,结合试点院校情况与专业特性均制定了甄别规定,对于有效甄别个别不适合贯通人才培养的学生提供了依据和准则,为保障中高职贯通人才培养模式成功运行起到了保障作用。

3. 自由组合

对于有意愿申报中高职贯通试点专业的学校,可以根据组合意愿,针对彼此的优势专业挑选有衔接性、适合长学制培养的专业,结合学校文化、专业特长、教师团队特点、学校地理位置等进行多方考量后自由组合。提交申报材料后,上海市教委根据申报情况,选择符合条件的本市中等职业学校、独立设置的高等职业院校、本科院校高职学院进行贯通培养试点。其中,鼓励共属同一职教集团的中高职院校开展贯通培养模式试点;不属同一职教集团的中高职院校应建立确保试点顺利进行的机制。

中职学校和高职院校或本科院校高职学院采取"自由组合"的方式给院校留有较强的自主性和自由度,可以从极大程度上激发两方学校从申报过程到实践过程的积极主动性,有利于院校之间对衔接专业的进一步探索,从而实现"强强联合。"

4. 高校引领

在中高职贯通人才培养模式实践中,高职院校作为人才培养的后半段和出口,占据着举足轻重的地位,高职院校需要从前期申报环节开始参与专业选择、一体化设计、顶层框架设计等工作,直至招生、培养、甄别等各项环节,都需要高职院校的引领作用。同时,中高职贯通人才培养模式的"一体设计""一年甄别"和"自由组合"三大特征都要求高校需要发挥其在管理、专业、资源等方面的优势,带动中高职贯通工作整体发展,体现高校的积极性和主动性,促进高校自身优势专业发展和优质生源的培养。

5. 跨校融合

参与试点工作的中高职院校需要在工作协调机制上稳扎稳打,建立贯通试点的组织领导机构并制定一系列相关制度文本,这是保障贯通专业正常实施的基础,同时也需要在教师联合教研、一体化课程设计、一体化教材开发、课堂教学观摩分享、教学成果转化等多个方面进行磨合和交流。虽然中高职贯通涉及中职学校和高职院校两个主体,但对于学生的培养应当是打破学校壁垒、实现一体化培养的过程,这就对两类院校之间各项资源及内容的"跨校融合"提出了更高的要求,同时也成为了上海市中高职贯通人才培养模式的特点之一。

根据自2010年以来近十年来的实践经验,大部分中高职贯通试点专业涉及的中高职院校已经实现了课程教材管理、教学资源管理、学生管理、师资队伍管理、实训管理等各方面的有机融合,确保了中高职贯通试点专业的"贯通性"和"一体化"。

三、中高职贯通人才培养模式实践情况分析

(一)现有中高职贯通结构情况分析

1. 2010—2019年中高职贯通试点专业设置个数分布

自2010年中高职贯通人才培养模式试点专业开展以来,共批准建设199个专业点,涉及104个专业、57所中职学校和30所高职院校,每年批准的专业点数量如图1所示。可以看出,2010—2014年,中高职贯通试点专业数量呈连续快速上涨的趋势;2015—2019年,中高职贯通试点专业数量呈现稳步提升的趋势;2020年,上海市教委对已有中高职贯通试点专业进行数据监测和动态调整,故暂停新专业的申报工作。

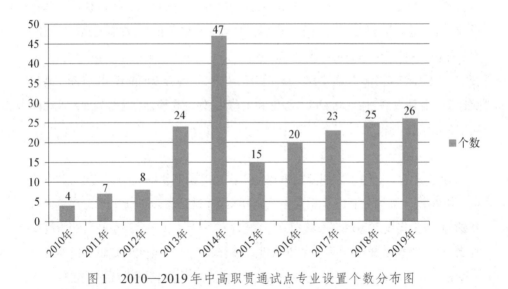

图1 2010—2019年中高职贯通试点专业设置个数分布图

2. 2010—2019年中高职贯通试点专业大类分布情况

从专业大类分布情况来看(见图2),专业点较多的专业大类有12财经商贸类、08交通运输类、09信息技术类和05加工制造类,这些专业大类对人才层次的

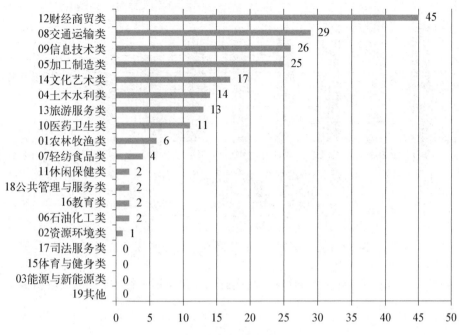

图2 2010—2019年中高职贯通试点专业大类分布情况

要求普遍较高,适合长学制的一体化培养;专业点较少的专业大类有02资源环境类、06石油化工类、16教育类、18公共管理与服务类和11休闲保健类;同时中高职贯通试点专业还未涉及到的专业大类有17司法服务类、15体育与健身类、03能源与新能源类和19其他。

根据《上海现代职业教育体系建设规划(2015—2030年)》(沪教委职〔2015〕30号)文件精神,完善中高职贯通"3+2"人才培养模式,进一步扩大中高职贯通人才培养规模,到2020年覆盖目前中等职业学校开设专业的30%,在农林牧渔大类、生化与药品大类、材料与能源大类、土建大类、财经大类、医药卫生大类、文化教育大类、艺术设计传媒大类共8个专业大类中扩大中高职贯通人才培养规模。总体而言,已开设的中高职贯通试点专业覆盖超过30%的中等职业学校开设的专业,除材料与能源大类外,其他鼓励扩大培养规模的专业大类均得到发展,中高职贯通试点专业开展情况整体态势较好。

3. 2010—2019年中高职贯通设置较多专业点情况

从专业点设置角度来看(见图3),物流管理、数控技术、机电一体化技术、酒

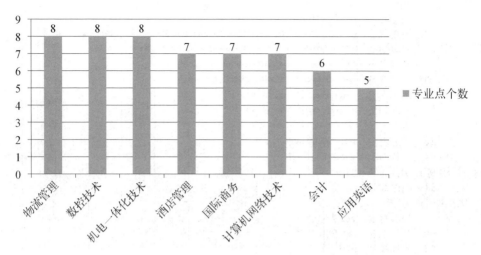

图3　2010—2019年中高职贯通设置较多专业点情况

店管理、国际商务、计算机网络技术、会计和应用英语8个专业点的数量明显较多,均为5个及以上。

(二) 现有中高职贯通试点专业与"四大品牌"的对应

根据《中共上海市委上海市人民政府关于全力打响上海"四大品牌"率先推动高质量发展的若干意见》的文件精神,全力打响"上海服务""上海制造""上海购物""上海文化"四大品牌(以下简称"四大品牌"),是上海更好地落实和服务国家战略、加快建设现代化经济体系的重要载体,是推动高质量发展、创造高品质生活的重要举措,也是上海当好"新时代全国改革开放排头兵""创新发展先行者"的重要行动。"上海服务"重在提升城市核心功能和辐射带动能力,"上海制造"重在强化创新驱动和扩大高端产品技术供给,"上海购物"重在满足和引领消费升级需求,"上海文化"重在提升城市文化"软实力"和影响力。

对于中高职贯通试点专业来说,总体围绕上海全力打响"四大品牌"的要求开展。根据文件相关要点,结合《中等职业学校专业目录》的专业大类对已有试点专业进行划分,其中131个专业点涉及"上海服务",42个专业点涉及"上海制造",5个专业点涉及"上海购物",21个专业点涉及"上海文化"。可见中高职贯通试点专业总体满足了上海市"四大品牌"的要求,在"上海服务"部分的贡献比较显著,在"上海购物"部分还有待加强。

在将中高职贯通试点专业与"四大品牌"进行对应过程中发现,部分专业的专业方向和就业方向多元,所学、所需技能多样,若仅试图将中高职贯通试点专业与"四大品牌"其中之一相对应,显然会削弱中高职贯通试点专业与"四大品牌"的对应均衡性。如何更加科学地将中高职贯通试点专业与"四大品牌"相对应,促进中高职贯通试点专业优化布局,是中高职贯通试点专业得以进一步发展的契机和方向。

四、总结

总体而言,通过上海市中高职贯通人才培养模式的十年实践探索,基本落实了《上海市中长期教育改革和发展规划纲要(2010—2020年)》和《上海市职业教育"十二五"改革和发展规划》精神,促进了中等职业教育与高等职业教育衔接,构建了中等职业教育与高等职业教育课程、培养模式和学制贯通的"立交桥",确立了具有可行性、有效性和可持续发展性的中高职贯通人才培养模式。

中高职贯通人才培养模式试点专业遴选

内容简介：中高职贯通人才培养模式试点新设专业遴选工作是整个中高职贯通实施周期的最前端，也是中高职贯通能否成功的关键。本文通过分析目前中高职贯通人才培养模式试点专业遴选开展的必要性，阐述专业遴选应遵循的原则，提出遴选的模型和路径，为中高职贯通人才培养模式的顺利实施全面助力。

中高职贯通人才培养模式试点新设专业遴选工作是整个中高职贯通实施周期的最前端，也是中高职贯通能否成功的关键。本文将从理论和实践两个层面总结和阐述为什么要开展专业遴选、应坚持哪些原则、关注哪些核心内容、开展专业遴选的路径，以及具体开展专业遴选的要求和方法等内容。

一、厘清专业遴选研究的必要性

专业是中等职业学校发展的"牛鼻子"，只有清楚为什么要开展中高职贯通人才培养模式试点专业遴选，才能为教育行政部门确定中高职贯通人才培养模式试点单位和专业提供依据，为院校实施中高职贯通人才培养模式试点工作提供建议，更能为推进院校实施中高职贯通人才培养模式工作积累经验。

（一）政策视角——精准落实构建现代职业教育体系战略任务的需要

为贯彻《国家中长期教育改革和发展规划纲要（2010—2020年）》和《上海市中长期教育改革和发展规划纲要（2010—2020年）》精神，落实《国务院关于加快发展现代职业教育的决定》（国发〔2014〕19号）的相关要求，上海市也发布了中高职贯通试点相关文件，如《上海市教育委员会关于2010年开展中高职教育贯通培养模式试点工作的通知》(沪教委职〔2010〕5号)。文件旨在推进中等职业教育和高等职业教育紧密衔接,构建中等职业教育与高等职业教育的"立交桥",推动各项改革创新举措落到实处。中高职贯通试点工作作为人才培养模式改革的新事物和重要探索,是构建现代职业教育体系的重要组成部分,选择恰当的专业是精准落实构建现代职业教育体系战略任务的需要。

(二)现实视角——顺利推进中高职贯通专业实现预设目标的需要

在《上海市教育委员会关于2010年开展中高职教育贯通培养模式试点工作的通知》(沪教委职〔2010〕5号)文件中对专业设置的表述为"选择行业岗位技术含量较高、专业技能训练周期较长、熟练程度要求较高、复合性教学内容多、社会需求量较大、招生就业需求较为稳定并且适合中高职贯通培养的专业开展试点",其鲜明地提出中高职贯通对专业的基本要求。作为起点的中高职贯通试点专业遴选,对中高职贯通教育的成败将起决定性作用。开展中高职贯通是基于其特殊的培养路径,目的是培养特殊专业人才,选择合适的专业是第一步,也是最重要的一步,专业的选择关系到能否顺利实现预设的目标。

不论是政策视角还是现实视角都表明开展专业遴选的重要性,那么专业遴选应遵循哪些原则才能更有效地选择专业呢?

二、专业遴选遵循三原则

中高职贯通人才培养模式试点专业遴选作为中高职贯通人才培养试点工作开展的起点,是一种全方位、前置性的诊断和评估,遴选出的专业将直接关系到后续试点的开展。中高职贯通人才培养模式试点专业遴选时应该遵循科学性、操作性和发展性原则。

(一)科学性原则

"科学的本质是规律性,是不以人的意志为转移的客观实在性"[①]。科学性原则作为一种普适性原则,对任何实践活动都存在一定的规范和约束,对中高职贯

[①] 陆庆九.浅论历史教学模式构建过程中应遵循的科学性原则[J].科教文汇:中旬刊,2011(9):103.

通人才培养模式试点专业遴选而言也是如此。中高职贯通人才培养模式试点专业遴选的科学性总体上要求对遴选内容、遴选方法和遴选环节作出科学有序、客观全面的说明，确保遴选专家、数据处理、遴选结果的信度和效度，从而最大程度地保证专业遴选的合理性。同时，还要做好对申报院校和申报的中高职贯通试点专业需求的分析，在了解经济社会发展需要和申报院校原有试点工作的基础上坚持质量优先，把最有必要的、最合适的专业遴选出来，符合职业院校服务经济社会发展的定位，充分体现长学制培养过程中学生技术技能学习与职业素养养成的规律，满足经济社会发展对技能型人才培养的需要。

（二）操作性原则

中高职贯通人才培养模式试点专业遴选的操作性至关重要。操作性原则是将中高职贯通从政策到现实、从应然到实然过渡的前提条件，是确保良性的中高职贯通实施效果的重要基础。如缺乏操作性，则会失去存在价值。在中高职贯通人才培养模式试点专业遴选过程中应充分考虑操作层面的模糊性和量大面广的现实性，注重定量与定性的统一，让评估对象和评估专家正确理解中高职贯通专业选择的精神实质，提供操作性强的实施方案和专家手册，尽可能做到遴选内容明确和遴选环节易于操作、细化、具体，以及遴选结果处理趋于科学合理，通过遴选严格把控中高职贯通试点专业的入口，并适当控制试点院校和专业的覆盖面，从而有利于精准落实构建现代职业教育体系战略任务，顺利推进中高职贯通专业实现预设目标。

（三）发展性原则

现代教育理念强调以人为本，以促进人的自由全面发展为宗旨。2010年党中央、国务院发布的《国家中长期教育改革和发展规划纲要（2010—2020年）》中200次提到"发展"，关于职业教育的论述中也明确提出"把职业教育纳入经济社会发展和产业发展规划，促使职业教育规模、专业设置与经济社会发展需求相适应。统筹中等职业教育与高等职业教育发展"[1]。中高职贯通专业通过

---

[1] 国家中长期教育改革和发展规划纲要工作小组办公室.国家中长期教育改革和发展规划纲要（2010—2020年）[EB/OL]. http://www.moe.gov.cn/srcsite/A01/s7048/201007/t20100729_171904.html, 2010-07-29.

较长的、不间断的周期能够确保较低年龄的初中毕业生反复进行技术技能训练,强化课程理论和实践能力,充分彰显效用,实现中等职业教育与高等职业教育协调发展。在专业遴选过程中要注重发展性原则,最大限度地发挥"以评促建"的功能。

以上三个原则从宏观视角展现了专业遴选的导向,专业遴选应主要关注哪些内容、应根据何种遴选模型开展遴选工作是开展科学遴选绕不开的问题。

三、三维度、六角度的遴选模型

通过梳理中高职贯通专业培养的需要,提出从三个维度构建专业遴选模型,衍生出六个角度作为专业遴选的重要观测点。

(一)专业遴选的三个维度

几何学中提到的"维度"是一种定义空间模型的基本元素,将维度列出主、次、轻、重,并考虑其是相互依存的有机整体①。根据中高职贯通人才培养模式试点专业的基本要求,考虑到中高职贯通专业应该关注的内容,构建起以主观准备、客观条件和外部需求为主的"三维度专业遴选模型"(见图1)。在三维坐标系中,若某个申报专业的主观准备

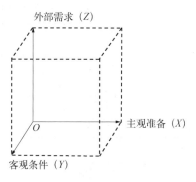

图1 三维度专业遴选模型

(X)、客观条件(Y)、外部需求(Z)离坐标系的原点(O)越远,延伸越长,意味着这三个维度所蕴含的内容越充实,就越符合中高职贯通专业遴选要求。

从教育意义上讲,主观准备是基础,中职与高职院校之间通过系统分析、科学论证中高职贯通专业的可行性和必要性,其内涵应理解为协同进行专业人才需求、培养状况和行业发展现状的调研,明确专业定位和培养目标,一体化设计试点方案、人才培养方案,制订专业教学计划、教学考核要求和教学大纲等。

---

① 高建普.基于"三维模型"的高职教育创新路径分析[J].教育理论与实践,2013,33(36):32.

客观条件是保障,体现在以中职与高职自身良好的基础,有条件完成中高职贯通专业培养工作。主要包括鲜明的重点建设专业优势、稳定的招生与就业情况、优秀的教学师资和管理团队、优质的校内外实习实训基地、紧密的校企合作资源、丰富的中高、中本贯通经验等。

外部需求是动力,反映的是上海城市发展和产业升级的需求、行业企业发展的特点、区域经济发展对专业人才培养、工作岗位和规格的需求、专业本身的技术技能含量及其对应岗位的职业能力要求等。

(二)专业遴选的六个角度

中高职贯通人才培养模式试点工作是上海职业教育体系构建的重要方面。在厘清专业遴选的三个维度之后,还需要进一步细化专业遴选应关注的角度,对应关系详见表1。

表1 专业遴选三个维度与六个角度对应关系

三个维度	六个角度
主观准备	专业定位、教学计划、试点方案
客观条件	专业选择、教学保障
外部需求	市场调研

专业遴选时关注的六个角度内涵如下:

专业定位是否准确。根据经济社会发展需要和企业相关职业岗位的工作要求,按照国家相关职业(行业)标准和职业资格鉴定考核要求,明确专业培养目标,整体设计人才培养目标。

教学计划是否科学。根据经济社会发展需要和企业相关职业岗位的工作要求,按照国家相关职业(行业)标准和职业资格鉴定考核要求,转变人才培养模式,制订相应的专业教学计划、考核要求和教学大纲等。不仅要有效支撑技术型人才培养目标,还需与高中起点的培养方案要有明显区别。

试点方案是否可行。中高职贯通人才培养方案应该坚持一体化设计,并成立中高职贯通培养相关教学和管理工作小组,负责制定相应的教育教学管理文件,组织实施教育教学(实习实训)。

专业选择是否恰当。试点专业应该是行业岗位技术含量较高或复合程度较高、专业技术技能训练周期较长、熟练程度要求较高、社会需求量较大且需求较为稳定、适合中高或中本培养目标相互衔接贯通的专业;同时,也应是申报试点院校的重点专业。专业岗位需要本科学历,适合从中职开始培养。

教学保障是否有力。学校要建立相应的保障机制、规范管理,加强对学生学习兴趣的培养和引导;同时,申报专业的师资、课程和实习实训等条件也应该满足中高职贯通需要。

市场调研是否充分。在申报专业前先走访或调研相关行业企业及其主管单位,再充分关注相关行业企业发展规划或科学预测其五年之后的岗位发展趋势。

以上遴选模型的建立有助于申报院校和专业明确专业遴选的内容要求,对于如何开展具体的遴选工作仍需要明确专业遴选的技术路径。

四、专业遴选的技术路径

在遵循三个原则和关注遴选内容的基础上,提出构建多元组合的遴选专家队伍,形成梯度淘汰的两重遴选环节,采用群体性评判结果的方法处理三个技术路径,以期形成强有力的质量保障。

(一)构建多元组合的遴选专家队伍

专家在教育评估中扮演着十分重要的角色,直接影响评估的专业性、科学性和有效性,而组建一支优秀、权威的专家组更是提升评估工作质量的关键保证。构建多元组合的遴选专家队伍,主要有以下要求:一是专家队伍构成体现多元。主要由教育管理专家、高等学校专家、中职学校专家和行业企业专家组成。专家组的组成人员应综合地考虑知识结构、年龄情况、行业领域、学术视野等方面,使专家组更快地适应专业遴选的需求,也更具代表性和专业权威性。[1]二是专业水平突出。行业企业专家应熟悉行业企业对专业人才的需求,专业能力强,对遴选

---

[1] 张民生,等.普通高中学校教育评估指标研究[M].北京:高等教育出版社,2014:275.

专业有专门的研究,需具备高级职业资格。其他专家应具有较先进的职业教育管理理念、教育科研能力,需具备副高级(高级讲师或中学高级教师)以上专业技术职务。三是思想素质良好。专家应热爱职业教育事业,具有过硬的思想政治素质,拥有良好的人格品质,组织性和原则性较强,能客观、廉洁、公正地参与遴选,能全面综合地分析评判。确定专家队伍后,需明确专家组组长和专家组成员的职责及分工,体现遴选的民主性与集中性。专家组组长需要组织管理整个遴选过程和结果,协调和分工专家组成员工作任务,综合平衡反馈意见和最终结果等。专家组成员主要根据分工要求,提出并撰写个人意见与初步结论等。

(二) 形成梯度淘汰的两重遴选环节

在众多的申报对象中通过一定程序和环节筛选恰当专业需要综合考量,坚持科学性和操作性原则。我们提出材料评审和汇报答辩相结合的梯度淘汰两重遴选环节。

1. 材料评审

材料评审的目的主要是以院校申报材料为基础进行初次筛选。首先,组织专家组分组独立审阅申报材料。根据遴选需要关注的内容和标准,侧重于分析申报专业是否符合中高职贯通试点要求,是否符合市场岗位人才需求和人才贯通培养规律;了解申报院校对试点工作的精神是否领会,与职业、行业技能或者资格证书能否实现对接,人才需求的市场调研报告、试点方案、一体化设计的人才培养方案是否充分;考察申报院校对后续试点工作的设想、措施、保障等方面情况。其次,在独立审阅材料的基础上,汇总专家组专家意见,专家独立投票,汇总结果。再次,材料评审以小组推荐为基础,对于临界点材料由评审大组进行综合汇总。最后,由专家组形成材料评审书面意见。

2. 汇报答辩

汇报答辩的目的主要是以院校的汇报和交流为依据进行二次筛选。汇报答辩环节的设置是为了弥补材料评审环节只见"文本材料",不见申报主体思想的缺陷,防止以偏概全的评估风险;而在第二个环节设置汇报答辩也是操作性的体现,在材料评审初次淘汰一部分专业的基础上,剩余的专业更具操作性和便捷性。为彰显专业遴选的客观公正性,汇报答辩环节可邀请教育行政部门相关职能处室人员作为观察员参与汇报答辩的评审工作。首先，明确汇报答辩的主要原则、工作安排和相关要求，围绕中高职贯通人才培养的必要性和可行性、人才培养方案一体化设计、保障措施等方面，在规定时间内由每个申报专业的高职院校院（校）长为主发言人进行汇报和答辩，中职校长补充。其次，专家组根据遴选要求，听取通过材料预审的申报院校汇报并提问交流。最后，专家组参考材料审阅情况和汇报交流情况，独立投票，根据投票汇总规则确定汇报答辩结果，根据汇报答辩情况出具专家组综合意见。

（三）采用群体性评判结果处理方法

选择适合的、专业的评判结果处理方法不仅是确保遴选环节顺利开展的重要途径，也是体现教育评估专业性和技术性的重要环节。专家评判准确程度作为度量专家水平的根本标准，也是影响评判结果的关键所在。一般来说，每位专家都习惯依赖于自身的知识经验和主观的心理行为进行价值判断，且评估指标及其内容大多具有模糊性和抽象性，这会导致评判结果呈现偶然性和随机性的个体偏差。

为了尽量消除个体评判结果的偏差，降低偶然性与随机性对个体评判结果的影响，教育评估中通常采用多人分别给出评判结果的方式，即实行群体评判。[①] 因此，在中高职贯通人才培养模式试点专业遴选中，推荐票选法和排序法相结合的群体性评判结果处理方法，从而更好地增强评估过程的科学性，最大限度地保证评估结果的合理性和公正性。

1. 票选法

票选法是教育评估中常用的评判方法。票选法中，考虑到评估周期、评估成本、行业专业专家专业局限性等因素，防止出现"赞成"和"反对"的票数相同导致重新投票，专家人数设定为奇数，通常为7—9人。所有专家按照遴选标准和要求，对所有申报专业进行独立投票表决。每位专家对若干个申报专业（评估客体）进行"是否推荐"的选择式评判，拟推荐试点的专业打"○"，不推荐的专业打"×"。之后将每位专家独立投票的结果进行汇总统计，按照事先设定的"赞

[①] 冯晖，王奇. 专家评判准确性分析及专家星级评定方法［J］. 复旦教育论坛，2012，10（6）：59.

成票需要达到专家人数的半数以上"原则,将打"○"的票数从高到低排列。

2. 排序法

排序法是根据申报专业的总体情况进行综合比较,从而确定每个专业的相对等级或者名次的评判方法。排序法中,由于申报专业之间的差距是均等的,操作可行,有一定的可信性。实践中一般规定不能并列,需要专家对若干个申报专业按照从好到差的顺序分别给出从小到大的数字排序,然后汇总统计所有专家对所有申报专业的排序序号之和。排序序号之和越小,说明申报专业的群体性评判结果越好。教育评估中将群体评判的汇总结果作为评估客体的价值,由此,以群体评判的汇总结果为标准,根据每位专家的评判结果与群体评判汇总结果相符程度,可以定量分析每位专家的评判准确性。[①] 在两重遴选环节中,能有效兼顾专业遴选的科学性和操作性的要求,实现发展性的专业遴选导向。

总之,在构建现代职业教育体系的大背景下,专业遴选从某种程度上决定了中高职贯通人才培养模式改革的成败,注重并不断改进和完善中高职贯通专业的遴选原则、遴选模型、遴选路径和遴选方法,才能够让上海市中高职贯通人才培养模式得到更好的发展。

---

① 冯晖,王奇.专家评判准确性分析及专家星级评定方法[J].复旦教育论坛,2012,10(6):60.

中高职贯通人才培养模式规范过程管理

内容简介： 中高职贯通人才培养模式探索中，上海注重规范其过程管理，主要开展了人才培养方案规范管理、划拨专项经费、过程跟踪检查、开展数据监测、进行动态调整以及立项建设高水平专业等工作，通过规范过程管理，保障高质量贯通成效。

上海特别重视专业遴选后的规范过程管理，规范的内容主要包括人才培养方案规范管理、划拨专项经费、过程跟踪检查、开展数据监测与动态调整、立项建设高水平专业等方面，目的是通过规范其过程管理，保障高质量贯通成效，提升中高职贯通人才培养质量。

一、人才培养方案规范管理

在中高职贯通人才培养模式规范过程管理中，人才培养方案规范管理占据重要地位。为贯彻党的十九大精神，落实《上海市人民政府关于加快发展现代职业教育的决定》（沪府发〔2015〕9号），推进现代职业教育体系建设，完善职业院校中高职教育贯通试点工作，提升中高职贯通人才培养质量，《上海市教育委员会关于上海市职业院校制订中高职教育贯通人才培养方案的指导意见（试行）》（沪教委职〔2018〕20号）文件规范了中高职贯通专业人才培养方案工作。

（一）总体要求

1. 坚持立德树人、服务发展

坚持立德树人、德技并修，服务学生全面发展，以促进就业为导向，以能力培养为本位,在坚持中高职院校各自办学定位的基础上,形成适应发展需求、产教深度融合、中高职优势互补、衔接贯通的一体化人才培养体系,满足学生职业生涯发展的需求,适应社会经济发展和技术进步的需要。

2. 坚持工学结合、知行合一

根据职业教育人才培养目标,体现职业教育人才培养的基本特征,坚持专业与产业、职业岗位对接,专业课程内容与职业标准对接,教学过程与生产过程对接,按照实际工作任务、工作过程和工作情境组织课程,形成新的职业教育课程理念。

3. 坚持统筹兼顾、系统科学

适应行业产业发展对技术技能人才的需求,遵循中高职贯通人才培养的基本规律,注重中高职在人才规格、课程设置、工学比例、教学内容、教学方式方法、教学资源配置上的有效衔接。

(二)主要内容

中高职贯通专业人才培养方案(或中高职贯通专业教学实施方案)是职业院校根据相关行业对应岗位的人才需求,依据国家专业教学标准及相关文件要求,结合办学实际,对中高职贯通专业的培养目标、人才规格、职业领域、课程设置、课程内容与要求以及各教学环节作出全面、明确的规定与具体安排的重要教学文件。该方案是职业院校组织教学实施、进行教学管理的基本依据,是开展教学条件、教学资源以及师资队伍等建设的重要依据,也是中高职贯通教学质量评价的重要依据。

中高职贯通专业人才培养方案包括说明部分和表格部分。其中,说明部分包括专业名称、入学要求、基本学制、培养目标、职业范围、人才规格、课程结构、课程内容与要求、实施条件等内容的文字描述;表格部分包括教学活动时间分配表、教学进程表、独立设置的实践性教学安排表等。

(三)制订原则

1. 一体化原则

要准确把握中高职贯通人才培养的定位,从行业企业对相应岗位人才的实际需求出发,打破原有中职、高职分段培养的课程体系,在培养目标、人才规格、职业领域、课程设置、课程内容与要求、教学安排、师资配备、实训条件配置、质量评价等方面进行系统规划、统筹安排和一体化设计。

2. 科学性原则

要研究行业企业技术等级、岗位需求和技术技能人才培养规律,准确定位中高职贯通的人才培养目标与职业面向,科学地进行职业领域、工作任务与职业能力分析。在此基础上,进行课程的系统设计,充分体现长学制培养过程中学生技术技能学习与职业素养养成的规律,合理确定各阶段的能力要求以及相应课程内容的难度、深度、广度。

3. 规范性原则

要以教育部和上海市教育行政部门颁发的相关文件精神以及专业教学标准为指导,涵盖相应国家职业标准的内容与要求。文本要素完整,体例规范,内容具体,文字表达准确,层次清晰,逻辑严密。

4. 可操作性原则

培养目标清晰,课程内容具体,要求明确,教学安排符合专业实际,易于执行,教学条件充分,在实训条件、师资安排、教材选用、教学管理、教学评价等方面进行统筹,有效保障培养方案的一体化实施。

(四) 制订流程

每一个专业、每一届学生都应该编制一个完整的专业人才培养方案。由高职院校牵头,高职与中职学校共同组织,双方相关职能部门全程参与,充分发挥行业企业专家、课程专家以及专业教师的作用,按照规范的流程进行中高职贯通人才培养方案的制订。

1. 专业调研

对行业发展趋势、人才结构状况、人才需求情况、对应就业岗位、岗位对知识能力的要求、相应的职业资格证书以及相关院校专业课程与教学现状等内容进行调研。在此基础上,确定中高职贯通对应的人才培养目标、面向的职业岗位(群)和相应的职业资格证书等,形成人才培养调研报告。

2. 研究分析

研究国家以及上海市颁发的相关专业教学标准、对应的国家职业标准等,进行职业岗位的典型工作任务与职业能力分析。在此基础上,确定中高职贯通专业的人才规格、课程结构、课程设置等,明确各门课程的目标、内容与要求。

3. 方案拟订

依据调研和分析结果,结合职业院校原有的专业基础、优势与特色,确定教学安排、教学保障条件等,对照国家及上海市相关文件精神,参考中高职贯通专业人才培养方案的基本内容与编制要求,拟订具体的培养方案。

4. 论证审定

组织行业企业专家、课程专家、职业院校教师代表等对培养方案进行论证,充分听取意见并修改完善。在此基础上,按照一定的程序由相关职业院校共同审定。经审定通过后,应严格执行,不得随意变更。如遇特殊情况或者行业需求发生变化,允许作适当的调整,但必须履行相应的调整手续。

根据《上海市教育委员会关于印发〈2020年上海市职业教育工作要点〉的通知》(沪教委职〔2020〕1号)文件精神,探索研制数学、英语中本贯通课程标准,推动中高职、中本贯通专业的思想政治、语文和历史课程教材使用国家统编教材,开展推进"人才培养方案一体化设计"为主题的中高、中本联合教研等。

二、经费支持

为了有效激发中高职贯通试点院校的工作活力,结合试点工作在校本教材开发、课题研究、联合教研等方面的成本较高、经费不足的问题,市教委早期划拨了中高职贯通试点工作经费,每个专业点50万元,主要实现两个目的:一方面充裕的经费支持能为学校更好地开展试点工作提供物质保障,为师生创造更优质的教学条件与环境;另一方面,适当的工作经费会提高试点院校和教师的积极性,使其无后顾之忧地投入到各项工作和探索之中。对于经费的合理规范使用,要求各专业点严格按照上海市教委有关经费规定开展,力求将工作经费使用在与中高职贯通专业发展密切相关的内涵建设部分。

三、跟踪检查

为贯彻落实《上海市中长期教育改革和发展规划纲要(2010—2020年)》和

《上海现代职业教育体系建设规划（2015—2030年）》的精神，进一步推进现代职业教育体系建设，切实保证贯通培养人才的质量，有力推动中高职贯通人才培养模式试点专业人才培养方案及课程优化，上海市教育委员会委托上海市教育评估院每年针对前一年开始招生的专业开展试点情况跟踪检查工作。

（一）主要检查内容

试点工作协调机制建立和完善情况。是否建立协调机构、制定协调制度；双方协调效果如何等。

人才培养方案执行落实情况。人才培养方案是否一体化设计并落实，是否建立了一体化课程体系并开发相关教材等。

实际招生人数、中高职贯通学生甄别情况、学生管理情况等。

学校试点工作经验、面临问题及建议。

（二）时间安排和检查方式

跟踪检查原则上每个专业点时间为半天，如果出现学校当年同时有两个及以上专业点开展，则尽量安排在同一天或相近两天进行。

跟踪检查工作在不影响教学的常态下进行，主要形式包括：查看资料、随堂听课、访谈等。

（三）跟踪检查结果和使用

跟踪检查结果分为"优秀""良好""一般"和"整改"，跟踪检查结果会成为编制下一年招生计划和批复新专业申请时的依据，同时也将成为试点专业布局调整时的重要参考。对于检查结果为"整改"的试点院校，须在一个月内上报整改方案，上海市教育委员会将委托上海市教育评估院组织专家进行复查。

四、数据监测与动态调整

为贯彻落实国家和上海市关于构建现代职业教育体系的战略任务，上海市已多年开展中高职贯通人才培养模式试点工作,有力地支撑了上海经济产业的发展。为进一步总结试点专业运行的经验,加强专业数据监测,建立专业动态调整机制以激发建设活力,2019年末,上海市教育评估院组织开展部分中高职贯通人才培养试点专业相关数据及典型案例的报送工作。

(一) 报送范围

已有毕业生(2010年至2014年开始招生)的中高职贯通人才培养模式试点专业报送基本数据和典型案例。

(二) 报送内容

1. 基本数据

主要报送以下五个方面的数据:(1)试点专业的招生就业数据;(2)学生获得省(市)级以上奖项数据;(3)学生获得职业资格(技能)证书数据;(4)专业的师资队伍数据;(5)专业试点以来参与开发课程教材数据。

2. 典型案例

聚焦专业人才培养过程中专业质量保障机制的建立与运行,重点撰写在质量监控、两校统筹、学生管理、联合教研、师资共享、实习实训、品牌打造等方面的创新做法、实践经验和成果成效。各专业可选择以上某一个方面进行案例撰写,鼓励从高校的角度撰写质量监控、质量保障案例。

(三) 数据测算和评价方案

1. 主要数据

上海市中高职贯通人才培养模式试点专业主要数据有以下七项:(1)试点专业的招生就业数据;(2)学生获得省(市)级以上奖项数据;(3)学生获得职业资格(技能)证书数据;(4)专业的师资队伍数据;(5)专业试点以来参与开发课程教材数据;(6)以往上海市教育评估院开展的跟踪检查情况;(7)典型案例情况。

主要数据由若干核心数据构成,数据测算框架详见表格。

上海市中高职贯通培养试点专业数据测算框架

序号	一级指标	二级指标
1	招生就业	计划完成率
		平均分
		就业率
		对口率
2	学生获奖	省(市)级
		国家级
		国际级
3	学生获证	学生获证
4	师资情况	学年专业教师数量
		学年高级职称比例
		学年"双师型"教师比例
		本专业高职院校是否是省级以上专业教学团队
5	开发教材	公开出版贯通教材数
		开发贯通教材数
6	跟踪检查	跟踪检查结论赋分
7	典型案例	典型案例评分

2.数据测算和评价权重

通过上海市中高职贯通人才培养试点专业数据测算框架,制订出相应的指标体系,包含一级指标、二级指标和权重分配。

3.指标赋分(规范化处理)

由于各项指标的含义、量纲、数量级等方面均不同,各项指标的类型和特性也不尽相同,则需要通过规范化处理将不同量纲、不同特性、不同类型的指标属性值转化为没有量纲、特性和类型一致的相对数据,即把指标的原始属性值通过数学变换,转化为某一个区间内的相对数据。

（1）效益型指标

在二级指标中，计划完成率、平均分、就业率、对口率、省（市）级获奖学生数、国家级获奖学生数、国际级获奖学生数、学年专业教师总数、学年高级职称比例、学年"双师型"教师比例、公开出版贯通教材数、开发贯通教材数这12个指标为效益型指标（其属性值越大，则对评估对象的贡献越大）。

效用函数选择 $f(x) = \dfrac{(x-\min)}{(\max-\min)}$。

将所有评估对象的指标属性值散列到[0,1]的范围内，指标属性值最大者和最小者的效用函数结果分别为1和0，其余指标属性值作线性插值。

（2）定性指标（等级型指标）

在二级指标中，典型案例由两位专家分别对专业点的情况进行综合等级评定，以A（90—100分）、B（80—89分）、C（60—79分）、D（30—59分）的等级和分数区间进行评定及打分，最终以分数平均数转化为[0,1]的范围内。

"跟踪检查结论"这一指标分别为"优秀""良好"和"一般"，按照以往跟踪检查的评定计算方法，分别赋以95、83、67的分数，对于2014年前跟踪检查结论为"通过"的专业点，统一按照"良好"取值83。再按照分数转化为[0,1]的范围内。

（3）开关型指标

在二级指标中，本专业高职院校是否是省级以上专业教学团队则视内容为"是"或"否"，分别赋以1值和0值。

4. 结果汇总（合成函数的确定）

指标的属性值经过规范化处理以后，所有指标的有效取值范围均为[0,1]，其余需赋分的指标也将其取值范围转化为[0,1]的范围内，则由各项指标的价值合成为评估对象总价值，其取值范围也为[0,1]。

选取加法合成模型为本次综合评估的合成函数，由于权重是归一化的，则函数为：$f(x_1, w_1, x_2, w_2, \cdots x_n, w_n) = \sum_{i=1}^{n} x_i \times w_i$。

最终将范围在[0,1]的评估对象总价值转化为百分制分数，根据结果分数进行排序。

（四）动态调整

在掌握基本数据、典型案例情况后，根据数据监测评价方案，结合中高职教育贯通专业教学标准开发立项建设项目、中高职教育贯通高水平专业立项建设项目开展情况，上海市教育评估院对2010—2014年招生的90个试点专业的综合数据进行整合汇算并排序，出具综合评价结果，作为试点专业布局优化调整、增减招生计划的重要依据。

五、高水平建设

为落实《上海市人民政府关于加快发展现代职业教育的决定》（沪府发〔2015〕9号）和《上海现代职业教育体系建设规划（2015—2030年）》（沪教委职〔2015〕30号），积极探索适应上海经济社会发展需要和特点的高素质劳动者和技术技能人才培养模式，自2010年启动中高职教育贯通人才培养模式试点，有力地推动了现代职业教育体系建设。在稳步扩大贯通人才培养规模的同时，决定建设一批中高职贯通高水平专业，引领开展中高职贯通人才培养模式的相关专业发展，切实促进中高职贯通人才培养的质量提升。

（一）指导思想

全面贯彻党的教育方针，以立德树人为根本，以服务发展为宗旨，以促进就业为导向，坚持走内涵式发展道路，加大职业教育改革发展力度，全面深化课程与教学改革，优化培养手段与方法，以贯通培养专业的高水平建设，推进中等和高等职业教育紧密衔接，推动上海市职业教育事业的高质量发展。

（二）建设目标

用三年左右时间，探索中等职业学校和对接的高等职业学校（以下简称"贯通院校"）协同开展专业建设的机制，建设一批校企合作机制高效能、课程教学改革高水准、专业教师队伍高素质、专业教学条件高规格、教学运行管理高效率、社会服务能力高层次的中高职贯通高水平专业，为上海市其他贯通培养专业建设树立标杆，带动上海市职业教育水平的整体提升。

（三）建设任务

1. 科学规划专业发展，推进校企深度合作

贯通院校要围绕服务上海城市产业转型升级需要，特别是围绕上海建设"五个中心"和打响"四大品牌"的要求，积极主动开展人才需求和专业内涵建设等调研，对接国际或国内先进行业企业技术标准、职业标准的相关内容，精准定位，科学规划贯通专业的整体发展；积极推行产教融合、校企合作、工学结合，深化校企协同育人。

2. 深化课程教学改革，推动课程一体化建设

贯通院校要优化贯通培养方案，推进课程一体化设计与实施；调整优化课程内容，开发专业教学标准、课程标准；优化教学方式与方法，探索教学模式改革；加强数字化课程资源建设，丰富专业教学资源；优化实验实训环境，完善实训教学体系；完善教学评价体系，探索评价改革。

3. 加强师资队伍建设，打造一流教学团队

贯通院校要根据贯通培养专业发展目标，整合教师资源，形成师资队伍建设的整体规划；提升专业带头人引领专业改革发展的能力，打造稳定的贯通培养教学团队；优化专业师资结构，建立专兼结合的专业教师队伍，提升专业教师的双师素质；提升文化课教师的业务水平；建立联合教研机制，加强教学研究，提高教师的信息化教学能力。

4. 完善教学管理机制，提升教学管理水平

贯通院校要建立一体化教学管理机制，完善相应的教育教学管理制度；优化管理手段，规范教学过程管理；提升质量意识，建立教学质量监控与反馈机制。

5. 提升人才培养质量，提高专业服务水平

贯通院校要遵循职业教育规律和学生身心发展规律，把培育和践行社会主义核心价值观融入教育教学全过程，注重培养学生的职业道德、职业精神和创新创业能力，提升学生技术技能水平，积极拓展社会服务功能，提升专业对行业发展的影响力与社会声誉。

六、总结

　　中高职贯通人才培养的工作过程规范管理是中高职贯通工作得以有效开展的基石,上海市通过十年实践,已经在人才培养方案规范管理、经费支持、跟踪检查方面形成了常态化的规范机制,在数据监测与动态调整、高水平建设方面作出了有效尝试,这些工作过程规范管理途径有效地保障了上海中高职贯通人才培养工作的顺利开展。

中高职贯通人才培养质量保障框架设计

内容简介：上海市中高职贯通人才培养模式实践取得了一定的改革效果，但存在的问题对构建外部质量保障体系提出了强烈诉求。中高职贯通质量保障应遵循宏观层面上全程式指导保障贯通理念落实、中观层面多方位监控保障运行过程有序、微观层面针对性跟踪保障效果凸显的设计取向，构建理念维度、空间维度、时间维度和效果维度共四个维度的质量保障框架。

上海市中高职贯通人才培养模式是在《国家中长期教育改革和发展规划纲要（2010—2020年）》提出的"促进中高职协调发展"的政策背景下开展的实践创新，其基本理念是通过一体化的制度设计，实现学生从中职到高职的一贯培养。中高职贯通人才培养模式试点在实践中总体上按照预先设想的轨道发展，有些试点院校已经取得了很好的社会效益。但是我们也发现了一些问题，中高职贯通对构建外部质量保障提出了强烈诉求。质量保障框架应遵循何种设计取向以及如何构建有效的质量保障框架是本文重点研究的问题。

一、上海中高职贯通实践及其对质量保障的诉求

（一）上海中高职贯通人才培养模式实践

根据上海支柱产业、新兴产业和骨干行业的需要及职业岗位要求，选择具有较好贯通基础和专业优势的职业院校，进行中高职教育贯通人才培养模式的试点探索，最终提升职业教育服务于先进制造业和现代服务业的能力。近年来上海实践了中高职贯通人才培养模式，实践思路是对具有相同专业方向的中等职业教育和高等职业教育的专业进行教学计划、教学实施方案和师资管理等一体化设计，

从初中毕业生中选拔生源,采用一贯制(一般是五年)的人才培养方案,总体设计,分两段实施,即前三年在中职校实施,后两年在高职院校实施。学生学完一年课程后进行甄别,不适合或不愿意继续在同一专业学习的学生,可从中高职贯通专业转入相同或相近中职专业学习。对完成专业教学计划规定课程、考试成绩合格、符合毕业条件的学生,颁发高等职业院校的毕业证书,同时颁发中等职业学校的毕业证书。① 随着专业点逐步增多,运行过程中也对质量保障提出了诉求。

(二) 中高职贯通实践对质量保障的诉求

可以看出,上海市中高职贯通人才培养模式的设计给学校留下了足够的空间,试点院校只要做好一年后的甄别工作,其他教育教学及管理工作均由学校把握。此种做法一方面解除了学校进行教育教学改革的制度束缚;另一方面是因为学校也处于"摸石头过河"状态。经上海市教育评估院项目调研组反映,中高职贯通运行中主要存在以下问题:(1) 试点院校协调机制的落实力度不够,虽然参与试点工作的所有中高职院校都在工作协调机制上下功夫,建立了相关的组织领导机构,并制定了相关的制度文本,但从实际情况来看和贯通培养的要求尚有一定差距;(2) 学校管理文件的随意性,以学籍管理规定为例,不同专业之间由于学分制和学年制的不同,在学籍管理方面差异巨大;(3) 构建一体化的课程体系还需要加强,还未打破原来中职、高职分割的课程体系,以工作任务逻辑对试点专业需要的课程内容进行重构。以上三个问题直接影响中高职贯通培养的质量,也是构建基于中高职贯通的质量保障框架的最直接动因。

二、中高职贯通质量保障的设计取向

中高职贯通质量保障的设计需遵循以下三种设计取向:宏观层面上遵循全程式指导,保障中高职贯通理念落实;中观层面遵循多方位监控,保障中高职贯通运行过程有序;微观层面遵循针对性跟踪,保障中高职贯通效果凸显。

---

① 陈效民,刘磊.中高职贯通培养模式校级层面实践路径研究——以上海市为例[J].职教论坛,2013 (7):24.

（一）宏观层面：全程式指导保障理念落实

在质量保障宏观层面上，保证从专业起点到培养终点都有外部的宏观指导，即从专业申报时专业的选择和专业运行中的师资培训、人才培养方案的制订、一体化课程的开发与实施，以及专业人才培养结果中评价机制的选择与制订等全过程，都需相关外部质量保障机构组织指导。以上海的经验全过程指导的主体不一定局限于政府教育行政部门，可授权专业的第三方机构，也可根据各机构研究的重点不同分类指导，确保贯通理念的有效落实。

（二）中观层面：多方位监控保障过程有序

在质量保障中观层面上，把质量监控作为保障的重点，质量监控采取多方位的监控手段，一方面运用信息化手段，通过日常信息汇集、定期情况汇报，方便快捷地获取中高职贯通试点的运行信息，总结各试点院校实践中的经验做法，同时就反映出的问题，提供及时有效的解决方案；另一方面组织专家组采用传统实地考察的方式，多角度地与师生管理人员互动收集信息。多方位监控不仅体现在监控手段的多方位，还应考虑时间节奏上的多方位，尤其在关键时段合理安排监控的时间，确保科学有效。

（三）微观层面：针对性跟踪保障效果凸显

在质量保障的微观层面上，针对中高职贯通实践中的相关问题，采取有针对性的解决方案，同时制定有针对性的指导意见是保障的重点。微观层面的努力使质量保障载体化，提高其可操作性。各试点院校可依据外部质量保障框架中的可操作性强的指导性文件，有力保障试点专业的监控运行，确保专业培养效果。

依据以上三种质量保障的设计取向，如何从操作层面构建有效的外部质量保障框架依然是需要我们进一步探讨的问题。

三、中高职贯通质量保障框架的建构

（一）理念维度：让贯通成为保障的主旋律

中高职贯通人才培养模式若想实现预设的培养效果，一体化设计是该模式的灵魂和精髓,而贯通则是一体化设计的终极目标,一体化设计是手段,贯通是目标。所以在中高职贯通质量保障框架的建构过程中必须树立"贯通"的理念,让贯通始终成为质量保障的主旋律。我们认为最主要从两个方面强化贯通。

1. 协调机制上的贯通

遵循全程式指导的设计取向,中高职试点院校协调机制上应从专业试点的起点至终点落实贯通理念,表现在:(1)专业申报环节,两所试点院校共同遴选适合中高职贯通的专业,上海市教委文件中明确提出申报专业"必须是行业岗位技术含量较高、专业技能训练周期较长、熟练程度要求较高、适合中高职培养目标相互衔接贯通,且社会需求比较稳定的专业"[1],质量保障要监控拟申报的学校专业遴选、人才培养方案的制订等方面的"如何落实贯通理念"等细节问题;(2)专业运行环节,两所试点院校联合建立统一领导且分工明确的沟通协调的机构和制度,如校际层面的中高职贯通人才培养工作领导小组,专业指导层面的专业教学指导委员会和教学管理协调小组,学生管理层面的专门学生管理机构,以及专门的课程与教材研究机构等。这些机构能否发挥其预设功能是外部质量保障在协调机制上保障的重点。

2. 专业内涵上的贯通

中高职贯通并非只是中职和高职在学制上的贯通,其本质是内涵的贯通,包括师资、课程、实训、管理及德育等方面的贯通。最核心的内涵贯通是课程贯通,因为课程是以上所有内涵发挥作用的载体。课程是否实现有效贯通是衡量中高职贯通能否成功的关键。当前外部质量保障在专业内涵上最主要的保障对象是课程上的贯通,主要关注三个层面:(1)课程,主要关注课程标准的开发、课程方案的形成是否遵循中高职贯通岗位能力的需要,是否符合学生的学习规律和职业需要;(2)课本,课本与课程相比是下位概念,指依据课程标准开发的供教师教和学生学的载体,是课程标准在文本上的呈现;(3)课堂,课堂是中高职贯通人才培养的主阵地,也是中高职贯通人才培养模式试点最重要的教学环节,是贯通思想落实的最基本单位。以上三个层面是专业内涵贯通的重点,直接关系到

---

[1] 上海市教育委员会.关于2011年继续开展中高职教育贯通培养模式试点工作的通知[EB/OL]. http://edu.sh.gov.cn/xxgk_jyyw_rxbkyzs_11/20200514/0015-gw_420042010002.html,2010-12-22.

中高职贯通的培养质量。

（二）空间维度：创造交叉的信息跟踪机制

遵循多方位跟踪的设计理念，我们认为有必要建立立体交叉的中高职贯通信息跟踪机制。总体上采用信息化手段与传统实地跟踪相结合，因为二者各有利弊，信息化手段时效性强，省时省力，但可能数据有偏差，且与专家实地考察相比现场感差；实地跟踪恰恰相反，费时费力，但可多维采集信息，运用现场听课、深度访谈等手段可获取详实信息。二者的有效结合可取长补短。

1. 建立信息报送制度

建立中高职贯通信息报送制度，组织试点院校以月为时间段向教育行政部门报送关于中高职贯通的相关数据，采集的数据主要有：(1) 会议，是否有专门召开的中高职贯通的会议、会议主题、主要内容；(2) 文件，是否有发布的文件、文件内容摘要；(3) 政策，是否制定了相关政策；(4) 活动，是否开展了中高职贯通相关的活动、活动主题和内容；(5) 经验，对中高职贯通的经验总结；(6) 问题，当月存在的主要问题。通过每个月各试点院校的信息报送，动态实时了解试点院校的专业运行情况。

2. 定期实地跟踪考察

对已经招生的试点院校开展定期实地跟踪考察，实地跟踪考察属于大型的外部质量保障活动，所以需对考察作周密布置。首先，配置专家组构成，专家组应由中高职贯通理论研究专家、试点院校优秀院校长、课程专家、教育行政人员等组成。其次，考察形式应尽可能全面，可利用听取试点院校汇报、访谈试点院校分管领导、专业带头人和普通教师、座谈学生、随机听课、查看相关的文本资料等形式。再次，实地考察时做好相关文本保障，对于访谈、听课以及文本资料查看等形式应配备专门的记录表格，确保留下痕迹，供后续研究。最后，考察结束后当场反馈，把实地考察的问题及时反馈给试点院校，以便试点院校及时改进。

（三）时间维度：打造线式与轮式双重保障

空间维度上运用两种手段可以保障中高职贯通培养过程受到监控，但若时间维度上不能有效保障，质量保障的效果就会大打折扣。我们设想构建从线式到轮式的循环往复的时间保障通道。首先是线式保障的信息报送,其时间点为每月月初,报送上一个月的专业运作情况。其次是轮式保障的实地跟踪考察,其周期为一年,根据专业获批的批次以及招生情况循环往复进行,首次考察以已经招生的第一批试点专业为对象,第二次考察以已经招生的第二批试点专业为主要对象,同时考察第一批试点专业二年级的情况,考察形式可以选择全样本或者抽查部分问题较严重的试点专业,以此类推。每次考察结束后对本次考察的主批次和前面批次试点专业情况进行综合分析,总结经验,解决存在的问题。

(四)效果维度:制定有效的指南性意见

根据微观层面的跟踪凸显保障效果的设计取向,我们认为必须有具体的可操作性的指导意见才能达到要求,根据当前中高职实践的情况,开发以下三种指南性意见显得尤为重要和迫切:(1)开发中高职贯通专业指导目录,教委文件中明确提出专业选择的要求,但对于技术含量多高才算高、技能训练周期多长才算长、熟练程度多高才算高并未有细化规定,所以专业选择时存在一定的盲目性,组织开发专业指导目录,能有效指导哪些专业适合中高职贯通人才培养;(2)开发中高职贯通课程管理指南,中高职贯通课程管理处于初级阶段,少数学校开始课程开发的探索,对于课程实施、课程评价等环节具体该如何操作尚处于混沌状态,开发出具体可操作性的中高职贯通课程管理指南将是指导试点院校在内涵上贯通的重要举措;(3)开发中高职贯通规范管理制度,由于中高职贯通试点学校的自由度较大,不同试点院校之间差异很大,效果不一,开发中高职贯通规范的管理制度具有十分重要的意义。

中高职贯通人才培养改革视域中的课程管理

内容简介：中高职贯通是一种新的人才培养模式，如何打破中职、高职固有的课程体系、重构一体化课程体系是实现人才培养目标的关键，这一过程必须加强课程管理。中高职贯通视域下需以课程开发管理理顺中高职贯通课程开发的权与责，以课程设计管理统领中高职贯通课程的逻辑架构，以课程实施管理体现中高职贯通课程的真正意蕴，以课程评价管理保障中高职贯通课程的有效性。

随着"构建现代职业教育体系"战略任务的提出，中高职贯通人才培养模式作为一种重要形式进入人们视野，在中高职贯通人才培养改革实践中，人才培养模式的创新与落实最终要体现在课程上，中高职贯通课程的基本理念是打破原有中职和高职的独立的课程体系，重构一体化课程体系。当前中高职贯通培养模式在课程运行上存在诸多问题，本文试从课程管理视角加以探讨。

一、课程开发管理：理顺中高职贯通课程开发的权与责

课程开发是整个课程运行的逻辑起点，具有非常重要的地位。那么中高职贯通课程是否全部应由试点院校组织开发、应赋予试点院校什么权利、谁应成为课程开发的主体、如何规范课程开发行为是课程开发管理研究的主要内容。

（一）明晰课程开发权利

课程开发的权利貌似是一个不需要讨论的问题，因为近年来一直鼓励学校教师参与开发课程，实际上学校也开发了数量可观的课程。换言之，学校一直拥有着专业课程开发的权利。现实是目前中高职贯通课程开发呈现了另一个极端的现象，

即课程开发的盲目性和随意性。表现在不论是否需要开发某门课程,不论是否有能力开发某门课程,均加大力度开发。实际造成的后果是中高职贯通试点专业出现了大量不必要开发的重复课程和低质量课程,集中体现在公共基础课的课程开发上。语文、数学、英语、信息技术等公共基础课,理应由教育行政部门组织专家系统开发课程标准,由于中高职贯通处于试点阶段,还无法精确判断中高职贯通专业对公共基础课能力水平的需求,所以早期暂时把专业课和公共基础课的课程开发权利都"赋予"了学校。从目前情况来看,中高职贯通课程开发的权利应分为两个部分:专业课课程依旧由各试点专业根据自身专业定位自行组织开发,但要规范课程开发行为;公共基础课则应由教育行政部门组织专家统一开发课程标准或教材。

(二)明确课程开发主体

前面仅仅讨论了中高职贯通课程开发的权利应归于学校还是教育行政部门,明确了专业课程开发权利属于学校。中高职贯通属于中职学校和高职院校联合办学的人才培养模式,即两个办学主体,那么课程开发的主体应该是谁和主体中的牵头者、参与者和监督者应该是谁,以及如何激励教师参与课程开发等都是明确课程开发主体应该考虑的问题。中高职贯通试点专业课程开发的主体是学校教师,这点是无可争议的,牵头者是高职教师还是中职教师就众说纷纭了,实际上不管是高职教师还是中职教师都可以作为课程开发的牵头者,现实中二者均有出现。从理论上讲,高职处于专业发展的高级阶段,高职教师对高职阶段所需的知识和职业能力具有更多的话语权,由高职教师牵头开发专业课程更为适合。课程开发不可能由一个教师完成,必须有相关人员作为参与者共同开发,中、高职院校的相关专业教师、课程专家、相关企业专家等都是必不可少的课程参与者。课程开发的监督者同样必不可少,一般应由中、高职院校的分管校长担任,监督者应制定相应奖惩措施,明确相关奖惩标准,对课程开发的主体进行指导和监督,明晰各开发主体的权责。

二、课程设计管理:统领中高职贯通课程的逻辑架构

课程设计属于课程运行的灵魂,最能体现课程思想。课程设计的好坏直接影响到后续的课程实施。中高职贯通课程设计管理重点要把握课程结构设计、

课程内容设计和课程深度设计三个方面。

(一) 课程结构纵向设计

中高职贯通课程要避免传统三段式的课程结构,即一般为文化基础课、专业基础课(专业核心课)和专业课(实训课),三类课程呈横向顺三角形排列。课程展开的顺序也是自下而上逐步实施。这种课程结构在理论界一直是受到批判的,传统的中职教学计划多数是传统三段式课程结构编制。这种课程结构一方面会导致理论课程过于集中,增加理论学习的难度;另一方面由于理论与实践之间间隔时间过长,不利于理论与实践之间的整合。① 如果中高职贯通课程仍旧采用这种课程结构的话,其弊端会更加明显,因为中高职贯通长学制导致时间间隔更长,理论与实践更容易脱离。

中高职贯通课程结构设计要转变这一传统思维,按照学生的学习规律和职业能力的生长规律,按照理实一体化的要求,采用纵向发展式的课程结构,例如可按照纵向顺三角形的顺序结构,这种纵向的课程结构设计,使三类课程的展开顺序呈平行推进,使理论与实践根据需要有机整合,避免传统三段式课程结构的弊端,螺旋式地提升学生的职业能力,达到提升课程有效性的目的。

纵向顺三角形课程结构

(二) 课程内容一体设计

课程内容设计管理需要遵循中高职贯通"课程一体化设计"理念。目前中

---

① 徐国庆.实践导向职业教育课程研究:技术学范式[M].上海:上海教育出版社,2005:11.

高职贯通课程设计常用的做法是"加减法",即全面梳理现有中职课程和高职课程,全部课程门类相加,然后按照课程内容的相同或相似程度再做减法,去掉相同或相似的课程内容,剩下的课程即为中高职贯通课程。但理想中的中高职贯通不应该只是"加减法","加减法"对课程重组来说起到的只是"物理变化",中高职贯通预设的目标是课程能起到"化学变化"。这就需要我们重新规划中高职贯通的人才培养目标和人才规格,按照这一新的目标要求,依据岗位所需的职业能力和学生的学习能力,选择重构课程内容,实现一体化的培养目标。

对于公共基础课内容的设计应按照职业教育的属性,满足为专业后续发展服务、为生活服务的要求,诸如职业心理抗挫能力、就业能力、职业转化能力以及创业意识等都应该纳入课程内容选择范围;同时要避免理应由高职阶段开设的课程内容过度前移的现象。由于在中高职贯通试点中,高职院校更具有话语权,部分高职院校往往把一些难度较大的课程放到中职阶段,课程的过度前移,有违人才培养规律,课程内容的安排需要按照职业能力的生长规律和学生学习规律统筹安排。

(三)课程深度综合设计

中高职贯通课程的深度也是课程设计管理需要关注的内容,因为超越学生学习能力和达不到学生学习要求的课程都不能满足专业人才培养的需求。从中高职贯通实践来看,有些课程深度已经超过了中高职贯通对人才规格的要求。表现在两个方面:第一,公共基础课深度过高。有试点院校直接使用高中教材,并且振振有词地说出很多理由:专业发展的需要,为未来进入高职打下良好的文化课基础,等等。试问如果需要高中水平的公共基础课的学生,何不从高中毕业生中选择生源?如果给予高中水平的课程深度,那么学生的学习时间和学习能力如何保证?第二,表现为专业课使用相关的本科教材或在本科教材基础上选择相关课程内容。如果试点院校给出的理由是行业需求的职业能力的提高,需要采用本科院校的相关内容才能符合要求,倒也算自圆其说;但事实却是"没有相关中高职贯通教材,高职教材质量不高",也就是被迫选择高深度。以上两类课程深度过高的现象,给我们的启示是试点院校需要加强课程深度的综合设计,课程的深度不是主观决定的,取决于人才培养面向的岗位所需的职业能力的高低,取决于职业教育的本质属性。所以,我们建议公共基础课课程深度设计的思路是围绕三校生考试所达到的水平进行设计,专业课课程深度设计思路是通过调研获取精确的岗位需求,按照需求设计。

三、课程实施管理:体现中高职贯通课程的真正意蕴

施良方教授在论述课程实施时提出课程实施的三个取向:第一,"得过且过取向"是指课程实施的步骤是在过程中临时决定的,结果无法事先预计。第二,"适应或改编取向"是课程设计者和实施者双方都或多或少地作出调整,以便相互适应各自的情况。第三,"忠实或精确取向"是课程实施者要基本遵循课程设计者建立起来的程序和要求,符合课程设计者的意图。[①] 从中高职贯通课程实施来说,"得过且过取向"和"忠实或精确取向"都不太符合其试点阶段的特点,需要按照"适应或改编取向"作出适时调整。重点加强落实实施机制管理、课程资源的开发与共享管理和联合教研活动管理。

(一)构建贯通理念的实施机制

中高职贯通课程能否实现预期效果,关键在于实施,一体化设计是中高职贯通课程的灵魂和精髓,而贯通则是一体化设计的终极目标,所以中高职贯通课程实施管理必须树立"贯通"的理念,以该理念为指导,建立系统的课程实施管理机制。第一,学校层面,两所试点院校应联合建立统一领导且分工明确的沟通协调机构和制度,定期召开相关会议,解决课程实施过程中的宏观问题。第二,专业层面,以专业部主任为主要成员建立课程实施管理协调小组,主要解决一体化课程实施过程中的中观问题。第三,教师层面,成立专门的课程与教材研究机构,发现课程实施中的新问题等。着重学情分析,思考:贯通班与非贯通班学情的不同,差异在哪里?贯通班与非贯通班因培养目标的差异,体现在学校目标、学习内容的差异在哪里?针对性地加强两个阶段的课程实施的衔接。第四,学生管理层面,成立学生管理和研究机构,对中高职贯通长学制下学生学习动力的

---

① 施良方.课程理论——课程的基础、原理与问题[M].北京:教育科学出版社,1996:131-132.

保持问题进行研究,为课程有效实施提供保障。

(二) 鼓励开发与共享课程资源

广义上说,凡是能支撑课程运行的资源都是课程资源,包括教学课件、网络课程、教学素材、电子教案等等。中高职贯通人才培养模式是新探索,相应的课程资源不够丰富,应该鼓励试点院校开发并共享。鼓励教师开发课程资源不是盲目地鼓励开发,而是要建立系统的课程资源编排方式,以"便于使用"为原则。以教学项目为单位组织课程资源,形成项目资源库是比较好的选择。课程资源在课程实施中具有非常重要的意义,鼓励中高职贯通教师开发课程资源,形成庞大的资源库,通过互联网实现课程资源的共享,将极大地便利教师的教学和学生的学习。这种做法对于中高职贯通课程实施有几个好处:对学校来说,围绕项目整合教学资源突破课程实施"唯教材"的现象,有利于传统教学资源的拓宽和延伸;对于教师来说,围绕项目整合教学资源有利于教师之间的交流,提高教学效果;对于学生来说,围绕项目整合教学资源有利于自主学习的实现,[1] 切实提升中高职贯通课程实施的有效性。

(三) 开展教研活动保障实施效果

相关课程实施机制的建立和课程资源的开发只是为课程有效实施提供了前提和条件。而课程实施过程和效果如何,发现课程实施中的问题以及及时改进实施的方法都依赖于中、高职院校联合教研活动的开展。事实证明试点院校联合教研活动确实是保障教学运行顺畅与高效的重要措施。从课程实施管理的角度,试点院校应成立中高职教育贯通人才培养联合教研室,开展常态化的教研活动,自我检验课程实施过程中专业教学实施方案的执行情况。可重点开展以下几种教研活动:(1) 互相听评课,中职教师或高职教师可定期组织相互听课、评课;(2) 研讨课程实施的应然理念,中、高职教师共同参与贯通培养的课程实施研讨等,以专题的形式研讨中高职贯通课程实施与中职或高职课程实施理念的异同,并定期讨论交流课程实施中碰到的问题和解决方法,交流各试点单位学生的学习

---

[1] 张爱芹.主体性视角下高职院校课程管理研究[D].华东师范大学,2010.

情况和动态等;(3)微调课程设计,通过教研活动,以课程实施中存在的问题为基础,充分讨论交流,选择性地微调课程设计,实现课程实施效果。

四、课程评价管理:保障中高职贯通课程的有效性

中高职贯通视域中的课程评价管理需要以形成性评价作为课程评价管理取向,以协作共管作为课程评价的评价主体,以课程本身作为课程评价的主要内容,方能有效保障课程的有效性。

(一) 以形成性评价作为课程评价管理取向

课程评价分为两类,形成性评价(formative evaluation)和总结性评价(summative evaluation)[1],形成性评价是一种过程性评价,在课程设计阶段和实施阶段进行,主要有以下几类涵义:(1)为改进课程设计所从事的评价活动;(2)检验学生是否有效地掌握了某一特定内容;(3)提出为了达到目标需进行一步增加课程内容。归结起来形成性评价的主要目的是指导课程的设计和微调,使得课程设计与课程实施相互适应,最终达到人才培养目标。总结性评价是在课程计划实施之后关于其效果的评价,它是一种事后评价。笔者认为中高职贯通课程评价管理取向应坚持形成性评价,因为形成性评价符合中高职贯通试点阶段的基本情况,许多课程处于摸索调整过程,通过课程设计或课程实施过程中的形成性评价,调整课程设计,检验课程效果。更重要的是中高职贯通课程评价的主体应是两所试点院校的协作共评,这也决定了必须以形成性评价为课程管理的核心取向。

(二) 以协作共管作为课程评价的评价主体

课程评价中谁是评价主体是无法回避的问题,一般来说,课程评价的主体是教师、学生等,但中高职贯通课程因为是中职、高职两所院校共同设计并实施,评价的主体可以是中职学校、高职院校,也可以是两所试点院校协作共管。第一种

---

[1] 施良方.课程理论——课程的基础、原理与问题[M].北京:教育科学出版社,1996:153-154.

观点是中职、高职各自负责课程实施在本学段的课程评价，优点是分工明确，互不交叉，但不符合中高职贯通的课程特点。第二种观点是在中高职试点院校各自负责本学段课程评价的同时，高职也负责评价中职阶段的课程，理由是中高职贯通人才培养最终学生要升入高职，高职要负责控制学生入学高职的门槛质量。这种观点及其做法是目前中高职贯通试点院校中比较普遍的。第三种观点是中职、高职要协作共管，共同成为整个人才培养周期内的课程评价主体。换言之，除了各自负责本学段的课程评价以外，高职要成为中职阶段的课程评价主体，中职也要成为高职阶段的课程评价主体。前者可能更容易操作，因为现实是高职院校在整个培养活动中拥有更多的话语权；而后者要变为现实才能让中高职贯通课程的一体化设计得以落实。

（三）以课程本身作为课程评价的主要内容

试点院校对课程评价的理解具有课程评价的窄化现象，表现为课程评价就是评教学，实际上课程评价是教学实施过程的一个重要方面，而课程的设计，包括课程设置、课程内容、课程组织、课程结构，以及课程资源的使用便捷性等其他方面的评价都应被纳入课程评价范畴。所以我们要明确在中高职贯通课程视域下的课程评价的主要内容是课程本身，而不仅仅是课程的实施。为加强这个理念的落实，专业导师制是个有益探索，通过为贯通班级学生配备专业导师，专业导师通过听课、开设讲座、与学生访谈交流、个别辅导等形式，不仅能有效了解学生的学习动态和学习需求，发现中高职贯通课程设计或课程实施等方面存在的问题和不足，还能有效地督促教师提升教学能力和专业能力。

中高职贯通人才培养模式校级层面实践路径

内容简介：通过国家和上海市发布的相关文件呈现上海市中高职贯通培养模式的开展背景，阐述这种人才培养模式的基本设想，随后分析了校级层面的实施主体应该肩负设计、管理和监控三大使命，并提出了履行三种使命的指导理念，最后重点分析了上海市中高职贯通人才培养模式的校级层面实践路径。

作为构建中国现代职业教育体系重要组成部分的上海市中高职贯通人才培养模式，在实践中已经逐步展露其理念设计优势。上海市中高职贯通培养模式在什么背景下开展的，这种培养模式的基本设想有哪些？这是我们研究中高职贯通人才培养模式的基本前提。实现中高职贯通人才培养模式的基本设想，校级层面肩负着哪些使命？需要遵循什么理念完成这些使命？以及最终校级层面选择了哪些实践路径完成这些使命？本文围绕以上问题展开研究。

一、上海市中高职贯通人才培养模式开展的背景与设想

上海市中高职贯通人才培养模式实践的开展有其深厚的背景，下文主要呈现国家和上海市发布的相关文件，以及根据上海经济社会发展需要，上海构建的中高职贯通人才培养模式的基本设想。

（一）上海市中高职贯通人才培养模式的开展背景

为增强我国职业教育吸引力，《国家中长期教育改革和发展规划纲要（2010—2020年）》中提出"统筹中等职业教育与高等职业教育发展"的战略任

务;《上海市中长期教育改革和发展规划纲要(2010—2020年)》在指导思想上紧紧跟随国家的战略思想,提出"促进中等职业教育与高等职业教育衔接,构建中等职业教育与高等职业教育课程、培养模式和学制贯通的'立交桥'"的发展任务;《上海市教育委员会关于印发〈2010年上海市职业教育工作要点〉的通知》(沪教委职〔2010〕1号)对上海市中高职贯通作了具体部署,提出"研究制定中高职教育贯通培养模式试点工作方案"等;紧接着上海市教委多次发布文件落实中高职贯通人才培养模式实践。上海市中高职贯通人才培养模式是在上述背景下开展的。

(二)上海市中高职贯通人才培养模式的基本设想

根据上海支柱产业、新兴产业和骨干行业的需要及职业岗位要求,选择具有较好的贯通基础和专业优势的职业院校,进行中高职教育贯通人才培养模式的试点探索,最终提升职业教育服务于先进制造业和现代服务业的能力。上海市中高职贯通人才培养模式的基本设想是,对具有相同专业方向的中等职业教育和高等职业教育的专业进行教学计划、教学实施方案和师资管理等一体化设计,从而加速培养高素质技能型人才。根据相关文件精神,从初中毕业生中选拔生源,采用一贯制(一般是五年)的人才培养方案,总体设计,分两段实施,即前三年在中职校实施,后两年在高职院校实施。学生学完一年课程后进行甄别,不适合或不愿意继续在同一专业学习的学生,可从中高职贯通专业转入相同或相近中职专业学习。对完成专业教学计划规定课程、考试成绩合格、符合毕业条件的学生,颁发高等职业院校的毕业证书,同时颁发中等职业学校的毕业证书。

二、校级层面在中高职贯通人才培养中的使命与理念

上海市中高职贯通人才培养模式理念转化为实践需要市级层面、主管部门层面、校级层面和其他多方面的努力,校级层面是中高职贯通培养模式实践的落脚点,校级层面在培养模式实践中肩负着什么使命?完成这些使命需要贯穿哪些理念?以上问题对于有效落实中高职贯通实践至关重要。

（一）校级层面在中高职贯通培养中的使命

校级层面在中高职贯通培养模式实践中需肩负设计使命、管理使命和监控使命，三种使命对应于不同的对象，贯穿中高职贯通培养主要过程。

1. 设计使命

设计使命指中高职贯通培养模式试点院校在专业申报之前和专业获批以后设计各项工作的过程。包括专业的遴选与申报、教学实施方案的一体化设计以及中等职业学校与职业技术学院在共同培养学生中的沟通协调机制的设计等。设计使命是试点院校开展中高职贯通培养的前提性使命，通过履行设计使命能对本专业的中高职贯通实践起到全局性、前瞻性的规划作用，对可能出现的问题通过预判、分析，进而解决。

2. 管理使命

管理使命指以中高职贯通人才培养模式试点院校为管理主体，把学生和教师作为管理对象进行系统管理的整个过程。包括如何把握中高职贯通学生的特点、根据特点采取有针对性的学生管理方式和方法、如何对教师灌输中高职贯通人才培养模式的基本理念和教师应该掌握的教育教学方法等。管理使命是试点院校开展中高职贯通人才培养的关键性使命，它关系到学校教育中最为关键的两个要素——教师和学生，通过管理使命的履行能有效提升试点院校对中高职贯通人才培养模式的实际影响力。

3. 监控使命

监控使命指中高职贯通人才培养模式试点院校对培养过程中的关键因素和重要环节的跟踪、监控和调整的过程。中高职贯通人才培养模式的实施有许多关键因素和重要环节，如中高职贯通专业的课程、教材开发，因为课程是体现中高职贯通培养理念的核心载体，课程与教材开发和实施是这种培养模式是否达到预设目标的重要参照点。所以监控这些关键因素和重要环节能有效监控中高职贯通实践中的方向，发现可能出现的问题并设法解决。

（二）校级层面肩负使命的实现理念

校级层面肩负的设计使命、管理使命和监控使命必须有可行的理念指导方能得以有效履行，本文确立以一体化管理理念贯穿整项工作和以强化内涵理念保障中高职贯通人才培养工作的有效性。

1. 以一体化管理理念贯穿整项工作

上海市中高职教育贯通人才培养模式自创立起就秉承一体化设计的思想,力图使中职、高职两个学段在内涵上实现贯通。"贯通培养试点方案要一体化设计,不分中高职阶段"是中高职贯通培养模式实践的基本准则之一,所以在履行校级层面各项使命时我们亦要采用一体化的管理、设计理念。把中高职贯通工作看作一个整体,两种办学主体在中高职贯通人才培养实践中应根据专业的需要形成一体化的管理格局,密切加强沟通与配合,联合完成设计使命、管理使命和监控使命。

2. 以强化内涵理念保障工作有效性

中高职贯通人才培养模式中的"贯通"是指在内涵上的贯通。一体化管理是手段,内涵上的贯通是目的。在履行校级层面各项使命时,务必以强化内涵为根本行为准则,各项工作的开展根本目标是在这种培养模式下有效提升学生的职业能力。中高职贯通人才培养方案、课程教材、学生管理、协调机制、师资队伍管理等都是校级层面的重要内涵,在这些方面务必强化,确保在过程中、在结果上实现内涵的提升。

理清楚校级层面在中高职贯通人才培养实践中肩负的使命和履行这些使命需贯穿的指导理念后,选择什么路径来具体落实这些理念是校级层面最为迫切的工作。

三、校级层面在中高职贯通培养实践的路径选择

为有效落实上述理念和完成校级层面的三项使命,我们提出了三条路径,即设计层面上把握贯通起点与院校协调机制落实、管理层面上掌控教师与学生双重管理方向、监控层面上开拓课程和微观教研并举监控之路。

(一)设计层面的路径:把握贯通起点与院校协调机制落实

在设计层面要着重把握作为中高职贯通起点的专业申报,采用多种策略筛选、设计中高职贯通人才培养的前期工作,同时设计健全的制度保障两院校的顺畅沟通。

1. 多策略选择适合的专业申报

选择适合的专业是中高职贯通人才培养模式实践展开的起点,专业是否适合中高职贯通人才培养模式也是能否有效实施的关键。部分院校并没有完全领会贯通要求,申报的专业多数是所在院校的重点专业、教师实力较强的专业,而没有把中高职贯通人才培养模式的专业要求作为专业申报的第一要素。专业申报时可采用以下策略。首先,专业选择上,可以通过对专业进行分类,辅之以对贯通试点条件进行分别分析、筛选的方法。其次,要对申报专业符合中高职贯通人才培养模式试点的必要性进行充分论证,并且有量化依据。根据要求明确拟试点专业的人才培养目标,人才培养目标要紧跟市场需求,并且通过五年的贯通培养能够实现这一目标。最后,专业教学计划的制订要真正体现"一体化"的设计理念,对试点专业学生职业能力的养成符合循序渐进的规律和专业技能的培养规律。教学考核要求和考试大纲的制定需符合专业和未来岗位对人才的需要。

2. 以健全的制度保障沟通顺畅

在落实试点院校的沟通协调机制上,必须建立健全稳定、有效和有监督的沟通协调制度。建立健全稳定的沟通协调制度,定期召开沟通协调会,或每天一次,或每周一次,或两周一次等,试点专业的每位老师能够根据制度及时地实施沟通与协调。稳定的沟通协调制度是时间上的保障,建立健全有效的沟通协调制度则是内容上的保证。有效的沟通协调制度包含四个方面。一是具有完备的沟通协调组织,包括校级组织和各条块组织。校级组织如"中高职贯通培养领导小组"或"中高职贯通培养工作领导小组"等,条块组织如"专业教学指导委员会""教学管理协调小组""学生管理小组"和"课程与教材研究机构"等。二是这些组织要制定严格的规定或章程以保障组织的严肃性。三是这些组织的规定或章程要严格执行,具备强有效的执行力,确保各组织实现自身的预设目的。最后需要建立沟通协调制度的监督机制,只有对相关责任主体建立有效监督,方能保证沟通协调的顺畅。

(二) 管理层面的路径:掌控教师与学生双重管理方向

在管理层面主要掌控好教师管理与学生管理的方向,依据中高职贯通人才培养模式试点学生的特点开展相关学生工作,同时以有效的教师培训为抓手开展教师管理。

1. 依据特点开展学生管理工作

中高职贯通人才培养模式试点的学生具有以下特点：学习时间长，具有中职生和高职生两重身份，中职、高职合并后学习时间缩短，学习压力增加，学生的素质要求相对较高，但不同试点专业学生基础差别较大等。鉴于此，我们要根据试点专业学生特点，规范学生管理，让规范适切的学生管理有效地为试点专业的人才培养服务。规范学生管理应从以下几方面展开：首先，必须制订试点专业学生管理手册，以制度的形式固化具有特殊性的试点专业学生管理。其次，针对试点专业学生特点，创新学生管理方法，如学生的双重身份和一贯制学习等特点，可安排辅导员、班主任双重管理制方法。针对学生学习时间较长的特点，多安排丰富多彩的有趣活动，增强学生的班级凝聚力。再次，针对学生学习压力大等特点，发动多主体参与学生管理。可实施小导师制，即让高年级学生参与帮带低年级学生的方法，在学习、生活和心理适应等多个方面帮助低年级同学，有时候这种学生帮带学生的方法会起到教师所起不到的效果。让学生家长参与学生管理，在学生管理上能起到针对性和高效性的作用。最后，创设信息化的学生管理平台，提高学生管理的时效性和长期性。为每一个试点专业学生开通专属账户，记录学生的成长经历、在某个阶段取得的成绩和存在的不足，以及未来应努力的方向，让试点专业学生在信息化平台中实现自我管理。

2. 以培训为抓手开展教师管理

对中高职贯通人才培养模式试点专业的教师施以系统化和有针对性的培训，让试点专业的教师获得循序渐进的能力生长通道，最终提高试点专业人才培养的质量。首先，提高教师参与培训的积极性，创设让教师自愿参与培训的积极性，而不是校领导强制某位教师参与培训。鼓励教师研究中高职贯通人才培养模式，在研究中发现问题，通过培训解惑。其次，师资培训的周期应合理有序，教师参与培训的周期、频率应在实地调研的基础上科学确定，以防止培训的频率过高，造成教师的积极性下降；或频率过低，达不到应有的培训效果。再次，培训的内容应更有针对性，更加系统化。每次师资培训的内容应是试点工作中教师急需了解的、对学生培养起重要作用的内容，可以涉及中高职贯通人才培养模式理念、课程教材的设计与开发、教学教法、学生管理等内容，以提高师资培训的有效性。最后,强化师资培训效果的反馈、关注培训效果的反馈是提升培训质量的关键。试点院校可通过访谈和问卷等形式向教师了解师资培训的效果,改进下一次培训方案。以上四点建议是从过程到结果的管理,可保障师资管理的效果,提升中高职贯通人才培养模式实践的整体质量。

(三)监控层面的路径:开拓课程和微观教研并举监控之路

监控层面主要保证中高职贯通人才培养实践在课程和微观教研上加强规范化和有效性,以规范化课程开发保证中高职在内涵上贯通,并且以微观教研保证中高职贯通实践的后劲。

1. 以规范化课程开发保证内涵贯通

一体化的课程开发需要打破原有中职、高职独立的课程设置,依据专业岗位的要求,重新梳理岗位需要的知识和技能,根据学生学习特点和专业特点一体化重新设置课程。规范化课程开发应包含以下步骤:第一,由行政部门和中、高职教师对专业市场需求进行调研,定位专业面向的岗位,岗位定位是课程定位的依据,所以首先要通过教学行政部门和试点院校共同调研、明确专业所面向的岗位,形成岗位的调研报告。第二,企业专家和课程专家对岗位的工作任务进行分析,邀请企业专家对他们所熟知的工作进行解剖和分析,分析出某个岗位包括的工作领域、工作任务以及完成工作任务所应有的职业能力,形成能力标准。第三,以对工作任务分析的结果为依据由课程专家和中、高职教师共同分析课程结构,形成专业教学标准。以课程结构分析为依据编制课程标准,课程标准是编制教材和各种教辅材料的依据和核心,必须谨慎对待。第四,以课程标准为依据由课程专家和中、高职教师共同对学习项目进行设计,开发出项目方案。第五,由课程专家、企业专家和中、高职教师共同再开发教材等教学资源。以上每个步骤均需产生完整的、显性的课程开发成果,才能有效地推进一体化课程开发实践。

2. 以微观教研保证贯通实践后劲

中高职贯通人才培养模式能否达到预设效果,最重要的是微观的课堂教学层面,因为课堂教学是连接教师和学生的纽带,是落实中高职贯通人才培养模式"一体化"思想的基本平台,同时也是一线教师发现试点专业人才培养过程中存在的问题以及探寻解决方法的重要源泉。所以,开展课堂教学层面的教学研究活动是一线教师提升课堂教育教学能力，保障试点专业学生培养质量的重要手段。建议从以下四个方面鼓励试点专业教师开展微观教学研究：第一，成立试点专业校内教学研究课题立项制度。每年试点院校划拨专项经费，鼓励教师开展校内教研课题立项。第二，试点院校鼓励一线教师自行确立教学研究课题方向，让教师解决自身在课堂教学中的棘手问题，自行确立的课题最终由相关专家把关、立项。第三，鼓励教师从试点专业学生学习行为的角度开展教学研究，因为学习行为是课堂学习效果最真实、最直观的表征方式。每一种先进的教学理念和教学方法是否达到了预设效果，只需验证学生学习行为是否朝正面的方向改变。第四，评选优秀教研成果，奖励相关人员，试点院校根据教师的科研成果质量和影响力给予一定的物质和精神奖励。

上海市中高职贯通人才培养模式是一种全新的人才培养方式，其培养理念的落实最终体现在校级层面，本文通过分析校级层面应该肩负的使命和完成使命应该遵循的指导理念，从三个方面提出了中高职贯通人才培养模式校级层面的实践路径，以期对当前正在实施的中高职贯通实践起到借鉴与启迪作用。

理念篇

落实贯通理念,强化质量保障

构建生态,融入标准,一体设计
——基于一体化设计的应用电子技术专业中高职贯通人才培养模式探索与实践

上海电子信息职业技术学院　邵　瑛　顾治萍

内容简介：我校应用电子技术专业是2010年上海市首批中高职贯通人才培养试点专业,经过多年专业建设与教学改革,通过人才培养一体化设计与实施,创新并实践了"工学融合、能力贯通"生态型人才培养模式,构建了"大课程、小模块"专业课程体系,借鉴生态学理论,形成具有"本土双元"特色的生态育人机制。充分发挥五年长学制优势,通过系统化培养使学生的专业能力从认知到熟练再到精通,同时提升综合能力,彰显"链接职场、关注个性"的育人特征。

一、一体化设计理念

中高职贯通人才培养的难度在于横跨两所院校、两个培养阶段,解决思路就是一体化设计理念。即贯彻"八个一体化"(教学计划、教学管理、教学内容和要求、教材、实训、师资、评价标准、教研活动),实现"五个统一"(课程标准、教材、授课计划、试卷、评价机制)。

在实践中秉承一体化设计理念,做好贯通培养的顶层设计,并将之贯穿落实于人才培养和机制保障各层面。以能力为主线系统设计培养方案,防止教学内容割裂与重复;同时努力打造"'政、行、企、校'多元参与、校校深度融合"的生态型育人环境,为学生提供一个激发潜能、充满生机的育人生态,同时体现链接职场、关注个性以及国际视野的特征。在机制保障方面,注重校企合作、质量监控、教学资源及师资配备等关键因素,并构建多元动态运行机制,从而解决实践中不断出现的新问题。

二、"工学融合、能力贯通"生态型人才培养模式

生态型育人即打造教育的原生态,将人视为一个完整的、有机的生态系统,运用生态学原理、视角、方法和技术,培养学生个性特质,促进学生身心自由和谐发展。

(一)"一体两翼"定位人才培养目标

本专业旨在培养面向现代电子信息产业,能够从事现代电子产品的安装调试、生产管理、辅助设计等工作的高素质劳动者和技术技能人才。以"一体两翼"式为培养目标(即以培养专业知识、专业技能和职业素养为主体,以培育国际视野、创新能力和培养服务意识、创业能力为两翼),既关注普适性,也关注学生个性。

(二)"本土双元"创新生态化人才培养模式

随着行业发展与技术更新,本专业不断完善与优化人才培养方案,对接国际标准,创新具有"本土双元"特色的生态化人才培养模式,即"工学融合、能力贯通"一体化设计的板块式人才培养模式。每个学期由"校内学习板块"和"企业工作板块"两部分构成,校内学习板块又包括专业课程和校内实训课程。

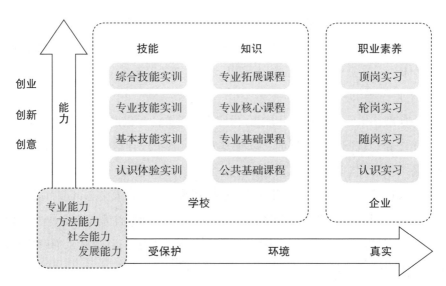

图1 "工学融合、能力贯通"生态型人才培养模式

前三年以培养学生专业知识、专业技能为主，后两年以培养学生综合应用能力和新技术应用能力为重，每学期由"学习学期"和"工作小学期"两个板块构成。低年级的电子创意小制作，培养学生的创意思维；中年级的智能电子小产品设计，激发学生的创新意识；高年级的创业方案拟定，锻炼学生的创业能力。企业工作板块，则是在企业真实环境中的实践。从初入校的专业认知实习，到"师傅引导、学生看问"的随岗实习，再到"学生操作、师傅指点"的轮岗实习，以及最后独当一面的毕业顶岗实习，实践内容和难度逐步提升。校内学习板块和企业工作板块交替进行，逐步培养学生会分析、善操作、具匠心的智能电子技术应用能力，实现专业课程体系与岗位职业能力要求的有效对接。

三、"大课程、小模块"专业课程体系架构

中高职贯通人才培养课程体系构建并非是只对原有高职和中职课程的简单叠加，而是遵循教育教学规律及学生认知规律，从国际化、一体化视角出发，基于能力循序渐进的培养原则进行规划设计，并融入德国工商大会（AHK）"仪器和系统电子技术工（EGS）"职业资格标准。整个课程体系包括"公共基础课程、专业基础课程、专业核心课程、专业拓展课程"四大部分，其中专业课程采用"大课程、小模块"架构，即每门课程由多个模块有序衔接构成并纵贯多个学期。

以"嵌入式系统应用"课程为例介绍"大课程、小模块"课程体系架构。借鉴德国学习领域课程模式，将嵌入式技术这样庞大复杂且具系统性、综合性的学习内容一体化设计建立大课程，构建基础模块、应用模块及创新模块（见图2）。基础模块是对基础硬件应用能力的培养，应用模块是在复杂硬件体系结构基础上强调程序设计的软能力培养，创新模块则是着眼于学生创新创业能力的培养。三个课程模块紧贴应用，各有侧重，使能力培养从"硬能力"到"软能力"到"综合能力"，最后上升到"创新能力"，有序衔接，循序递进，相互补充，形成完整的能力培养体系。

"大课程、小模块"课程体系架构，通过系统整体设计，将相关技术技能进行

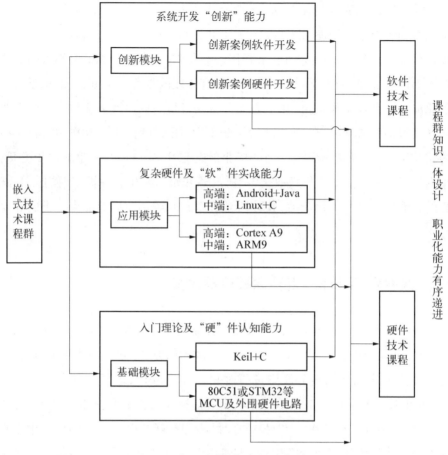

图 2　嵌入式技术课程群架构

有机划分,形成相互支撑和有序衔接的课程模块。从局部看,降低了技术难度;从整体看,又保证了技术体系的完整性。

四、"师生共生"教学举措

难度大的新技术,诸如嵌入式技术等引入教学时,一方面教师对新技术的发展动态响应不够,新技术刚出现时配套的教学资源匮乏;另一方面由于新技术自身门槛较高,学生消化吸收有困难,对此提出"师生共生"教学举措,其架构如图 3 所示:

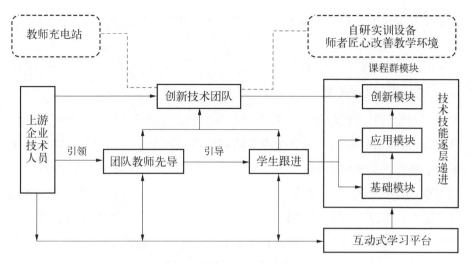

图 3 "师生共生"教学举措架构图

建立"教师充电站",为教师开展新技术学习与研究提供平台。鼓励教师自主研发开源的低成本实践设备,用"师者匠心"改善教学环境。在基础和应用模块,当新技术出现并引入课堂教学时,由上游企业技术人员先行引领教师开展学习,熟练掌握新技术新技能,再由教师引导学生学习。在创新模块,由上游企业技术人员、教师和学生共同组成团队,开展技术创新探索实践,师生共同承担企业岗位开发任务,提前进行岗位"预热"。

这种方式使教师和学生同时体验职场氛围,共同提高职业素养;借助于互动式学习平台,教师和学生都能依据平台数据的积累和分析,发现各自在教学实践活动中存在的不足,实时调整"教"和"学"的方法,实现教师和学生层面的自我优化和改进,在同一个生态下实现共同提升。

五、实施效果

(一)学生培养成效

学院成为全国首批 Google 及 ARM 人才培养双示范基地,与德国应用技术大学共建中德学生嵌入式科创空间。近三年毕业生就业率都为 100%,每年都有大批学生进入上海航天技术研究院、中国商用飞机有限责任公司等国家战略性企业并深受好评。近三年本专业学生获得专业相关的国家级奖项4个、市级奖项7个。

(二) 专业建设成果

本专业现有市级教学团队1支、全国优秀教育工作者1名、市级教学名师1名、市级精品课程4门、市级教学成果奖4项、上海市中职校名师工作室1个、中国电子教育学会成果奖2项。2016年获得上海市高职高专重点专业建设(中高职贯通)教学设计比武大赛第1名,2017年"基于师生共生和一体设计的嵌入式技术课程群建设与实践"获"上海市教学成果奖"一等奖。同时,本专业中高职贯通人才培养模式试点为本校及其他兄弟院校的中本贯通、高本贯通提供了借鉴和思路,至今我校已有10余个专业的各类贯通试点。

中高职贯通数控技术专业人才培养
——两校统筹，联合教研

上海电机学院　李　莎

内容简介：本文撰写了上海电机学院和上海市群益职业技术学校中高职贯通教育的典型案例。两校统筹设立了灵活的半年轮值主席制和中高职贯通项目管理委员会，解决了两校管理制度上存在的差异，为后续教育教学具体工作的开展提供了有力保障。通过联合教研对数控技术中高职贯通进行专业建设，对专业核心课程群进行一体化设计，教师队伍深度融合，联合编制教材。在近些年的教育教学建设中，获得中高职贯通专业建设教学设计比武大赛三等奖，入选"上海高职高专市级教学团队"。

中高职贯通教育是职业教育适应经济转型升级的需要，是职业教育内涵发展的需要。上海电机学院与上海群益职业技术学校是较早探索中高职贯通办学方式的院校，两校人才培养方向相近，教育内容和层次具有承接性，两校紧邻闵行装备制造业基地，开设专业对接产业需求。两校通过贯通培养，统筹管理，统一规划设计，完善制度保障，培养优秀人才，服务于先进制造业发展。

在中高职贯通办学初期，由于中高职培养人才的定位层次不同，人才培养方案不能很好地贯通，专业课程设置难以前后兼顾，使用的教材存在重复、断层、脱节现象，师资队伍没有融合，缺乏沟通。对此，两校积极开展教育教学研讨会，提出一系列创新举措。两校统筹管理，建设中高职贯通工作体制机制；联合开展有特色、有主题的教研活动，共同探讨，切实提升教师教育教学能力。

一、创新做法

（一）两校统筹，创新机制

中高职贯通得到了两所学校领导的高度重视、大力支持和配合。上海电机学院从上至下打破原先的组织框架，专门架构起中高职贯通跨校、跨部门的组织机构体系，成立了中高职贯通项目管理委员会，为教学一体化真正贯通建立了保障和运行机制。中高职贯通项目管理委员会实行各中职校半年轮值主席制，每半年组织召开管理委员会领导会，每月组织召开工作组例会，及时反馈各专业的教学开展情况，准确分析、高效沟通解决实际问题。除了中高职贯通项目管理委员会以外，组织机构还设有：领导小组、中高职贯通教学管理工作组、数控技术联合教研室、质量监控组等，实现了管理一体化，提升了中高职管理的针对性和有效性。在创新式组织机构的保障下，两校就专业建设、人才培养方案制订、联合教研、教学团队建设、课程一体化设计、教学大纲撰写、教材编写、教考分离、学籍管理、大学文化熏陶等方面进行了研讨，加强了沟通。

（二）联合教研，提升质量

1. 数控技术中高职贯通专业建设

学习中国台湾地区职业教育体系的经验，两校系统地对中高职贯通数控技术进行专业建设。由两所学校的机械专业教学部拟定课程委员会章程，通过投票选举方式组建数控技术专业课程委员会，两校教师群策群力，集思广益，避免了以往由专业负责人一人为主的弊端。首先，从四个角度进行调研：最多毕业生从事岗位、最多在校生期望岗位、教师期望学生从事岗位、未来新兴岗位。其次，确认目标岗位：工艺编程与设计、质量检验、设备操作；接着，针对三个目标岗位对应的工作行为、所需技能与知识来制作问卷对大、中、小企业调查访谈，得到三个目标岗位所对应的全部工作任务，并把每个工作任务所对应的工作行为、知识、技能、态度进行整理汇总，得到数控技术专业职业能力。再次，根据职业能力的重要程度和使用频率，对现有科目进行扩充、缩减、增加和删除，优化课程体系结构，绘制课程地图。最后，根据课程地图，保障课程正常开展，对现有师资、实验室、设备进行统计,确认保障条件,编制中高职贯通数控技术专业人才培养方案。根据调研所得职业能力内涵和职场需求指标进行专业建设,循序渐进、按部就班、认真、踏实地做好每个阶段的工作,整个过程以市场调研为依据,以职业能力为导向,确保专业建设真实有效。

2. 专业核心课程一体化设计

专业核心课程的贯通设计主要以四方面能力培养为依据,进行系统化、模块化设计,构建相应专业能力课程群。分别为零件检测与质量控制能力、数控机床编程与操作能力、数控加工工艺编制能力和数控设备调试与维护能力。

零件检测与质量控制能力。总体依照理论→实践→理论→应用的认知规律进行设计。前置课程为"互换性与技术测量",以"理实一体化"的原则进行教学实施,实现理论与实践相结合。后置课程为"机械加工质量分析与控制",以案例分析为主展开教学实施,实现理论与应用相结合,主要为数控加工工艺与数控实训(中级/高级)提供理论支撑和技术支持。

数控机床编程与操作能力。总体依照"理实一体""工学交替""螺旋上升"的学习方法进行设计。前置课程"数控机床编程与操作"(中级)主要围绕数控编程理论与操作、数控仿真、单项能力实训展开"理实一体化"教学。通过数控中级综合实训→顶岗实习的"工学交替"方式进行技能强化训练后,展开后置课程"数控机床编程与操作"(高级)的教学实施;并通过数控实训(高级)(实践教学)→计算机辅助编程(技术应用)→顶岗实习(企业实习)实现螺旋式、渐进式的专业能力培养。

数控加工工艺编制能力。总体遵循循序渐进、逐步提升的原则,以直线式学习法展开教学实施。前置课程"数控加工工艺"的教学,主要培养普通零件加工工艺的基本分析和设计能力;然后通过交替进行的数控实训和企业实习来对所学知识进行巩固和提升;之后进入后置课程"大型零件数控加工工艺"的学习,主要培养学生对于大型零件数控加工工艺的分析与编制能力,并穿插大型设备操作的企业实习,最终实施大型零件数控加工方案,培养学生的综合运用能力。

数控设备调试与维护能力。总体遵循"教、学、做"融为一体的项目化教学方式展开课程教学。前置课程"数控机床结构及原理"的教学,主要培养学生对于数控机床机械结构及数控部件的认知；后置课程"数控机床维修与维护"的教学，主要培养学生对于数控机床的故障诊断和日常维护能力，为之后进行企业实习打下良好基础。

3. 教师队伍深度融合

教师队伍深度融合，打造师资共同成长平台，中高职贯通院校可以把师资力量整合在一起，融合发展，不仅仅能让教师更好地利用现有的资源，而且还能让教师在交流中共同成长。数控技术专业的一些重要的专业课程，比如"机械制图""机械设计基础""机械测绘"等，就安排高职的教师去中职学校主持教学工作，保障教学质量统一。另外，教师可以强强联合，共同承接横向课题，深化校企合作，及时掌握行业发展动态，提高教师的科研能力，从而培养高质量的人才。

4. 联合编制教材

中高职贯通培养，既要体现贯通特点，又要体现中职、高职两个阶段的特色，需要对课程进行设计，并编制特色教材。对中职和高职两个阶段的知识结构和内容进行梳理，仔细划分两个阶段的教学内容与学习深度，避免教材内容重复、脱节、错位。对"机械设计基础"与"机械测绘"课程，学生一直反映学习吃力，但它们是数控技术专业重要的专业课程，还是专升本考试的必考科目，考虑到很多学生高职毕业后，会选择继续深造，目前联合教研组正在编写这两本教材，既体现贯通培养的特色，又能让学生易学易懂，还能满足学生专升本考试的需求。

二、成果与成效

（一）担任上海市中高职贯通数控技术专业联合教研组组长

联合教研组工作已见成效，上海电机学院、上海市群益职业学校分别是上海市中高职贯通数控技术专业联合教研组的组长和副组长单位，为联合教研活动的展开提供了良好的基础和保障。

（二）荣获"2018年上海市高职高专市级教学团队"称号

中高职贯通数控技术专业教学团队，长期致力于数控技术专业的建设与研究，团队发展目标明确，协作精神好，具有较强的进取精神和创新意识，该团队在教学改革、专业建设等方面作出了突出成绩,取得了丰硕的教研成果,在全市专科教学中具有示范引领作用。团队带头人多年来潜心于本专业建设,工作业绩突出,组织、管理和领导能力强。

(三) 荣获上海市中高职贯通专业建设教学设计比武大赛三等奖

在完善的制度保障下,经过"一体化"创新设计、认真准备,中高职贯通数控技术专业教学团队,在2016年上海市高职高专院校中高职贯通专业建设教学设计比武大赛中荣获三等奖。

嬗变、共生,继往开来
——行业趋势变化视域下的中高职贯通会计专业人才培养动态调整

上海商业会计学校　李　茉

内容简介：随着时代发展,信息技术日新月异,传统会计岗位面临着信息高效、快速输出带来的行业压力,企业对复合型会计人才的需求日趋紧迫。中高职贯通会计专业人才培养从制订方案到招生,再到教学实施直至学生毕业,历时五年,这些与瞬息万变的信息化时代岗位技能人才需求显然不相适应。因此,中高职贯通会计专业教学团队在人才培养方案实施过程中开展了动态调整机制,遵循动态性、合理性、一致性原则,以促使中高职贯通会计专业建设更高效、更集约、更与时俱进,人才培养更符合企业行业发展需求。

上海商业会计学校与上海商学院合作,于2012年开始实施中高职贯通会计专业招生,专业建设八年来,已累计有3届毕业生,专业学生就业和升学总体情况良好,企业用人单位对学生评价反馈满意度较高,体现了专业建设成效：一方面源于专业人才培养定位准确；另一方面则源于中高职贯通会计专业教学团队在人才培养方案实施过程中对课程资源、课程设置、师资队伍、实训实习环节开展的动态调整机制。

一、微调课程深度与宽度——动态调整人才培养之基

(一)课程资源的整合与重构

以中高职贯通会计专业核心课程"会计基础"为例。随着智能财税时代的到来,企业用人的诉求不再单一化,而是需要具备集专业技能、职业素质于一身的复合型、应用型财会人才。专业教学团队根据企业行业岗位人员素养和技能的要求,结合行业变化和需求,依托已有"会计基础"课程,将课程资源进行重新

整合,更新教材,调整教学大纲,丰富教学方法,关注知识解析、知识创造、学习者知识内化和习惯养成,从而为"会计基础"课程注入新活力,使学生的专业知识面拓宽了,专业技能训练更符合职业发展需要。

(二)课程设置的调整与更新

随着大数据时代的到来,财务共享、区块链、人工智能、5G等新技术、新理念、新方向不断涌现,检验会计专业技能水准的会计职称考试也在相应发生变化,财务会计逐渐向管理会计转型,智能财税成为企业行业发展的主流。对此,专业教学团队将已有的课程"成本会计"课程升级为"成本核算与管理",以对接会计初级职称考试的要求和企业成本管理的需求;将"ACCA(F2)"课程国际注册会计师考试(管理会计)进行本土化,以贴合上海区域经济发展的需求和国际化大都市建设企业行业人才岗位的要求。实践证明,两门课程的调整与更新紧贴了岗位人才技能需求,学生职业资格证通过率、就业面试通过率明显提高。

二、优化师资质度与效度——动态调整人才培养之核

除了调整课程以外,专业教学团队对专业师资也进行了调整和优化,更加在质度和效度上下功夫。

(一)专业授课教师知识储备进一步更新

建设一支能适应中高职贯通会计专业建设发展,具有较强技能性和实践性教学要求的"双师型"专业教师队伍,是培养社会需要的高素质、高技能会计人才的关键。在专业负责人的带动下,鼓励教师提高学历、学位;利用寒、暑假,选派骨干教师到国外进行专项学习和考察;鼓励教师尝试参加各类会计职业培训和考试,从中获得新知识、新理念;鼓励教师加强与校外企业的合作,了解行业的最新发展动态。一系列鼓励措施,孕育了专业师资建设发展的良好环境,中高职贯通会计专业教学团队中,1人获得了首批上海市职业教育正高级讲师,6人获得了学历提升,12人赴国外学习和考察,32人参加了国内外专业培训,所有的专业教师参加了企业实践,校企合作共建共享资源。专业授课教师专业教学知

识储备进一步更新,"更新成效"翻转于教学课堂,提高了专业教学成效。

(二) 专业师资结构进一步优化

在原有师资配备基础上适时遴选行业企业专家导师融入专业教学团队,优化了师资结构,邀请他们为学生开讲座授课。每年根据会计行业发展,遴选财务管理中心专家库的税法、核算、内控管理专家来校,分别就当前行业热点为学生开讲座授课;同时将当年最热、最新的政策和变化与课程内容相衔接。以会计专业"行业发展前沿"课为例,专业教学团队根据2018年、2019年会计行业发展的要求和政策变化,对课程内容和师资匹配进行动态调整,在基础师资配备上,动态加入了专家导师(由政府及企业专家组成);在课程的内容选择上,融入会计行业最新动态,解读政策最新变化,传播技术最新发展。

"行业发展前沿"课教学内容与师资动态匹配调整一览表

师资结构	2018年教学内容	2019年教学内容
校内教师	从财务会计到管理会计转型	增值税改革与税收筹划
	会计专业发展方向案例解析	会计专业发展方向案例解析
	政府会计准则及政府会计制度	政府绩效改革与政府会计改革
政府及企业专家	会计监督与企业内部控制制度	职业教育与专业选择
	现代企业财务岗位需求	财务岗位基本素质要求
	当今我国税制体制改革	减税降费专题解读

三、拓宽实训经度和纬度——动态调整人才培养之实

专业教学团队充分利用学校和企业不同的教育环境和教育资源,采取课堂教学与实习、实训有机结合的教育教学方式,实现贴合财务管理转型发展需要的中高职贯通会计专业人才培养目标。

通过共建超仿真实训平台,引入企业基础税种真实案例、行业企业综合税种真实案例、中小企业管理会计仿真案例,使学生浸润于企业真实场景,突破学生专业实习、岗位实践瓶颈;将实训课堂变为职场实践,通过带领学生走进企业,实现对专业

行业的认知；通过实训课堂定岗实践，实现对会计专业岗位的认知；通过学校教师到企业实践和企业导师走入课堂，从而实现双师共育，在新理念、新知识、新技能、新技术等多方面共同实现中高职贯通会计专业人才培养，提高专业学生的技能水平。

四、中高职贯通会计专业人才培养动态调整之思考

（一）动态性原则——激发嬗变

中高职贯通会计专业人才培养方案具有一定稳定性，但是会计所在的行业和政策却在实时发生变化，会计专业的课程内容和资源不可能一成不变，教授学生专业的教师所具备的专业知识不可能一成不变，学生的学习条件和学习方式不可能一成不变。因此，需要专业教学团队在"五年一贯"的培养过程中，与时俱进地调整，从而激发嬗变，以适应行业人才所需，坚持动态性调整原则是实现中高职贯通会计专业人才培养目标的重中之重。

（二）合理性原则——寻求共生

中高职贯通会计专业人才培养的动态调整既符合人才培养最终目标，又在既定框架中顺应时代变化，面向未来。因此，对于课程调整，既注重保留原有课程设计的合理部分，强调新方法和新内容的融入，也强调对已有资源的重新整合；在师资的调整中，既保留现有优质师资的配置，又引入行业领军人才，进一步优化教学团队结构；在优化实训条件方面，既注重校企合作的叠加效应，又关注实习实践的广度与深度。合理的调整才能在寻求中实现共生发展，实现中高职贯通会计专业人才培养在课程上的优化、在师资上的多元、在实训中的飞跃，从而惠及学生发展。

（三）一致性原则——继往开来

中高职贯通会计专业人才培养的动态调整，是根据时代要求和政策变化，基于现有人才培养模式和理念进行的合理化调整，这种调整既保留了原来科学合理的部分，又融入了更具时代特色、行业特色和学校特色的新内容和新方法，在已有的框架中进行更合理配置，面向未来，从而输送更符合行业企业要求的复合型会计人才，也为后续实现更高效的专业人才培养打造坚实的基础。

立足联合教研工作机制创新,助力中高职贯通专业建设发展
——中高职贯通计算机网络技术专业建设典型案例

上海电子信息职业技术学院　邱　洋
上海电子工业学校　　　　余　浩

内容简介:自2014年试点中高职贯通计算机网络技术专业(物联网方向)人才培养以来,取得了不错的成效。本文重点阐述了中高职院校如何创建联合教研工作机制,并按照要求落实到位,积极认真地开展各项工作,促进计算机网络技术专业建设,提高教学质量,培养合格的高素质高技能人才。

2014年9月,我校开始招收第一批中高职贯通计算机网络技术专业(物联网方向)学生。随着多年来中高职贯通试点的不断推进,结合德国双元制职业教育模式,逐步形成和完善"融学融工,贯通培养"的人才培养模式,建构了基于岗位群技术及能力要求的课程体系。近几年来,计算机网络技术专业紧紧围绕专业建设目标,按照"面向现代化,面向国际化,面向未来"的要求,做到"定位准确、目标清晰、措施得当、保障有力",在人才培养模式、课程改革、师资队伍及社会服务等方面积极探索,勇于突破创新,在上海市同类专业中发挥了品牌效应。

一、立足联合教研,推动工作机制创建

为更好地探索中高职教育贯通人才培养模式实践经验,经上海电子信息职业技术学院、上海电子工业学校共同研究决定,成立两校联合计算机网络技术专业中高职教育贯通人才培养模式试点专项工作组织机构。专项工作组织机构下设领导小组、教学管理工作小组、教学督导小组、联合教研室等。

各工作小组在领导小组统一领导下开展工作,以科学发展观为指导,坚持以

服务为宗旨,以就业为导向,主动适应经济增长方式转变和产业结构调整升级,积极探索适应上海经济社会发展需求和特点的高素质技术技能型人才培养模式,推进完善中高职贯通职业教育人才培养机制,努力构建与市场需求和劳动就业紧密结合的、以校企合作、工学结合、结构合理、形式多样、灵活开放、自主发展为特点的现代职业教育体系。

二、梳理工作职责,推动教学改革落实

根据中高职贯通试点工作需要,依托上海电子信息职业教育集团,组建由行业企业兼职教师、学院(校)专业带头人及骨干教师组成的联合教研室。

联合教研室是直接承担教学任务的教学组织和管理机构,其主要工作是创新高素质技能型人才培养模式,开发体现IT产业发展水平、国家职业资格标准和行业企业标准的核心课程标准、教学大纲、校本教材等。作为基层教学组织,其工作职责主要有:开展专业调研,制订本专业的人才培养方案;负责制订出本专业的年度工作计划,并定期检查执行情况;做好课程建设工作,进行教学改革和探索;做实课程教学管理工作和课程考试考核工作;组织实施本专业课程的教学、实验、实训、实习和毕业答辩工作;组织和引导联合教研室的专业教师申请和参与各级科研课题项目、各类交流活动;依托学院的"双师双向"交流制度,做好教学团队建设;负责联合教研室的档案建设与管理,建立教学资料档案库;负责有关的实验、实训室和实习基地建设工作,积极开拓新的校外实训、实习基地。

三、创新工作内容,推动教学能力提升

自成立以来,联合教研室制定和完善了多项制度,在切实贯彻执行规章制度的基础上,推动本专业的教学改革,并对学院(校)的教学管理和改革提出合理化建议。具体工作如下:

定期(每学期至少3次)召开联合教研会议,加强中高职教师之间的业务学习和经验交流,加强专任教师和企业兼职教师之间的相互学习;研究、检查、总结、反思教研室工作情况。

参与中高职贯通培养的公共基础课、专业基础课教师应开展集体备课,通过多种途径探索和研究符合贯通培养的一体化教学内容、教学方法,参与专业课程教学的中高职教师、企业兼职教师之间也必须不断沟通,加强集体研究。

结合学院(校)听课制度,组织联合教研室教师集体听课和相互听课,并进行评议、总结经验。

每学期至少开展期初、期中、期末三次教学检查活动,并在学期结束时,对本学期授课教师进行一次全面考核,对成绩突出的教师进行表彰。

做好联合教研室所属设备、教学资料等的管理工作,具体责任落实到人。

联合教研的实施,促进了中高职教师的沟通和了解,针对不同学段的学生、不同学段的教学内容与目标都会有更清晰的认识,在专业课程建设方面可以做到更好的衔接,对教师的教育教学能力是一种相互促进,教学质量明显得到提高。

四、凸显工作成效,推动教学质量提高

基于计算机网络技术专业涉及的行业技术发展迅猛,中高职贯通专业每年都通过中高职联合调研、共同研讨,优化课程体系和人才培养方案。为保证和提高教学质量,中高职贯通专业组织中高职的骨干教师积极参与培训和企业实践,校企合作开发教学资源,包括校级精品课程建设、教学项目开发、教材建设、数字资源建设等,以"项目引领、过程评价"为原则实施启发式教学改革,实现核心课程教学的项目化和考核评价的多元化。具体数据见表1和表2。

表1 近六年来教师参与各类培训及企业实践汇总表

时间	参加各类培训（市级及以上）	参加企业实践（包含校级和市级）
2014年	11人次	3人
2015年	13人次	3人
2016年	27人次	2人
2017年	25人次	3人
2018年	28人次	1人
2019年	34人次	5人

表2　近六年来精品课程建设与教材开发情况汇总表

时　间	精品课程（包含校级和市级）	校本教材 （包含校级和市级）	出版教材
2014年	局域网组建 计算机网络技术 网络设备配置与管理	2本	无
2015年	网页制作与网站运维 物联网技术应用	5本	无
2016年	网络服务部署与管理 计算机系统使用与维护	1本	无
2017年	网站设计与开发	1本	无
2018年	短距离无线通信技术及应用	2本	《网络设备配置与管理》第二版
2019年	Linux服务配置与管理 短距离无线通信技术及应用（市级）	3本	无

中高职双方都建有现代信息技术应用实训中心，这几年高职集中力量建设了物联网应用实训室、云计算实训室，并且与腾讯合作建设了网络空间安全"产、学、研"协同创新基地，这些实训室资源都为中高职贯通专业教学共享，为中高职贯通专业配备了足够的校内外实践基地作为教学实施的载体。

依据人才培养方案要求落实教学，严格遵照联合教研室的管理制度，中高职教师依据课程标准制订授课计划和教案，依据课程考核实施方案对学生进行知识、技能和态度等方面的综合评价。

在正常完成教学任务的同时，中高职贯通专业教师都积极参与科研、教学能力大赛，并指导学生参加职业技能比赛。中高职贯通专业学生在各级各类技能大赛中均表现不俗，例如：以中高职贯通专业的学生为主体参加全国职业院校技能大赛、上海市"星光计划"职业院校技能大赛等，多次获奖。2016年和2017年分别获得全国职业院校技能大赛"智能家居安装与维护"项目中职组团体二等奖和三等奖；2017年和2019年分别荣获上海市"星光计划"职业院校技能大赛中职组的3个团体三等奖、1个个人二等奖和1个个人三等奖；在2019年中国技能大赛一类竞赛"智能家居系统集成与运维"赛项中获得了一等奖和三等奖;另外还在一些行业类大赛中也屡获佳绩,成效显著。

中高职贯通专业教师联合完成了上海市电子信息职业教育集团"中高职贯通专业课程衔接研究——以计算机网络技术专业为例"等课题研究。2位教师在企业实践中获"优秀学员"称号,所撰写的企业实践成果转化为教学案例获得了一等奖。2017年还申报了"上海市教学成果"项目,并获得了二等奖荣誉证书。

五、总结工作经验,推动专业建设发展

联合教研工作机制的建立,有效地促进了中高职贯通专业建设和教学改革,不仅可以从顶层设计上立足实际、放眼长远、动态适应、确定方向;而且在课程体系建设上实现真正衔接,突破了重点、难点;同时在师资队伍建设上深度融合,打造共同成长平台;在实训条件上实现资源共享,提高教学质量,最终达到培养计算机网络技术专业高素质高技能人才的目标。

"中高职协同深度合作,点面结合全面提高"
共同打造高质量机电一体化技术专业人才

上海工程技术大学高等职业技术学院　宁宗奇

内容简介：本案例抓住"如何提高人才培养质量"这一关键问题,从制度设计、培养过程和取得的成效三个角度着重阐述中、高职两校如何深度协同开展专业人才培养,如何由点到面、点面结合地全面提高和保障专业人才培养质量。两校深度协同、交流合作,共同打造一流品牌专业,共建共享一流师资队伍,共建共享一流教学资源,共建共享一流实训环境,共同开展联合教研活动;人才培养"点面结合""由点带面",全面提升学生整体素质,从而取得专业水平提升、师资队伍增强、实训环境改善、师生整体获益的多方共赢局面。

一、试点背景

机电技术应用专业是上海市高级技工学校的拳头专业,具有传统优势,机电一体化技术专业是上海工程技术大学高等职业技术学院的优势专业。两校从2013年开始合作申报机电一体化技术中高职贯通培养专业试点,从2014年开始招生,目前已经招收6届学生,其中2014级学生已经于2019年6月份毕业,2015—2019级学生在读。

二、主要创新做法

(一)两校协同,深度合作

1. 制度设计

在制度层面,上海工程技术大学和上海市高级技工学校就学生管理、教学管理、实习实训教学管理、教学工作规范、教学质量管理等贯通培养具体管理制度进行梳理，为中高职贯通培养确定了制度框架。在具体操作层面，形成由高职学院院长牵头全面负责，两校各自分管教学的副院（校）长主持，上海工程技术大学教务处负责日常教学的组织实施、质量跟踪与控制，共同完成人才培养的各项具体工作任务。

2. 共同打造一流品牌专业

两校主动适应智能制造产业升级需求，将产教融合作为提升专业教育质量的突破口，发挥各自资源和优势，共同开展校企深度合作，构建职业能力框架；共同优化课程体系，拓展优质教学资源；共同培养专业教学名师，打造一流师资团队；共同整合实训资源，打造一流实训基地。

3. 共建共享一流师资队伍

双方通过共同编写教材、共同编制授课计划、共同开展教学活动、共同参与校企合作实践活动、共同开展校企合作项目等方式，多渠道、多方位地开展师资队伍共建，打造一支充满活力、专兼结合的"双师型"师资团队，并实现师资充分共享。

4. 共建共享一流教学资源

双方共同协调和商讨教学资源开发过程中的工作规划、组织和管理，结合各阶段教学环节对教学资源的不同需求，制订科学合理的教学资源开发方案；共同组织教师开发教学资源；教学资源开发完成后实现教学资源成果的充分共享。

5. 共建共享一流实训环境

双方依托"上海市机电一体化技术开放实训中心"和"上海市机器人技术开放实训中心"平台，就提升实训环境、改善实训教学条件广泛开展合作，共同打造一流实训环境。以实训室建设为例，按照双方的构思，在实习实训过程中引入先进教学手段和教学方法，在教学过程中引入机器人仿真、数控维修仿真、PLC仿真等仿真教学软件，在增强抽象理论知识形象性的同时，降低实践教学安全性风险。服务能力得到提升后，实训平台反哺双方的实训教学。此外，双方共建共享各自的校外实训基地资源，共同推进实训环境的提升。

6. 共同开展联合教研活动

两校定期就贯通培养系列具体问题开展联合教研活动，会议由两校轮流主办，确定活动主题、开展相关活动研讨,就专业建设、人才培养、教学方案、教学大纲、教学任务、课程建设、资源开发、课程教学等问题进行深入、广泛的探讨和交流。

(二)点面结合,全面提高

1. 总体设计

人才培养方面"以赛促教",充分发挥各级各类技能竞赛和创新创业比赛对人才培养和教育教学的带动作用,"点面结合",全面提升人才培养质量。

2. 具体实施

以课堂教学为基础,以学校"兴趣小组""技能节"为支点,遴选专业相关性强、专业知识涵盖面大、对学生能力素质培养综合度高、行业认可度影响力大的比赛,长期跟踪,广泛参与,并将相应标准融入课堂教学。

在课堂教学过程中,将"面"的整体提升与"点"的个别需求相结合。在保证"面"的整体提升方面,首先,着重培养学生的基础知识和基本技能,使学生具备广泛的基本知识和基本技能。其次,按照企业实际应用和校级"技能节"比赛的标准和要求对学生的知识和技能进行规范,提升学生的整体素质。最后,兼顾个别专业学习能力强的学生的发展需求,按照市级、国家级比赛的标准和要求,层层推进,逐层提高,保障"点"的个别需求。

在操作过程中"点面结合",既保证学生专业素质的整体提升,又兼顾个别专业学习能力特别强的学生的发展需求。反过来"以点带面",通过个别专业学习能力特别强的学生的示范带动作用,激励和促进其他学生的学习,促进学生整体学习水平的提高。其积极作用具体表现为学生学习氛围浓厚、学习积极性高涨、比赛参与率高、各类比赛获奖率高、就业率高、就业速度快。

三、取得的成效及影响

(一)专业水平得到提升

通过发展,机电一体化技术专业得到全面提升。数控维修技术教学团队和机器人技术应用教学团队先后荣获"上海市优秀教学团队"称号,成功建立上海市技能大师工作室1个,1人获得市级教学名师称号,13人次获"全国职业院校技能大赛优秀指导教师",获市级教学成果一等奖1项,市级精品课程4门和论文、著作、知识产权100余项,横向项目经费近300万。2019年上海工程技术大学高等职业技术学院的机电一体化技术专业被遴选为"上海一流专科高等职业教育专业"。目前该专业招生和就业"进出两旺",形势喜人。

(二)师资队伍得到增强

通过建设,教师"产、学、研"服务能力大大增强。团队建设有市级精品课程4门、校级精品课程6门,在国内外重要期刊发表论文80余篇,申请发明专利2项、实用新型专利11项、软件著作权登记15项,完成科研项目8项,经费总计近300万元。2014年以来教师指导学生参加全国职业院校技能大赛荣获一等奖4项、二等奖4项,荣获全国职业院校技能大赛"优秀指导教师"达13人次;数控维修技术教学团队和机器人技术应用教学团队先后荣获"上海市优秀教学团队"。

(三)实训环境得到改善

通过建设,实训环境得到改善,实训平台服务能力得到提升。实训基地于2016年、2017年和2018年连续三年承办全国职业院校技能大赛"工业机器人技术应用"项目上海市选拔赛,于2017年承办上海市"星光计划"第7届职业院校技能大赛高职组"工业机器人技术应用"项目比赛。2017年被评为世界技能大赛"机电一体化"赛项上海集训基地。

(四)学生整体获益

通过中高职贯通专业培养,学生综合素质和创新能力得到了较好的培养,学生普遍获益匪浅。2017年至今,该专业学生在市级以上比赛获奖11人次,在校级比赛中获奖15人次,在各级各类比赛中总计获奖26人次,占目前学生总数的13%。以刚毕业的2014届学生为例,钳工中级鉴定通过率为100%,电工中级鉴定通过率为97.3%,各级各类比赛、技能社团的参与率超过60%,有19人荣获奖学金,占班级学生总数的48.7%,就业率达95%。个别优秀学生在各级各类大赛中更是表现突出。许佳乐同学荣获2017年上海市"星光计划"第7届职业院校技能大赛"机电一体化设备安装调试项目"三等奖;许佳乐同学荣获2018年全国职业院校技能大赛(高职组)"数控机床装调与技术改造"项目二等奖;王凯豪同学荣获2018年中国技能大赛——第45届世界技能大赛上海市选拔赛"机电一体化项目"三等奖。卜一凡、蔡君毅、周杰3名同学荣获2019年全国职业院校技能大赛"数控机床装调与技术改造"项目一等奖;王凯豪同学荣获2019上海市"星光计划"第8届职业院校技能大赛"机电一体化项目"一等奖;周子文和张珈铭同学荣获2019年上海市"星光计划"第8届职业院校技能大赛"机电一体化项目"三等奖;李志洲和代宇豪同学荣获2019年上海市"星光计划"第8届职业院校技能大赛"机电一体化设备安装调试项目"二等奖(第4名)。

通信技术专业中高职一体化培养人才

上海电子信息职业技术学院　俞玉莲

内容简介：中高职贯通人才培养是系统培养高素质技术技能型人才的一种基本模式，通信技术专业基于中高职一体化培养人才思路，实施中高职联合设计课程体系，共同开发课程教材，共享教育资源，共建运行管理机制等。通信技术专业中高职合作培养人才成效显著，有利于促进中高职教育协调发展，提升职业教育内涵发展。

一、引言

上海电子工业学校与上海电子信息职业技术学院于2013年开始试点通信技术专业中高职贯通人才培养模式，于2019年试点通信技术专业五年一贯制培养模式。中高职基于一体化培养人才思路，创新工作方法，实施中高职联合设计课程体系，共同开发课程教材，共享教育资源，共建运行管理机制等。该举措是中高职系统培养高素质技术技能型人才的有力保障，根据学生在各阶段的认知规律及职业能力成长规律，中高职在培养目标、课程设置、教学设计、实训环节等方面真正达到了有机衔接。

二、遵循学生成长规律，中高职一体化设计课程体系

中高职贯通人才培养的重点是一体化设计课程体系，具体分解为三步：第一步，根据行业发展趋势，中高职共同调研社会需求较稳定、技术含量较高的岗位，分解岗位技术要求及职业能力，确定五年周期循序渐进式的专业技能训练目

标与任务。第二步,根据学生在各阶段的认知规律及职业能力成长规律,分别设置中职与高职教学目标,贯通培养符合社会岗位需求的技术技能型人才。第三步,中高职是连贯有序的有机整体,一体化设计课程体系,构建教学内容由浅入深,技能训练由简及难,遵循学生身心成长规律。

通信技术专业依托校企合作联盟平台,通过召开专业指导委员会例会,明确通信技术中高职贯通专业的人才培养规格,基于学生循序渐进的认知能力及身心发展规律,积极进行课程一体化设计,将职业资格标准融入人才培养方案,综合考虑职业岗位对学生知识、技能、素质方面的要求,确定中职和高职阶段理论知识和实践技能的训练目标和考核标准。

三、基于学生循序渐进认知规律,中高职共同开发课程教材

中高职教材内容要求把中职、高职两个学段的知识进行整合贯通,体现知识的连续性与整体性。前三年重在打好学生专业知识和基本技能,可以编排专业基础内容;后两年则适当加深专业核心内容,注重专业核心能力培养,加强综合实训能力。因此,中高职共同开发的教材需符合学生不同年龄段的身心特征、认知规律,实现"知识+技能+态度"一体化,全面提高学生的综合职业素质。

通信技术专业中高职教师联合开发的专业课程校本教材如下:《无线接入技术与系统运行维护》《综合布线技术》《通信工程制图》《通信工程概预算》《数据网络组建》等。教材内容基于学生循序渐进的认知规律,由浅入深,项目设计由单一至综合,教学课时贯通中高职各学期。

四、中高职共享教育资源,保障人才培养质量

(一)联合入学教育

通信技术中高职贯通学生入学之初,高职学校校领导、二级学院领导、专业主任等会给新生进行入学教育,主题包括:办学政策导读、中高职贯通教学管理条例、德育教育、通信技术中高职贯通人才培养方案解读等,旨在使刚入学的中职生有整体的贯通意识及明确的学习目标。

（二）共享师资开展一体化教学

中高职共享师资是落实一体化教学的需要。中高职贯通人才培养核心是课程一体化，通信技术专业中高职教师在教学实施中共同协商教学进度，相互听课和评课，总结教学方法与经验。由于五年的人才培养跨度较大，教师需要根据通信行业发展对人才需求的变化，动态调整课程教学标准及改善实训条件。

（三）共享高职资源，开拓中职生视野

高职教师每学期会给中职生开展一次专业讲座，主题是当今比较热门的通信技术，早期干预学生的职业生涯规划，让学生了解毕业后的岗位需求，以及明确学习专业技能的必要性；中职生每学期会参观高职的实训室及学生工作室，例如通信工程学生工作室、人工智能学生工作室、信息网络布线世界技能大赛基地等，旨在了解高职阶段专业课程学习的实训环境，提前了解高职生可以参加的学生工作室活动，提高中职生专业学习的热情及兴趣，展望专业发展趋势。

（四）联合备战技能大赛

上海电子信息职业技术学院设有世界技能大赛"信息网络布线"参赛选手培养基地，2019年中职组全国职业院校信息技术技能大赛"信息网络布线"赛项由高职和中职老师联合指导，培训场地在高职"信息网络布线"世界技能大赛基地。基于培训基地丰富的备赛经验以及学生刻苦的训练，上海电子工业学校最终获得中职组"信息网络布线"赛项一等奖。

五、中高职共建运行管理机制，制度支撑贯通培养

（一）践行中高职联合教科研制度，提高教学质量

中高职联合教研活动是指通信技术专业中高职双方教研室教师每2周定期举行一次教研活动，对活动过程、主题安排、保障监督等方面作细致安排。主要内容包括：研讨中高职贯通人才培养方案，研讨实训室建设方案，协商课程教学进度，共同解决教学中遇到的问题，研究课程标准和教学方法等。通过中高职联合教研活动交流教师对贯通培养的理解，提升教师的教学业务水平，提高教学质量。

（二）中高职建立一体化教学管理机制

通信技术中高职贯通人才培养建立了一套中高职贯通人才培养教学管理流程与规范,进行教学实时监控,实现教学过程动态管理。制定和完善了《中高职贯通培养通信技术专业建设指导委员会章程》《中高职贯通培养通信技术专业教学管理运行条例》《通信技术专业联合教研室工作职责》等制度文件,从制度上支撑保障贯通培养工作。

"新、传"融合

——中高职贯通培养汽车产业高端服务人才实践探索

上海工商职业技术学院　崔文一

内容简介： 传统汽车是通过燃烧汽油将化学能转化为机械能的内燃机驱动获得动力前行，新能源电动汽车主要是以电力作为驱动，不需要使用内燃机。由于新能源汽车技术还处于爬坡阶段，传统汽车技术相对更成熟，车辆的质量期望也更趋于稳定，所以两者会在较长一段时间内并存，因此行业企业急需大量的既具有传统汽车技术又熟悉新能源汽车的"新、传"融合的复合型技术技能型人才。

一、"新、传"融合人才培养目标的构建

（一）中高职贯通专业的培养目标

中等职业教育和高等职业教育是职业教育的两个层次，两者在规格上既有共性，又有区别。而贯通人才培养一般都是要立足于贯通两个院校所在区域、行业的发展和生产实际需求，人才培养规格也必须高度贴近企业生产、行业需求。中高职处在不同的教育目标体系和层次上，具有不同特点，为了做好高质量培养，就必须融合各自的优点，确定更高的教育培养目标。一方面高职要以中职为基础，密切注意相互衔接；另一方面，中职要以高职为导向，根据高职更高层次的要求对其课程体系进行改革，高质量协作，高规格培养。

（二）"新、传"融合汽车电子技术专业中高职贯通的培养目标

上海市大众工业学校是国家重点职业中专，在传统汽车人才的培养方面具有许多优质资源，上海工商职业技术学院汽车电子技术专业是上海市高职高专

"085"重点建设专业,学院于2013年在汽车电子技术专业下设新能源汽车方向,是上海市开设新能源汽车专业最早的高职院校,具有一流的新能源汽车校内实训室及校企合作资源;同年又与上海市大众工业学校实现联合贯通培养,根据两校优势,确立了中职教学以传统汽车为主,引入新能源汽车基础知识;高职阶段,在原有的知识基础上,以新能源汽车与传统汽车技术融合并行进行高层次培养,逐步确立了人才培养方案一体化设计、递进实施的培养目标。

二、人才培养一体化的举措

(一)课程衔接,助力高水平技能

中高职贯通五年学制一体化课程构建是具有发展性的职业技能人才培养体系,中职课程是高职课程的基础,高职课程是中职课程在横向上的扩展和纵向上的延伸与深化,贯通课程内容从传统汽车——混合动力汽车——纯电动汽车递进螺旋上升式设置,高职段的融合更是对传统汽车部分和新能源汽车知识内容的贯穿整合。两校在对新能源汽车企业调查研究的基础上,充分考虑学生的特点,梳理课程体系,做到前三年和后两年培养方案整体有机结合,且将特种电工上岗证的考核纳入贯通培养教学计划中,使学生获得该证书后即具备维修新能源汽车工作的资格。

(二)资源共享,助力人才培养

通过两校合作,充分整合已有的行业合作资源,在政府主管部门的主导下,有目的、有计划、系统地推进教学资源共建共享。

1. 精品资源共建共享

校企合作是以人才培养目标为出发点,深刻认识了技能型职业人才培养的基本规律,依据专业建设教学标准,建立一批优质化精品共享资源,包括共同开发课程文字教材、网络课程、网络平台资源等。

2. 实训教学内容共建共享

集中汽车专业最优秀的教师利用最先进的教育技术,将职业教育的工作场景模拟到学生学习的课堂或实战中,使学生的课堂学习与工作实践有机结合起来,使学生在综合技能、行业规范、心理素质、人际关系、工作信心以及职业道德素质、科技文化素质等方面都更适应行业需求,从而实现合作企业、中高职院校和学生的多举共赢。

3. 实践教学基地共建共享

中高职院校可共建共享已有的校内和校外实践教学基地,运用自身优势开发新的实践教学基地,为学生提供实习、实训甚至工作机会。通过"产、学、研"协同创新基地的建设,聚集中职、高职、企业三方优势,通过实践教学项目的精品化着力培养高质量应用型人才,使学校、学生、用人单位在合作中受益。

4. 就业资源共建共享

建立毕业生就业信息库,实现就业管理、就业服务全程信息化和就业创业信息一体化。发挥两校在就业资源上的优势,共同努力,深入挖掘就业资源,保障毕业生的就业。

三、取得的成效

(一)高规格培养技能人才

汽车电子技术专业从2014年开始中高职贯通人才培养,已经招生六年了,通过"一体化"的中高职贯通人才培养,很好地解决了学生水平参差不齐以及原有中职、高职独立教学中存在的内容重复、课程重叠的问题;同时一体化人才培养使学生可以尽早地接触到专业,通过反复的循序渐进的知识传授和技能训练,使学生的专业基础知识更为扎实,并且在中职阶段已经开始选拔优秀学生参加市级、国家级新能源汽车技能大赛,进入高职阶段的学生在2018年、2019年市级大赛中都取得了可喜成绩;后续高职阶段的教育可以使学生在理论上得到进一步拓展提升,实现理论与实践的紧密结合,从而增强学生职业生涯的发展后劲,为培养新能源汽车高端复合型技术技能人才奠定了坚实的专业基础。

(二)高质量协作服务社会

经过两校六年的协作,2018年9月在两校领导及教师的共同努力下,汽车电子技术专业申报并获批上海市中高职贯通高水平建设专业,建设周期为三年,以该专业就业岗位引领技能需求设定教学内容,使培养的学生能够满足岗位需求并具备一定的岗位迁移能力。到目前为止两校已将高水平专业的课程标准构架第一阶段建设完成(15个工作领域,近110个工作任务,推出中高职一共18门专业课程),预计2021年将完成全部课程标准的制定。另外已经完善新能源汽车高压安全相关实习实训基地配套建设,以及与国际化接轨的德国TÜV(德国标准8686E)新能源汽车高压电技师认证项目的全国培训项目,到目前为止,已经为上海大众汽车公司新能源汽车公司、德国博世公司培训了5批学员。2019年10月,两校与德国陆科思德公司合作,建立新能源汽车仿真模拟实训室,已经开办了2019年全国新能源汽车技术及教育法暨世界技能大赛交流研修班,邀请上海市大众工业学校和全国各地高职院校新能源汽车专业20多位任课教师来校参加培训,参加培训的教师将更好地为学生教学及社会培训作出应有的贡献。

(三)高获证率助力就业

汽车电子技术专业中高职贯通人才培养的目标完全契合职业教育改革的趋势和要求,在五年贯通教育期间学生除了要完成本专业的学习,还要完成5张技能证书的培训及考核任务,经过这6届学生的培养,已然取得了不俗的成绩,截止目前高职阶段已经完成中高职2017(即中职2014级)、2018(即中职2015级)、2019(即中职2016级)3届学生多项职业技能证书的培训与考核。

高职段3届学生职业技能证书(过级率,含补考)

年　　级	汽车高级维修工	汽车高级维修电工	特种电工上岗证
2017届	89%	85%	88%
2018届	89%	95%	89%
2019届	未考	未考	91%

高级技能证书获取比率平均一直维持在85%以上。在高获证率的激励下,2017级汽车电子技术专业中高职贯通90%的学生在汽车及其相关企业就业,这个结果也充分说明了两校贯通人才培养实实在在地提高了学生的技能水平和就业能力。

四、反思和总结

两校经过近六年中高职贯通人才培养教育的实践及高职阶段近三年的教学探究,并通过汽车电子技术专业高水平试点建设,目前已经建立了符合职业教育规律、具有上海特色的高水平职业技能五年一体化培养体系。2017级贯通毕业有18名同学就职于上汽大众汽车有限公司新能源汽车分公司,占当届就业学生比例的30%,这一现象说明中高职贯通培养的学生专业能力强,充分具备新能源汽车技能人才的岗位需求,中高职贯通人才培养已取得了阶段性成果;该现象更反映出新能源汽车企业对专业技能人才的需求强劲。实践证明,结合市场需求的中高职贯通人才培养模式,从招生上可以解决生源,教育上更加专业,就业上独具优势,是中高职院校最有潜力的人才培养模式。

健全体系，提升质量
——中高职贯通文秘专业实践教学体系探索与实践

上海工商职业技术学院 赵秀华

内容简介：中等职业教育与高等职业教育作为贯通教育的两个重要组成部分，在实训教学方面目标不一致，且存在重复、脱节、断层等现象，本文尝试对中高职贯通文秘专业实践教学进行一体化设计，实施"四位一体"的实践教学体系，分阶段、按步骤地实训，促进文秘专业人才培养，完成学校教育和社会需求的无缝对接。

一、"四位一体"实践教学体系的构建

中等职业教育与高等职业教育作为贯通教育的两个重要组成部分，在实训教学方面目标不一致，且存在重复、脱节、断层等现象，本文尝试对中高职贯通文秘专业实践教学进行一体化设计，实施"四位一体"的实践教学体系。

"四位一体"是指文秘专业实践教学的四个层次、一个目标。四个层次是指文秘专业实践教学的职业认知和理论课堂内实训层次、基础专项实训层次、提高综合实训层次、综合创新实习层次。一个目标是指培养适应上海经济结构调整、产业结构提升、发展方式转变需要的德、技、智、体、美全面发展的掌握扎实秘书工作知识、具备熟练的办公自动化操作技能、有较强的英语听、说、读、写能力的、"会办文、会办事、会办会、会沟通、会做人"的"五会"型应用性中高级秘书人才。这个整体目标又可以分解为知识目标、能力目标、情感目标三个方面。知识目标包括秘书职业定位、分类、层次和职业素养，掌握秘书事务处理知识、会务管理知识、文书处理知识等；能力目标包括秘书常规事务办理要领和会议策划、筹备能力，组织服务、管理能力，以及秘书办公设备操作等职业能力；情感

目标包括培养职业兴趣、树立职业理想、养成职业道德、强化职业意识、优化职业性格等。

围绕上述分解后的目标，我们把文秘专业的实践教学体系分为四个层次：以实现知识目标为主而设置的职业认知和理论课堂内实训层次；以实现能力目标为主而设置的基础专项实训层次；以形成职业情感态度等专业素养为主要目标而设置的提高综合实训层次；以实现知识、能力和情感共同整合为主要目标的综合创新实习层次。

二、"四位一体"实践教学的实施策略

（一）对接相关职业技能鉴定和竞赛

将相关职业资格证书和竞赛考试的内容和要求融入实践教学体系，把秘书的基本技能与现代信息技术相结合。目前中高职贯通文秘专业的学生可以考取的技能证书有：书法等级证书、普通话等级证书、计算机一级证书、人力资源管理证书、大学英语A级证书等。

继秘书资格证书和文秘速录国赛取消后，文秘专业积极创新，中高职贯通文秘专业教师联合校外行家对学生进行同等标准的职业技能鉴定，并定期举办中高职贯通文秘专业综合技能竞赛（已经成功举办2届，第3届正在进行中）。

（二）重构实训层次和模块

中高职贯通文秘专业的实践教学必须具有明确的目标定位，又相互衔接，为后一个层次的实践教学作好准备，最后共同实现学生具备秘书综合素养的实践教学总目标。

表1　一体化实践教学体系

层次	实训模块	实训项目	学期	周数	实训地点
职业认知和理论课堂内实训层次	职业认知	职业任务认知 职业环境认知 职业素养认知	1	1周	上海市现代办公实务开放实训中心

(续表)

层次	实训模块	实训项目	学期	周数	实训地点
基础专项实训层次	日常事务实训	办公室环境设计 设计工作日志 商务旅行计划 接打电话 值班工作 日常接待 宴请接待	2	1周	上海市现代办公实务开放实训中心
	会务实训	会前的准备以及会场布置 会中服务 会务善后 会见与会谈	3	1周	
	文书与档案实训	文书撰写、处理 英文函电翻译与拟写实训 档案收集、整理、鉴定 档案检索、提供利用、保管 财务基本技能实训 电子档案、电子政务实训	4	1周	
	秘书礼仪与沟通谈判实训	形象礼仪 人际交往礼仪 商务活动礼仪 秘书的沟通与协调 商务谈判	5	1周	
	办公软硬件操作实训	办公电脑、相机、摄像机、打印机、复印机、传真机、投影仪、扫描仪、音响等硬件设备操作 信息收集与处理 思维导入软件、微信、图文、视频编辑软件实训	6	1周	
提高综合实训层次	真实岗位认知对接实训	模拟公司跟岗实习 校内部门助理跟岗实习	7—8	3周	校内职能部门和模拟公司
综合创新实习层次	真实岗位胜任实训	企业项目跟岗实习	9	2周	校企合作单位
		顶岗实习 毕业设计	10	16周	企事业单位

（三）完善校内实训基地

上海市行政管理学校的上海市现代办公实务开放实训中心，面积2000平方米，有15个实训室、212个实训工位，完全可以满足文秘专业学生前两个层次6个学期的实践教学。上海工商职业技术学院成立的上海励成文化信息服务有限公司为学生的第三个层次跟岗实习保驾护航。以模拟公司为平台，学生可以承接如仪式庆典、赛事演出、礼仪展示和宣传策划等活动；同时，公司成功申请公众号（外语系励成文化），定期发布推文，并与炫蒸坊科技餐厅合作负责其微信推广运营。

第三个层次的具体实训安排如下：第七学期第6周（学生刚进入高职，前5周熟悉校园环境）和第八学期第6周首先进行模拟公司的岗位竞聘，落选的学生参加校内各职能部门教师助理的竞聘；最后少数剩余的同学视情况安排给自己系内或专业内教师做助理。所有学生都是在自己没有课程的时间去参加实习，第15周结束，为期10周。参加校内职能部门实习的学生每周需要撰写实习周记，最后一周由职能部门带教老师填写实习考核表。在模拟公司实习的同学需要填写承接的校内外活动组织的情况和总结，并由主办方给出评价或建议。第16周举行实习总结，专业教师会对实习过程中出现的问题进行分类整理，安排学生分组讨论，自己找出解决问题的最佳方案，最后由老师点评提升。

（四）巩固并拓展校外实训基地

两校与多家企业签订了校企合作协议并开展深度合作，进行定期和不定期的实习。目前文秘专业已与上海申勤物业管理服务有限公司、上海鼎意达实业有限公司、上海孩思乐商贸有限公司等多家企业签约，且已有2届学生分批完成实习。通过上海申勤物业管理服务有限公司牵头，多次承接松江区政府一年一度政治协商会议的会务工作；与嘉定区行政服务中心、上海市群众艺术馆、杨浦图书馆、上海市教育考试院、青浦税务局等多家单位开展定向服务。

（五）创新考核标准并颁发证书

逐步建立起校企联动、分工协作、共同考核、证书管理的实习基地运行机制。实行以企业为主的校企双方考核办法（详见表2和表3），根据学生实习成绩等级，颁发"优秀实习生"证书以及由校企双方共同认定的实习证书。

表2 校企共建职业素养考核

周 次	内 容	地 点	分 数
1	实习报到,熟悉工作环境,明确带教老师	实习地点	3
2	工作流程、工作业务指导	实习地点	5
3	会务礼仪培训,物业管理基础知识培训	公司总部	12
4	岗位实际操作	实习地点	6
5	岗位实际操作	实习地点	6
6	台账记录、档案归类业务指导	实习地点	5
7	岗位实际操作	实习地点	6
8	岗位实际操作	实习地点	6
9	岗位实际操作	实习地点	6
10	实习总结,表彰大会	公司总部	5
合计			60

表3 校企共建工作态度与效果考核

序 号	要 求	评定人	分 数
1	准时上下岗,不迟到,不早退	人力资源部	10
2	学习态度诚恳,认真听讲	带教老师	10
3	努力完成老师布置的任务,保质保量完成	带教老师	10
4	带教老师总体评分	带教老师	10
合计			40

(六)打造专兼结合的实践教学团队

通过聘请企业一线专家进课堂、专任教师到企业开展技术服务、跟踪新方法新技术、青年教师到企业挂职锻炼等打造"教学能手型、岗位技能型、行业专家型、企业兼职型"实践教学团队。

三、"四位一体"实践教学的成效与反思

在同类院校中,中高职贯通文秘专业学生的考证通过率名列前茅。中职阶段3届学生办公软件四级平均通过率为97.5%;高职阶段2018届、2019届毕业生的电子商务师三级平均通过率为85%。

中高职贯通文秘专业的学生在各级各类赛事中屡获殊荣。中职阶段,在上海市"星光计划"职业院校技能大赛中,李美琳同学获得书法一等奖;另有英语技能、应用文写作、计算机操作、办公软件、企业沙盘模拟项目获得9个三等奖;在全国中等职业学校"文明风采"上海市复赛中,摄影、演讲、创业设计、职业规划项目共获得12个一等奖;在上海市中学生作文竞赛中,获得3个一等奖、1个二等奖。高职阶段,其中近3届有5名同学获得"上海市普通高等学校优秀毕业生"称号,2018级学生毛瑜芸获得上海市"星光计划"职业院校技能大赛英语口语二等奖,陆辰洁同学获得"高教社杯"第1届上海市职业院校技能大赛"我爱背单词"公共英语组三等奖,朱莉娜等4名同学获得"互联网+"大学生创新创业大赛上海赛区优胜奖,王滢、朱莉娜同学获得"传承的力量"微视频大赛上海赛区一等奖。

近3届学生的国内外升学率保持在25%以上,就业率达100%,就业质量较高,多名学生在500强企业、机场、航空公司等高端单位任职。

因为校内外实习单位岗位有限,学生只能分批去实习,今后会进一步拓展校企合作的广度和深度,促进专业发展和行业需求同频共振。

中高职贯通"四有人才"
——一体化人才培养模式的探索和实践

上海工商职业技术学院　叶　松
上海市机械工业学校　　张　丽

内容简介：中高职一体化人才培养模式是将中职教育与高职教育的培养目标、培养方式、课程体系等要素进行整体设计，保证人才培养的连续性，培养适合珠宝行业的高素质技能型人才。我院与上海市机械工业学校自2013年获批开展珠宝专业中高职贯通人才培养模式试点后，即积极探索具有工商特色的"四有人才"一体化人才培养模式，引入国际资源，对接国际标准，构建职业能力递进式课程体系，经过几年的探索和实践取得了较好的效果。

一、"四有人才"一体化人才培养模式

为主动对接上海区域经济转型对职业教育提出的新需求，服务上海"四大品牌"建设，紧密结合上海市珠宝行业对专业人才需求的变化。学院"十三五"规划中提出了"四有人才"培养目标，即"理想修养有境界、知识技能有特点、创新创业有优势、终身发展有潜力"，为此我们积极探索将"四有人才"贯穿于培养的全过程，构建中高职人才一体化培养模式。在中高职贯通专业建设过程中引入首饰设计制作的国际资源，打造由中外教师组建的国际化教学团队，构建职业能力递进式课程体系，校企合作共同搭建高技能人才培养新平台，从而形成具有工商特色的"四有人才"一体化人才培养模式。

二、"四有人才"一体化人才培养模式的实施

（一）引入国际资源，构建职业能力递进式课程体系

上海工商职业技术学院和上海市机械工业学校分别于2014年和2016年引进意大利首饰设计制作教师，和本专业教师共同组成国际化教学团队。意大利设计师玛丽亚在两校主授"首饰色彩表现技法"课程，毛立秋老师在高职主授"首饰创意与设计"课程，金工工匠艾琳娜在两校承担"贵金属首饰制作与镶嵌"课程教学。意大利教师和两校教师进行深入交流，将欧洲先进的首饰设计理念、方法和制作工艺传授给两校教师和学生。

为设置适合中高职贯通的课程体系，学校举办了中外企业专家参与的岗位工作任务分析会。通过对各岗位工作领域、工作任务和职业能力进行详细分析，集思广益后确定了企业各工作岗位需要掌握的职业能力。

随后又召开了课程设置研讨会，根据各职业岗位对专业知识和技能的需要确定每个岗位需要开设的相关专业基础课程和专业课程，从而确定了适合贯通专业一体化人才培养模式的递进式课程体系。

递进式课程体系包含三大课程系列：(1)掌握首饰设计的理念和方法；(2)掌握贵金属首饰制作与镶嵌技能及基本工艺流程；(3)掌握常见宝玉石鉴别特征。在课程设置上采用递进式，专业基础课程在中职课程阶段以基础理论、基本技能为主，在高职课程阶段以专业理论和对接企业岗位职业技能为主。专业核心课程和技能训练模块，在中职阶段适当考虑企业岗位就业需要的职业技能，在高职阶段重点对接产业需求和岗位技能需要，并具有国际化首饰设计理念、创新思维。

根据职业能力确定的递进式课程体系

工作岗位	工作任务	职业能力	课程设置	
首饰设计	概念、方案草图绘制	能快速完成多种风格的概念草图手绘表现、表达概念	首饰手绘设计	中职阶段
	渲染图和制作图绘制	根据方案图，绘制能体现产品颜色、材质的效果图和标准三视图	首饰色彩表现技法	中职阶段

(续表)

工作岗位	工作任务	职业能力	课程设置	
首饰设计	首饰设计	能通过"头脑风暴"等方式进行创意设计	首饰创意与设计	高职阶段
首饰基础制作	贵金属制作	掌握锉、焊、锯、钳的加工基本技能	贵金属首饰制作与镶嵌	中职阶段
宝石镶嵌	设计稿识别和镶嵌基本技能	掌握镶嵌的基本工艺,判断能否按照设计图镶嵌	贵金属首饰制作与镶嵌	
雕蜡和浇铸	手工雕蜡、种蜡树和浇铸	熟悉贵金属和宝石基本性能,能根据手绘设计图进行手工雕蜡,能进行首饰浇铸设备基本操作	项目化首饰设计制作	高职阶段
常见宝玉石鉴定与检测	市场常见宝玉石和有机宝石鉴定	能利用常规宝石学仪器对市场常见宝玉石和有机宝石进行鉴定	宝石学基础	中职阶段
稀有、合成、处理和疑难宝玉石鉴定	稀有、合成、处理和疑难宝玉石鉴定	能利用常规宝石学仪器以及必要的大型仪器对稀有、合成、处理和疑难宝玉石进行鉴定	珠宝玉石鉴定	高职阶段

课程体系构建后,具体实施时,中职以校企共建的实训基地和欣尚珠宝店为载体,高职则依托已建成的珠宝创意产业园中的"校中店"和"校中厂",与相关企业开展"产、学、研"合作,将职业岗位需要掌握的能力和具体工作过程融入到课程设计中,开展"教、学、做、创"一体化的教学模式改革,把创新教育融入到理论和实践教学中,注重培养学生的创新意识、创新思维和实践动手能力。

(二) 校企合作共同搭建双创人才培养新平台

高职与美靓(上海)珠宝有限公司共建"校中厂"生产性实训基地,制定与贯通专业核心职业能力匹配的课程教学标准。企业技师指导本专业师生掌握胶模注蜡、种蜡树、浇铸和镶嵌宝石等首饰制作工艺流程,并与本专业教师一起结合创新创业社团及上海艾达珠宝有限责任公司,指导学生进行创新、创业实践。

同时以"校中厂"作为世界技能大赛珠宝加工项目的集训基地,以行业和世界技能大赛珠宝加工项目的标准训练学生,提升学生的珠宝加工能力,冲刺上海市和全国选拔赛;并与企业合作研发首饰产品,以销售促设计,以设计促制作,以产品促教学,进而完善珠宝创意产业园建设,培养企业需要的高技能人才。

三、"四有人才"一体化人才培养模式的制度保障

成立中高职贯通专业领导小组,组长由高职教学副院长担任,副组长由中职校长担任,小组成员由两校珠宝专业系部主任、教务负责人和学生处负责人组成。制订中高职贯通年度工作计划、审核专业建设规划,统一协调中高职贯通实施过程中涉及的人、财、物的安排等。

两校建立教学资源的共建共享机制,如两校共建钻石、宝石和玉石标本库,共享钻石、宝玉石标本库资源,互相开放校内实训基地和校外实训基地。

高职对各阶段教学环节的工作进行规划、组织和管理;中职校负责中职阶段教学质量的监控和管理,高职学院负责跟踪和调控;逐步探索和建立中高职贯通教学质量管理体系。

两校成立由中高职双方教学管理部门及珠宝专业教师组成的工作平台,以保障教学管理和交流活动的顺利进行。高职与中职学校共同研究,明确各自的教学重点,统筹规划,合理设计;同时定期联合举办以教学衔接为主题的教研活动,对教学内容、教学方法、教学过程、学生情况和教材等进行深入分析,使教学设计与教学实施既符合以高职为导向的教学目标,也贴近学生学业水平和工作岗位要求。两校教师的相互交流可使贯通专业在人才培养上能更好地衔接,在课程上能更好地实施递进式教学。

四、"四有人才"一体化人才培养模式的初步成效

(一)"四有人才"一体化人才培养模式实施初见成效

在有工商特色的"四有人才"一体化人才培养模式下,中高职贯通学生基础理论扎实、专业技能强、综合素质高,在各类中职和高职职业技能大赛中屡获佳

绩，尤其是2019届中高职贯通学生谢建维同学获得第45届世界技能大赛"珠宝加工"项目全国选拔赛第7名，并入选国家集训队。

（二）国际化教学团队初步形成

以意大利首饰设计制作教师和金工工匠为首的中外教学团队已经形成，意大利教师承担中高职贯通专业核心课程教学，两校师生接受到欧洲先进的首饰设计理念、方法和制作工艺。

（三）构建了基于职业岗位的递进式课程体系

构建了基于职业岗位的衔接中高职的三大课程系列，即首饰设计理念和方法、贵金属首饰制作与镶嵌技能、常见宝玉石鉴定。

（四）校企合作搭建高技能人才培养新平台初步形成

与企业合作共建的"校中厂"生产性实训基地建成并投入使用，同时也成为世界技能大赛"珠宝加工"项目校内集训基地。企业技师指导师生掌握手工雕蜡、压模、开模、种蜡树和浇铸等生产流程，使中高职贯通专业能培养出和企业岗位很好地对接的高技能人才。

中高职贯通背景下室内艺术设计专业建设实践与探索
——专业课程教学中两校共同评价实施案例

上海市材料工程学校　李　蔚　王潇骏

内容简介：本案例主要以上海工艺美术职业学院和上海市材料工程学校中高职贯通的教学质量控制为背景，以贯通的课程教学成效共同评价为具体内容，共同进行中高职贯通室内艺术设计专业建设实践与探索。在专业课程两校共同评价的过程中形成了独有的实施机制，按照"3+2"基本学制要求，加强"产教融合"，推动贯通教学标准的开发和资源建设，在此基础上探索分段培养模式的教学质量控制方法，获得了突出的实施成效，具有良好的推广作用。

一、背景描述

《国家中长期教育改革和发展规划纲要（2010—2020年）》提出"到2020年，形成适应经济发展方式转变和产业结构调整要求、体现终身教育理念、中等和高等职业教育协调发展的现代职业教育体系"的战略目标。2010年，为加快发展现代职业教育，完善职业教育体系，促进职业教育学生的专业成长与能力素质的提高，面对上海社会经济发展急需室内艺术设计专业高素质技能型人才的需求，上海市材料工程学校与上海工艺美术职业学院联合办学，开设中高职贯通室内艺术设计专业，按照"3+2"基本学制要求，从中职到高职，探索分阶段培养专科层次高技能型人才的职业教育模式。在改革试点过程中不断累积经验，形成了一定特色的亮点，尤其在课程的共同评价上，发挥两校师资团队的优势，在贯通初始就确定了专业课程以两校共同评分的方式对学生的课程学习成效进行最终评价，保证了专业课程的教学质量，满足了一体化课程体系设置的要求。

二、案例内容

（一）主要目标

中高职贯通是一种较新的人才培养模式，需构建特殊的贯通一体化课程体系，教学与评价也需进行一定的衔接，让高职教师与中职教师一起对课程教学效果进行评价反思，更好地调整后续教学，以推动实现贯通人才培养目标。

两校共同评价能更好地帮助任课教师调整自己的教学内容、方法，以取得最佳的教学效果，同时也能帮助学生进一步做好学习规划，达成学习目标。

根据两校课程共同评价的要求，两校教师进行多次联合教研活动，合理进行人才培养方案的修订以及课程体系的构建和调整，并致力于课程教学评价方式的构建和实施，不断进行综合和完善，形成长久评价机制。

两校评价机制的形成，更好地推动了贯通课程标准的制定。作为中高职贯通专业，在确定室内艺术设计专业人才培养目标时既考虑到中职、高职是两个相对独立的阶段，又考虑到学生学习的贯通性；在明确人才培养规格等内容时，综合考虑到当前社会对高技能人才的需求，同时考虑到学生的学习水平；从而制订出科学、合理、可操作的课程标准。

（二）案例实施

日常教学过程资料储备：根据贯通人才培养方案实施课程教学，每门专业课程教学过程中的课堂作业及课后作业均拍照存档，电子作业存档，课堂教学签到表原始文稿存档并拍照留存。

考试资料储备：每学期均设置单元测试、期中考试、期末考试，每次测验和考试试卷存档，学生答卷存档，纸质材料拍照留存，如立体构成、模型类的将作品分类拍照保存，原始作品保留至评分时。

评分规则制定：双方学校通过联合教研活动的方式组建一支评价师资队伍，主要以对口课程的两校教师和专业带头人、专业主任组成，双方约定每学期实施两次课程评分，以期中和期末为时间节点，评分的具体要求是由两校的教师对贯通班级每个学生的作业、测验、考试等学习情况进行打分，两校教师的分值各占50%,主要就技能熟练度及知识点掌握情况等几方面进行评分,最终形成学生的最后得分。

评分后联合教研:为确保学生专业课程学习的成效,在每次评分结束后进行评价讨论会,双方就课程评价的情况进行交流,根据中高职贯通一体化课程体系设置的要求,加强中职段与高职段之间知识与技能的衔接;同时,根据室内设计行业和企业调查,了解当前社会急需的室内艺术设计人才的素质特点,参考行业内相关职业标准和职业资格鉴定的考核要求,分析对应的职业能力,考虑学生在中职和高职期间学习特点的不同,确定课程教学的后续具体实施,同时引进企业专家参与,对课程标准进行修订。

三、案例成果

(一)结合专业特色,突出人才培养方案优势

以教学质量评价督促教学,通过这种评分方式,一方面对学生的成绩评价更加公平、公正;另一方面帮助高职教师更深入地了解学生的中职学习近况,同时上海市材料工程学校的教师也能通过沟通进一步明确高职院校对学生能力的要求,使今后课程内容的设计更加贴合学生实际情况和未来发展的需要。在每学期期中、期末合作评分过程中,围绕学生的作业,教师在教学方法、教学评价标准、教学目标、学生专业技能培养方向等方面开展深入分析与讨论,有助于教师后续调整教学安排,提高教学质量,同时调整人才培养方案,更好地达到贯通人才培养目标。

(二)推动资源建设,课程标准初形成

根据两校课程评价中出现的问题和贯通人才培养的目标,2019年,两校共同制订10门公共平台课程的课程标准,特别研讨了课程标准制定的一些细节问题,包括素描、色彩基础、建筑装饰制图与阴影透视、建筑装饰表现技法、计算机辅助设计(Auto CAD)、计算机辅助设计(3D Studio Max)、建筑装饰材料与构造等相关课程,并启动了后续中职校本教材建设。课程标准的不断调整更能适合学生专业发展,对学生高职阶段的学习能起到很好的促进效果。

(三）聚焦行业风口，坚持不懈显成效

自贯通开始，两校始终坚持以上做法，至今有2届毕业生了，毕业生质量得到了用人单位的一致认可，明确了当前室内设计艺术专业人才培养应聚焦行业发展，加深了学校间、校企间协作配合。立足于职业能力培养，聚焦行业需求，组织相关课程高职、中职教师对接，促进中高职教师团队协作，突出"工学结合、做学一体、共同参与"的教改理念，形成了一支中高、职两校一体化教学的团队联合体。每一学期期中、期末的共同评价及教研室教学交流会议，都让整个团队的教学质量和水平有明显的提高，理论与实践教学在多层次、不同环节的衔接上循序渐进、逐步提升。对于贯通人才培养方案的执行者——教师来说，真正做到了整体行动、整体评价。

（四）强化优势特色，提升"产教"融合

科学有效的联合共同教学评价是保障课程教学质量、提高人才培养质量的关键环节。除了中职到高职的转段考核评价以外，每学期的期中、期末两次共同评价以社会急需的室内艺术设计专业高技能型人才培养为核心，依据企业岗位人才培养要求，由传统的注重教学的"结果"向注重教学的"过程"转变，从"统一规格"的教学模式向"个性化"的教学模式转变。两校教师共同评价班级成果，这种方式有效保证了中职、高职两个阶段的教学质量，保证了人才培养工作的顺利开展。室内艺术设计贯通班学生计算机辅助设计（CAD）中级考证通过率均为100%；首次参与中国图学学会和人力资源和社会保障部的建筑信息模型（BIM）建模师（一级）考证通过率为25%，"1+x"建筑信息模型考证通过率为84%；5名同学参加上海建筑职业教育集团的建筑信息模型（BIM）建模比赛，有1名同学获得二等奖，有4名同学获得三等奖，获奖率达100%；1名同学进入上海建工集团专门从事建筑信息模型（BIM）方面的工作，以大专学历进入建筑工程龙头企业，成绩显著；参与上海市"星光计划"职业院校技能大赛以及上海市中等职业学校"文明风采"活动、徐汇区中职学生技能比赛等，均获得了一、二、三等奖的好成绩。

四、案例反思

双方教师通力合作，不论是课程资源的共享，还是专业内容的合作开发，以

及教学成果的评价,教师们积极沟通,深入到学生培养的每个细节,共同促进学生专业能力及素养的提升。共同评价,联合教研,精心筹划,扎实推进,有效组织,凝心聚力,全程协作促贯通,一体设计育英才,探索建立科学化、规范化、制度化的中高职贯通人才培养机制,成效显著。如何进一步推进中高职贯通专业人才培养工作,推动长效机制的形成将是我们未来需要探索的。

课程评价中两校教师参与较多,如何将企业专家也引入评价团队,共同打造"产教融合"的课程评价方式,将"育""训"结合渗透至贯通人才培养中,对于职业教育来说将是一个尝试,我们也将不断地思考与实践。

中高职贯通融合"双证融通",构建课程和师资的一体化

上海第二工业大学　吴月萍

内容简介:中高职贯通专业是构建现代职业教育体系的重要维度,而"双证融通"(双证书衔接)是学历证书与职业技能培训在人才要求、标准、培养过程的融合,是构建现代职业资格框架体系的基础,计算机应用技术贯通专业与"双证融通"结合实现专业课程内容与职业标准对接、教学过程与生产过程对接、学历证书与职业资格证书对接,中高职教师共享资源,充分体现职业属性,在中高职贯通专业中起到时代性、标杆性和示范性的引领作用。

计算机应用技术(IT技术服务)中高职贯通专业建设主动对接上海"五个中心"和"四大品牌"建设需求,坚持以立德树人为根本,深化复合型技术技能人才培养模式,率先实施"双证融通"改革、一体化构建课程体系。在2016年立项,从2018级具体实施,课程教学内容与计算机程序设计员(Java)国家职业(三级)资格鉴定要求结合,实现专业课程内容与职业标准对接、教学过程与生产过程对接、学历证书与职业资格证书对接,并取得通过率90%的骄人成绩。实现了"职业认证+技能大赛+专业教学"三融合的教学模式,充分体现了课程的先进性、市场的紧密度,提高了人才培养质量。

中高职贯通计算机应用技术专业"双证融通"培养方案的建设,促使中职高职两校从课程设置、校本建设、师资队伍、实训资源、教学管理以及育人工作等方面做到全面一体化培养,不断探索出一套适应中高职贯通人才培养教学改革和发展、体现贯通人才培养特色、符合高素质技能型人才培养的模式,在中高职贯通专业中起到时代性、标杆性和示范性的引领作用,现就课程设置和师资建设两方面展开论述。

一、实施"双证融通"改革,一体化构建课程体系

中高职贯通计算机应用技术专业实施"双证融通"改革,将课程教学内容与职业资格鉴定要求结合,调整课程结构,设计课程内容,组织课程教学,建设课程资源,缓解高职教育课程体系与培养目标不相适应的顽疾。

(一)课程体系结构

中高职贯通计算机应用技术专业重点培养面向IT企事业单位的应用服务和安全服务的技术型人才,其中的"应用服务模块"将主要培养高职层次的计算机软件开发技术人才,按照"五年一贯制"的培养目标,结合计算机程序设计员(Java)国家职业(三级)资格鉴定标准,以职业能力为核心,明确知识点,根据学生的心理和认知特点以及成长发展规律,设计并实施符合学生不同年龄段身心特征、认知规律及发展趋势的课程结构,突出专业课程,加强实践课程,重视人文课程,实现"知识+技能+素质"一体化,全面提高学生的综合职业素养。具体实现:

理论课时逐年减少,实践课时相应增加;强化理论和实践相融合的教育教学活动,加大实习实训在教学中的比重,高职阶段的理论和实践比差不多达到4∶6。

技能培养由中职阶段的单向操作技能逐步向高职阶段的综合应用技能提升;例如"Java应用项目开发"是依据项目需求使用Java技术进行应用项目开发、软件测试和项目管理能力的"双证融通"课程,是"Java程序设计""Java网络通信与数据库编程""基于Java的Web应用程序开发"的后继课程,可以培养学生根据项目需求设计、开发、测试和管理Java应用项目的职业技能。

课程合理前移或后移。如大学英语、高等数学上、下册教学前移一学年到中职阶段,确保学生有能力、有机会在高职阶段参加全国英语四级考试,并打好扎实的数学基础;原有高职部分专业基础课程也已逐步前移,包括"程序设计基础""操作系统""计算机组成""数据结构""网页设计基础"等,并对这些前移课程严格实施教、考分离,组织联合教研室,研讨教学方案。

同一课程的课时安排不同。因不同年龄段的认知能力不同,同一门课程在学生不同年龄段开设,课时安排会作相应调整。例如"程序设计基础"在高职阶

段64课时,前移到中职,调整为72课时;"数据结构"在高职阶段48课时,前移到中职,调整为72课时。

(二)开发核心课程

将职业技术技能和职业基本素质充分融入课程定位、课程目标、课程设计思路、课程内容、课程评价等各个方面,最终形成融通的4门核心课程:"Java程序设计""Java网络通信与数据库编程""基于Java的Web应用程序开发"和"Java应用项目开发"。这4门核心课程具有前驱后继的关系,能够让学生实现知识点逐步递进、综合能力逐步提高、技能水平逐步项目化和企业化;并且在建设初期,每门核心课程都进行了课程标准、课程教学方案、课程考核方案和考核题库等的开发,通过专家审核、修改无误后,建设课程教学大纲、教学内容(教材)、电子课件、实验资料等,然后实施教学。一轮教学下来,每门课程都具有丰富的教学资源,都是课程中的精品,例如"Java程序设计"已申请并被立项为校重点课程项目。

(三)设计教学方法,规范课程评定

中高职贯通计算机应用技术专业课程采用终结性评价为主,结合过程性评价的混合式评价方法来对教学效果进行考评,主要考核学生的理论知识、操作技能以及综合专业素养。4门核心课程都是通过督导和考评员评定学生成绩,部分课程实施校内及中高职院校的教、考分离考核,严格把控教学质量。

根据每门课程的性质和要求,采用适合有效的教学方法,例如:"Java程序设计"主要使用案例教学法、任务驱动法和同伴教学法,依托电子教学平台,增强教学效果;通过网络课程建设,进行多元化教学;利用在线视频,将学习延伸到课外等;"Java应用项目开发"借助校企合作企业,采用项目教学法、现场教学法,使学生所学的知识既能满足职业资格证书的要求,又能接地气,对接企业需求。

二、师资队伍建设,实现协调机制常态化

该专业拥有一支理论扎实、技术能力强的"双师型"专业骨干教师队伍,主讲教师多数具有企业工作或国内外访学的经历,每位教师基本都拥有若干张职

业资格证书,甚至还有的具有国外认证。其中中职专任教师6位、高职专任教师8位、企业兼职教师5位。整个师资结构合理、稳固,专业能力强。自申请"双证融通"以来,有1位专业负责人完成了计算机程序设计员(Java)国家职业(三级)资格证书的鉴定。每年根据培养规划,教师参加各种专业培训,从而提高教师实施任务引领型课程教学的设计和创新能力,实现专业教师素质的优化。

为保障中高职贯通专业实施"双证融通"制度的顺利进行,学校与合作中职院校建立了一系列的保障措施,实现协调机制常态化。

成立专家指导委员会,负责审核计算机应用技术专业人才培养方案和专业发展规划,对专业建设提出指导意见,搭建平台,为培养"双师型"教师助一臂之力。

与相关学校成立联合教研室,与对应中职院校成立中高职联合教研室,对两校教师队伍进行优化组合、优势互补,按照中高职贯通人才培养整体要求,共同参与贯通人才培养教育教学改革、课程开发等,提升教师的教育教学能力。定期开展教育活动,采取教学专题研讨、公开课、相互听课等形式,对贯通人才培养课堂教学改革、教学内容融通、校本教材开发等进行富有针对性、实效性的探讨;还通过"贯通班入学仪式""贯通班学生家长会""专业导师制"等活动,深入一线进行调研,及时发现问题、解决问题,确保贯通人才培养顺利进行。

与实施"双证融通"改革,对接计算机程序设计员(Java)国家职业(三级)资格证书的其他高校成立联合教研室,有利于专业教学计划的优化,以及融通课程相关教材、课件、实验资料、考核题库的建设,实现资源共享。

建立师资共享机制,建立由中职、高职两校优秀师资和企业专家组成的双师结构师资队伍,以培养双师结构教师团队为先导,建立教师培养规划,根据个人经历、资格和能力,对参与中高职贯通教学的专业教师,进行双师教师资格认定,并提出相应的要求。

三、结论

中高职贯通专业是构建现代职业教育体系的重要维度,而"双证融通"(双证书衔接)是学历证书与职业技能培训在人才要求、标准、培养过程的融合,是构建现代职业资格框架体系的基础,两者的结合将是打通学历教育和技能培训的重要一环。

完善教学文件，规范贯通培养

上海新闻出版职业技术学校　钟　勇　王丰军
上海出版印刷高等专科学校　俞忠华　肖　颖

内容简介：中高职贯通人才培养模式下，通过中高职院校合作共建培养机制，行业企业深度参与，不断完善一体化人才培养方案，重在适切的专业课程标准，并严格实施、规范执行，使贯通人才培养的学生既能熟练掌握技术技能，又具备较高的文化素养，匹配印刷行业对综合性人才的需求标准。

一、实施背景

随着印刷行业自动化、数字化进程的加快，印刷企业在逐步转型发展的进程中，需要大量掌握印刷技术及数字媒体技术的复合型专门人才，对学生的综合素质、专业技能和熟练程度提出了更高的要求。为此，两校联合申报印刷媒体技术专业中高职教育贯通人才培养模式试点工作并获批。

2013年9月，印刷媒体技术专业中高职贯通试点工作实施以来，上海新闻出版职业技术学校和上海出版印刷高等专科学校联合建立中高职贯通人才培养运行机制，在试点方案、教学实施计划等申报文本的基础上，逐步规范、不断完善专业一体化人才培养方案和专业课程标准，实际教学中严格实施、规范执行，学生培养成效明显。

二、实施过程

上海新闻出版职业技术学校是上海唯一对接同一高职院校实现专业贯通的

学校。两校管理体制、机制相似,行业背景相同,专业对口,文化背景、专业理念相似,课程对接、教学管理理念相近,在设施设备、实验实训共享等方面,为两校贯通人才培养模式试点工作的顺利开展打下了坚实基础。

(一)创新培养模式,不断完善人才培养方案

印刷媒体技术专业人才培养方案涉及人才培养目标、教学计划、课程设置等关键要素,是人才培养的纲领性指导文件,注重实践性教学及其课程模块间的相互渗透、培养方案和课程的一体化设计;强调培养过程五年不断线,体现贯通培养的一贯性;构建文化基础、专业核心、专业技能、专业拓展的"四模块"课程,凸显"三个能力",即社会能力高、专业能力强、方法能力广。

1. 充分开展需求调研,确立人才培养规格

两校共同面向上海相关印刷企业开展人才需求调研,摸清企业用人需求规格。人才需求调研发现,新闻出版行业正向数字化、绿色化转型,新闻出版企业正从单一生产型向服务型、贸易型转变,从传统印刷向绿色印刷、从定量印刷向按需印刷、智慧印刷转变,对技术技能人才规格的新要求有了新定位。

2. 面向行业转型升级需求,逐步完善一体化人才培养方案

根据行业技术技能人才培养新目标,两校专业团队通过联合教研,每年对印刷媒体技术专业中高职贯通教育培养模式人才培养方案进行编制修订。注重中职与高职课程的贯通和课程标准与企业生产标准、技能大赛标准、国际标准的对接,夯实贯通培养模式的内涵。

两校与主管部门,聘请行业企业专家、职业教育专家等共同完善中高职贯通专业人才培养方案,形成相关课程体系,不断促进专业与产业对接、课程内容与职业标准对接、教学过程与生产过程对接,以强化学生实践能力培养。

(二)多方协同,编制贯通专业课程标准

以对印刷媒体技术专业相关工作任务和职业能力的分析为依据,结合上海市课程标准,通过两校教师教研研磨,确定课程目标,设计课程内容,研究教学改革课题,构建基于职业能力要求的技能模块型课程。

在进行课程设计时,对中高职相关课程进行全面系统梳理,整合教学内容,

重新分配课时计划,重新选用课程教材。在专业课设计方面,以职业能力模块化设计开发专业课程,重新梳理原有中高职课程门类,以岗位所需职业能力为核心对课程进行模块化设计,教学内容对接岗位需求,教学内容的重组与整合,按理论知识学习与职业能力培养要求进行整体设计,递进式实施。

两校联合行业企业专家共同建设中高职贯通课程标准,专业完成了20门中高职贯通专业课程标准编制,课程标准对接世界技能大赛技术理念,在印刷综合实训课程中设计了数字印刷模块,引进富士施乐(Fuji Xerox)、惠普(HP)企业专家合作开发数字印刷实训模块;与美国印刷工业协会(PIA)、法国茜纳普斯公司(Sinapse)合作,按企业化的要求指导学生参加国际技能能力培训及考核。

部分专业课程标准开发情况

序 号	课 程 名 称	编 撰 人 员
1	印刷品后加工	肖颖、李红光
2	印刷色彩基础 色彩管理实务	葛惊寰、张世佳
3	平版印刷工艺	田东文、余竹
4	印刷机结构与调节	金琳、祁书艳
5	印刷化学	俞忠华、杨婷婷
6	印刷材料识别与选用	龚云、于士才

三、特色与成效

经过系统设计,两校在印刷媒体技术专业中高职贯通人才培养方案、课程标准、学生发展等方面都取得了明显成效,中高职贯通人才培养模式的特色逐步显现,培育了行业所需的技术技能人才。

(一)教学文件齐全,贯通培养规范

两校自贯通人才培养模式试点工作实施以来,共完成2013—2019年7届专

业人才培养方案的制订和修订完善，并完成20门专业课程标准的开发，实际教学中严格实施、规范执行，为人才培养打下了坚实基础。

（二）全面提升技能，为行业培养工匠

在学生参加职业技能大赛中，2名学生通过层层选拔进入世界技能大赛"印刷媒体技术"项目上海市选拔赛，获得优异成绩。1名学生在2018年中国技能大赛——第45届世界技能大赛全国选拔赛中获得"印刷媒体技术"项目第1名，进入国家集训队备战第45届世界技能大赛；2名学生参加第6届全国印刷行业职业技能大赛平版印刷员（学生组）全国总决赛分获一、二等奖；2名学生参加第6届全国印刷行业职业技能大赛平版制版员（学生组）全国总决赛均获三等奖。

2018年，2名学生参加上海市"星光计划"第8届职业院校技能大赛分别获得"平面设计"项目二、三等奖。2019年，3名学生组队参加第2届"金印杯"全国大学生印刷科技创新竞赛决赛，在与本科院校同台竞技的情况下仍然获得了三等奖的好成绩。

1名学生代表上海中职生形象参加第46届世界技能大赛的申办，成功代表中国完成申报陈述工作，并被评为2018年度"上海职业教育年度新闻人物"。2019年，3名学生获得有全球印刷界"奥斯卡"之称的"美国印制大奖"银奖（高中学生类别）。

四、思考与展望

印刷媒体技术专业中高职贯通试点培养工作已开展多年，其发展面临着新的挑战与机遇，体制机制方面需要有更大的举措，以提升专业服务行业发展和社会的能力。

（一）深化贯通管理机制

一是进一步细化两校的合作机制，凝练、优化专业管理的工作流程，加强联合教研，建立学生从入学到转段到毕业、就业的全过程共同监测机制。二是进一步发挥专业引领作用，提升专业群管理能力，共同探索将中高职贯通专业群建设

在"编—印—发"产业链上的运行机制、管理机制。

(二) 充分发挥专业课程标准的核心作用

人才培养规格的确定、培养方案的编制完善,关键还是需要开发制定好配套的专业课程标准,有规范化的课程标准及相应的课程体系,在专业教学团队的执行下,才能在教学实施过程中培养出符合行业企业需求的技术技能型人才,培育时代工匠;同时,专业课程标准也为教材的进一步开发建设提供了依据和方向。

(三) 继续推进社会服务

一是对接"上海文化"品牌打造和印刷行业转型发展的需求,进一步优化培养模式,提升培养质量,逐步构建人才接续培养体系。二是两校在参与制定CY/T132系列绿色印刷标准基础上,积极参与制定其他行业标准,并争取制定国家专业教学标准。三是依托对口支援项目扩大专业模式影响力,使专业中高职贯通模式、经验辐射更广的区域。

数控技术四校联合质量保障体系建设
——中高职贯通质量保障体系建设

上海第二工业大学　陆成鹰

内容简介：中高职贯通人才培养模式是根据企业需求、学校教学改革而产生的一个新型的教学培养模式。中高职贯通质量保障体系有助于更好地开展中高职贯通教学，为培养高级职业技术人才奠定基础。本文主要对2013年以来我校试行的数控技术四校联合中高职贯通人才培养模式中的质量保障体系建设进行了简析，提出了一些观点和体会。

一、建设背景

2013年9月，上海第二工业大学的数控技术专业与上海市工业技术学校数控技术应用专业正式开展中高职贯通人才培养试点。2014年9月，上海第二工业大学的数控技术专业又与上海市大众工业学校、上海工商信息学校的数控技术应用专业开展数控技术专业中高职贯通人才培养试点。上海第二工业大学的数控技术专业同时与三所中专学校开展中高职贯通人才培养试点，由于各所中专学校各自的特长、优势、教学理念各不相同，因此怎样建设适合三所中专学校的质量保障体系尤其重要。

二、建设基础

上海第二工业大学的数控机床技术专业曾经是教育部高职高专精品专业，因此拥有一批理论教育与实践教育经验丰富的骨干教师。三所中专学校的数控技术应用专业都是全国示范性中等职业学校重点建设专业、上海市重点专业，各学校都建有数控技术实训中心，具有大量先进的实训设备设施，并配有大量实践经验丰富的带教教师。四校综合结合考虑高职院校和各中专学校的优势，建设了以理论教学与技能培训双重抓的四校联合质量保障体系。

三、建设过程

（一）建立质量保障体系的行政措施

1. 组织机构的建立

四所学校在中高职贯通三级协调机制的前提下，共同成立了中高职贯通质量监控保障领导小组和工作小组。

2. 管理文件的出台

各中专学校共同编写《中高职教育贯通培养试点阶段学生学籍管理补充条例》，进一步明确了从注册到学籍管理、甄别、留级、转段的各项事宜。

各中专学校共同制定《中高职贯通班学生学业预警管理办法》，创新实施学业预警制度，每次期中、期末考试后，对不及格科目超过一定数量要求的学生，进行学业预警，变结果管理为过程管理。

在高职学校，在大学生学生守则内明确规定每学期对未修满一定学分的学生发学业警告，并保证发到家长手里。在高职学习阶段，学生收到2次学业警告，就对该学生作退学处理。

（二）修订一体化培养计划

1. 调研专业动态，定位专业方向

由于三所中专学校数控技术应用专业的教学计划各不相同，因此迫切需要修订适合三所中专学校的统一的一体化培养计划。

为此四校联合开展企业行业调研，了解行业的人才结构、职业素质、岗位能力要求。经过调研发现，不同性质的企业对数控岗位技术工人要求不尽相同，可以是各岗位简单的操作工，也可以是懂维修维护的综合技能人才。

根据调研结果，四所学校共同确定数控技术中高职贯通专业人才培养目标为：坚持立德树人、德技并修、学生全面发展，主要面向机械、数控、电气等企事业单位,培养具有一定文化水平、良好职业道德和人文素养,能从事数控编程、零件数控加工、机床维护与诊断等相关工作,具有职业生涯发展基础的知识型、发展型、高素质技术技能人才。

2. 构建课程体系,有效衔接课程

文化基础课有效衔接——提高学生人文素养。语文、英语与数学等文化基础课从中职阶段向高职阶段自然延续,避免"中职+高职"模式的"中间断层"和"各自重复"现象,有利于学生系统地学习掌握,呈现递进式学习模式。其中,高等数学和大学英语课程在高职学校的主导下采用向中职前移的教学模式,避免高职阶段因课时不足引起的困扰。

技能培养全程贯通——由操作技能训练向心智技能培养发展。中职阶段主要以培养学生岗位基础技能为主,奠定必要的专业基础与能力。开设的课程以机械制造与机械加工为主,使学生熟练掌握岗位基础技能,形成良好的职业习惯,为后续高技能应用能力培养奠定基础。高职阶段主要以培养学生岗位职业核心技能,形成能独立解决生产实践中遇到的问题、能进行数控机床装调与维护等能力,具备跨文化沟通和协作能力、基本的自学能力和技能拓展能力,达到心智技能培养目标。高职阶段的课程围绕着数控机床以"电+控制"尤为突出,学生通过中职阶段对数控机床加工的掌握,进而通过高职阶段的学习能知晓数控机床的工作原理和控制原理,让学生实现"机+电"的完美融合,真正构建机电一体化人才。

(三) 理论教学的质量保障措施

1. 文化基础课

由高职学院牵头,组织本校理学院的教师与各中专学校的各课程负责人一起研讨,制定统一的课程标准,并通过教、考分离的措施,督促各中专学校基础文化课的教学。每学期四校举行联合教学活动,相互交流教学经验,并横向对比各校教学成果。

2. 专业理论课

中专阶段的专业理论课,同样由高职院校牵头,三所中专学校的课程负责人一起协商各门课的上课内容,做到三所中专学校的专业课课程内容和教学要求统一；并在高职学院的指导下，三所中专学校成立联合教研组，定期开展教研活动，定期进行教、考分离的联考，督促教学质量。

高职阶段的专业理论课，通过调研和聘请行业专家进行研讨，确定每门课的教学内容，并做好与中专阶段相应理论课的衔接，由经验丰富的教师进行教学；同时开展教师间相互听课、学院层面和学校层面督导听课，保障提高教学质量；并由高职学院出面，组织开展部分课程的教、考分离。

（四）技能培训的质量保障措施

1. 中专阶段

由于中专学校最大的优势就是技能培训，因此更注重中高职贯通专业的相应技能培训。对贯通专业配备较强的师资力量，通过相应的技能等级证书督促相应的技能培训课程。各校取得了较好的成绩，中级工的考证通过率在90%左右。

2. 高职阶段

高职阶段的培训主要分两大部分，一部分以考高级工的培训为主，另一部分以课内的综合实训为主。高级工的考证，配有实训中心最强的师资力量，并获得报考人数80%以上的通过率。课内的综合实训以项目制的形式展开，学生以团队的方式完成项目的制作、安装和调试。通过实训，可以培养学生动手、动脑以及团队协作的能力。

四、思考与体会

（一）经验与成效

1. 发挥专业优势，突出技能为长

在中职阶段，充分发挥实践教学的优势，配备经验丰富的专业教师，鼓励学生在掌握专业理论知识的前提下多考技能等级证书，在做中学、学中做，进一步巩固对知识的理解和掌握。

2. 发挥理论教学优势，提高技能实训

在高职阶段，充分发挥理论教学的优势，在加强理论教学的基础上进一步提高技能实训教学。作为高职学生，企业对其要求除了会动手做以外，还会要求学生思考如何做得更好,这就需要一定的理论知识,高职阶段进一步加强理论教学就可以弥补这方面的问题。

(二) 不足与建议

1. 中高职一体化管理体制需要进一步完善

在管理上,由于体制等原因无法实现全面一体化。中职学校与高职学院在教学管理、学籍管理、计划管理等方面有待进一步完善。

2. 中高职贯通的学生缺乏一定的竞争性和能动性

中高职贯通的学生大多缺乏竞争意识,觉得通过五年的学习就应该得到高职的文凭,学习缺少主动性、积极性。在中专阶段的学习,学生喜欢实践课,而害怕理论课。

进入高职阶段的中高职贯通学生与普通三年制高职学生相比,同样缺乏能动性,遇到问题不愿自己思考解决,而是直接采取逃避方法,抗打击能力较差;对理论课的学习积极性不高,总觉得自己学不会,而不愿去学;对实验实训课,需要动手、动脑独立解决的问题,部分同学会直接采取弃而不学的态度。

这两种现象的存在,导致许多学生不能较快地适合高职阶段的学习,如何解决这个现象是学生、教师、家长、学校共同的任务。

中高职校际一体化培养质量监控体系构建

上海济光职业技术学院　陈传灿

内容简介："五年一贯制"中高职贯通，培养质量保障与监控是关键。本案例针对上海济光职业技术学院与上海市南湖职业学校汽车检测与维修技术贯通专业六年来的人才培养经历，在组织体系、评价系统、质量调控、制度系统形成等方面已初步建立的中高职衔接培养质量监控体系作简单介绍。

一、案例背景

汽车检测与维修技术中高职贯通专业是上海市南湖职业学校和上海济光职业技术学院联合申报的于2013年2月被上海市教委批准的培养试点专业。该专业于2013年9月首次招生，首批学生60名，后续每年基本招收两个班级共60名左右的学生。至今已招生7届，毕业2届，"五年一贯制"两校已联合运行六年。

贯通开始的时候，为了运转的顺畅，两校专门制定了教学管理规则，联合成立了中高职贯通领导小组，下设贯通工作办公室（双方教务处及专业带头人组成）及教学指导委员会，统筹制订"五年一贯制"培养计划，双方院校均参与五年一体化培养计划的实施与管理工作，双方约定每年举行1—2次教学工作会议，中职阶段每年召开1次家长会，交流和商讨人才培养方案的执行情况及家长、学生的反馈情况，并对出现的问题进行沟通，相互监督、审核教学过程，确保培养计划顺利实施，保证教学质量及培养效果。从过去的运行经验看，由于客观上的诸多原因，两个不同办学主体间会存在许多现实的鸿沟，在培养质量保障和监控体系方面，中高职衔接一体化管理存在很多问题和困难，效果也会打折扣。通过六年多的探索、磨合、改进、完善，已初步形成一体化培养质量监控体系。

二、校际培养质量监控体系构建

（一）成立教学质量监控组织系统

考虑到本专业为"一拖二"（2013年与上海市南湖职业学校贯通，2019年与上海市宝山职业技术学校贯通），决定在原"中高职贯通领导小组"的基础上，成立"上海济光职业技术学院汽车检测与维修技术专业校际合作委员会"；在原贯通工作办公室及教学指导委员会的基础上，成立"校际事务协调中心"及"教学质量监控中心"。校际合作委员会实施一级监控，主要负责一体化培养专业的政、校、企合作的统筹协调、教学质量监控与评估组织，具体实施机构为两个中心（分别设在上海济光职业技术学院督导室和机电系）。在三校间构建内外部监控体系，其中内部监控体系以各院校实施为主，校际部门为辅。主要负责各院校教学质量监控与评估的组织、指导、实施，实施机构为各校的系部和校际专业指导委员会等。校际专业指导委员会主要负责人才培养方案的调整论证、专业建设、校内外实训、实习基地建设等工作的监控；实施机构系部由专业负责人、教研组长、专业骨干教师组成，负责落实贯通专业人才培养方案实施，包括课程标准制订、课程建设、教材编撰、师资培训、联合教研活动、教改活动等具体工作，教学质量监控由院校督导室负责。各专业教学团队实施三级监控，主要负责各专业模块教学和管理实施情况，实施机构为专业教研室和学生办，学生信息员主要进行教学一线信息采集与反馈。外部监控体系由上级教育主管部门、社会及第三方机构、行业企业用人单位三方组成。上级教育主管部门通过教学质量单项评估、职教重点项目评估以及学生技能抽查、就业率统计等对中高职一体化培养专业的教学质量进行评价；社会及第三方机构评价主要通过校友会、教育数据咨询和质量评估机构的调研；评价专业人才培养质量主要是数据测量、结果评价；行业企业用人单位主要通过毕业生工作信息采集、用人单位工作满意度、毕业生起薪点等对中高职一体化培养专业的教学质量进行评价（见图1）。

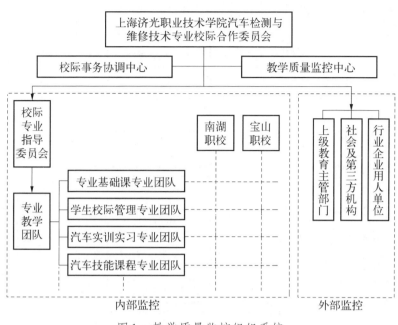

图1　教学质量监控组织系统

（二）构建"全过程监控,评价多元化"的教学质量评价系统

上海济光职业技术学院汽车检测与维修技术专业校际合作委员会每年进行一轮专业评估,对两个贯通专业进行数据采集,主要有师资队伍、实践教学、招生就业、教学质量、科研成果、社会培训、技术服务等指标。

教学质量监控中心通过教学过程监控与评价、实践教学质量评估、重点专项建设评估进行各院校教学质量监控与评价。依据人才培养各环节的教学质量标准,强化全过程监控,加强日常教学管理,加强对教师授课和学生学习的督导,开展教学质量监控与服务中心评教、专家评教、教师互评、学生评教、教师评学、企业评学等活动,对三校一体化培养专业的教学运行、教学质量进行监控和评价。各院校开展学期初、学期中、学期末教学检查,对日常教学检查、授课计划的执行情况、教案质量、教学过程、实习实训、学生到课率、听课情况、学生考核及试卷分析等方面进行检查。各专业教学团队对各课程的教学运行、教学质量进行监控和评价。教学质量监控中心对上述内容完成情况进行检查和工作评价,通过专兼职督导员定期深入教学第一线,及时发现和解决问题(见图2)。

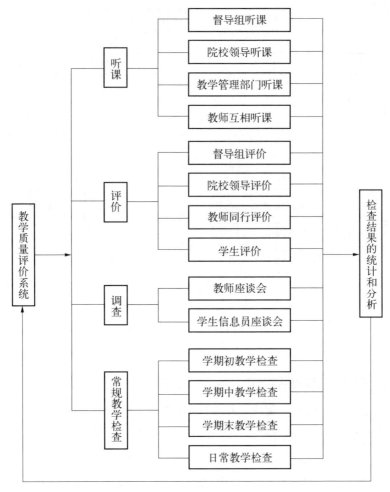

图2 教学质量评价系统

(三)构建"依托数据平台,预警纠偏自控"的教学质量调控系统

通过上海济光职业技术学院数字化校园信息平台(CRP)和毕业综合实践管理平台(GPM)对每一届学生的培养工作状态数据进行定期采集、即时分析和集中通报,通过上海济光职业技术学院汽车检测与维修技术专业校际合作委员会下的教学质量监控中心例会、教学工作简报、教学督导反馈、教学专项检查反馈、学生评教结果反馈、毕业生质量反馈等形式,建立教学质量监控体系的预警和纠偏机制,保障中高职一体化培养专业的教学质量不断提升(见图3)。

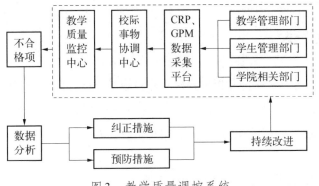

图3　教学质量调控系统

（四）完善教学质量监控制度系统

确定上海济光职业技术学院汽车检测与维修技术专业校际合作委员会的运行机制，制订工作计划和完善会议制度，通过相关文件明确三校主要领导为教学质量第一责任人；明确教学质量监控中心、校际专业指导委员会及各相关部门的职责，细化各项工作制度；明确过程职责，细化各个过程的管理制度；明确岗位职责，细化具体过程的实施细则，构建教学质量监控制度系统，主要包括教学检查制度、课堂教学质量监控制度、考评制度、信息收集反馈制度和毕业生质量控制制度等（见图4）。

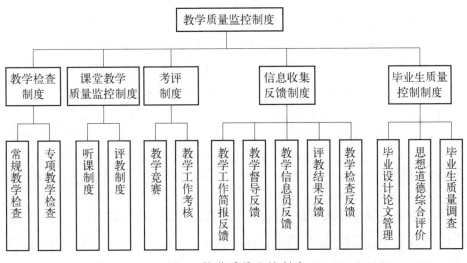

图4　教学质量监控制度

三、思考和建议

中高职贯通教学质量监控体系建立相对容易,良性高效运行就显得困难,因为牵涉到两个主体,特别是公办和民办完全不同的两条线。要建立一种机制,确保监控体系高效、顺畅地运行,但目前相对比较欠缺。

(一)中高职质量监控协同机制需完善

包括中职和高职学校领导层的协同和监控实施层的协同两个层面。中职和高职学校的领导层一定要重视质量保障和监控的重要性,及时解决实施层碰到的问题。中职和高职学校的监控实施层,通过质量监控人员的相互渗透、质量标准的协调统一、工作流程的标准化等举措,达成质量监控实施层面的协同。领导层的协同是质量监控的关键,监控实施层的协同是质量监控的保障。

(二)信息畅通机制需完善

教学质量监控的主要目的是在信息反馈的基础上进行有针对性的教学改进,信息反馈的前提是信息的畅通。可借助信息化教学质量监控平台,在对监控数据进行智能化分析和信息定向推送的基础上,实现监控结果的及时反馈,以利于被监控对象的及时改进和决策层的及时决策。遗憾的是目前三校的信息化平台都还是各自为政,上海济光职业技术学院的数字化校园信息平台(CRP)和毕业综合实践管理平台(GPM)还只局限于后段学生,段间的数据交互还很有限。

四、结束语

上海济光职业技术学院"一拖二"中高职贯通进行专业人才一体化培养的工作还处于探索阶段,特别是一体化全程培养质量保障与监控体系的高质量运转还有许多值得探索的地方。人才培养方案结合上海市课程标准制订和

"1+X"内容的融入正逐步完善,教育教学内外部条件和因素不断变化,教学管理难度大,因而教学质量监控体系也需要不断地调整与完善;我们相信,通过持续不断地磨合和努力,上海济光职业技术学院和上海市南湖职业学校、上海市宝山职业技术学校贯通的"一拖二"汽车检测与维修技术专业一定会成为行业的典范。

过程和结果相结合的质量管理机制
——联合学业预警制度

上海第二工业大学 刘 琰

内容简介：由上海第二工业大学和上海市经济管理学校两校联合招生培养的中高职贯通计算机网络技术专业学生从2014年招生至今已有五年。在此期间，本着提升教学质量的目标，统一设计，对计算机网络技术专业课程和文化基础课程实行教、考分离，由高职教师根据两校共同修订的教学大纲出卷，真实反馈教学质量，及时发现教学过程中的问题，在中职、高职两个阶段实施联合教学预警制度，将过程管理和结果管理相结合，对学生实施全面的综合管理。中高职教师协同工作，完善教、考分离方案，形成中职、高职阶段两校无缝衔接的联合学业预警制度，为转段工作提供客观、详实数据，有效监管学生的学业情况，提升学生的专业知识和专业技能。目前该专业为"上海市中高职贯通计算机网络技术课程标准制订和高水平建设专业"。

一、专业建设背景

随着中国经济快速发展，催生了网络技术行业的繁荣，对网络技术人才的需求越来越大，计算机网络技术专业建设围绕服务上海建设"五个中心"和打响"四大品牌"，以及发展"四新"经济的需要。据行业数据显示，目前我国计算机网络行业的人才缺口巨大，仅"网络安全"这一项就已达到45万人。

在此基础之上，上海第二工业大学与上海市经济管理学校于2013年10月向上海市教委申报，并于2014年获批，同年9月首届招生，至今已招收4届学生，共196人。本专业进行"五年一贯制"培养模式，3届学生共149人（2014—2016级）已于2017年至2019年9月转段至上海第二工业大学

（2017—2019级），2017级50名学生已经毕业，其余2届目前还在进行高职阶段的专业学习。

二、培养过程中的问题

根据中高职贯通"五年一贯制"专业建设的机制，学生在中职期间完成学业，考试合格后，直接转段至高职院校，不需额外考核。但在人才培养的过程中，特别是在高职阶段，我们发现学生学习存在许多问题，在不降低要求的情况下，进入上海第二工业大学的2017级计算机网络技术专业01和02班共有学生58人（17网络01班30人，17网络02班28人）。第一学期成绩统计后共有18人存在不同程度挂科现象，占总人数的31%，仅有4人通过第一学期的全国大学英语四级考试。

根据学生的学习情况，我们认真研究分析，发现存在如下问题：

缺乏学习动力。由于进入大学需要进行自我管理，一些贯通教育的学生存在一种迷失自我的情况，主要精力没有放在学习上。还有一些学生，原来基础薄弱，进入大学后，更为复杂和繁重的专业课让他们无所适从。具体表现就是对自己的要求不高，得过且过，不学、厌学。

缺乏良好的学习习惯。一部分学生没有掌握良好的学习方法，也没有养成良好的学习习惯。常常不能课前预习、课后复习，很多同学只重听讲，却不能分析和思考问题。不良的学习习惯严重影响了学生的学习效果。

缺乏恒心和毅力。学习不好的根本原因是缺乏恒心和毅力，一旦遇到困难就放弃学习或自欺欺人地走"捷径"。

以上诸多情况如果长期放任不管，会形成恶性循环，最终败坏学风，影响培养方案的实施效果。

三、建立过程和结果相结合的质量管理机制，实施联合学业预警

根据以上问题，在上海第二工业大学和上海市经济管理学校领导的高度重视与关心下，决定形成一整套逐渐完善的适合计算机网络技术专业人才中高职

贯通人才培养规律的教学与管理工作机制，同时推出过程和结果相结合的质量管理机制，具体落实为进行中职、高职教、考分离，根据教学和考核结果实施联合学业预警制度。

（一）完善中高职教育贯通人才培养管理工作机制

在管理上，两校成立三个层面的对接贯通机制：通过两校的三个小组实施，分别是"校领导小组""贯通工作小组"和"联合教研组"。联合教研组由上海第二工业大学和上海市经济管理学校计算机系的相关专业带头人和骨干教师以及企业专家组成，联合教研组每学期定期召开联合教研活动，检查落实专业教学计划实施情况，跟踪反馈教学质量，修订教学计划，共同开发课程标准、教学大纲、教材等。

（二）整体设计，制订课程标准

整体设计"五年一贯制"的中高职贯通人才培养计划，根据学生不同年龄的认知和接受度，我们梳理了文化基础课和专业课程的先后顺序，下放了一些原先在高职阶段的专业基础课程到中职。学生在学习文化基础的同时，在整个五年中循序渐进地学习、提高自己的专业技术能力。

我们联合企业和兄弟院校的专家，依托上海市中高职贯通专业标准制订的项目，研究企业工作领域，细分工作任务，制订课程标准，为本专业学生掌握贴合企业、市场需求的专业技能提供保障。

（三）教、考分离，严控质量

有了两校统一的课程标准，按照"五年一贯制"整体规划，在人才培养方案实施过程中，高职陆续下放了一些核心专业课程至中职，如："程序设计基础""计算机网络基础""数据结构"等。经过双方教师多次学习、讨论课程标准、教学大纲、考核范围后，在2017年底我们专业首次进行了英语、数学、计算机网络基础3门课程教、考分离的实践。其中英语和数学是六校联考，这些学校均是和上海第二工业大学有着中高职贯通合作专业的学校。教、考分离试卷的下发和巡考，都由高职派遣教师去往各中职校。

考核完成后,每门课程出具详细的分析报告,横向比较六校的成绩分布,纵向比较历年本专业的成绩变化,细分学生掌握各个知识点和专业能力的情况,发现薄弱环节,提出整改方案。定期的联合教研活动,让中职校领导获得完整的分析报告,了解自己学校在考核中的排名,进一步提升本校的教学质量。两校专业负责人、课程教师对接,详细分析学生对各个知识点的掌握情况,根据具体问题,共同讨论解决方案,提出整改措施。

(四)两校联合实施学业预警制度

上海第二工业大学和上海市经济管理学校两校创新实施学业预警制度,将教、考分离等质量监管用于过程管理,与结果管理相结合,对学生实施无缝衔接的综合管理。

根据教、考分离的考核结果,对在学业上存在问题的学生进行分级预警。被严重警告的学生,由两校专业负责人协商,对学生开展帮助。两校还建立了学业导师制度,由高职的专业负责人担任学业导师,定期去往中职校为学生讲解专业内容和就业方向,并随机听课,与被"严重学业警告"和被"一般学业警告"的学生交流,面对面地讨论提升学业和专业技能的方法。学业警告记录册由两校共享,以便跟踪每个学生的学业变化情况。

通过这样的方式,两校教师共同掌握本专业学生的学习情况,学生从进入上海经济管理学校起,就是两校共同的学生,不会因为分阶段学习导致高职教师需要到高职阶段才能了解学生的学习情况。对于优秀的学生,高职教师也能更早地发现学生的特点,将高职现有的亚马逊云平台等各类资源分享给中职学生,利用由中职校出资的安置于高职的中高职贯通联合实验室,共同带领学生参加各类项目和竞赛,真正做到"人、财、物"的贯通。

根据教、考分离和学业预警制度,两校共同监管教学质量,真实反映学生在各个阶段的学习和成长情况,为转段工作提供客观、真实地能反映学生在校学习情况的详实数据。

通过实施这样的过程和结果相结合的质量管理机制,使计算机网络技术专业的学生在最初进入中职阶段学习的时候,就明确自己在学业上的要求,有一定紧迫性和约束性，在专业方向上通过专业负责人和学业导师不间断地循环讲解，也能尽早明确专业学习内容，选择适合自己的方向。同时，在教师教授课程的过程中，通过教、考分离和学业预警制度，不但能提升中职教师的专业教学水平，也可以修订高职教师的教学理念和教学方法。对学生出现的学习问题，能快速发现、共同分析、协调解决，进而为中高职贯通专业学生的教学质量提供强有力的保障。

中高职贯通国际商务专业质量保障体系的教学改革实践与成效

上海电机学院　张英辉　韦艳丽
上海市西南工程学校　卢山红

内容简介：为全面提高人才培养质量，建设上海市中高职贯通国际商务高水平专业，围绕"服务自贸、一体共育、德才齐进"的中高职贯通人才培养目标，按照"决策—执行—监控—改进"PDCA闭环管理模式，从优化培养方案、创新人才培养模式、建设"双师型"教师团队和打造特色专业四个方面改革创新，从学校、教师和学生三个层面探索符合中高职贯通教育规律且体现国际商务专业特色的教学质量保障体系，并取得了显著成效。

为贯彻落实习近平总书记关于职业教育的重要指示、国务院印发的《国家职业教育改革实施方案》(国发〔2019〕4号)和上海市职业教育"十三五"规划等文件精神，在"一带一路"建设实施和上海自贸区加快建设的背景下，围绕中高职贯通人才培养面临的"培养质量不高、竞争力不强"的核心问题，积极探索符合"服务自贸、一体共育、德才齐进"的中高职贯通国际商务专业人才培养目标的高素质技能型人才培养模式和教学质量保障体系，建设上海市中高职贯通国际商务高水平专业，取得了丰硕的成果。

一、总体情况

自2012年中高职贯通人才培养项目国际商务专业获批以来，学院牵头成立了"贯通培养"管理委员会和工作小组，搭建了教学质量监控一体化管理平台，推行了联合教研模式，实现了教学资源建设、过程管理、教学监控、评估与改进等方面的有效贯通。在"贯通培养"管理委员会的领导下,按照PDCA闭环管理模式,构建与创新具有鲜明国际商务专业人才培养特色的中高职贯通人才培养教学运行与质量保障体系,对影响教学质量的各种因素及教学活动全过程进行动态控制和科学管理。

以全面提高教学管理水平和管理效率、提升教学质量为目标,遵循"加强领导、规范运行、持续改进"的原则,对人才培养方案、教学质量标准、教学活动组织实施、教学监控、评估与改进等进行顶层设计。面向机电产品贸易岗位要求,以培养高素质技能型国际商务人才为目标,凸显"国商基础理论+机电基本知识+跨境电商技能+'双证融通'培养"的特色,建立健全教学质量监控组织制度体系、校内外教学质量监控评价与反馈机制以及教学资源保障体系,不断提升人才培养的质量。

二、主要改革措施

(一)优化培养方案,强化学生职业能力培养

在对毕业生、用人单位和实习单位满意度进行调研的基础上,由上海市中高职贯通教学标准开发指导专家匡瑛博士和11位企业专家、中高职专业教师共同确定了国际商务专业的工作任务与职业能力。结合职业岗位群能力的分析,专业指导委员会先后5次组织制(修)订培养方案,并相应制定了中高职贯通一体化专业教学标准和课程标准,强化课程的有效衔接。整合校内外实习、实训资源,建立统一的实训操作和考核规范,构建从技能到技术的"五年一体、螺旋上升"的实训体系。对照职业技能大赛要求,将专业实践课程和职业技能有效对接,创新"任务驱动"教学模式,突出学生职业能力的培养。

(二)深化"产教融合",推进人才培养模式创新

与宝钢集团外高桥国贸公司、上海兰生股份有限公司等30多家企业签订合作协议,建立"产教融合"联盟。制定校企合作实施操作流程等工作规范,加强实施过程中的程序管理,通过走访座谈、发放问卷等形式定期对教学效果进行评价并及时反馈。创新校企合作机制,在专业建设、人才培养、实习基地建设、双师团队培

养、项目开发等方面开展深度合作,推进"校企融合、岗证结合"的人才培养模式改革,构建"产教融合"协同育人模式,彻底打破了"产教融合""合而不深"的困局。

(三)外引内培,建设"双师型"教学团队

实施"企业人才聘用计划",从联盟企业聘请行业专家担任我院兼职教师,全程参与目标岗位选择、职业能力确定、课程体系建设和课程实施方案及实施保障,实现"行业专家进课堂,校企携手推进教学"。实施"教师实践能力提升计划",每年选派专业教师到企业生产一线,参加生产实践及横向课题研究,并进行考评,提升教师业务水平和教学能力,形成具有机电产品特色的"双师型"队伍。目前两校拥有专业教师20位,双师比例达到100%;拥有兼职教师8位,均为行业高管。

(四)推动"课、证、岗融合",打造特色专业品牌

2016年开展"双证融通"试点,将职业资格证书考核标准融入专业课程内容,构建"课、证、岗融合"的中高职贯通国际商务专业课程体系。建设交互式教与学的在线学习系统,搭建模拟公司平台,推动课程教学和实践教学深层次改革。以培养技能型人才为目标,建立健全学校、实习企业和用人单位协同的教学质量监控评价与反馈机制,实现对人才培养目标、组织实施、教学反馈、企业评价、人才培养方案修订的螺旋上升式闭环,不断提高人才培养质量,培育和强化国际商务专业特色优势,打造特色专业品牌。

三、取得的进展和实效

立足国家"一带一路"建设,对接上海自贸区发展对国际商务人才的需求,建立和完善以教学决策、过程管理、质量监控和教学反馈及教学保障为基本内容,从学校、教师和学生三个层面构建了中高职贯通国际商务专业教学质量保障体系。

(一)以专业建设为抓手,建立和完善学校层面质量保证体系

以建设中高职贯通国际商务高水平专业项目为契机,创新校企合作的专业

建设体制机制与途径,改革与创新人才培养模式,带动特色专业建设。制订实施中高职贯通国际商务专业五年建设规划,从领导督查、专家督导、同行评价、学生反馈等多层面对教学质量实施全过程、全方位和全员性管理和监控。成立调研组开展专业教学调研、现场评估工作,根据反馈信息制订整改和指导方案并监督改进。

2015年,中高职贯通"双证融通"人才培养方案和课程体系获上海中高职贯通专业教学比武设计大赛三等奖,2018年获上海市教学成果一等奖,2019年获批"上海市中高职贯通国际商务高水平专业项目和专业标准建设项目"。

(二)以教学团队建设为抓手,建立和完善教师层面质量保证体系

加强质量文化建设,建立教师职前、职中教育和培训体系,制定相应的制度、措施和整改方法,对教师教育和培训全过程进行监督;成立课程协作组,定期组织跨校教研活动,提高教师队伍的师德和业务水平。建立教师工作考核评价激励机制,使教师队伍管理更加科学化、规范化。通过校企合作,搭建中高职贯通一体化的师资培养平台,建成了一支专业水平高、教学能力强、实践操作精的"双师型"专兼职教师团队。

2014年"进出口贸易实务"被评为"上海市精品课程",2016年《外贸单证实务》获"上海市优秀校本教材"奖。2016年中高职贯通国际商务教学团队被认定为"上海高职院校市级教学团队"。

(三)以学生管理为抓手,建立和完善学生层面质量保证体系

以思想道德发展和职业能力培养为导向,以一体化育人平台为支撑,加强学习指导与服务,建立涵盖建设目标、质量标准、服务支持和诊改机制的学生层面质量保证体系。实施教、考分离和五年多阶段考核机制,以教师、教务部门、用人单位和学生为评价主体,探索多级学习评价与反馈机制,通过多种渠道对学生的学习过程和学习结果信息进行收集、分析和反馈,从而不断改进"教"和提升"学"。

招生七年来,培养的各届学生在校期间的职业资格证书获得率达到95%,在各种级别的技能大赛中斩获众多奖项;多次获评"最美中职生"、上海市"魅力

中职生";2012年"远恒杯"外贸职业技能竞赛优胜奖;2013年"远恒杯"上海高职高专国际商务(营销师)一等奖;2014年第4届全国国际贸易职业能力竞赛综合技能二等奖,单项一、二、三等奖;2014年"东洋科技杯"上海市高职院校报关技能竞赛团体二等奖;2015年上海市"星光计划"职业院校技能大赛"国际商务"项目个人第1名、团体第2名,上海市"星光计划"第6届职业院校技能大赛"国际商务"项目竞赛一、二、三等奖、职业外语技能二等奖、电子商务项目三等奖;第5届全国国际贸易职业能力竞赛综合技能二等奖,单项一、二、三等奖;2017年上海市"星光计划"第7届职业院校技能大赛"国际商务"项目二、三等奖;2018年世界技能大赛选拔赛"国际货运代理"赛项二等奖。2017—2019届毕业生平均就业率为98.5%,对口率为85.9%。企业对这些毕业生的共同评价是"上手快,既懂贸易,又懂机电产品,是企业急需的机电产品贸易人才",为中高职贯通人才培养提供了典型经验。

教学质量监控常抓不懈,确保人才培养质量
——飞机机电设备维修专业中高职贯通培养试点案例

上海民航职业技术学院　刘震雄

内容简介：为切实提高上海民航职业技术学院与上海工商信息学校的中高职贯通专业飞机机电设备维修的教学质量,上海民航职业技术学院航空维修系飞机机电设备维修专业开展质量提升计划,形成质量方针,实施质量监控,落实质量保证,实现质量改进,切实加强教学质量管理体系建设。

飞机机电设备维修是一个特殊的岗位,该岗位对从业者应具备的基本素质、知识和技能都有严格的行业标准,对从业者的职业素养和职业技能要求高,是一个典型的需要反复进行技能训练、培养周期长、技能要求高的岗位。中高职贯通人才培养方式具有较单一的中职或高职人才培养模式的学程延长、课程衔接、教学效能提高的特点;使得技能的反复训练和职业思想的逐渐渗透、培养高技能型民航机务维修人才成为可能,其中教学质量的监控是保证最终人才培养质量的核心所在,必须逐渐形成一整套适用于中高职教育贯通人才培养规律的教学质量监控体系。

一、教学质量监控的创新思路

(一) 形成质量方针,引领质量体系建设

质量方针是整个质量管理系统的宗旨和方向,是实施和改进组织质量管理体系的动力、评价体系有效性的基础,同时是制定和评审质量目标的框架和基础。因此,航空维修系主任具体负责制定质量方针;体系运行中,系部严格遵循质量方针表达的原则开展工作,对质量方针实施动态管理,以确保质量方针适

应专业的实际情况,持续改进质量管理体系的有效性。系部在相关职能和层次上制定可测量的质量目标,增强目标的可考核性;开展质量管理体系策划,确保质量目标的实现。

(二)实施质量控制,致力满足质量要求

质量控制是为达到质量要求而采取的教学管理技术和活动。系部通过建立教学过程主要载体(专业建设、课程、教学活动)的质量标准、健全人才培养质量主要环节(课堂教学、实践教学、学生管理等)工作规范,为实现质量保障奠定基础。

(三)落实质量保证,着力为各方提供信任

质量保证是系部为表明能够满足质量要求,对教育教学中的各项活动进行连续评价或审核,以积累并提供所需证据的活动。系部通过建立起包括课堂教学、实践教学、实习等系统化的评价指标体系,建立起日常考核、阶段性评价和抽查相结合的评价机制。

(四)开展质量改进,提升质量体系有效性

质量改进是取得质量效益的根本途径,系部通过对质量方针与质量目标实施动态管理,科学合理地开展数据分析,提高内审和管理评审的审核力度,加大对评价和审核结果的应用力度,准确确定出了质量管理体系中需要改进的环节和薄弱环节,从而制定出各种纠正措施,杜绝该问题和类似问题再发生;制定出预防措施,防止潜在问题发生。

二、教学质量监控的具体措施

(一)发挥领导作用,增强全员质量意识

建立起中职学校和高职学校联动工作机制,中职学校和高职学校定期开展联合教研活动,进行教学质量监控,针对教学实施中的难点、问题进行研讨,不断优化人才培养方案,确保人才培养质量。高职院校,为使全体教师理解质量方

针,明确质量目标和本岗位的质量目标,系部建立起多种形式的沟通机制,充分利用各种会议、校园网、宣传板等多种手段,使全体教师明确为什么做、做什么和怎样做,使教职员工增强质量与责任意识的主动性不断提高,在工作中不断克服旧的意识和习惯,严格遵守规章制度,自觉履行岗位职责,逐渐从"他控"向"自控"转变。

(二)开展质量管理体系策划

健全组织保障,理清职责与权限。系部主任负责质量管理体系文件的拟定、修改工作,负责质量管理体系文件的宣贯与实施,负责对质量管理体系运行的日常管理、监督与信息分析,负责内部质量审核具体实施、管理评审的组织工作。其次,确定出具体的受控岗位,明确出岗位职责与权限,从根本上减少了推诿、扯皮等现象的发生,不断提高质量管理体系的符合性。

开展"教学质量月"活动,通过教学活动专项检查对教学质量重点控制内容及关键点进行全面质量检查。

(三)完善质量标准

完善质量标准,制定程序文件。对专业、课程和教学等影响人才培养质量的主要因素都建立起质量标准,使教学与培训工作有据可依。建立起包涵教学过程、资源管理和监控、分析与改进等过程的多个文件,明确了开展相关教学活动与管理活动的目的、适用范围、职责、工作流程所依据的文件,以及所需的质量记录,实现了对全员教育和培训工作的系统化、规范化管理。

(四)关注用人单位要求,开展评价与审核

系部根据专业人才需求调研制度、专业人才培养方案的制订与修订、教学大纲制订与修订、毕业生跟踪调查制度等,掌握了用人单位的需求和满意度。

(五)及时发现问题,制定和落实整改措施

为提升改进效果,系部加大对监控和审核结果的应用力度,以"建议项"等多种形式,畅通沟通渠道,建立起对主要质量监控点的有效控制和反馈机

制,从而使存在的问题得到及时纠正,使落实和改进情况得到及时跟踪验证,使潜在问题得到有效预防,从根本上解决了传统管理模式"重检查,轻改进"的弊端。

三、实施教学质量监控的效果

(一)推进专业教育教学改革的不断深化

一是航空维修系飞机机电设备维修专业以提升质量为核心,借力构建现代职业教育体系的政策契机,依靠学院的招生制度改革,与企业开展订单式培养,探索构建起多元、立体、全面开放的人才培养模式。二是课程设置的有效性不断提高,航空维修系飞机机电设备维修专业以岗位能力培养为主线,突出实践能力和英语应用能力培养的课程体系,建立起专业课程模块。参照民用航空器维修人员培训大纲要求,按照职业院校学生认知规律,设计课程内容,采用"教、学、做"一体化等模式,在满足理论"必须、够用"的基础上,全面提升学生的实践技能,实现"课证通融"。三是全面提高学生的综合素质,通过增加"虚拟维修"等课程,使学生了解更多的民用航空器维修相关知识,提升学生的安全意识;通过正规化管理,使学生树立起正确的人生观,锻炼了学生的体魄,提升了学生团队合作精神、责任意识和沟通能力、自我管理的能力等。

(二)促进专业人才培养质量的不断提高

随着国内航空业的发展,飞机机电设备维修专业的毕业生受到各大航空公司、飞机维修企业以及飞机制造企业的广泛欢迎,为航空维修员提高了强有力的人力资源支撑。

(三)推进学校质量保障机制的持续提升

航空维修系形成以体系文件为载体规范组织行为、管理行为和教学行为的新模式,提升质量保障的系统性,健全质量保障体,建立起自我约束、自我改进、自我提高、自我发展的良性机制,有效提升了内部质量保障的效果。

四、教学质量监控的创新性与特色总结

（一）理论层面

以现代质量管理理论、系统科学、职业教育理论等多学科理论为指导，针对现阶段职业教育质量保障理论研究中的主要薄弱环节，开展了飞机机电设备维修专业教学质量管理体系建设的理论与实践研究。围绕质量管理涵盖的具体活动，提出了加强质量管理体系建设的创新思路和具体举措。

（二）实践层面

形成了管理助推新建专业发展的典型案例。中高职贯通飞机机电设备维修系专业成立三年，专业已经顺利度过缓冲期，进入良性运行轨道。其中，正是质量管理体系的良性运行，在很大程度上确保专业建设获得了充足的硬件和软件支持，助推飞机机电设备维修专业加快步入发展阶段。

航空维修系依据学院制定《上海民航职业技术学院教师进修管理办法》，为飞机机电设备维修专业教师提升实践技能提供了保障，推进了双师结构教学团队建设。

获得了中国民用航空局人事科教司、上海市教委的资金投入，购入飞机维修模拟器、航空发动机等现代化教学设备，建成功能齐全、设备较先进的飞机维修实训中心，很好地满足了飞机机电设备维修专业教学要求和教育培训考核的需要。

改革篇

合力推进改革,打造贯通资源

해도 10

夯实专业建设基础,全程全方位扎实育人
——机电一体化技术专业中高职贯通培养典型案例

上海电子信息职业技术学院　李露霞　袁冬琴
上海市材料工程学校　陈　翔

内容简介：本文以上海电子信息职业技术学院和上海市材料工程学校机电一体化技术中高职贯通专业为例,分析在中高职贯通人才培养过程中,两校如何协同发展、创新人才培养模式,建立健全工作机制,共享共建教学资源等,以探索一条人才培养的新途径。

机电一体化技术中高职贯通专业由上海电子信息职业技术学院和上海市材料工程学校于2011年开始招生,为上海市首批中高职贯通人才培养试点专业。在多年专业联合建设过程中,两校机电一体化技术专业联合教研组通过共同主导人才培养、构建一体化课程体系、实施"任务引领,项目驱动"教学模式、系统化共建教学资源、赛训结合、以赛促建促教促学等形式,不断夯实专业建设基础,全方位扎实育人。

一、动态响应,创新健全工作运行机制,高效有序开展各项工作

(一) 专业共建的长效机制

成立"机电一体化技术中高职贯通领导小组",领导小组组长、副组长分别由高职学校和中职学校校长担任,小组成员主要由两校该专业的专业负责人、教务负责人和企业专家等组成。制定在中高职贯通实施过程中涉及到的人、财、物的统一协调和资源共享政策;制订贯通年度工作计划、审核贯通专业建设规划等。

成立中高职贯通机电一体化技术专业建设指导委员会和联合教研室,协调

两校的职业技术基础教育、职业技术教育和职业能力教育，共同规划并实施专业建设方案。

（二）联合教研工作机制

高职校专业带头人牵头成立由行（企）业兼职教师和两校优秀骨干教师组成的联合教研室，制订年度工作目标，进行人才需求市场调研，创新人才培养模式，开发体现先进制造业发展水平、国家职业资格标准和行业主导性产品技术标准的课程标准，开发技术先进、实用的教学资源等。

（三）教学资源的共建共享机制

两校建立教学资源共建共享机制，确保一体化课程教学改革的实施。网络资源开放互访，校内实训基地共建互补，积极拓展校外实习基地，共同参与教材编写和精品课程建设，共同承担各级科研项目。

（四）教学质量的评价机制

成立中高职贯通教学管理工作小组。小组由中高职教务处和系、部领导组成，负责研究制定中高职教育贯通教学改革方案，审定中高职教育贯通培养教学管理相关文件，规划实训基地和师资队伍建设，全面负责教育教学运行管理、教学质量监控与评价，建立期初、期中和期末"三期"联查制度，定期开展同行教学评估的课程评价模式。

二、整体设计，一体化构建课程体系

（一）创新人才培养模式，整体化设计培养方案

为适应上海经济建设高速发展，配合上海市"十三五"规划中聚焦"智能制造""信息安全""卫星导航""大飞机"等重点产业技术基础建设和研究的战略决策以及《上海市中长期教育改革和发展规划纲要（2010—2020年）》，由高职校主导，两校专业教师及行（企）业专家共同参与制订机电一体化技术中高职贯通专业一体化人才培养方案，实现了中高职培养目标、课程体系、培养过程、教学

资源、校企合作的"五融通"。

(二)一体化构建课程体系

1. 序化课程内容,构筑知识架构

以机电一体化技术应用为主线,强化基本知识、基本理论的学习,围绕机械、电气、控制、工业网络等相关技术构筑完整的专业知识体系,从学生认知规律和培养目标出发,排序课程内容,构建"大模块、小课程"的课程体系。

2. 由"知""会"到"熟""精",培养综合职业能力

充分发挥五年长学制的优势,由"知""会"到"熟""精"。前三年强调文化知识、专业基本理论、基本技能的培养,后两年加强学生专业技术、综合技能、创新能力的培养。

3. 积极推行"课证融合",强化技术技能训练

把学生职业资格考证作为课堂常规教学的一部分,根据专业人才培养目标和职业岗位资格标准,把对应职业资格考证内容作为课程组成部分嵌入教学计划并加强实施。

4. 职业素质融入培养全过程

在注重学生综合职业能力培养的同时,尤其重视学生文化艺术素养和职业素质的培养。始终将团队合作精神、人际沟通能力、安全意识和社会责任贯穿到培养全过程中,将人文艺术通过选修课、学生团队等形式,结合学生的特长促使学生全面发展。例如,由机电一体化技术中高职贯通专业传承的"龙狮队"等文艺特色在各级重大活动中成为亮点。

(三)"任务引领,项目驱动"教学模式

中高职贯通专业的教学方式不是中职、高职教学方式的简单结合,为了探索一条行之有效的教学方法,两校在共同制订人才培养方案的基础上,进行了一系列教学模式创新。在学校领导的直接带领下,由高职校主导建立了中高职教师、行(企)业专家参加的教学合作新模式,共同开展联合教研活动、举行集体备课、实施"任务引领,项目驱动"教学模式等。通过联合教研活动、集体备课,使中高职教学融为一体,避免教学内容的重复或遗漏;在专业课程中提倡"任务引领,

项目驱动"的教学方式,让学生在教中学、做中学、边学边做,将实践教学环节放在重要位置,紧紧围绕核心技术,培养高技术、高技能、符合企业人才需求的高素质人才。

三、探索贯通教育规律,系统化共建教学资源

(一)教学资源建设

在培养方案方面:每年修订人才培养方案,编制全部课程的教学标准。共建了"电机拖动与控制""自动线安装与调试""维修电工中级技能训练""机电一体化系统集成"等6门市级精品课程、"专业英语"等5门院级精品课程,开发了课程工作页、工作任务及实训指导书等。

开发了《数学》《语文》《英语》等统一教材;共同开发了《图样的识读与绘制》《电机拖动与控制》《可编程控制》《机电工程项目实践基础》《自动化生产线概述》及《自动线安装与调试》等15本中高职贯通校本教材;正式出版了《图样的识读与绘制》《自动线安装与调试》等8本教材;开发了《自动线安装与调试》和《维修电工中级技能训练》等仿真软件。

(二)加强教学过程督导监控,及时反馈并自行诊改

实施学期"三段式"教学检查制度、学生和同行评教制度,以及校内、校外、部门督导信息反馈制度。每学期开展中高职贯通教学交流与评议活动,包括师生访谈、随机听课、教学文件检查以及信息反馈。

四、赛训结合,及时融入新技术

(一)积极参加各级各类赛项,促使专业技术及时跟进

机电一体化技术专业对应的行业岗位技术含量较高,专业技能训练周期较长,人才需求量较大,且相对稳定。新技术的推广常依托技能竞赛,机电一体化技术专业积极筹备并参加各级各类技能大赛,引导专业改革方向,及时调整培养目标及课程内容,突出企业急需的职业能力培养,体现新技术、新工艺发展,不断

创新人才培养模式。本专业教师获上海市中高职贯通培养教学比武二等奖；学生参加全国比赛获一等奖1次、二等奖2次、三等奖1次，参加市级比赛获一等奖5次、二等奖15次、三等奖18次，使本专业领域的先进技术及时融入专业建设和人才培养。

（二）以赛促建，以赛促教，以赛促学

积极打造"课、证、赛"一体化培养模式，在不断改善实训条件、强化职业技能训练的同时，将技能竞赛作为一项常规教学工作。每年定期举办院级技能大赛，积极承办市（世）赛选拔赛，积极参加国赛、行业赛等赛项。成立各种赛项团队，既完善了实训室配套设施，又使一批大赛指导教师快速成长，学生也因中高职贯通专业的长学制培养优势，在层层选拔国家和世界技能大赛选手中脱颖而出。通过参赛，扩大了横向交流，检视了纵向教育教学水平，使职业技能竞赛成为专业建设、教育教学、职业能力等质量提升的有效途径。

五位一体共建高质量空中乘务专业

上海民航职业技术学院　王　维
上海市航空服务学校　郭燕妮

内容简介：在中高职贯通人才培养过程中，上海民航职业技术学院与上海市航空服务学校在充分研究与讨论的基础上，利用各自优势，创建了良好的育人环境。双方院校在课程改革、教学管理、实训、师资、校企合作等方面通力合作，坚守"以学生为本"的培养原则，为学生谋未来、谋发展，联合打造高质量的空中乘务专业。

一、背景

《国家中长期教育改革和发展规划纲要（2010—2020年）》中指出要建立健全职业教育课程衔接体系，完善职业学校毕业生直接升学制度，拓宽毕业生继续学习渠道。2012年，依据国家和上海市关于中高职贯通人才培养的要求，上海民航职业技术学院和上海市航空服务学校在充分沟通和前期合作的基础上，申报了空中乘务专业的中高职贯通人才培养模式试点。2013年，两校开始正式招收第一批空中乘务专业中高职贯通学生。在试点过程中，两校在课程改革、教学管理、实训、师资、校企合作等方面通力合作，利用各自的优势，努力搭建好学生成才的"立交桥"，为学生提供广阔的发展空间。

二、主要创新

近七年的试点工作，在上海民航职业技术学院的引领下，双方院校遵循"共建共享、融合一体"的理念，实践了以下创新做法。

(一) 聚焦人才培养目标,开展课程一体化改革

1. 修订人才培养方案,保障课程实施一体化

在招收首届贯通人才培养试点的基础上,双方院校根据培养效果和民航业的新变化,2018年对人才培养方案进行了二次修订,更加强调客舱安全管理、旅客服务细节、英语口语交流等职业能力培养,使之更符合民航业空中乘务人员的新要求。根据人才培养方案的更新,两校共同撰写了19门专业课程标准,统一了专业教材,增加了统考科目,保障一体化课程实施的效果。

2. 开发教学资源库,实现课程资源一体化

按照院校课程一体化设置需求,院校与民航培训部门合作,已完成"民航旅客运输"教学资源建设,涵盖了课件、音频、视频、练习、在线考核等多种类别。联合开发的中高职贯通专业教材《机型设备》《客舱英语广播词朗读》已经由航空工业出版社出版,《客舱医疗急救》数字化教材正处于联合开发阶段。在建设课程资源的过程中,在突出多样化教学需要的同时,强化了课程资源之间的连贯性和衔接性。

3. 探索教学模式改革,提升课程教学质量

在上海民航职业技术学院、东方航空客舱部和吉祥航空客舱部的共同参与下,上海市航空服务学校开展了基于教师优势、教法优化、企业优选"三位一体"的模块化课程研究,在"客舱服务"和"客舱医疗急救"课程教学中试点实施。首先,将课程内容进行重组调整,契合工作逻辑场景。其次,对原有的教师进行甄选,教师只教授优势模块,保证最佳的教学效果。最后,针对课程中实训难度较高的模块聘请在职乘务教员进行讲授,确保"一线"最真实的岗位体验。

(二) 严格实施系统管理,强化过程监督

为保证中高职贯通人才培养试点工作科学、规范地开展,院校成立中高职教育贯通专业培养领导小组。领导小组下设教学管理、学生管理和教学质量督导三个工作小组,制定工作小组联合协作会议制度,对贯通培养进行过程性管理。各工作小组对教学常规、听评课、学业考试考核、德育学分、技能竞赛等多方面按照培养目标的预期效果进行管理考核,围绕其中的问题,定期开展工作例会和研讨会,进行调整解决。例如,在学生管理方面,为养成良好的职业道德规范和素

养,两所院校共同制定了《学生行为规范评分细则》,通过连续五年的考评制度,严格管理、规范学生行为。

(三)发挥实训中心优势,贴近一线岗位

空中乘务专业需要大量的实践性操作技能训练,且面对飞机内部设备的复杂性,对院校的实训中心要求颇高。为此,两所院校分别建设了目前国内领先的航空服务开放实训中心,特别是上海民航职业技术学院新建的乘务实训中心,是全国院校中设备种类最全、配置最高、规模最大的乘务训练基地。两所院校实训中心的空乘实训设施能级提升始终与一线岗位设施同步,遵循专业课教学进度,突出不同时段的教学需求。春秋航空、吉祥航空、首都航空等都曾使用实训中心作为乘务培训场所。良好的实训设施,保证了该专业的实训效果始终领先于国内其他院校。

(四)注重"双师型"教师培养,提升业务能力

为推动教师专业能力的发展,加大"双师型"教师培养力度,两所院校共同采取了三点举措。第一,教师下企业。利用2016年、2017年和2018年的暑期,在上海民航职业技术学院的统一组织下,结合各自的专业优势,两所院校专业教师分别赴昆明长水国际机场等多个机场贵宾公司进行岗位实践,学习岗位服务新技术和新规定。第二,研讨常态化。两所院校定期开展业务交流和研讨,对客舱服务理论、航空安保等12类内容进行培训,注重教师业务素养的积累。第三,组织专项培训。上海民航职业技术学院承接了"上海市中等职业学校空中乘务专业骨干教师师资培训",不仅空中乘务专业骨干教师参与了教学,还邀请了航空公司客舱部全国劳模和优秀乘务教员来校统一授课。上海市航空服务学校派出了3位专业教师参加了此次培训,业务水平得到较大提升。

(五)校企合作纵深拓展,促进三方融合

在上海民航职业技术学院的参与和指导下,两所院校与企业的合作内容从单一的提供学生实习岗位逐渐拓展到课程开发、教师培养、员工培训、技术交流、基地建设等多个领域,合作形式从"粗放型"逐渐转向"精细化"。如校企合作

开发的《客舱英语广播词朗读》教材在线学习平台,不仅在学校教学中效果显著,也被上海航空公司客舱部新乘务员培训所采用,得到了企业的高度认可,真正体现了院校教学与企业需求的一体化。

三、主要成效

在两所院校中高职贯通人才培养中,资源互通互补,共谋专业发展,共享专业成果,主要取得了以下成效。

(一)课程逻辑体系更加完善

在明确空中乘务专业人才培养目标的基础上,通过课程一体化设计和改革,空中乘务专业课程内在逻辑性显著增强,横向上突出中高职每个阶段基础课、专业课的知识技能侧重点,纵向上中高职不同阶段保持知识技能的连贯性,更加符合学生的认知发展规律。同时,经过调整,空中乘务专业的课程内容和教学资源更加丰富形象,理实一体化程度增强,能够更好地适应空中乘务岗位的工作特性和职业特点。

(二)学生培养质量显著增强

经过严格的中高职贯通教育管理和实训教学,空中乘务专业学生展现出良好的综合素质。在中职阶段,学生积极参加各类大型比赛和志愿者服务。曾在首届上海市航空服务礼仪大赛中荣获一等奖;拍摄的《礼仪美中华》作品在全国中等职业学校"文明风采""最美中国""微电影"活动中获二等奖;在上海市"星光计划"第8届职业院校技能大赛中,空中乘务专业学生1人获得一等奖,3人获得二等奖;由中高职贯通空中乘务专业试点班级学生为主的"礼行社团"被评为浦东新区"明星社团",并连续为上海市"两会"进行会务服务,得到与会代表的高度评价。进入高职阶段,2018级3个班级曾获得"乘务系优良学风班级"称号;英语等基础课和专业课成绩,在年级排名中遥遥领先于三年制大专班班级。

在就业阶段,五年制贯通班空中乘务专业学生们外语水平好,服务能力强,综合素养高,得到航空企业的一致认可,中国东方航空公司更是每年都对两校中高职贯通班的学生实行定向校园招聘。近年来,仅东方航空一家航企就分别在16212中高职贯通班招聘了39人、17212中高职贯通班招聘了31人、18212中高职贯通班招聘了55人。在毕业年级中空中乘务专业中高职贯通班对口就业率和企业满意度都居于前列。

(三)教师专业能力长足发展

在上海民航职业技术学院的引领下,学校教师深入机场和航空企业参与实践,积极参加各类研讨和专项培训,业务能力整体得到较大提升。自2017年至今,近三年来,上海市航空服务学校专业教师共获得国家级奖项一等奖2人次,省市级一、二、三等奖等奖项6人次。在上海市第8届"星光计划"职业院校技能大赛中,由专业教师带队的"空中乘务"项目组再创佳绩,2位指导教师分获一等奖和二等奖。

(四)校企合作趋于多元稳固

校企合作领域从以往的用工合作拓展至课程开发、员工培训等范畴,其效益是多重的。对于航空企业来说,可以通过培训完成企业人力资源发展目标;对于院校来说,这些融合课程还可以应用于教学,提升学习效果。企业与院校的共同诉求得到完美解决,校企之间的深度合作关系变得更加牢固、可靠,校企合作更具备长期性和多元化发展的可能。

优师资、强课程、重实践，打造贯通特色专业
——食品营养与检测专业中高职贯通品牌打造故事

上海城建职业学院　刘晓丹
上海科技管理学校　龚漱玉

内容简介：食品营养与检测中高职贯通专业通过师资、课程及实践建设，不断提升专业综合实力，其主要体现在：(1) 培养德才兼备并具有国际化特色的多元一体的教师队伍；(2) 课程以"检测"与"营养"两大模块为核心，形成以"工学结合"为基础、以"教、学、做、用"相结合的特色职业技术课程体系；(3) 深化实践建设，思政引领，凸显专业优势，形成学以致用、服务社会的良性互动专业。通过努力打造贯通品牌，逐步提升中高职贯通人才培养上海区域优势特色。

上海城建职业学院与上海科技管理学校共同试点的食品营养与检测中高职贯通专业自2014年以来，一直以学生成长成才为中心，并且在专业师资、课程、校企实践基地等方面创新思路，求真务实，为打造具有上海区域优势特色的食品营养与检测专业中高职贯通品牌而不断开拓进取。

一、构建德才兼备、校企并肩的师资队伍

德才兼备的师资队伍是教育学生立德树人的关键，为了保证食品营养与检测专业中高职贯通人才培养过程中的教育质量，提升专业教师的品德修养和教学能力，两校专业教师联合企业行业专家团队修德修技，精益求精，旨在打造一支德才兼备、多元一体的专业教师队伍。

（一）师德培养

立德树人，首先要立"师德"，专业要求教师（专职、兼职）全员参与学校组织的师德、师风学习与研讨，在学习的过程中提升教师自我修养，塑造崇高的品德，师德、师风始终贯穿于理论、实验实训、实习等具体教学过程中，教师通过言传身教，不断以自身优秀的素养影响、教育着每个学生。

中高职贯通专业师资队伍不断涌现师德典型，其中包括上海市育才奖获得者、上海市中等职业教育名师培育工作室、学校师德师风奖、学校课程思政建设一等奖等优秀个人和集体等，师德培养成效显著。

（二）教师业务水平提升

提升教师专业水平和教学能力是中高职贯通建设的核心基础，随着专业发展和内涵建设的深入，接轨国际化先进理念，学习国外优秀职业教育课程管理模式，逐步形成中高职贯通人才培养国际化特色。贯通专业在中职阶段引入澳大利亚职业教育专业标准培训包，计划通过三年的时间将国际职业教育专业标准逐步融入中高职贯通人才培养体系。

澳大利亚方选派优秀的外籍教师给教师进行授课，使教师完全在"浸没式"全英文环境中进行学习，大大提升了教师的英语水平和阅读撰写能力；同时，结合实际教学内容、教学手段、教学方法等与外籍教师进行相关研讨，设计教学内容，撰写英语教案，进行全英文的现场授课，进而提高教师的执教能力，拓展教师的国际化视野。有效引入澳大利亚职业教育优势元素融入中高职贯通人才培养，即注重实践教学与学生能力的培养，以能力为本位，使职业教育与职业资格完美对接。

目前已有7位教师完成澳大利亚方特定的各项考核，最终获得了澳大利亚职业教育教师资格证书。已有3位教师为食品营养与检测专业中高职贯通2018级67名学生进行3门澳大利亚引进课程的教学，这些课程是"保持海产品温度""基本食品处理及措施的应用""沟通技巧"。教师们根据澳大利亚职业教育相关教学标准，积极备课，从教学活动的设计到教学评价的方式，不断地和澳大利亚方沟通交流、撰写教案，师资水平大幅提升。

二、打造专业课程品牌

食品营养与检测专业课程重点核心：(1) 食品营养，是国民经济的支柱和保障民生的基础，也是建设小康社会、关乎百姓健康幸福的产业；(2) 检验检测与认证，是国家战略性新兴产业。因此"食品营养"和"检测与认证"构成专业互为支撑的两大课程体系模块。

（一）检验检测课程模块建设

目前，食品营养与检测中高职贯通专业已经为相关行业输送了2届检测类技术技能人才，得到企业充分认可。同时该专业与光明乳业股份有限公司建立了密切合作，共建上海市教委立项的"光明乳业股份有限公司华东中心工厂学生职业生涯发展教育校外实践基地"；与战略新兴产业上海天祥质量技术服务有限公司、诺安实力可（梅里埃营养科学）上海有限公司等紧密合作，共建定向学徒制培养模式。

中高职贯通专业检验检测模块课程对标食品行业、企业技术标准或规范，跟踪行业产业领域发展变化，围绕高端技能型人才培养目标，参照对接职业岗位（群）的任职要求，通过工作任务与职业能力分析、设计课程体系结构，采用模块化、层次化和综合化等多种课程模式，优化课程结构，合理、科学、均衡地设置学习领域。

（二）营养健康课程模块建设

营养健康课程模块目的在于培养学生从事营养健康宣教和健康饮食咨询服务等岗位工作的基本知识、技能和职业素养。基于课程特点，专业在课程实施中注重以案例项目化为载体推进课程建设，以专业重点课程"营养健康管理"为案例说明。

食品营养与检测中高职贯通专业学生于2017年10月联合上海科技管理学校、长桥街道老年学校合作开展营养健康课程建设——预防心脑血管疾病、血脂异常干预项目。项目以问卷、访谈、药膳、宣教等形式，针对老年、学生进行健康咨询服务,并获得合作单位的认可,且达成意向建立大学生实践基地。徐汇终身学习网以"长桥街道邀上海城建职业学院学生开展老年营养健康交流服务活动"进行了报道。

学生通过此次项目的亲身参与,提升了对营养健康管理课程理论知识的实践应用能力,对血脂异常相关的生理指标有了更进一步了解。在项目开展过程中,对跟踪监测、营养宣教及咨询等方面,无论从形式还是内容上,都使学生将理论有效地转化成实践应用,让学生验证了课程中的知识原理,也促使学生搜集更多更专业的血脂相关资料,短时间内让学生快速提升了对相关的营养干预的方法及程序的了解。项目的开展协同课程开发,影响效应巨大;同时营养健康管理校外实践基地的建立,也愈加促进营养健康课程的实践效果,增强了课程品牌的打造效应。

三、深化实践建设,注重思政引领

实践实习是职业教育的重要内容,不仅映射了学生未来工作方式和特点,也是反映和检验学生价值观的平台,而且还是进行课程思政建设的好时机。专业根据课程特点,培养学生以诚信之心学习掌握食品检测、质量体系等专业理论知识和技能;以关爱之心学习掌握食品营养、营养配餐等专业理论知识和技能;以精益求精之心学习践行"工匠精神"。

目前检验检测类课程基本实现了校内仿真化实践实习以及合作企业实践基地的顶岗实习。营养健康类课程实践实习则通过人文关怀与思政引领让学生能运用所学专业营养知识服务健康、亚健康甚至疾病人群,获得社会影响力,打响专业品牌特色。

例如专业联合校企合作公司米营(上海)文化创意有限公司,于2018年11月,在健康与社会关怀学院第二党支部及党员教师的指导下,与徐汇区枫林街道邻里中心,以"小讲堂"的形式为当地居民科普了糖尿病的相关知识及饮食治疗建议。此次实践活动获得了徐汇枫林社区的大力支持,专业学生在活动前期近2个月为活动主题进行资料收集及编制,与专业教师、营养专家共同自编了《糖尿病非药物治疗》作为宣教册,分发给社区居民。小册子内容包括糖尿病高风险因素介绍、中国糖尿病膳食指南、推荐食材、糖尿病运动建议、糖尿病自我监测以及糖尿病的预防与控制,其内容丰富,贴近老百姓,获得社区居民的欢迎。

此外,中高职贯通专业联合学校、企业及社区街道又相继进行了"儿童营养体控的咨询""健康美丽夏日营养减脂"以及"慢性病营养管理"等实践活动,随着"上海市家庭病床"项目试点的开启,中高职贯通专业还将让学生投身家庭病床营养服务实践活动中。

总之,两校将始终不渝地紧紧围绕"优师资、强课程、重实践"发展理念,不断创新突破,从而打造属于长三角上海区域优势的中高职贯通特色专业,为培养更多更优秀的职业技能型人才而不断努力奋进。

团队建设促发展，双师融合铸技能
——中高职贯通电子商务专业师资队伍建设的探索与实践

上海市贸易学校　冒　璐

内容简介：职业教师是职业教育发展的核心力量，也是中高职贯通专业建设发展的中坚力量，亦是学生专业技能不断提升的引领者。上海商学院与上海市贸易学校在2013年开始合作开展中高职贯通电子商务专业建设，依托两校优势资源，积极探索，协同发展，重点加强专业师资队伍建设，不断提升专业师资团队的综合能力，实现"双师素质"转型升级、"职业教学"水平转型升级，中职与高职教师团队加强合作，紧密融合，通过师资建设衔接，强化中高职贯通联合联建机制，优化师资结构，提高团队教学能力，让专业教师更好地领跑在教学课堂。

一、建设背景

由于我国中高职教育体系仍处于探索期，中高职现有的师资力量比较薄弱，不能很好地进行师资队伍的对接。中职教师对高职培养目标不明确，难以胜任贯通培养要求。高职教师缺乏实践经验，重理论，轻技能。中职和高职教师在"送出去"和"招进来"的过程中，针对课程设置、教学计划和教学内容等方面，教师之间缺乏积极探索。随着中高职衔接项目不断推进，显现出师资队伍中诸多问题，影响着中高职衔接师资队伍建设和办学质量。

上海商学院和上海市贸易学校在合作中高职贯通电子商务专业前开展了两次调研：（1）调研专业教师对中高职贯通专业教学的认识情况；（2）调研专业教师职业教育的职业素养意识。两次调研发现，首先，专业教师对中高职贯通专业人才培养模式的认识还不够深入，在教学上难以准确把握开设课程的难度、深度和广度；其次，专业团队中一些教师刚入职职业教育领域，对于职业教育教学，尤其是实践教学,尚缺乏把控的信心和能力。

二、措施以及路径

(一) 发挥团队合作,强化贯通联合联建机制

由上海商学院牵头,联合上海市贸易学校、行业专家,建立了沟通协作机制,加强对专业教学团队教学情况的动态管理,定期就教学教研、师资队伍建设开展交流讨论。每学期开展随机听课,召开师生座谈会、教学检查、组织评教,并邀请第三方督导,建立信息采集、分析、反馈机制,对教师的教学有针对性地开展评教等指导;组织两校教师共同商讨中高职贯通电子商务专业人才培养方案;制订专业教师培养发展计划;根据两校情况调整师资,统筹制订人才引进计划。通过联合联建机制,有力地保障专业师资队伍质量。

(二) 建立交流平台,提升中高职师资融合力

为了解决中职教师不熟悉高职阶段的教学要求和高职教师不了解中职学校和学生实际的现状,由上海商学院牵头建立了中高职师资交流平台,定期开展沟通活动,使得中高职教师对彼此学校的教学情况有充分的了解,建立合作课程、合作基地、合作教材等。根据需求,上海商学院派兼职教师到上海市贸易学校进行教学工作及实践指导,实现师资队伍共建共享、中高职师资衔接深度发展,加大师资融合力度。

(三) 引进企业骨干,优化师资结构

根据中高职贯通电子商务专业的教学特点,制定《企业名师引入工作细则》,大力引进企业优秀骨干员工充实教师队伍,通过上海商贸职业教育集团(上海商学院为牵头单位)特聘兼职教师项目,将一批电子商务企业的一线技术能手、中高层管理人员请到专业教学课堂。他们的加入,优化了专业师资结构,充分发挥了企业技术能手的一线工作经历、对企业岗位需求和岗位技能的敏感度,共同与专业教学团队一起在课程资源开发、教学方式改革等方面深入探讨,为提高师资队伍的建设水平提供了可行性建议,促进了专业内涵发展。

（四）选拔优秀师资，加强培训，同步提升教学能力

两校加大师资融合培养，出台了中高职衔接师资培养制度。首先，严格选拔专业任课教师。中高职贯通电子商务专业教师团队由上海商学院与上海市贸易学校共同组建，两校规定，须参加规定的专业课程培训且考核合格后，才具备从事相关教学资格。

其次，加强培训，两校合作，共同促进专业教师的培训学习。校内培训主要以上海市贸易学校为主，以三年为一个周期，通过集中辅导、学员自主学习与导师相结合的多种培训形式；校外培训依托"上海商学院市级职业教师下企业实践"项目，鼓励中高职贯通电子商务专业教师到"上海商学院市级教师下企业实践基地"百联集团、东方国际（集团）有限公司开展企业实践。

最后，通过各种途径选派专业团队参加校外学习和交流，如到兄弟院校观摩听课、到外省市职业院校参观交流、到国内名校短期培训、到国外短期学习等等，对新进教师、年轻教师，结合他们的实际情况，制订发展规划，实施"老带新、一对一"带教制度。

（五）以赛促教，赛教融合，提升教师团队综合教学能力

专业教学课堂体现教师的教学能力，职业技能比赛体现教师的综合水平。中职与高职教师在带教上深度合作，参赛成体系、有计划性，使学生在中职阶段打基础、在高职阶段提升，真正体现"3+2"培养模式的优势。从2015年到2019年，专业教学团队先后组织专业学生参加上海市"星光计划"职业院校技能大赛中、高职组比赛，参加国家级职业技能大赛，都获得了良好成绩。在参赛学生专业技能水平获得提高的同时，教师团队以赛促教，优化了组合专业内容，推广了教学创新，对课程内容进行了改革。两教鼓励教师团队参加各类教学法大赛，鼓励他们通过比赛掌握专业发展新技术，交流最新教学方法。

三、成果与成效

（一）为专业建设培养了一批优秀骨干

经过多年努力，专业教学团队成长迅速，师资力量提高效果明显，中高职融

合效果显著。通过名师引领、多平台锻炼,培养了一批交叉型、跨专业的中高职贯通电子商务专业老师,在专业建设中发挥了重要作用。通过下企业实践、组队参赛、企业师傅带教等多种渠道,提高了教师的专业技能水平,实现了"职业教学"水平转型升级。中职教师研究生以上学历提升至80%以上,先后有10位教师获得商务数据分析师资格证书,2位专业教师成为高级讲师,1位教师成为"市级教师下企业实践工作导师",1位教师成为上海市、国家级职业技能大赛"金牌教练",专业教学团队中的不少教师通过大赛锻炼成为"优秀指导老师"。

(二)合作共建,实现两个转型升级

两校合作融合,坚持"内培与外引并重"的指导方针,从学校发展与专业建设的实际需要出发,以骨干教师、专业带头人的培养与引进为着眼点,以双师素质与能力培养为着力点,通过"内训""送出去学习""带教帮助"等措施,专业团队教师开拓了眼界,更好地把握了中高职贯通电子商务专业人才培养目标,明确了专业发展定位,明确了职业教育教学理念,加强了对专业教学的研究与思考,促进了专业教学一体化建设。实现双师素质转型升级,专业教学团队100%为"双师型"教师,三年内教师下企业率达到100%。

(三)全面提高中高职教学团队教学能力

随着师资队伍的融合建设,合作交流不断深入,推动了中高职贯通电子商务专业整体教学质量。从两校督导和学生教学评价结果看出教学质量得到了提升。2015年、2016年上海市教委组织开展中高职贯通专业建设教学设计比武大赛,中高职教学团队通过初赛、复赛、决赛,最终获得中高职贯通专业建设教学设计比武大赛上海市三等奖。2018年中高职教学团队在上海市职业院校教学能力大赛中获得上海市一等奖,团队在参赛过程中培养了默契,深度交流了教学理念,尝试了在教学中融入竞赛激励机制、选拔机制,进而大大提高了教学效果,尤其在实践教学方面,极大地促进了教师能力的提升。

面对"互联网+"带来的时代浪潮,电子商务行业发展日新月异,师资队伍建设依然任重道远,为促进中高职贯通电子商务专业内涵建设深入发展,两校将继续加强专业教师队伍建设,为专业人才培养面向未来保驾护航。

集聚多方优质资源,强化学生专业技能

上海市宝山职业技术学校　蔡一平

内容简介:数控技术专业中高职贯通教育以培养具有车、铣复合加工水平的高素质技术人才规格为主要目标,深推校企合作、工学交替,充分发挥企业、中高职院校的优势,通过岗位认知、专业技能训练、典型产品加工的实践锻炼与专项技能竞赛等教学活动的实践,不断提高学生专业素养与专业技能,形成了培养学生专业技能的基本模式。

一、背景简介

上海市宝山职业技术学校与上海工程技术大学高等职业技术学院中高职教育贯通人才培养模式试点工作于2012年12月申报获得通过,专业名称为数控技术。2013年秋季正式招生,至2019年6月已历时6届,中高职贯通学生总数为275人,已转段人数为193人。专业以培养具有车、铣复合加工水平的高素质技术人才为目标,秉持"五年一贯制"育人理念,培养适应社会主义现代化建设事业的德、智、体、美全面发展的高级技术应用型人才,即培养面向现代先进制造技术,具有相关岗位高级职业技能,具有良好的职业素养,能从事数控机床操作、数控加工工艺与编程及数字化设计与制造的面向工程实际的实用型、发展型的技术技能型人才。

二、实施过程

(一)坚持能力培养核心理念,制订一体化人才培养方案

针对能力培养核心理念,提出了提高学生职业素养和职业能力的教学目标

要求,形成了加强校企合作、发挥企业和职业院校的优势、强化基础能力训练、引进新技术与新工艺、改进实践教学内容、提高学生实践应用能力的工作思路,确立了以岗位认知实习形成理性认识、以课堂教学形成专业技能、以典型产品加工形成理性认识、以岗位实践增强应用能力的培养路径。

建立了螺旋上升进阶式能力培养课程体系。从第一学期到第九学期,专业能力课程安排分别为"机械加工基础实训""金切基础实训""车削铣削实训""数控车铣基础技能实训""数控车铣综合能力实训""数控车铣能力提升实训""数控车铣技术能力实训""数控技术综合应用实训""专业能力综合实训"。第一至第四学期形成岗位基础能力;第五至第七学期逐步形成岗位技术能力,第八至第九学期形成岗位应用能力。实践性课程分两条路线,校内实训针对职业技能等级,企业实训强化岗位认知度和职业能力的形成。

具体的工作举措为:依托校企合作优势,开展岗位认知与顶岗实践活动;以基础能力、基本技能、综合技能与实践能力的形成为主线,提高课堂教学效能;发挥企业产品资源优势、技术能力优势和中高职院校办学资源优势,制订教学内容与课程标准;以企业典型产品为载体,将企业新工艺、新技术引入课堂教学活动,培养学生应用能力与解决问题的能力。

(二)整合企业、院校各方资源,培育学生专业技能

1. 师资多元流通,形成共享机制

为充分发挥中高职贯通院校师资优势,学院和中职建立了教师互聘制度。自2013年开展中高职贯通试点以来,上海工程技术大学高等职业技术学院安排了10多位教师至中职学校任教,参与金切基础实训、专业技能训练和综合技能训练等课程的教学,提高了教学效果,形成了贯通学习的整体框架;同时实施企业特聘兼职教师制度,引进企业、行业专家进入课堂,提升专业实践教学整体水平。通过以上举措,形成了师资流通共享的格局。

2. 开展实践教学活动,提高学生专业技能

为培养中高职贯通学生的专业能力,积极探索校企合作人才培养模式,形成实践性教学一体化设计,推行工学交替企业实习活动。

自2016级起,与上海方德自动化设备股份有限公司开展校企合作,在第三学

期安排学生进行为期2周的岗位认知实践活动。认知性企业岗位实践,使学生对职业岗位特性与工作环境有了深刻认识,对劳动纪律和职业习惯的形成有了深切感受,培养了学生的实践能力和创新能力,以及在生产实际中研究、观察、分析、解决问题的能力。

在认知性企业岗位实践的基础上,第八、九学期执行为期2周的企业顶岗实习培养计划。企业顶岗实习由专业教师带班,校企合作单位为航天集团下的上海新力机器厂有限公司,企业实践共分为钳装、普加、检测、加工中心模拟机操作、数控车工、数控铣工共6个模块,是企业数控人员必会的技能;同时也开展了"安全保密教育""航天文化""工艺基础""智能工厂"讲座,开阔学生的视野,让学生了解企业生产设备、工艺、产品和企业文化等,提升学生的专业实践技能。

3. 引入企业典型产品,培养实践应用能力

依托高职和企业共同开发了"加工创客中心——连杆机构"和"加工中心创客——组合联动机构"典型零件的教学资源,以组合型机构为典型产品,应用项目教学法和小组自主学习方式开展实践应用能力培养。融合"工程图识读""金属材料""量具与公差""计算机绘图""机械加工工艺分析""数控车削加工""数控铣削加工"等课程内容,涵盖材料选择、工艺分析、生产流程、产品生产、质量检验等各环节。具体过程如下:开放学校的材料仓库供学生选择不同的材料(塑料、尼龙、铜、铝、钢、不锈钢等);小组讨论创意产品,分析产品加工方案的可行性,教师答疑解惑;组内分工选用不同的设备进行加工并装配;开展成果汇报与学习评价,小组间开展学习评价活动,面向学院专业教师汇报说明设计思路和遇到的问题以及解决方案。通过为期8—10周的创客教学,学生充分利用了专业核心课程与专业技能课程相关知识,发挥出了小组合作意识,完成了典型产品,学习兴趣得到了提高,专业技能得到了提升,综合能力得到了锻炼,达到了良好的教学效果。

4. 举办专项技能竞赛,培育学生综合素养

上海工程技术大学高等职业技术学院贯通两所中职,即上海高级技工学校和上海市宝山职业技术学校。专项技能比赛分为教师组和学生组。由两校分别选派教师选手与学生选手共同参与。上海质迅机械科技有限公司、上海汽车变速器有限公司的技术骨干组成专家组,采用数控车、数控铣复合加工的竞赛方

式。企业结合典型产品和机械加工技术文件,提供竞赛教学资源库,编制加工工艺卡与技术参数,确定评价标准,设计技术规范与竞赛规则。

企业技术人员对教师和学生开展竞赛学习辅导。通过参加教学资源库的学习和技能竞赛前的培训,学生能对典型零件的加工工艺进行编排,能根据工艺要求选择合理的刀具,能根据工况选择合理的加工方法,能根据装备选择最优化的刀具路径和加工参数。竞赛综合评价了学生对零部件编程的合理性、科学性、可达性的程度以及对数控技术专业知识的认知度等知识技能。通过活动使学生对"切削三要素对加工效率和刀具寿命的影响"和"在不同工艺要求,不同材料、不同工况下进行快速选择、快速应用加工方法"等知识从感性认识到理性认识有了深刻的理解,同时提高了学生学习技能的兴趣,积累了实战经验,培养了技术应用能力。

专项技能赛面向全体学生和专业实训教师,涉及面更为广泛,同时也为市赛和国赛的人员选拔打下一定的基础。

三、实践反思

实践证明,集聚多方优质资源,能力培养实施从认知性实践到校内基本技能实践到企业顶岗实践的阶梯螺旋上升路线,遵循了学生的认知规律,发挥了各方的优势,达到了预期的效果,是可行而有效的。今后需要进一步融合企业、院校各方优质资源,深入探讨与摸索,梳理问题与不足,细化工作环节与步骤,以形成更为合理的培养模式。

转变课堂模式,专业铸就工匠

上海交通职业技术学院 刘继瑶

内容简介:本文撰写我校航运与物流管理系物流管理专业教师连续多年带领学生前往上海浦东新区新国际博览中心实地观展,并进行现场教学,该举措创新人才培养模式,促进专业建设提质增效,变形课堂授课形式,实现教学形态内涵提升,深化专业课程改革,渗透"工匠精神"培养传承。

一、案例背景

中国国际物流节暨中国国际运输与物流博览会是由中国交通运输协会主办的物流运输行业的专业展览会。自2015年起,中国国际物流节组委会与慕尼黑国际博览集团达成深度合作,双方至今已连续四年合作举办了"中国国际运输与物流博览会及亚洲物流双年展"。该展会始终坚持深耕中国物流行业,促进行业交流合作,助力产业融合创新,规模和影响力正在持续扩大。同时,展会也致力于全面展示海、陆、空物流领域的创新技术与服务,涵盖了物流服务、物流地产、生鲜供应链、航空货运、陆路运输、港口船运、智慧物流及专用车辆等各个环节,全方位演绎了"物流改变生活"的展会主题。展会为物流服务、海陆空货运、物流专用车辆及装备、物流信息技术、物流地产、物流金融、生鲜配送等物流产业链内的国内外参展商搭建了一个合作平台,并实现了与物流行业、生产制造业、货主企业采购商面对面的商业互动。

伴随着我国制造业水平提升和国家创新驱动战略实施,"政治引领"和"工匠精神"逐渐成为高频词。新时期具备全新内涵的"工匠精神"之所以备受关注,很大程度上是因为对工艺精益求精的追求和一丝不苟的态度与当前我国由制造业大国向制造业强国转变的人才需求相一致。作为新时代人才培养与输出的主力军,如何将"工匠精神"融入人才培养成为职业院校的一个重要课题。我校经济管理系始终致力于"工匠精神"与教学模式的深度融合,在一丝不苟的制造精神、尊师重道的师德精神、永不满足的创新精神和知行合一的实践精神等方面探索有效的结合点。

二、创新人才培养模式,促进专业建设提质增效

为优化专业结构,进一步推动物流管理专业全面建设的落实,加强内涵,办出特色,同时,聚焦物流行业的"新业态、新问题",我校航运与物流管理系物流管理专业积极发挥组织和引导作用,借力中国国际运输与物流博览会的强大技术支撑,由系部专业教师连续多年带领超过400名物流管理专业的学生前往上海浦东新区新国际博览中心实地观展,并进行现场教学。该举措实现了专业教学与国内外物流行业企业实际运营的接轨,增强了我校物流管理专业学生对国家级上海口岸物流中心、中国上海自由贸易区的全面认识,进一步开拓了系部教师的学术视野,建立了合作团队,将培养方案中的课程逐一落实到人,形成了专业教学特色。

三、变形课堂授课形式,实现教学形态内涵提升

专业教师带领学生参观展会的同时,也将"物流设施与设备""集装箱运输实务""仓储与配送实务"等物流相关课程的理论知识与展会现场的许多国内外物流企业的先进设备联系起来,向学生们直观地介绍物流(配送)中心、物流工程、冷链物流、物流产业园、优秀物流项目、物流技术设备、物流仓储设备、叉车、仓储设备、包装设备、传输设备、智能交通与卫星导航设备、标签与射频识别(RFID)、物流园区设施设备等,基本涵盖了物流运输、仓储、配送领域的大部分设备与技术。展会现场,在专业教师的指引下,学生领略到了国内外许多物流企业先进的运营模式,如亚马逊在全球布局的智慧物流中心,其大力发展的无人机、配货中心地标导引机器人(Kiva)、机械手臂机器人(Robo-Stow)、最新视觉定位系统等智能设备;京东的无人机送货和自动化物流中心;阿里巴巴的菜鸟

网络布局；顺丰自动化分拣系统等。专业教师还将国内外物流企业的先进运营经验、前沿的技术融入展会的现场教学中，打破了"照本宣读""满堂灌"的传统教学方式，突破了课堂教学的时间和空间限制。俗话说"百闻不如一见"，通过现场教学，帮助学生将理论和实践有机结合起来，为深度挖掘和培养学生学以致用的能力提供了真实的工作环境，促进了教学效果的提高。

四、深化专业课程改革，渗透"工匠精神"培养传承

在展会现场，汇聚了不少国内外知名的物流企业和行业精英，他们对于行业动态的理解和介绍，对细节的把控和高要求，无不向学生诠释了精益求精的"工匠精神"，教师鼓励学生积极与企业交流，锻炼自己的综合素质。学生用饱满的精神、良好的态度与企业工作人员进行诚恳而简单地交流，展现出了职业教育的学生积极向上的精神状态，企业参展商也耐心地解答了学生的问题并详细介绍了自家企业。通过与国内外物流行业专业展商的沟通，无形中促使了行业在人才培养中的积极性，为企业与学校之间架起桥梁，为学生提供了行业企业与学校交叉学习的平台，不但开拓了学生的专业视野，也促使学生从多个角度、不同的方向了解了国内外物流行业的新技术、新信息、新理念以及物流行业的发展前景，同时，也知晓了未来物流行业的人才需求和发展方向。通过展会的交流，学生能更清楚专业知识学习的方向，坚定了未来从事物流行业并成为优秀工匠的决心。

五、体会与思考

在物流管理专业课程中，有些在课堂上讲授的抽象的理论知识，学生不易理解，也难以消化；特别是对操作性强的专业理论知识，学生对所学专业知识一知半解，更缺乏感性认知，渐渐会对专业学习失去兴趣。展会现场教学作为课堂教学的一种补充形式，能够弥补课堂教学中的不足，使理论与实践相结合，培养学生将所学的理论知识转化为职业技能。但现场教学也需要注意如下几点：

任课教师必须有过硬的专业知识和技能，扎实的专业知识和技能是现场教

学的必要条件。开展物流管理专业现场教学有助于提升教师专业知识，促使教师"双师型"能力的提高。

教师在现场教学前要做好充足的准备，要详细了解展会的详细资料，做到心中有数；在现场教学过程中要带好拍摄设备，拍下各种设备，回去后结合课本认真研究；在现场教学后组织学生就现场教学进行讨论。

现场教学由于场地、空间变化，使得学生容易注意力不集中，从而影响教学效果，为避免现场教学走马观花，流于形式，教师可以组织班干部进行分组管理，掌握好教学节奏，控制好教学秩序。

现场教学在"工匠精神"培养过程中发挥着重要作用，然而在实际的课堂教学中，物流管理专业课很少涉及"工匠精神"，教师和学生都只注重知识本身的理解和运用，现场教学能充分利用学生"偶像崇拜"的特点，发挥名人、名企的正面示范作用，宣传其具备的优秀品质，为学生树立良好的道德榜样，引导学生效仿和学习，帮助他们形成良好的职业道德和行为规范。

我校物流管理专业在人才培养过程中，注重课程与职业素养的联系，实现了理论与实践的衔接，也在情感目标上得以落实。"工匠精神"不仅是口号，也是素质提升的重要组成部分。"工匠精神"的培养不仅需要理论层面的认识，更需要根植于实践的土壤。我校物流管理专业大力推进转变课堂模式，现场教学与课堂教学有机地融合，不但增长了学生的专业知识和实践能力，也让学生能够直面物流企业，零距离了解物流企业的用人需求，掌握物流行业最新动态，不断激发学生对本专业学习的兴趣，让学生在实践中内化"工匠精神"于心，从而提高学生的综合素质。

中高职贯通数控技术专业人才培养
——对接临港装备产业，融入技能竞赛

上海电机学院　李　莎

内容简介：调研上海临港重装备产业区，为适应现代装备制造业发展需求，迫切需要大量制造类高技能人才。职业技能大赛对接生产实际，是培养学生职业素养、技能水平、"工匠精神"的重要手段。中高职贯通数控技术专业联合教研组多次研讨决定强化学生的专业技能，通过校企合作建设特色实训基地，并将各级各类技能大赛融入学生培养过程，把技能大赛与课程教学相结合，建立人才梯度，以赛促教，以赛促学，以赛促练，学练结合，提升学生动手操作的专业技能，从而更好地服务于临港重装备产业的发展。

上海临港重装备产业区以国家级现代装备制造业基地为核心，集中发展现代装备制造业、高附加值先进制造业，包含6大制造基地："重、大、超"装备基地、船用关键配套件制造基地、汽车整车基地、物流装备基地、轨道交通制造及维修基地、装备制造共性配套基地。为了满足上海临港重装备产业区的可持续发展，迫切需要大量制造类专业高素质技术技能型人才作为支撑，这为大型数控装备工匠型人才提供了机会，同时也带来了挑战。

职业技能大赛紧扣市场需求，对接企业生产实际，不仅可以考查学生基础知识掌握程度，还可以考查学生专业技能的熟练度和各种专业知识的融会贯通状况。积极推进技能大赛与教育教学过程的融合，有利于培养学生的"工匠精神"和自学能力，提高数控技术专业人才的职业素养和技能水平，从而更好地满足上海临港重装备产业发展的用人需求。

上海电机学院与上海市临港科技学校，依托行业与地区优势，专业设置对口，积极对接企业，在人才培养过程中融入职业技能大赛，积极开展"课堂教学+

技能训练+技能竞赛"的教学活动，注重理论与实践的有机结合。以技能训练为基础，以课堂教学为支撑，以技能竞赛为抓手，构建"三位一体"教学模式。

一、创新做法

（一）建设面向临港重装备产业的校外实训基地

上海电机学院与上海电气李斌技师学院、上海电气集团有限公司等相关单位合作，建设大型装备制造业实训基地——李斌技能大师工作室。把企业实际生产加工的零件与技术能手同时引入基地，指导学生开展实训活动，加强学生动手操作技能。

实训基地将企业正在进行实际生产的零件引入基地的实训中，并聘请企业的技术能手到实训基地指导学生开展实训活动，这样既能保证学生实习期间不影响企业的日常生产与工作，同时也使得学生实训的内容与企业实际生产需求相结合，真正做到学校实践教学与企业生产实际相结合，实现"产、教、研"协同发展。

（二）将各类技能大赛融入人才培养

1. 技能竞赛融入课程内容建设

"项目引领、任务驱动"是职业教育课程设计与实施的关键，"以工作任务为导向、贴近企业生产实际"是技能竞赛项目的特点。项目化课程针对性、实用性强，要求整合课程内容并设计教学项目，从而使得教学过程系统化并贴近生产实际过程。竞赛项目一般遵循市场需求，或选取企业实际生产项目，项目内容要求对相关专业课程的知识、技能有较强的综合性。竞赛项目可以为课程模块化设计提供借鉴，将知识点与技能点融合。

以世界技能大赛、上海市"星光计划"职业院校技能大赛中的"CAD机械设计"项目为例，该项目分为4个模块：机械设计模块、机械制造模块、装配建模与详细工程图模块、逆向工程模块。针对比赛内容，开设重要的专业核心课程"计算机辅助设计""计算机辅助制造"，增加"机械制图""机械设计基础"2门专业基础课程的课时，并在"机械制图"课程最后增加零部件测绘的内容或者直接开设"机械零部件测绘"课程，让学生把基础打好。

2. 技能竞赛融入课程教与学的改革

学生职业技能的提升,需要掌握技巧与方法,除了依靠导师的讲授、学长的经验分享外,还有很多要靠自己去实践积累,需要学生大量的实操练习并总结经验。技能大赛训练项目对学生的培养是全面的、系统的。学生在训练过程中不断学习知识、技术、技能,发现问题,解决问题,研究问题,创造问题。技能竞赛的训练与课堂教学,都体现了以学生为本的教育主体观,把学生作为活动的主体,立足于学生的"做",以学生的主体活动为中心来开展教学过程。学生积极主动地参与教学活动过程,以自己的经验和知识为基础,经过积极的探索和发现,亲身体验与实践,最终将知识纳入到自己的认知结构中。教师在教中做,学生在做中学,学生提高了职业素养和自主学习能力,掌握了技术与技能。

3. 技能竞赛人才梯队建设

以世界技能大赛、全国职业院校技能大赛、上海市"星光计划"职业院校技能大赛为突破口,并结合中高职贯通人才培养学生在各阶段知识与技能积累情况,联合教研商讨后,决定在中职阶段的一、二年级,根据"机械制图""机械设计基础"等专业基础课程的学习情况,选拔出学业优秀的学生,进入技能大赛实训室加强培养。另外,鼓励这些学生积极参与中职阶段的国家技能大赛或上海市"星光计划"职业院校技能大赛来提升专业技能,锻炼心理素质,积聚比赛经验,到了中职三年级时融入高职阶段技能大赛所涉及的专业知识与专业技能,并强化训练,逐步选拔学生参加高职阶段的各类技能大赛,建立人才梯度,这样使得人才培养的各个阶段都能在各类技能大赛中有所收获。每个比赛项目中职学校与高职学校都有负责教师,建立"导师指导""学长辅导""学弟钻研"等模式,实训室定期举办比赛,让学生总结并分享经验教训,提高学生的学习兴趣,提升学生的技能。这种模式培养出的学生在就业中有很大优势,步入工作岗位后能更好地服务企业产业发展。

4. 鼓励企业冠名举办技能大赛

除了世界技能大赛、全国职业院校技能大赛、上海市"星光计划"职业院校技能大赛以外,上海电机学院鼓励各专业与行业(企业)共同举办技能大赛,建立企业冠名技能大赛制度,形成校企合作办赛机制。比赛期间安排行业企业技术人员参与技能大赛命题、指导及评判工作,把技能大赛作为深化校企合作的突破口。通过比赛,使教师在比赛过程中发现理论与实践中存在的不足。教师不再把去企业实践看作负担,而是积极要求下企业进行实践学习,以弥补技能大赛中暴露出来的知识结构不足。

二、成果与成效

中高职贯通联合培养,在设备配套齐全、师资配备合理、大赛项目承包责任制等保障下,学生在各级各类技能大赛中取得了喜人的成绩。2017年长三角地区"李斌杯"技能大赛"数控车工/铣工"项目,获一等奖2项、二等奖1项、三等奖1项。2017年长三角地区"李斌杯"技能大赛"SolidWorks"项目,获一等奖1项、三等奖4项。2017年"李斌杯"数控多轴编程与加工技能大赛,获一等奖1项、三等奖1项。2017年上海市"星光计划"第7届职业院校技能大赛"普通车加工"项目,获一等奖1项、三等奖2项。2017年上海市"星光计划"第7届职业院校技能大赛"机械装配技术"项目,获二等奖1项、三等奖1项。2017年上海市"星光计划"第7届职业院校技能大赛"加工中心"项目,获三等奖1项。2017年上海市"星光计划"第7届职业院校技能大赛"工业控制"项目,获二等奖1项、三等奖1项。2017年全国职业院校技能大赛"机械装配技术"项目,获三等奖1项。2018年全国职业院校信息技术技能大赛"3D打印应用综合技术"项目,获二等奖2项。2018年第6届上海市"中华杯"职业技能竞赛"数控综合应用技术"项目,获二等奖3项、三等奖3项。2018年中国技能大赛——上海市计算机辅助设计职业技能竞赛,获一等奖1项、二等奖2项、三等奖1项。2019年第34届上海市青少年科技创新大赛中,获一等奖1项、二等奖2项、三等奖4项。2019年中国技能大赛——第46世界技能大赛上海市选拔赛"CAD机械设计"项目,获二等奖1项、三等奖1项。2019年中国技能大赛——"四大品牌"上海市职业技能大赛"计算机辅助设计"项目,获一等奖1项。

建设校内外实训基地,注重提高学生动手操作技能,把职业技能大赛融入人才培养,通过一系列举措,贯通专业培养的学生受到临港装备产业、上海航天、上海电气临港重型装备有限公司、宝钢集团、上海汽车乘用车临港基地、特斯拉(中国)等大型企业的青睐,2019级学生毕业率达到100%,就业对口率达到79.7%。学生在企业里大部分从事工艺编程与设计、质量检验、设备操作等工作,由于专业知识扎实、动手操作能力强、有良好的职业素养,得到用人单位的一致好评。

"教、学、做、赛"一体化管理探索与实践
——以中高职贯通物流管理专业为例

上海邦德职业技术学院　熊淑丽
上海市现代流通学校　彭宏春

内容简介：本案例主要阐述上海邦德职业技术学院与上海市现代流通学校中高职贯通物流管理专业在物流职业技能大赛与日常教学改革中的实践案例。两校通过一套课程体系、一套培训方案、一套评价标准，采用"以课带赛、以赛促学、以赛促教、以赛促改"的方式，将竞赛内容、评判标准以及岗位标准制度化地融入日常教学中，实现了"教、学、做、赛"一体化管理，取得了良好的成效。

一、提出问题

（一）中高职贯通学生的特点分析

2014年开始，上海邦德职业技术学院和上海市现代流通学校物流管理专业中高职贯通正式招生，每年招收约80名学生。学生入学时最高分有500多分，最低分不到300分，相差很大。学生的分数差距可以反映出他们的基础知识、认知水平、学习风格等方面差距较大。很多中考分数低的学生并非不努力、不求上进，只是不适应当前应试教育的模式。他们的动手能力可能很强，实践技能的学习能力不一定差，理论与实践交叉进行的教学方式非常合适他们。另外，中高职贯通人才培养试点项目的学生没有高考的升学压力，学生有更多的时间和精力进行专业学习。通过"教、学、做、赛"一体化培养，能够培养出真正能动手解决实际问题的高技能物流人才。

（二）物流管理专业核心课程与大赛关系的分析

职业院校大赛主要有中职和高职的全国职业院校技能大赛、上海市"星光计

划"职业院校技能大赛、世界技能大赛及其选拔赛，以及上海市和物流相关行业组织的其他物流比赛等；涉及的比赛项目有现代物流、国际货代、国际商务、运输调度、仓储配送等。这些比赛涉及的内容都是物流管理专业核心课程的内容。

（三）"以赛促教"实施过程中存在的问题

中职和高职各自"以赛促教"，没有一体化管理。

日常教学内容与技能大赛项目脱节。

容易走入职业技能大赛"为赛而教""为赛而学"的"精英物流教育"误区。

没有很好地将物流企业业务流程、物流企业业务规范、物流行业标准、物流企业文化、物流企业职业健康及安全等纳入中高职贯通物流管理专业教学计划。

二、具体做法

（一）一套课程体系

上海邦德职业技术学院和上海市现代流通学校中高职贯通人才培养试点项目人才培养的基本思路为：整体优化，一体化设计课程体系，突出职业性，体现现代化，注重应用创新，服务可持续发展。在设计课程体系时，将技能大赛项目融入其中，"以课带赛""以赛促学"；同时，根据行业需求规范完善教学设计，开展物流岗位技能大赛，"以赛促教"。

上海邦德职业技术学院和上海市现代流通学校贯通的物流管理专业，其课程体系中有"国际贸易实务""现代物流管理""外贸单证制作"等专业基础课程；也有"国际货运代理""运输管理""仓储管理""物流配送管理""报关与报检实务"等专业核心课程，以及"出入库、补货作业实训""叉车驾驶实训""物流单证实训""国际货运代理实训"等校内实训课程。上述课程都是与各个物流大赛相关的课程，也是正常教学计划中的课程。将比赛内容融于日常教学中，让每一位学生都有机会参与技能大赛，形成"班班有大赛，项项有榜样，人人都参与"的良性局面，实现物流技能大赛由少数师生参与的"精英物流教育"向全体物流师生参与的普及化教育转变。

基于职业技能大赛项目与内容、物流职业要求和物流行业规范，中高职贯通物流管理专业和上海顶通物流有限公司等企业紧密合作，根据物流企业岗位要求,将物流企业业务流程、物流企业文化、物流企业职业健康与安全融入日常教学中,校企共建、共管,实现深度融合。依托合作企业的工作场所和真实项目,开展物流岗位技能大赛,并将企业具体任务纳入实训课程。

(二)一套培训方案

上海邦德职业技术学院和上海市现代流通学校通过中高职贯通一体化课程体系设计,将比赛内容融于日常教学中。正式比赛内容是在日常教学零碎知识基础上的综合,或者说是把日常教学的各个知识点综合到一个目标明确的大型任务当中。所以,在平常教学时,在对各小知识点讲解完以后,教师还会安排1次2节课联排的大课时,让学生有充裕的时间对物流综合题目进行探索解答。

除此之外,中职和高职同类比赛的难度也有区别,比如和物流相关的上海市"星光计划"职业院校技能大赛,中职是中文题目,高职是全英文题目。我们每个比赛要求每组配备一个低年级的学生,建立人才培养梯度,做好人才储备,注重知识的共享和延续。

每个比赛的内容会有差别,比如现代物流比赛内容和国际货代的比赛内容是完全不一样的。对此,两校制定了中高职贯通比赛培训安排制度。两校的老师根据比赛内容及自己的专长和任课课程,共同研读、分析竞赛方案和评分细则,共同制定培训计划,共同辅导学生,共同带领学生参赛,真正做到师资共享。上海邦德职业技术学院和上海市现代流通学校距离仅仅2千米,也为两校更好地贯通提供了地理位置优势,师资共享也更方便。

(三)一套评价标准

上海邦德职业技术学院和上海市现代流通学校共同制定了赛后评价标准,并按技能大赛要求优化课程体系,"以赛促改"。

技能大赛要与中高职贯通物流管理专业课程改革有机结合,以技能大赛引领、推进和检验课程改革,特别是实训课程的改革。每次技能大赛结束后,两校都会进行赛后评价总结。评价总结小组,由两校的专业主任、培训老师、参赛学生等组成,还会邀请企业人员参加。通过赛后评价总结,不仅分析参加大赛的优势、劣势,以及具体的培训过程和方法;更重要的是分析技能大赛对教学的要求,将技能大赛内容提炼转化为实训课程教学改革任务,反映到平时教学中去。"以赛促改""以赛促练",使实训课程改革、教学方法及教学模式改革与技能大赛直接对接。

三、取得的成效

(一)取得可喜的比赛成绩

通过上海邦德职业技术学院和上海市现代流通学校在"教、学、做、赛"一体化管理中的探索与实践,两校中高职贯通学生在全国职业院校技能大赛、上海市"星光计划"职业院校技能大赛等比赛中取得了较好的成绩,自2017年至今,近三年共获得30项国家级和市级奖项。例如,2019年中国技能大赛——"四大品牌"上海市职业技能大赛,马仲豪同学获一等奖;2018年全国职业院校技能大赛中职组现代物流综合作业团体一等奖(中高职贯通班级的王家乐同学是团队成员);2017年上海市"星光计划"第7届职业院校技能大赛单证(个人全能),黄坚强同学获一等奖。

(二)营造良好的学习氛围

比赛给学生搭建了一个切磋技艺、互相学习的舞台,用比赛来代替练习,用比赛来促进学习,给学生创造了"学技能、练技能、比技能、用技能"的良好学习氛围。中高职贯通物流管理专业学生的出勤率一直很高,除了个别学生因生病等原因请假,出勤率基本都是100%。多名学生获得奖学金,如陈嘉仙、宋文逸等同学获得过"邦德一等奖学金"。物流的一些比赛是团体赛,如全国职业院校技能大赛中职组和高职组物流相关赛项,需要团队成员分工合作。通过比赛,还可以提高学生的团队协作能力和沟通能力。

(三)获得理想的工作

行业企业的需求和发展是大赛风向标。技能大赛倡导的理念,是企业所需要的;赛项的选择,是新技术应用的体现;赛场设计和比赛要求,更多地融入了企业文化。通过将比赛内容融于日常教学中,"以课带赛、以赛促学、以赛促教、以赛促改",全面提高教学质量,培养出企业真正需要的高素质、高技能应用型物流人才。中高职贯通物流管理专业2个班级的就业率和签约率都为100%。

"四步进阶、工学交替、素能一体"人才培养模式探索
——上海思博报关与国际货运专业中高职贯通培养成效显著

上海思博职业技术学院　万　思

内容简介： 上海思博职业技术学院与上海市振华外经职业技术学校携手共育，上海兴亚报关有限公司冠名订单培养，取得了良好的改革效果。不断创新人才培养模式，通过采用"四步进阶、工学交替、素能一体"人才培养模式和开展一系列促进产教深度融合的活动，使我校中高职贯通报关与国际货运专业学生的培养起点和培养质量处于领先水平，成效显著。

一、背景

本校紧临上海自由贸易区的重要组成部分：浦东机场保税区、洋山保税港区，具备得天独厚的区位优势。在以创建一流专业为目标、以深化"工学结合"为突破口、探索"学校与企业一体""教学与服务一体""校企双师一体""学生与员工一体"、推进产教深度融合的大背景下，进一步深化教育教学改革，加快内涵建设，创新人才培养模式，推动以职业活动为导向、校企合作为基础、综合职业能力培养为核心、理论与实践融合贯通的课程教学改革，努力实现"整班冠名，校企共育"的办学模式创新。我们通过与全国排名前列的报关龙头企业上海兴亚报关有限公司开展深入合作，采取中高职贯通报关与国际货运专业整班冠名的形式，依托企业共同培养行业、社会需要的报关人才，提高人才培养质量。

二、改革过程

(一) 采用"四步进阶、工学交替、素能一体"人才培养模式

在中高职贯通五年人才培养过程中,我们通过采用"四步进阶、工学交替、素能一体"人才培养模式和开展一系列促进产教深度融合的活动(见图1),使我校中高职贯通报关与国际货运专业学生的培养起点和培养质量处于领先水平。

中高职贯通报关与国际货运专业人才培养"四步进阶"遵循"专业认知——单项技能——综合能力——创新创业能力"逐渐递进的逻辑,"校企协同,工学交替"螺旋递升,创造真情境,运用真项目,实现职业能力培养不断线,同时潜移默化地培育学生的职业素养。

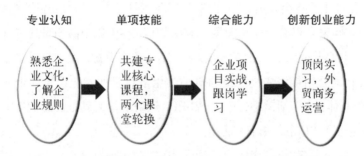

图1 "四步进阶、工学交替、素能一体"人才培养模式

专业认知阶段:第一学期及第七学期学生进入冠名企业上海兴亚报关有限公司,熟悉企业文化,了解企业规则,明确企业岗位的设置及对毕业生的要求,学生通过专业认知可以明确学习目标,并有助于学生制订合理的职业规划。

单项技能阶段:将学生在五年中需要掌握的知识和技能进行分解,分解成各项单项技能,设置到人才培养方案的实训课程和专业核心课程之中。由易到难,由简单到复杂,循序渐进地进行单项技能训练。上海兴亚报关有限公司指导教师参与中高职贯通报关与国际货运专业人才培养方案的修订、教材的编写,并且为专业课程、实训课程提供企业真实案例,让企业真案例进课堂,提升学生的单项技能。

综合能力阶段:在第九学期,学生将有2周的时间进入冠名企业——上海兴亚报关有限公司进行专业综合实训,公司会给学生分配学习岗位及带教师傅,学

生跟着带教师傅,学习报关岗位的工作方法和工作流程,进行跟岗学习。

创新创业能力阶段:第九学期到第十学期,学生完成了专业综合实训之后,正式经过面试进入冠名企业——上海兴业报关有限公司进行顶岗实习。上海兴亚报关有限公司会根据面试情况,给学生安排实习岗位,并分配带教师傅。学生有自己的工位,在带教师傅的指导下进行实习,在实习中完成的是企业真实的工作任务;同时学校的专业教师和辅导员在学生顶岗实习阶段,会全程跟踪学生的顶岗实习情况,进行专业指导,为学生解答疑问。

(二)中职、高职院校整合共享实践学习资源

我校是国际货运代理职业教育与职业发展集团的货代人才培养基地,专业领军人姚大伟教授是全国报关员职业标准专家委员会成员、中国国际货运代理国家标准化技术委员会委员,具有深厚的行业背景及丰富的实践资源。

两校共同整合现有合作企业资源和实训资源,优化中高职贯通专业的实训资源配置,共享校企合作企业资源、实践资源、实训资源。比如:冠名企业上海兴亚报关有限公司接纳中高职贯通班的学生进行早期专业认知和企业认知教育;在"职业体验日"活动中,组织中高职贯通班的学生到上海思博职业技术学院实训基地参加"职业体验日"活动。

同时,校企共建"创业孵化工作组",在校内实训基地专门开辟"创业孵化区"创业空间区及"O2O商品体验区",通过真实项目的操作培养学生的创业意识;获评"上海市高校创业指导站"(见图2),组建学生创业社团,激活学生的创业动力。

在深度依托校企合作平台的基础上,通过中职、高职院校和企业3个育人主体、3个育人环境,"工学交替",并将商务伦理和职业素质教育渗透到教学和实践环节中,提高学生的职场适应能力和职业人文素质,"素能一体",培养适应社会需求的专业人才。

图2 上海思博职业技术学院获评"上海市高校创业指导站"

三、改革取得的效果和亮点

上海思博职业技术学院与上海市振华外经职业技术学校携手共育,上海兴亚报关有限公司冠名订单培养,取得了良好的改革效果。

(一)建立协调机制,规范教学运行

建立中高职贯通教育协调机制以加强中职和高职之间的联系,共同制定了中高职教育贯通人才培养管理文件,明确规定一月一次的联合教研活动,保障整个教学运行规范有序。报关与国际货运专业中高职教师团队共同参加了2015年12月举行的上海市中高职贯通教学设计比武大赛并获得优胜奖,在这个过程中完善了专业建设的顶层设计和专业建设规划。

(二)完善管理制度,优化教学过程

编印了中高职贯通学生成绩手册,补充和完善了甄别实施细则、教学质量监控、校本教材开发等中高职贯通管理制度;同时,进一步完善了日常教学管理,教学文件齐全。

(三)明确专业定位,修订课程标准,开发校本教材

中职校和高校定期开展中高职贯通联合教研活动,报关与国际货运专业教学团队组织多位专业骨干教师,加上企业教师参与,经过多次探讨修订,共同合作完成《国际贸易实务》《国际贸易单证实务》《商务英语教程》共3本专业课程教材的开发与出版(见图3)。

(四)搭建活动平台,促进学生全面发展

目前在高职就读的报关与国际货运专业的学生,得到了院校教师和企业教师的高度赞誉,他们学习态度认真,学习能力较强,英语基础扎实,专业优势突出;积极参加学校组织的各类活动,到处都能看到他们的身影。通过采用"四步进阶、工学交替、素能一体"人才培养模式,报关与国际货运专业中高职贯通

图3 中高职贯通的两校及企业共同开发教材

班学生在技能大赛中表现突出：第46届世界技能大赛"货运代理"项目上海市选拔赛，黄海霞同学荣获二等奖；霍晨和夏昀2名同学参加2018年全国报关与国际货运代理职业技能竞赛均荣获个人三等奖；姜文杰同学荣获上海市第8届"星光计划"职业院校技能大赛报关技能比赛一等奖、2019年全国职业院校技能大赛关务技能赛项团体二等奖；霍晨同学获得上海市第8届"星光计划"职业院校技能大赛物流管理（国际货代）比赛中荣获二等奖等。

"院校联动、赛训结合"中高职贯通护理专业实践教学体系的构建与探索

上海健康医学院　陈荣凤

内容简介：本案例探索构建中高职贯通护理专业"院校联动，赛训结合"的实践教学体系。通过"三环节、五结合"递进式序贯化培养护理专业学生的职业核心素养、健康和社会照护技能、创新思维及创新能力，培养能服务于生命全周期、健康全过程的健康和社会照护需求的高素质技术技能型专门护理人才。

围绕"健康中国"战略的实施，培养符合护理岗位职业需求的人才是中高职贯通护理专业教学的最终目标。但用人单位或新毕业护士常反馈学校教学存在"基础与临床脱轨、理论与实践脱离、教学与社会需求脱节"等问题。具体分析发现，传统护理教学存在各环节彼此独立，对学生的实践能力培养缺乏系统性、连续性。而要为学生搭建尽快融入医院工作的桥梁，关键在于明确从护理专业学生成长为临床新护士，需完成哪些护理岗位典型任务，完成这些任务应具备哪些岗位核心胜任力，训练这些岗位核心胜任力有哪些关键环节，以及如何评价学生是否具有了这些能力。上海健康医学院与其附属卫生学校针对中高职贯通长学制有利于一体化设计的特点，充分依托丰富的护理行业资源，发挥两校的实训环境、临床实训基地和师资队伍等资源可在体内贯通的天然优势，探索构建"院校联动，赛训结合"的中高职贯通护理专业实践教学体系。

一、职业能力培养路径分析

通过行业调研，新护士在入职时需具备护理专业毕业证和护士执业资格证，

并具备医学基础技能、护理基本技能、护理专业技能和护理职业综合技能四大模块的能力。需经历"校内仿真实训—临床见习、社会实践—医院跟岗实习"三个关键环节的严格训练,并经过"技术、素养评价"相结合等"五结合"全程考评机制,才能确保中高职贯通护理专业人才的培养质量(见图1)。

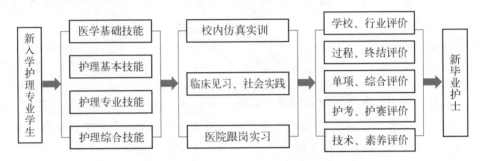

图1 护理专业学生成长为护士的职业能力培养与评价路径分析

二、校院合作、工学交替

根据中高职贯通护理专业学生知识学习与成长发展的规律,遵循深化"医、教协同"的原则,我们推进以学生为中心、以胜任力为导向的护理教育教学改革思路,经过上海健康医学院及其附属卫生学校教师与临床专家共同研讨,按照"五年一体化设计"原则,形成全程化递进式实践教学模式(见图2)。

实践教学体系着重体现各技能实践模块交叉融合和有效续接(见图3)。各技能模块则在课程体系中各有侧重,从单项操作到系列操作,从情景模拟到技能竞赛再到临床综合训练,递进式贯通化培养护理专业学生的操作技能。

医学基础技能模块——重在职业情感植入。"医学基础技能模块"通过"医学基础"课程教学,培养护理专业学生正确的医学观,使其了解医学的基本模式。例如,"正常人体学"第一堂实训课是组织学生为遗体捐献者举行告别仪式,引导新入学护生敬畏生命,引发学生对生命意义的思考和对护理学生的历史责任、社会担当的审视。在"护士人文修养"课程中引入入院护理、生活护理等案例和场景,从如何与护理对象打招呼,从"站、坐、行"等细节性言行举止中学习护士礼仪,在实践中"感知、认知、熟知"护士岗位,培养护理专业学生的职业

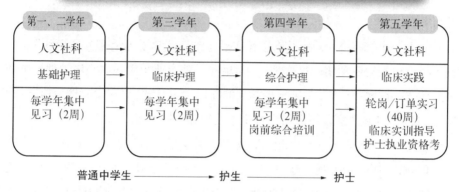

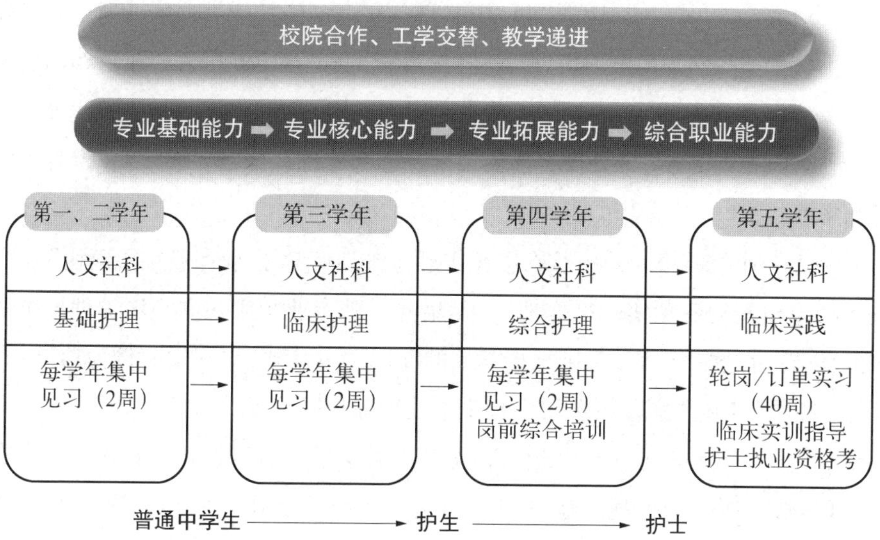

图2　全程化递进式实践教学模式

产教融合、知行合一

实践性课程		学期（课时）1	2	3	4	5	6	7	8	9	10
课程内实训	健康评估					16					
	护理基本技能1		28								
	护理基本技能2			42							
	护理基本技能3				42						
	护理基本技能4					42					
	护理基本技能5						36				
	护理基本技能6							36			
	母婴护理							10			
	成人护理1				8						
	成人护理2					8					
	成人护理3						10				
	成人护理4							10			
	成人护理5								10		
	急救护理1						6				
	急救护理2							6			
临床实践	临床综合实训						32	32			
	护理技术见习		30	30	30	30	30				
	专科护理见习							72	72		
	职业综合能力指导										108
	综合技能考核									72	
	毕业实习									540	540

图3　实践性课程计划

情感，学会体现对患者的关爱和关心。

护理基本技能模块——重在操作规范化熟练度训练。“基本技能模块”包括护理人文综合实训和护理专业基础实训。“护理基本技能”这门课程贯穿5个学期,从护理专业学生学习需求出发,制订每一个操作技能的训练计划。除了课堂实训教学指导外,在课下通过"老带新、高带低"的学生互学互评制度和实验实训场所自主管理制度,激发学生的自主学习能力,为其提供更多的实践训练机会,重点提升学生对基本操作技能的规范程度和熟练程度,为后续专业课程的学习和实践打下坚实基础。

护理专业技能模块——重在临床护理思维训练。"护理专业技能模块"主要包括临床护理的各项实践操作训练,是培养护理专业学生建立临床护理思维的重要环节。在这一模块,教师根据学生的前期学习基础,以真实病例为前导,利用"云班课"实施"翻转课堂",引导学生按护理程序的评估、诊断、计划、实施和评价等步骤,分析案例中患者的生理、心理和社会状况,归纳、分析护理对象存在的护理问题、所需的护理措施,在提高护理专业学生操作能力、知识技能应用能力及解决问题能力的同时,增强护理专业学生自主学习意识,培养他们科学的临床护理思维。

护理综合技能模块——重在综合技能训练与提升。"护理综合技能模块"针对全国职业院校技能大赛护理技能赛、上海国际护理技能赛、世界技能大赛等不同类型的技能竞赛项目,将单项实践、临床技能综合实训、实习前强化训练等相融合。在校内仿真病房内模仿临床情景,由学生扮演标准化病人进行情境模拟训练。学生在中职阶段第三学年开始就有机会参加技能大赛训练团队,经过选拔的优秀学生可以参加上海市"星光计划"职业院校技能大赛中职组护理技能比赛。原中职阶段技能大赛训练团队的成员,在高职阶段还能继续成为技能大赛的骨干选手参加高职阶段的各级技能大赛。通过赛、练结合,培养护理专业学生的团队协作精神,有效缩短教学与临床的距离,更加全面地考查护理专业学生的人文素养、实操技能和职业技能。

三、实施序贯化训练的实践教学平台

为实现中高职贯通护理专业实践教学与护理岗位的无缝对接,学校构建融合三个关键环节"校内仿真实验实训基地、医院及社区医疗卫生中心见习基地、实习教学基地"的实践教学平台,以职业技能训练为主线,与专业能力培养需求

相结合,与护士执业资格标准相结合,实施序贯化训练,主要做法如下:

从中职阶段的二年级开始至高职阶段的一年级期间,主要为护理专业学生职业感知阶段和见习实践阶段,学生在完成校内实践的基础上,开展临床见习和社会实践活动。教师利用课余时间组织学生进社区、敬老院等,带领学生进行常见慢性病健康教育及科普常用急救知识,提升学生的沟通能力、礼仪素养、社会适应能力。

针对中高职贯通学生在第三年到第五年已具备一定专业知识和专业技能基础的特点,鼓励其利用节假日、周末课余时间参与志愿者活动,走进医院、基层卫生社区服务中心、敬老院进行健康教育、家庭访视等基础性护理实践工作,让护理专业学生尽早接触患者,尽早接触护理岗位,尽早接触医疗环境,增加自身职业认同感,增强交流沟通与团队协作能力。

修订实习内容,围绕护理岗位任务,制订符合护士执业要求的实习标准,培养护理专业学生岗位综合技能,在真实的职业环境中强化护理专业学生的操作技能及人文关怀意识、团队协作精神等。护理专业学生经过不少于8个月在医院及社区的跟岗实习,进一步增强自身的护理岗位胜任力和创新实践能力。

四、递进式"五结合"实践教学考核评价体系

两校通过研讨,形成和建立了"以护理岗位核心能力培养为主线"的针对不同年级有相应的专项技能训练和综合技能训练的考评办法。"五结合"即"学校、行业评价"相结合、"过程、终结评价"相结合、"单项、综合评价"相结合、"护考、护赛评价"相结合、"技术、素养评价"相结合。两校协作,建立专门的护理专业临床实习教学管理系统和临床实习管理队伍,实现了护理专业学生与教师、用人单位之间的密切联系。

总之,"院校联动,赛训结合"中高职贯通护理专业实践教学体系的构建,为学生搭建了尽快融入医院工作的桥梁。自2017年以来的近三年,中高职贯通护理专业学生的护士资格考试通过率均超过97%,就业率和签约率均大于98%,中高职贯通护理专业的学生获得全国职业院校技能大赛护理技能赛一等奖3人、二等奖5人,在上海国际护理技能大赛中获得一等奖1人、二等奖1人。

中高职贯通成就未来工匠
——机电一体化技术专业贯通培养试点案例

上海市大众工业学校　郭玲玲　张建刚

上海科学技术职业学院　吴　杏

内容简介：中高职贯通人才培养模式试点，不仅是中职学校办学新的增长点，也是畅通技能人才成长通道的立足点。2014年，上海科学技术职业学院与上海市大众工业学校两个同类专业强强联合，进行中高职贯通人才培养模式改革试点，以更好地适应区域产业发展需求，加快形成职业教育的"立交桥"。两校坚持"产教融合"、校企合作的发展方向，着重培养学生勤奋敬业、精益求精的"工匠精神"，全力打造德才兼备的未来工匠。

上海科学技术职业学院和上海市大众工业学校分别是上海市特色高职院校建设单位和国家首批中等职业教育示范校。两校于2014年开展机电一体化技术专业中高职贯通试点。目前2014级学生已经顺利毕业并进入企业工作；2015—2016级学生通过甄别、转段考试进入高职院校继续深造；2017—2019级学生现阶段在中职学校进行学习。

一、做好中高职贯通人才培养设计，筑牢未来工匠培养基础

（一）发挥职业教育集团优势，教育资源优化配置

两校作为嘉定职业教育集团常务理事单位，通过开展中高职教育贯通试点，既是在嘉定职业教育集团大的发展战略背景下培养未来工匠的有益尝试，也是发挥嘉定职业教育集团独特优势，实现产教深度融合和教育资源优化配置的有效举措，为中高职教育贯通的专业建设奠定了坚实基础，提供了丰富内涵。

（二）坚持一体化设计，培育未来工匠

中高职贯通的培养核心是五年教育培养方案一体化设计，培养过程一体化完成。前者包括专业定位、培养目标和课程体系；后者包括教学管理和学生管理、师资配置、条件保障等。两校通过有效整合，实现课程体系一体化，对五年贯通培养进行系统化设计，实行一年甄别、三年转段、五年毕业，确保教学工作规范、科学、高效及教学管理有计划、有目的、严格、细致地开展。

二、实施中高职贯通人才培养，提升未来工匠内涵

（一）教学对接职业资格，实现技能培养一专多能

中高职贯通试点的优势在于学生在校学习时间的连贯性和培养方案的连续性，培养目标针对目前社会所需要的职业或者岗位群。在试点专业中，可以更充分、更有效地将职业技能培训体系中的职业资格标准、培训过程和职业资格考核有效地、恰当地融入专业教学标准、教学过程和教学考核等环节，使学生的学历证书和职业资格证书的获得过程实现内涵融合，达到"一教多证"的效果。

表1 职业资格证书获得数

班　　级	班级人数（人）	中级证书		高级证书	
		获得人数（人）	合格率	获得人数（人）	合格率
中高职贯通班16224班	43	43	100%	37	86%
机电普通高职班16221班、16222班	73	66	91%	57	78%

从表1来看，中高职贯通学生在职业资格考证上有明显优势，一专多能化的培养，促进了学生综合素质的提高，为学生进入企业以后缩短岗位适应期提供了有力保障。

（二）拓宽学习领域，实施学生个性化培养

两校通过联合教研不断完善人才培养方案。一方面，学校主导、教师主体不断推进课程建设改革，注重分层教学。为了提高学生的动手能力，将课堂理论知

识与实践融会贯通,将"理实一体化""任务引领""教、学、做"等教学方式不断融入课堂教学,在提高学生课堂学习兴趣的同时,提高学生的动手能力和创新能力。

另一方面,在确保学生学习效果的前提下,学校提倡学生参加多样化的兴趣社团,培养学生的学习兴趣,发掘学生的学习潜力。再者,专业课程本身也蕴含有丰富的思政元素。对于学生而言,职业道德、职业素养的培养是专业实践课程的一个重点内容;在实际操作过程中认真、严谨的学习态度和精益求精的学习要求也对学生进入工作岗位以后缩短岗位适应期有着良好的作用;学校对大国工匠、世界技能大赛的宣传,都是课程思政的重要载体,也让学生树立了工匠意识。

(三)"以赛促教、以赛促学",提升未来工匠品质

职业院校技能大赛是学生技能比武的大舞台,已经成为专业人才培养的重要手段,也成为专业建设过程中的一张闪亮的"名片"。技能大赛训练的过程既是"以赛促教"的过程,同时也是"以赛促学"的过程。

在2017年和2019年,中高职贯通班学生在中职阶段参加了2届上海市"星光计划"职业院校技能大赛,在6个赛项中,有13人次获得奖项,其中一等奖4人次、二等奖3人次、三等奖6人次;在2017年、2018年和2019年,中高职贯通班学生参加全国职业院校技能大赛,在5个赛项中,有8人次获得奖项,其中一等奖3人次、二等奖2人次、三等奖3人次。获奖比例远高于在校普通中专班级学生,实现了学生品质化培养的目标。

三、初显培养成效,助推未来工匠起步

2017年9月,2014级43名学生转入高职阶段学习。通过实施一体化人才培养方案,他们很好地适应了高职阶段的学习,专业知识扎实,学习内容更加深化,尤其注重个人思想品德、社会职业道德、团队合作、个性化发展和能力拓展,使得从中职到高职再到企业的学习有一个质的飞跃。

(一)整体培养成效分析与反思

在学生思想道德品质的培养上,高职阶段的培养方案加强了学生思政课程

的深度和广度,除了规定课程外,学生在每周的晨会、社团、各类选修课上进行多种形式的思政学习和讨论,2014级中高职贯通班有4名学生光荣参军,有20名学生踊跃参加献血活动,整个班级学风和思想道德品质达到良好程度。

从理论学习成绩上看,2014级中高职贯通班有13人通过了高等学校英语应用能力(A级)考试,有32人通过了上海市高校计算机等级考试;在所开设的课程中,2017—2018学年,有25人次考核成绩不及格;2018—2019学年有34人次考核成绩不及格。通过以上数据的分析,中高职贯通班的学生和普通高职学生相比理论知识部分的学习有一些差距,理论知识学习的能力有所欠缺,因此在后续的培养方案中需要根据实际情况进行调整和改造。

从技能和实践操作的学习方面来看,95%以上的学生在技能学习上比高职学生有明显优势,技能学习入手很快,动手能力很强,2014级全班43人参加数控机床装调维修工考证,43人全部取得中级证书,有32人取得高级证书,这和普通高职学生的考证情况相比,遥遥领先。另外有7名学生除了计划规定的证书外,还利用课余时间参加电工中高级考证,有3名学生取得高级证书,以此看来中高职贯通班学生在技能学习中具有超常的能力,也具有较强的主动学习能力和自我更高的需求。因此我们在培养方案中对技能实训这部分要制订出更加符合中高职贯通班学生学习需求的教学计划。

(二)就业质量分析

在2019届中高职贯通培养毕业生中,100%的学生任职于机电、汽车、地铁等与专业相关的行业,根据任职企业如上海地铁维护保障有限公司和上海欧博自控技术装备有限公司等的反馈信息来看,爱岗敬业职业道德、学习动手能力、基本技能的使用和拓展能力这些是企业最看重的。

表2 就业单位反馈表

遵守制度	很好	好	一般	差
出勤情况	25%	75%	—	—
听从指导	70%	20%	10%	—
团结协作	30%	60%	10%	—

(续表)

遵守制度	很好	好	一般	差
工作态度	80%	15%	5%	—
完成任务情况	85%	10%	5%	—
能力表现	70%	20%	10%	—
知识运用	30%	60%	10%	—
设施维护	80%	10%	10%	—
安全意识	80%	10%	5%	5%

从表2可以看出，用人单位对中高职贯通班学生在工作态度和完成任务等几个方面予以了较高评价，而在团队协作、知识运用、出勤、听从指导等方面有待提高，特别是毕业生的创新意识、职业道德、适应能力和专业技能与用人单位的要求还有一些差距，因此对培养方案提出了以适应社会需求为目标、以培养技术应用能力为主线，来设计学生的知识、能力、素质结构和培养目标，在理论教学的基础上更侧重于实践训练，加强学生的职业能力、职业道德修养和拓展能力的训练。

四、注重教学反思，提升未来工匠培养质量

中高职贯通人才培养模式的实施，使中职学生在入学之初就有了明确的学习目标，学习动力更强，通过连续五年的专业培养，学生的专业技能明显提高，整体素质有了大幅度提升。但同样的，中高职贯通人才培养试点也面临着一定的困境。在贯通人才培养过程中，如何提升教师的教学能力、加强贯通学校的联合教研、打破专业瓶颈、从师资和保障等多方面实施全面贯通，也是需要在后续培养过程中进一步研究和加强的。只有学生在学习过程中得到了教育满足，教育才能真正为未来工匠的成长保驾护航。

中高职贯通城市轨道交通机电技术专业建设的三条主线

上海市公用事业学校　梁世升

内容简介：在中高职贯通城市轨道交通机电技术专业建设过程中，上海交通职业技术学院与上海市公用事业学校紧密配合，从三条主线出发，提升专业建设水平。本案例对优化课程设置、加强师资建设、开发教学资源和实训基地建设等方面的具体举措及其效果进行介绍。

一、建设背景

随着机电技术的发展，越来越多的新技术、新产品不断应用到城市轨道交通中。为了能够紧跟行业发展前沿，使学生学习到最新的专业技术，自2016年设置中高职贯通城市轨道交通机电技术专业以来，上海交通职业技术学院与上海市公用事业学校紧密配合，从优化课程配置、加强师资建设、开发教学资源和实训基地建设三条主线出发，提升城市轨道交通机电技术专业的建设水平，取得了良好成效。

二、建设措施

（一）课程优化

1. 优化课程设置

在城市轨道交通机电技术专业涉及的专业课程中，多门课程之间有很强的交叉性，耦合度非常高，比如在给排水方面，包括消防栓供水、喷淋头供水、细水雾供水、空调供水、废水和污水排水，涉及消防系统、环控系统等多门专业课程，如何细化分工,既保持教学内容的完整性,又减少重复教学,就需要进行整体规划、细化分工。教研组组织专业教师多次研讨,根据授课过程的总结、反思,不断进行优化调整,使课程内容的设置更加合理、完善。

2. 完善课程衔接

新技术的不断应用要求专业课程的内容必须动态、实时调整,而专业课程的教学又依赖于基础课程和专业基础课程的支撑。院、校基础课程、专业基础课程、专业核心课程各课程段的任课教师多次进行联合教研活动,深入研究课程标准,对教学内容的调整情况进行细化分解、分析,使得各阶段的课程能够妥善衔接。比如专业核心课程"自动扶梯及电梯系统"中,为了让学生能够更好地理解曳引式电梯的工作原理,强化曳引轮力矩的计算,则需要加强在专业基础课"工程力学"中的力矩计算,又需要先在物理课的教学中对力矩的概念打下扎实的基础,并将工程应用实例结合到物理课的教学中;在专业核心课程"城市轨道交通车站安全门系统"中,根据近年来的行业应用情况,增加了车站安全门与车辆间光电检测装置的内容,则在专业基础课"自动检测技术"中相对加大光电传感器的教学内容。

(二) 加强师资建设,提升教师队伍专业水平

1. 深化企业实践,提升专业教师的专业技能

专业教师的专业技能水平直接影响到教学效果。学校充分利用与申通地铁集团深入合作建立的市级城市轨道交通专业教师企业实践基地,为任教教师提升专业技能提供有利条件,多位教师积极参加市级企业实践活动。除此以外,还安排了多位教师到申通地铁大师工作室进行专业针对性更强、深入度更高的校级企业实践。在企业实践过程中,实践基地为教师安排了形式多样、内容丰富的培训内容。通过企业实践,专业教师能及时了解到企业一线新工艺、新技能的应用场景,提升了专业技能,并促使专业教师形成以与时俱进的思想指导教学改革的意识,不断将企业中看到的、学到的新工艺、新技能融入到教学过程中。

除了"学"以外,在企业实践过程中,专业教师还尝试利用自己掌握的专业知识,为轨道交通企业提供培训服务。通过对企业技术人员的"教",检验教学内容是否适合实际工作需要;通过企业技术人员的反馈,不断调整、完善专业课

程教学内容，使得教学更加贴近、适合实际需求；并在此教学过程中，进一步提升专业教师的专业技能。

2.参加技能大师工作室学习，培养发展型技术技能人才

技能大师工作室是行业技术应用的领航者，承担着行业新技术应用、现有应用完善与改进的任务，能够参加技能大师工作室的学习和项目研发，将会大大提升专业教师的专业技能。为能够紧跟城市轨道交通机电技术的发展前沿，学校已派出2位专业教师作为学员加入申通地铁城市轨道交通机电技术严如珏大师工作室，对城市轨道交通机电技术专业各模块的理论知识、实际操作进行深入学习，并深度参与城市轨道交通机电技术、设备的相关研发工作。

3.特聘"上海工匠"级企业外聘教师加入教学团队

在教学中，特聘首届"上海工匠"、全国五一劳动奖章获得者、技能大师严如珏及其大师工作室骨干成员李敏等优秀技能型人才共同参与课程开发、建设和教学。他们提供企业工作岗位的人才标准、设备设施、工作规范等信息，并全程参与院、校城市轨道交通机电技术专业人才培养规格、课程内容、评价标准、教学资源建设、实习实训基地建设等各环节的设计编制和评审。除了承担专业认知实习等实习实训教学任务外，企业特聘教师还承担多门专业核心课的教学任务，利用他们扎实的专业知识和丰富的实际工作经验，和校内专业专任教师一起，共同打造精品专业核心课程。

（三）开发教学资源、规划实训基地建设

城市轨道交通机电技术专业涉及的机电设备遍布于车站的各个位置，且在控制等方面有很强的交互性，除了单体设备的操作外，还必须对整体布局及控制关系有清晰的认识。为了达到良好的教学效果，学校不断进行相关教学资源和实训基地的建设。

为了能够使学生清楚地了解车站机电设备的排布和控制，学校积极探讨有效运用信息技术和现代教育媒体、数字化资源进行教学活动的可行性，提出"城市轨道交通机电监控系统"信息化课程建设的需求并实施，实现机电控制系统仿真教学。学生通过三维场景既可以查看所有车站机电设备的布置情况、各类设备的控制情况，也可以选择单台具体设备查看详细结构。此外，开发"机电设

备监控系统"教学课件、微课、试题库、典型案例等资源,实现现代化的信息化课程教学环境与资源展现。

除仿真资源以外,学校紧随实训大楼建设的进度,推进实训系统的建设。在实训大楼建设的初期,学校即开始进行实训基地建设的规划工作,提出"城市轨道交通机电技术专业深度维、检修综合实训系统建设方案",目前已完成专家论证,正在实施推进中。该实训系统集合了几乎所有类别的车站机电设备,提供深度维、检修实训和联动联锁控制实训。结合"城市轨道交通机电监控系统"仿真系统,将为专业教学提供更加有力的支持和保障。

三、建设成果

通过课程优化,使基础课程、专业课程之间的衔接和支撑得到完善;专业核心课程内容的划分更加合理、清晰。

严如珏大师等高水平企业外聘教师的加入,极大地提升了专业教学能力,他们对人才培养方案、实习实训基地建设等环节的参与和指导,使得专业人才的培养更加贴合企业需求;通过企业实践,使专业教师的专业技能不断得到提高,而学校专业教师为企业提供的多次培训,更是大大促进了教师教学能力的提升。

"城市轨道交通机电监控系统"信息化课程已建设完毕并投入使用,大大提高了专业课程教学的信息化程度和教学效果;"城市轨道交通机电技术专业深度维、检修综合实训系统"已进入设备采购阶段,投入使用后,将全面实现控制"中心级—车站级—现场级"各设备系统间联动连锁控制、综合应急演练、深度调度指挥、深度维检修等实训功能。

通过上海交通职业技术学院、上海市公用事业学校三年的努力,城市轨道交通机电技术专业的专业建设水平得到了很大的提高。但由于本专业设立时间相对比较短,在各个方面都还存在很多需要改进和完善的地方,团队教师将继续提升教学能力,完善教学资源,争取取得更大的进步。

构建"以赛促学、以赛促教"中高职贯通联合培养模式

上海电子信息职业技术学院　窦爱女
上海市工程技术管理学校　张　平

内容简介：上海电子信息职业技术学院与上海市工程技术管理学校邀请行业企业专家、世界技能大赛、全国职业院校技能大赛专家联合制订中高职贯通数控技术专业人才培养方案，通过定期召开联合教研活动，制定管理机制，研讨教学内容，将最新技术动态融入课程，将赛事内容引入教学，构建"以赛促学、以赛促教"中高职贯通联合人才培养模式。通过参加各类技能比赛，在学生中形成良好的学习技能的氛围，以提升学生综合素质和就业竞争力，加速人才培养模式创新。

两校中高职贯通数控技术专业于2014年首次招生，迄今已招生6届。在多年联合教学中，数控技术专业联合教研组共同组织学生参加各种技能竞赛，构建了"以赛促学、以赛促教"中高职贯通试点数控技术专业联合人才培养模式。

一、联合制订人才培养方案

中高职贯通数控技术专业联合教研组每年邀请来自行业企业、参与世界技能大赛的专家参与制订和修订人才培养方案。与会专家组从各方面与中、高职学校的教师团队进行广泛深入的交流、探讨。大家一致认为：数控技术"五年一贯制"的课程体系中，涉及许多制造技术方面的知识，其中技能培养是重点，动手能力是首位。因此，在院校发展、专业建设中，在人才培养方案的制订过程

中，应融入技能竞赛因素，将专业技能竞赛标准融入专业人才培养模式中，培养具有合理知识结构、较高技术技能、较强创新能力和实践操作能力的高素质技能型人才。在这一建议下，中职、高职学校在课程设置上合理地划分了理论和实践课时分配比例，如："典型零件数控铣削加工"课程，调整理论和实践课时的分配比例；同时又根据企业生产实际，调整生产工艺、检测方法，使学生以行业企业标准来加工检测零件，实现与企业的无缝对接，从而使技能竞赛标准融入教学中。

二、建立"以赛促学、以赛促教"机制

将学生参加技能竞赛作为一项重要的工作来抓，从宏观政策方面鼓励教师指导学生参赛，激发学生参赛热情。在学校领导的直接带领下，由上海电子信息职业技术学院机械与能源工程学院（二级学院）负责牵头，上海市工程技术管理学校数控部共同负责。中高职贯通数控技术专业联合教研组每学期开展1—2次教研活动，商讨中高职贯通教学事项，制定《中高职贯通数控技术学生技能比赛奖励细则》等一系列中高职贯通竞赛运作的规章制度、实施方案和激励机制。通过中职校对中高职贯通专业的二、三年级学生进行培训，学生进入高职后已经具备了基础技能，便推送他们参与上海市"星光计划"职业院校技能大赛、世界技能大赛上海市选拔赛、全国机械职业教育教学指导委员会的行业大赛、全国机械职业教育教学指导委员会全国大赛等系列比赛。近几年来，中高职贯通专业大部分学生积极参加赛前培训，择优参加各类比赛，极大地调动了学生的学习主动性。

中高职贯通数控技术专业联合教研组的所有老师，都是理实一体化教师。教师们既教理论，也带实训，同时又是各类竞赛的指导教师。教师们指导竞赛时，根据学生的实际情况给予指导，补充没学到的知识点。同时，他们在实施课程教学时，也会适当穿插一些竞赛因素。为了更好地教学，教师自己也会参加各种技能竞赛，如3D打印竞赛、五轴加工竞赛等。学生赛，教师赛，"以赛促教"，提高教师整体教学水平。

三、共同搭建保障平台

（一）搭建良好的"赛""学"发展平台

中高职贯通学生培养是一个长期过程，两校以世界技能大赛"制造团队挑战赛"项目、世界技能大赛"综合机械与自动化"项目、"产品创意设计与快速成型"项目行业大赛以及上海市"星光计划"职业院校技能大赛"数控车工/铣工"项目，为学生搭建"赛""学"结合的发展平台。例如根据世界技能大赛项目要求，在中高职贯通班中挑选优秀苗子，根据赛项方向组成竞赛小组，根据中高职各自特点按方向安排，对挑选出的优秀学生进行有针对性的强化训练，严格按照竞赛的要求、规则、形式进行项目化训练，中高职教师联合指导。对此，两校制订了完整、详细的实施方案。例如，中职选派学生送到高职学校，与高职选手共同训练、共同参赛期间，他们的衣食住行安排方案等。另外，在课程教学中，引入世界技能大赛的相关比赛技术要求，将世界技能大赛项目的技术要求落实到车工、铣工、数控训练等日常教学中，让学生养成精益求精的"工匠精神"。

（二）以专业选修课为抓手，深入补充课堂教学的不足

近年来，联合教研组开创了多种形式的补充课程。开展专业选修课让学生了解校内外各种类型、各行业性质技能大赛的要求。以各类创新社团为基础，丰富学生的活动内容。选择部分优秀学员，设计科学合理的短期训练项目，制订详细的阶段目标，实行阶梯培养，有效地提升大赛的服务水平，提高学生的职业技能水平。通过各种竞赛及专业选修课不断加强学生之间的凝聚力，培养良好的团队合作精神，增强学生的职业素养和专业竞争力。如针对"产品创意设计与快速成型"比赛项目，我们通过开设"逆向工程"选修课，让学生学习零件3D扫描、3D建模、3D打印等技术，使学生慢慢了解比赛内容，从而将教学与技能竞赛融合。

（三）始终坚持以职业为导向，根据岗位职业能力完善教学设计

在教学过程中，教师团队也通过指导各类竞赛，能力得到不断提升，在竞赛

中所取得的经验也反哺教学。教师将各类技能大赛的成果融入到日常教学中，一方面将大赛的精神融入课程，培养学生"工匠精神"、正确的价值观；另一方面将大赛的案例引入课程，丰富课程教学内容。

四、"以赛促学、以赛促教"成效显现

（一）中高职贯通数控技术专业形成了良好的班风、学风

通过发挥中高职贯通教育在人才培养职业技能方面的教学优势，不断鼓励学生参加世界技能大赛、全国职业院校技能大赛、行业赛、上海市"星光计划"职业院校技能大赛等各类技能竞赛，激发参赛选手的团队协作能力，使他们养成吃苦耐劳的精神。同时，获奖选手也尝到了竞赛带来的荣誉感，在学生中营造了学习目标明确、坚持奋斗、不断提升的浓郁学习氛围，给后期入校学生作出榜样，如此良性循环，形成了中高职贯通数控技术专业良好的班风、学风。

（二）在各类活动中取得了丰硕的成绩

中高职贯通数控技术专业办学以来，"以赛促学、以赛促教"，结合中高职特点，在学生培养中开创了新思路、新局面。六年来共招生347人，参加各类竞赛集训89人次，主要赛项有：上海市"星光计划"职业院校技能大赛"计算机操作""工业产品数字化设计与制造""数控车加工""数控铣加工"项目；"李斌杯"数控多轴编程与加工技能竞赛；中国技能大赛——第45届世界技能大赛全国选拔赛现代团队挑战赛数控加工方向；全国职业院校技能大赛"工业产品数字化设计与制造"项目；"中望杯"机械识图与CAD创新设计技能大赛；"上图杯"先进成图技术与创新设计大赛机械类计算机三维造型竞赛；机械行业职业教育技能大赛"太尔时代——三维天下杯"产品创意设计与快速成型技术竞赛；直接参加竞赛75人次，其中省市级竞赛获奖16人次、全国行业赛获奖8人次、国家级竞赛获奖1人次。

（三）学生的就业情况良好

目前，中高职贯通数控技术专业第一届学生已经全部毕业，学生就业率达

到100%,对口就业率达到82.35%。学生就业单位主要有:上海飞机制造有限公司、上海4724军工厂、上海航天研究院803所和804所、上海华虹宏力半导体制造有限公司、上海微电子装备有限公司等。据用人单位反馈:学生工作踏实认真,动手能力强,上手快。

综上所述,"以赛促学、以赛促教"中高职贯通联合人才培养模式,提高了学生的灵活应用知识能力、动手实践能力,提升了学生的职业综合素养,拓展了学生的职业发展空间,同时还为人才培养方案的制订和日常教学改革提供了方向。

立形、立心、立人
——基于三立教育的思想服务德性的培养

中华职业学校　彭天平

内容简介：空中乘务是上海民航职业技术学院与中华职业学校共同打造的品牌专业。两校共同培养具有职业生涯发展基础的应用型高技能专业人才，因此在学生管理、联合教研、师资共享等方面都进行了多角度的一体部署和实施。本专业提炼了针对学生核心素养培养——"服务德性"的养育，即有梯度地开展以"立形""立心""立人"为主题的教育。并以此作为本专业的培养特色，力求使这群未来的民航人踏上工作岗位后能够尽快适应岗位需求。

中高职院校将贯通专业学生管理与专业特点相结合。为加强学生组织纪律性、提高学生的文明礼貌意识、养成学生良好的职业道德规范和素养，高职校制定了《航空乘务系学生行为规范评分细则》，将日常操行管理分与学生就业推荐挂钩；中职校制定了《空中乘务专业学生德育考评评分细则》。通过严格的管理，规范了学生行为，提高了学生的个人素质和纪律意识、服务意识。两校在管理中，也更强调制度化、标准化、规范化，并注重职业氛围的建立和熏陶，深入严格地管理，落实学生的行为养成，强化职业技能与职业道德。

经过对航空公司客舱服务工作性质及工作对象的分析，结合乘务员职业要求和航空企业文化，与思政教研室共同开展思政育人，以"民航讲堂""工匠精神讲座"为载体，提升学生的人文素养和职业精神。借助辅导员和党员队伍，重点开展"生命教育""感恩教育""奉献教育"等主题班会和演讲。邀请企业名师、优秀学员开展"榜样的力量：从学校走向客舱"系列讲座，养成对职业和行业标准的认同感，在提升服务意识和技能水平的同时潜移默化地渗透人文情怀。当学生迈入专业的第一年，我们就提出"三立教育培养思想服务德性"，即有梯度地开展以"立形""立心""立人"为主题的教育。

一、课程体系保障常规"立形教育"

在中高职贯通人才培养方案中,设立民航服务礼仪、形体、心理健康、游泳等课程,塑造个人良好礼仪规范(形象和行为),让学生由内而外地塑造美的形象和美的心灵。专业每周还有固定时段用于专业学生文明修身礼仪操训练实践,为学生将来的职业形象气质塑造奠定了良好的基础;此外,学校的社团选修课也为学生提供了提升自我职业形象意识的学习平台。空中乘务专业学生历来是学校礼仪、舞蹈、调酒、茶艺、花艺、演讲等社团的主力成员;其中舞蹈社的《傣韵》等节目荣获上海市中职学校舞蹈大赛团体二等奖;调酒咖啡社马海生、葛祯文等中高职贯通班的学生也曾获得2018年和2019年上海市旅游职业教育集团的调酒和咖啡制作比赛的金奖和银奖;而作为中职阶段的代表连续参加了6届上海市航空服务礼仪大赛,和众多高校学生同场竞技,多次获得团体二等奖和"全能之星"1次、"风采之星"2次、"人气之星"1次、"智慧之星"2次等若干个人奖项。

中高职教育贯通专业充分发挥贯通人才培养工作组织机构的作用。首先,中高职课程设计一体化,强化课程结构的合理性、连续性、递进性和技能训练的持久性,帮助学生实现文化基础增强、专业领域拓宽、实践能力提升的发展目标。其次,根据学生的心理、认知特点以及成长发展规律,设计符合学生不同年龄段身心特征、认知规律及发展趋势的课程结构,突出专业课程。再次,以职业能力为核心,加强实践课程。最后,重视人文素质培养课程,帮助学生由操作技能逐步向心智技能提升,实现"知识+技能+态度"的"双层一体化",全面提高学生的综合职业素质。

二、各类主题教育活动助力"立心教育"

(一)迈入高校和企业参观主题教育

让中高职贯通班学生在第一学期时迈入高校参观学习,让他们对未来五年的专业学习生涯尽早做好规划；还让学生在中职阶段参加企业课程培训，实地参观东方航空实训基地，让学生切身感受到航空公司的企业文化和企业对学生的职业需求；组织中高职贯通班学生观摩学院首届"吉祥航空杯"客舱应急职业技能大赛、第2届"春秋航空杯"客舱服务职业技能大赛表彰大会。

此外，由高校牵头，组织本校教师下企业实习——乘务员培训（春秋航空）、地面服务培训（浦东机场、虹桥机场）。部分专业教师还参加了内容丰富、科目齐全、理实一体的"上海市中等职业学校空中乘务专业教师师资培训"，了解业态的最新发展，培训反响热烈。

（二）企业专家进校园主题教育

定期邀请机场企业负责人、基层岗位负责人来学校为学生树立正确的人生观、价值观以及职业素养；不定期邀请全国和市级各岗位上的优秀代表和劳动模范进校进行主题教育。例如曾邀请吴尔愉等行业内的专家来校作讲座；2019年中华职业学校成立了吴尔愉大师工作室，把行业劳动模范请进校园为学生指导学习。

（三）各式志愿者和比赛活动

每年专业的学生会利用自己的课余时间参加各类志愿者活动。如"上海市职业体验日"等志愿服务活动，也参加了一些会务服务的志愿者活动，学校、社区、街道到处是学生的身影。专业学生勤勤恳恳工作，克服了时间短、任务重的困难，他们从铺桌面、摆台、端茶倒水、上餐服务开始学起，一遍一遍地操练，表现出良好的团队合作精神。志愿者活动也无形中帮助学生时刻"立心"，培养健康的"阳光心态"；同时，我们的学生也在服务过程中深刻体会到服务工作的不易，也培养了良好的沟通技巧、服务意识，将在培训中学到的服务精神带到今后的学习和工作岗位中。

三、德才兼备的培养理念贯穿"立人教育"

在集体凝聚力方面比较突出的2017级空中乘务2班曾在2019年荣获"上海

市优秀班集体"称号,这和集体中的每一名学生乐于奉献的精神是分不开的,他们热爱集体,关心集体,自觉地为班级、为学校贡献着自己的一份力量,和集体共同成长。此外,学校还有锻炼毅力的"徒步六十里,走向大学城"活动、"扣好人生第一粒扣子"学生奖学金颁奖礼活动,帮助学生树立正确的三观。

中高职贯通班把学风建设列为班级日常主要内容,并经常在班内开展活动,丰富学生的学习生活,同时提高学生的个人能力,加强学生之间的交流。各班通过优良学风创建活动,以培养"多元化"为准绳的"国际视野和外语交际能力"为抓手,调动学生自觉学习、奋发进取、立志成才的积极性。每一位学生进校后都要制订个人外语学习成长目标,从全国英语等级考试二级到大学英语六级,以及日语能力测试,是他们五年学习生涯中较为重要的阶梯学习目标。学生的考证率目前每年都是稳中有所提升。中高职贯通学生每学期都有不少学生参与到一些国际性交流活动中,例如"上海网球大师杯""上海留学生文化交流活动"等志愿者活动中,外语能让他们更好地与外国友人沟通交流,并把中国优秀传统文化信息传递给国际友人。在众多贯通班中有一位2015级空中乘务班的张同学,一开始她在班级中默默无闻,但三年来,她凭借自己不懈的努力和付出,认真把握好每一次机会,最终获得上海市中职生演讲大赛一等奖、上海市第7届"星光计划"职业院校技能大赛"空中乘务"组三等奖;并且不计较个人得失地参加志愿者服务工作时长达300多小时;学习上也先后拿到了全国英语等级考试三级证书和日本语能力测试五级证书;并在第三年荣获上海市"三好学生"称号,实属不易。

通过数年的实践,立足于"三立教育"的思想服务德性的培养受到来自学生、家长和校方的认可,我们将继续努力探索,力求未来帮助这群民航人更快适应岗位需求,为建设祖国贡献自己的一份力量。

打造品牌工程造价工作室，助力中高职贯通人才培养

上海市建筑工程学校　张梅萍

内容简介：在开展中高职贯通教育人才培养的过程中，学校始终坚持采用校企合作的方式促进专业建设与发展，从而确保学生能够有丰富的实践经验。工程造价专业投入了大量实训设备，并配备大量优质师资，与企业建立了密切合作关系，成立了具有专业特点的工程造价工作室（以下简称"工作室"），使校企合作无缝衔接，从而大量培养高素质技能型人才，为社会发展贡献力量。

在"工业4.0""互联网+""中国制造2025"等战略思想相继提出的背景下，我国各行各业正处在结构转型升级的重要阶段，建筑行业紧密围绕现代化发展需求，不断追求新方法、新技术、新设备以及新概念等方面的创新优化，不断更新专业技术人员的综合素质要求。

目前上海职业院校专业与课程的建设改革基本成型，突破传统知识体系建设局限性，建设现代化工作体系结构，使职业院校的专业与课程的基本结构进行重新组建。

我校以建筑专业教学为主体，与上海城建职业学院开展中高职贯通教育人才培养试点，坚持校企合作教学理念，在人才培养上始终结合当代社会发展，及时调整人才培养方向，成立工程造价工作室，结合企业发展的实际需求，综合专业教学内容，使工作室培训内容具有时效性，从而大量培养企业行业需要的高素质技能型人才。

一、主要创新做法

职业学校学生分级化现象严重，部分学生缺乏学习兴趣和学习动机，专业理论知识的实际教学相对枯燥，单一的理论教学无法达到预期教学效果。学校工程造价工作室成立的目的就是通过工作室的实践活动，可以为学生深化理解专业理论知识提供助力。工作室坚持一体化实践活动，采用"金字塔"方案，创新人才培养方式；通过学校及企业的双主体模式，精准设置课程，协同育人；开展完整统一的实践活动，执行企业标准规范，依照企业发展需求强化学生专业技术规范，提升学生的核心素养和专业能力。

（一）"金字塔"方案创新人才培养模式

在开展中高职贯通人才培养期间，工程造价工作室应以学生对工程算量方面的兴趣为基本条件，招收大量学生进行培养，通过课程集训、考证大赛、项目实战等方式培养工程算量操作能手。

工程造价工作室的首要任务是培养学生的基础技能，为有效提升人才培养质量，工作室在进行实践期间，需要采用"金字塔"人才培养方式，构建创新班级结构。招收学生从"基础班"开始进行培养，通过综合技术学习，在考核达到基本要求后进入"提高班"进行培训，考取"广联达软件操作员"证书，获得证书的学生在"尖子班"进行集中培训，培养各类专业技能达人，成为专业技能比赛候选人，选为比赛选手的学生进入"超常班"进行专业技能强化，作为学生代表参加各类技能大赛，随后可进入创新班参与实际企业合作项目。这样的教育模式具有极强的开放性，可以使学生根据自身情况自主选择训练阶段。

（二）"引企入校"精准设置课程

组建企业、学校、行业以及职业教育专家一体化的校企合作专业指导委员会，结合当前市场实际形势与企业需求，设置精准的专业课程。在实际培训期间，从简单图纸开始进行培训，逐步强化难度，待学生专业技能水平达到一定程度时，开始进行复杂图纸的训练，从而使学生的工程算量技术水平得到有效提升。

工程造价专业教师团队与企业专家应依照工程造价工作室学生实际操作水平与企业发展的实际动态,制订针对性的精准课程方案。目前,我校已与30多家企业开展校企合作,有效提升学生专业技能,开阔学生择业、就业渠道,并培养学生的社会适应能力,从而使学生的自身价值充分体现在本职岗位上。

(三)"校骨干教师+企业专家联合教学"校企协同育人

由专业带头人、骨干教师、企业专家共同合作开展的"校骨干教师+企业专家联合教学"合作育人模式,在学生技能培养上取得了优异成果。在开展实践期间,学生深入认知工程造价业务流程,采用"双主体"教学模式,有效提升学生的技能水平,并加深学生对相关理论知识的理解。

该工作室学生在上海市以及全国各职业院校技能大赛中都取得优异成绩,得到用人单位的高度认可,所有校企合作企业都会录用工作室技能型学生,为企业注入新鲜血液。

(四)"专业讲座、定向选拔"创新学习方式

企业专家不仅需要在日常的实践操作中对学生进行技术指导,还要进校开展专业讲座,传授行业最前沿的专业知识与实际信息,通过与学生的有效互动,从而使学生巩固技能基础,了解行业在市场中的发展趋势以及创新理念,培养学生的职业技能水平。

学校也定期举办相关专业项目比赛,选拔有潜能的学生进入工程造价工作室进行培训,从而培养大量专业技能上手型人才。

二、成效与影响

(一)技能人才培养水平凸显,教学成果显著

工程造价工作室的有效开展,提高了学生对专业课的兴趣与认知,增强了学生的专业知识水平与技能水平,强化了学生的实践操作能力,提升了学生的综合素养,并有效增强了学生团队合作意识和竞争意识,开阔了学生就业、择业的渠道,突出了"赛教融合,寓学于赛,以赛促改"的现代化职业教育理念。

本专业开展中高职贯通教育人才培养已有七年,培养职业人才700余人,其中毕业2届,有3届学生参加上海市"星光计划"职业院校技能大赛中职组"工程算量"赛项,并取得优异成绩,一直包揽整个项目前5名,并获得团体一等奖;连续四年参加全国职业院校"建设教育杯"职业技能工程算量竞赛,获个人1个一等奖、2个二等奖,以及团体3个二等奖。2018年,学校在全国建筑信息模型(BIM)招投标比赛中荣获三等奖。2019年,学校在全国高等院校建筑信息模型(BIM)应用技能大赛高职组"全过程造价管理"赛项中荣获团体二等奖。

(二)学生就业率、社会认可度屡创新高

以工程造价工作室为模式进行人才培养工作开展期间,工作室内每年都有学生获得上海市"优秀学生干部""优秀志愿者""闵行区好青年"等荣誉称号,并有学生获得上海市"文明风采"、上海市中学生古诗文阅读大赛一等奖等奖项。工程造价专业每年均有100余名优秀学生毕业,就业率高达98%以上。企业高度认可工作室培养出来的学生,将学生称为"技能上手型"工匠人才。很多毕业生被上海建工集团、绿地集团、上海建科造价咨询公司等录用,成为上海市乃至全国建筑行业的中坚力量,社会认可度屡创新高。

三、体会与思考

工程造价工作室的有效开展,结合企业发展趋势,了解行业的市场发展动态,设置精准专业课程,有效培养学生的学习兴趣,提升学生的专业技术水平,通过开展实践活动,提高学生的专业能力。工作室培养了大量"毕业即就业,上岗即上手"的工程算量技能人才,使师生收获了诸多荣誉,实现师生双向培养,得到社会、企业以及家长的高度认同,使传统的职业教育方式朝现代化发展。

然而在当前实践过程中仍存在许多问题,比如,工程造价工作室成立的初衷是希望"创新班"的学员,通过真实的企业项目培养专业技能,从而使学生既能满足岗位要求,又进一步强化专业技能;但实际情况并不理想,部分项目实际操作量大,在有限的时间里无法完成项目进度,导致合作项目完成程度不佳。学校工程造价工作室需要不断改进教学方式,为企业高技能人才培养提供助力。

汇匠心,聚匠艺
——打造中高职贯通培养新高度

上海科技管理学校　施伟华

内容简介: 根据《教育部关于推进中等和高等职业教育协调发展的指导意见》(教职成〔2011〕9号)、《上海市教育委员会关于继续开展中高职教育贯通培养模式试点工作的通知》(沪教委职〔2011〕34号)精神,我们聚焦于人才职业能力一体化设计;从师资团队建设来看,逐渐形成梯队和职业教学融合的专业教学组合;从专业实训装备提升来看,贯穿整个中高职贯通教学的实训装备不断配置,形成高效专业的实训装备体系;从教学成果来看,五年以来,中高职贯通学生已经成为专业比武大赛的获奖主力,共计获得5个省级、2个国家级比赛荣誉。

一、汇匠心,聚匠艺,打通高技能人才培养新通道

(一) 对中高职贯通人才定位提出要求

2014年上海作为"五个中心"发展目标的定位,对职业教育提出了新的要求——聚焦于复合应用型高端技能人才的培养。从成为上海职业教育的主要发展方向来看,中高职贯通作为职业教育改革试点应运而生。供热通风和空调工程技术专业所培养的专业技能人才需要具备知识面广、技能复杂性程度高的特点。在深度调研了上海及华东地区各建筑集团、物业、典型专业生产商,听取了对于专业人才的需求和要求来看,大家都提出"做事先看人,培养先养德"的基本要求并凝聚于一点:需要有"匠心"。对于高技能人才的专业素养也提出必须贴近当前专业技术发展脉络,人才培养既要有扎实的专业理论,又要具有学习新知识、新技能的能力,对于技能的把握不能停留在完成简单的教学任务

上,而必须能把理论知识和职业技能新规范、新标准融合,社会更看重知识和技能的融合运用能力。

上海科技管理学校制冷和空调设备运行与维修专业和上海城建职业学院供热通风和空调工程技术专业依托两校建设目标,把培养供热通风和空调工程技术专业具有匠心匠艺的行业高技能人才作为贯通人才培养的核心内容(见图1)。

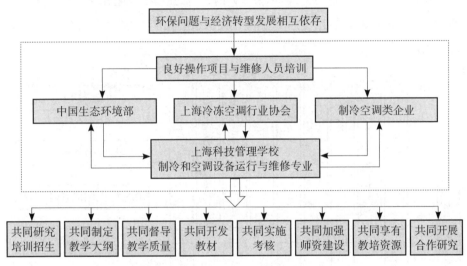

图1 贯通人才培养路径图

两校提出新的人才定位要求,在专业人才培养方案中引入企业、行业、政府政策指导规范和意见内容;把握当前专业、行业发展转型技术的脉络,在人才培养方案中多方面导入职业人才新需求的定位;在中高职贯通专业建设实践中,突破校企合作发展瓶颈,拓展校企合作发展路径,以"8G"为手段培养人才,借助政府力量,依托行业协会,携手著名企业,发挥职业学校优势;以生态环境部推广的"良好操作"项目为横线,以"改革人才培养、建设师资队伍、提升校企合作、拓展社会服务"为四条纵线,实施政府、学校、行业、企业八个"共同",形成"一横四纵八共同"发展机制。

积极引入企业规范和企业、行业标准,在专业教师教学中量化培养"匠心"体现,获得行业及企业、校企合作单位的良好赞誉。

（二）培养方案创新和突破

根据中高职贯通教学内容拓展和专业技能要求的提升需要，在制定贯通课程教学中，按照企业高技能岗位的所需知识、能力和素质要求，以技能培养为主线，聚焦综合高技能能力培养，解决目前教学内容延后、老化和理论、实操资源配置不均衡等问题，实时重构专业课程结构。对建设前后的课程内容进行更新，形成新课程，在进行融通高技能证书基础上，融入专业人才"良好操作"培训，引入国际新技术、新工艺、新装备，转化为课程内容，加强基础技能和新技术技能实训教学，提高学生专业技能，适应产业关键岗位核心技能人才的需求，满足企业实际用人需要。

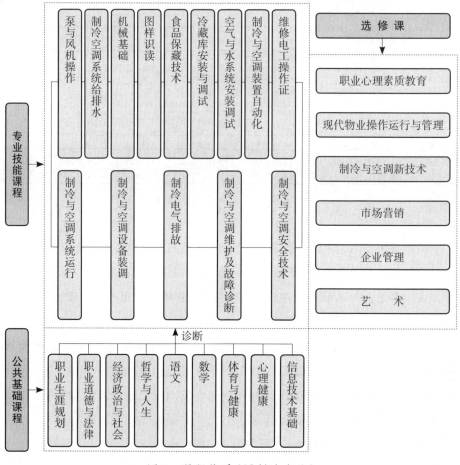

图2 课程体系（原制冷专业）

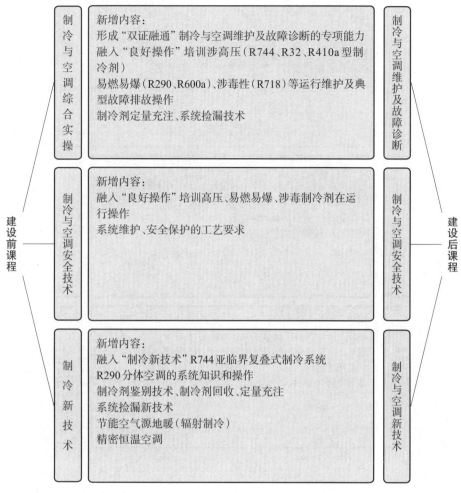

图3 满足行业新发展的"四新技术",更新课程内容

二、汇匠心,聚匠艺,提升师资能力

师资队伍建设是中高职贯通专业建设的重中之重,自申报建立以来,中高职贯通专业教师队伍秉承"融通、培养、提升"的建设思路,通过"培养""引进"和"聘用"等方式,建设了一支师德高尚、业务过硬、在行业内有一定影响力的领军人才和专业带头人队伍;培养了一支技能突出、具有双师素质的骨干教师;特聘了一支行业企业能工巧匠充实师资团队。

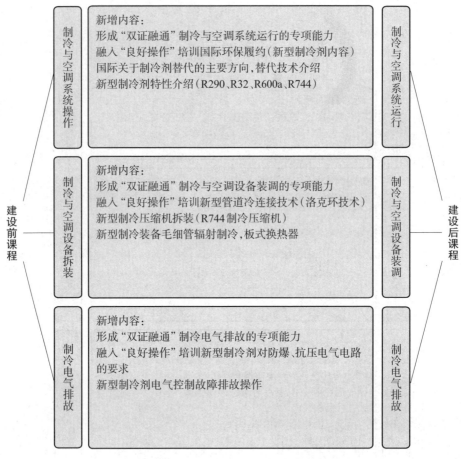

图4 整合了"双证融通""良好操作"的新要求

中职师资从申报成立时只有专业教师8人、兼职教师3人;发展到现有专任教师13人(含2位实训教师)、企业兼职教师5人。其中中职校专职教师中:高级职称3人,中级职称4人;研究生学历3人,大学本科7人,大专学历2人;"双师型"教师7人,占比达80%;高级技师2人。

高职教师队伍从最初申报时的专业教师13人、兼职教师11人,到目前新引进中职硕士研究生3人、专职实训员2人,共有29人。

所有兼职教师均为高级职称;在行业相关领域处于领先地位,具有较高的技术素养。

以专业领军人才、专业带头人、专业主任为牵头人,骨干教师和其他一线教师、企业兼职教师团队共同合作，开展日常教学和各项专业建设工作。加强"双师型"师资队伍建设，积极组织教师参加各级各类培训，进一步提升教师业务能力和专业素养，造就了一支基础扎实、业务精良、能适应教育改革、发展和创新的师资队伍。

自2014年以来，在中高职贯通专业教学的推动下，专业教师进行师资互聘、培训互教、联动参赛、项目共建等多层次、多方位的互动，从人才培养方案制订到专业课程标准制定；在专业教学、专业实训、中高职共建实训基地、参与行业比赛、世赛等专业竞赛中都进行了有效互动和人员融通；积极参与了联合国环境开发署和国家环保部对外合作中心下达的关于"制冷维修行业良好操作培训"项目的培训，引入到中高职贯通教学中。

开展中高职贯通教学的五年来，在基础课程"高等数学"和专业课程"建筑识图""供热工程""暖通施工工程技术"的教学上，让高职专业教师进入中职教学；开展了认识实习，以及供热工程实训、管道连接实训、制冷空调综合实操多层次的实训互动教学；中职专业教师为高职学生开展了制冷设备维修工专项培训；利用中职校作为"中国制冷维修行业良好操作培训"国家级培训中心平台，为高职专业教师进行培训。在参与2019年第46届世界技能大赛"制冷与空调"项目上海市选拔赛期间，积极融合，共同参与集训指导、裁判工作，为比赛顺利进行提供支持。

三、打造贯通实训平台、提升实训水平

中高职贯通建设在实训教学设置及装备配置上形成互通优势、互补的局面。专业教师利用项目实施的契机，中高职互动合作优势互补，形成专业全面覆盖的实训实习平台，高职在原有的消防、热泵、通风等实训装备基础上增设了空调器清洗机器人、供热实训装置；中职在上海市开放式制冷与空调实训基地的基础上增设了精密空调实训装置、空气源地暖辐射制冷实训设备、二氧化碳复叠式制冷装置、虚拟现实（VR）仿真实训等，为今后开展专业实训和教学活动提供装备保障，使贯通专业实训中心的能级得以提升。

图5　精密空调综合实训图　　　图6　二氧化碳复叠式制冷综合实训图

四、贯通成效显著

五年来的中高职贯通教学改革试点带来了专业教学良好的成效。至目前为止，共计招收近360名学生，其中2014级学生已经毕业，共计学生60名，分别进入上海大金、上海建工集团等著名企业；目前，在校高职学生120名，中职学生为180名。学生参加省市级比赛获得6个二等奖、三等奖，参加国家级专业比赛共计获得2个二等奖，2名学生在2019年首次参加了第46届世界技能大赛上海市选拔赛"制冷与空调"项目，获得二等奖，入选上海集训队，为冲刺全国选拔赛进行准备。中职实训指导教师陈旭东老师在国家级比赛中获得二等奖，得到技师证书；在参加2015年度全国住房和城乡建设职业教育教学指导委员会高职专业比赛中，中高职贯通教师组成的比赛团队获得说课二等奖、三等奖的好成绩；完成所有专业课程标准制定，编制了中高职贯通教材《热工基础》。

五、行路致远，砥砺前行

又是一季总结时，在中高职贯通教学建设路途中，上海科技管理学校和上海城建职业学院校不忘职业教育理念，汇聚立德树人的职业教育思维，打造具备匠心匠艺的职业人才，不断开拓，不断学习，永远保持"职业教育在路上"的前行态势。在后续工作中，我们仍将砥砺前行。

三情三养融合，打造出彩青春
——中高职贯通人才培养"综合素质培养"课程探索与实践

上海城建职业学院　樊　辛

内容简介：为进一步提高中高职贯通酒店管理专业人才培养质量，全面提升学生职业综合素养，本课程教学团队创新开设了"综合素质培养"课程，以提升学生的政治修养、职业素养、文化涵养为主线，将"爱党爱国情感、企业职场情境、校园师生情愫"融合为一体并贯穿整个教学过程，成效显著，并获得社会各界肯定。

现代酒店业在承担商务会展、休闲旅游等经济活动任务时，还肩负着宣传和弘扬国家和城市文化精神及文明特色，承担为国家和城市政治经济文化教育等活动的开展优质服务等多重任务。因此对酒店行业从业人员提出了更高的职业综合素养要求：具备较高的政治文化素养，具有较宽的国际视野和较高的外语水平，拥有一流的服务水准。

经过对酒店管理专业中高职贯通班生源的分析，在农村贫困家庭、农民工随迁子女、留守儿童等环境中成长的学生占很大比例。他们承载着整个家族期望，企盼成功的欲望强烈，但人文艺术等综合养成薄弱，自卑感较强，学习自律性和自信性较低。

为缩短人才需求标准和生源综合养成的薄弱间差距，实现"让每一个青春都出彩"的培养目标，本课程教学团队进行了十年以上的探索与实践，使学生的职业综合实力得以显著提升，获得了社会行业给与的积极评价。

一、课程设计

围绕"三情三养融合，打造出彩青春"的培养定位，确立"综合素质培养"课程的核心地位,把课堂教学和课后训练展示、专业知识学习和工匠精神培养、校内师资和历届校友、企业资源紧密结合,创新设计"模块教学法",采用团队主导式课堂,通过系统阐述和互动交流、研讨演讲和评议、人人参与训练和表演展示等多种形式实施教学,校企联合编著活页教材,将"爱党爱国情感、企业职场情境和校园师生情愫"深度融合,实现综合素质"全员、全过程、全方位"的"三全"育人体系。

(一)课程定位

是校企合作联合开发的集政治思想和专业思想教育、培养专业综合能力、以课程思政理念和方法为主导创立的一门核心特色课程。

(二)课程内涵

以提升学生的政治修养、职业素养、文化涵养为主线,将"爱党爱国情感、企业职场情境、校园师生情愫"融合为一体并贯穿整个教学过程。

(三)课程架构

"两个课堂""三大部分"和"六个模块"。

第一课堂主渠道包括:第一部分,政治修养与职业发展,由六个专题组成,通过"系统分析阐述""现场讨论交流""互相批改答题作业"等方式深入学习和探讨;第二部分,职业素养与职业发展,由三个模块组成,分别从"行业前景与职业选择""酒店人的阳光心理与心态""职业精神培养与职场驾驭力"等角度,通过企业家和学长同入课堂共同分享行业最新信息和职场经历等方式,增强师生的酒店职业自信;第三部分,文化涵养与职业发展,也是由三个模块组成,分别是"艺术涵养与职业平台""表达能力(中英文)与职场自信""专业综合能力与职业拓展",以"课堂学习训练"和"人人上舞台展示"等方式,达到激发热情、净化心灵、提升能力及社会企业认同等目的。

第二课堂以"社会实践与拓展"为主要手段,通过"国宾礼仪接待晨训""海派文化活动实践""各级各类职业技能比赛""社会公益爱心活动"等形式进行锻炼,并贯穿第一至第四学期培养方案全过程。

（四）课程文件

人才培养方案、课程标准、课程单元设计、考核方案、教学课件和活页教材。

（五）课程教学团队

组建校企合作"产教融合"教学团队。主讲教师由专任骨干教师、行业专家、著名企业家以及历届优秀毕业生共同组成。

（六）课程融合

中高职贯通班开设"形体与艺术""酒店管理概论""酒店接待""酒店服务技能""酒店专业英语""会议组织与服务""酒店心理学等"课程。

二、创新多元化教学形式

（一）组建校企融合教师队伍

主讲教师由专任骨干教师、行业专家、著名企业家以及历届优秀毕业生共同组成，是一支有着丰富人生阅历和职场经验的人员组成的校企合作教学团队。教学过程中互相学习、交流行业发展动态和国家职业教育理念及要求，共同探讨酒店管理专业中高职贯通人才培养创新模式和路径，共同关注每一位学生的未来职业成长。

（二）采用多元教学形式

精心设计由专任教师、行业专家、著名企业家和学长同时出现于一个课堂的教学形式，采用分析和畅谈、围坐交流谈心、专题研讨、问卷互改、中英文项目展示互评、艺术训练和舞台展示等多元教学方式；考试以过程性考核为主，如：专题讨论、项目互评、舞台展示、专业技能比赛和评议及第二课堂执行力等；评委由课程专兼职教师、特邀企业家及学生等组成。

多元且生动活泼的教学形式深受学生欢迎，达到了真正提升学生内涵和素养的目的。

三、教学特色和成效

良好的综合素养为学生职业发展打下了坚实基础,不仅就业率每年近100%,而且学生留在业内获得成功的案例更令人振奋,为业界输送了大批优秀骨干和管理者。

围绕高职优秀人才培养目标定位,坚持将学生的综合素质培养和提升放在首位,积累了"用心用情育人育才"的课程特色。

第一,课程融合创新,它既是"专业课程"的特殊表现形式,又起到"课程思政"领航示范作用。专业教师团队在承担本课程十年以上教学历程中,无论是政治修养、艺术涵养的提升,还是对酒店行业在国家政治经济文化建设中的地位和作用等的认识,都在不断提高,作为公共管理学院骨干专业,共同为"上海市课程思政重点改革领航学院"的建设发挥了主力作用。

第二,培养模式创新,使校企合作"双主体"育人模式扎实高校。十二年精心主打的课程,育人成效显著,行业企业给与了高度评价,不仅让学生成为充满自信的职场佼佼者,同时形成了一支承担重要政治经济文化活动接待任务的"上海城建队伍",为创"上海服务""中国服务"品牌作出了积极贡献。

以职业能力为核心的人才培养

上海市大众工业学校 卢 红

内容简介：根据市场需求导向，将"培养学生的职业能力"作为根本目标。本文从职业能力培养角度出发，探究中高职数控技能人才的培养策略，认为在中高职培养数控技能人才的过程中要注重人才培养方案的制订，合理构建课程体系，做好顶层设计。

一、建设基础

上海第二工业大学是全国职业教育先进单位，是教育部中、高职数控骨干教师培训基地，是全国高等职业教育的一面旗帜。上海市机电工程学院的机床数控技术（现改名为"数控技术"）专业是"教育部高职高专精品专业"。上海市大众工业学校数控技术应用专业是"全国示范性中等职业学校重点建设专业""上海市重点专业"和"精品特色专业"。上海市大众工业学校建有上海职业教育数控技术开放实训中心，具有大量先进的实训设备设施，学校专业师资队伍素质高，实践经验丰富。因此，依托中高职贯通人才培养平台，集聚双方资源优势，通过梳理、调整及优化原中高职各自的独立课程结构，全程实施适应岗位、能力递增以及发展持续的培训模块，提高教育资源和智力资源的使用效能，凸显上海第二工业大学在数控技术领域高技能应用型人才培养的主导作用，发挥上海市大众工业学校岗位基础能力培养培训特色，创新中高职贯通人才培养模式。

二、建设背景

中等职业学校大多采取"2.5+0.5"培养模式，即两年半在学校学习，半年在单位实习,学生对于专业课的学习只能停留在岗位基础能力的培养,学生毕业之后绝大部分只能从事"蓝领"的工作;高职阶段的学习,由于受到实验实训设备的限制,学生主要以学习专业理论为主,与实践环节脱节比较严重。采用"3+2"中高职贯通人才培养模式,可以将学生的岗位核心能力纵向进一步提升,从一般职业能力向专业核心能力演变,全面提升学生的职业能力,提高学生的职业竞争力。

三、建设过程

(一)调研专业动态,定位专业方向

1. 以行业发展现状为风向标,明确人才培养规格

调研发现,一般大型国企及部分独资、合资企业由于分工明确,其往往对承担数控机床简单编程、机床加工操作、流水线装配工等单项岗位能力要求较高;一些中小企业、民营企业及从事模具生产的单位,更多需要具有综合技能的从业人员,他们具备一定工作经验,具备综合应用计算机辅助设计、数控编程、数控加工工艺及数控机床装调与维护等专业能力,是企业最受欢迎的一族,往往这类人员大多是在操作工基础上培养的。随着数控技术的不断发展,这两大类技能人才必将有更大的需求与发展空间。

2. 以职业能力培养为核心,确定专业培养目标

数控技术专业主要就业方向有数控编程加工、数控设备维护和保养、零件制造工艺以及数控机床维修管理、质量控制、生产管理等相关岗位,在此基础上确定专业培养目标,即培养具有一定文化水平、良好的职业道德和人文素养,能从事数控编程、零件数控加工、零件加工工艺编制、机床维护与诊断等相关工作的具有职业生涯发展基础的知识型、发展型、高素质技术技能人才。

(二)以能力为本位,构建专业课程体系

根据企业岗位调研情况,岗位基础能力和岗位核心能力是数控技术专业培养的最终目标,必须合理构建专业课程体系,明确中职和高职阶段的技能侧重点。

1. 中职专业基础技能培养,对接岗位基础能力

中职阶段主要围绕专业基础课程和专业基础技能展开,以培养学生岗位基

础能力为主,为学生奠定必要的专业基础能力,使学生熟练掌握岗位基础技能、养成良好的职业习惯,为后续高技能专业应用能力培养奠定扎实的基础。

2. 高职专业核心技能培养,提高岗位核心能力

高职阶段主要以培养学生岗位核心能力,形成能独立解决生产实践中遇到的加工工艺问题、优化零件数控加工工艺流程、数控机床装调与维护等能力,具

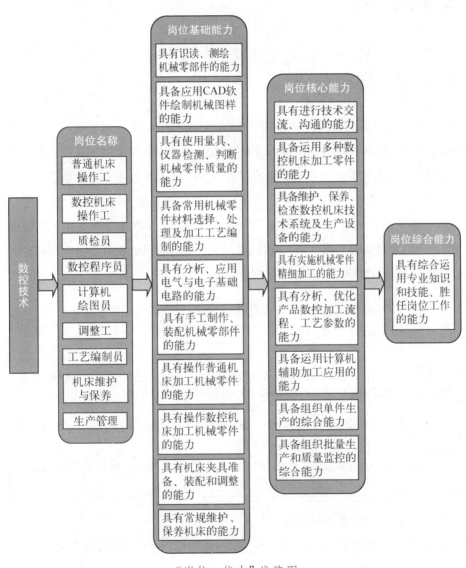

"岗位—能力"线路图

备跨文化沟通和协作能力、基本的自学能力和技能拓展能力,提高职业竞争力。高职阶段课程突出"电+控制",学生通过中职阶段对数控机床操作的了解,进而通过学习能知晓其工作原理和控制原理,达到专业理论知识内化提升。学生五年的专业学习完成"机+电"的完美融合,真正构建机电一体化。

四、思考与体会

(一) 经验与成效

1. 精准定项目,成绩凸显

上海市大众工业学校和上海第二工业大学均以工科见长,本着"以赛促教、以赛促学"的原则,将世界技能大赛"CAD机械设计"确定为两校共同研究与合作的比赛项目,两校教师共同制订培养计划,并在中高职学生中建立梯队进行培训。"3+2"中高职贯通人才培养模式可以为世界技能大赛选手的培养提供充足的保证。一是时间的保证,五年的学习可以让学生专业能力更加扎实,综合能力比中职生更高。二是人员的保证,有效避免因中职生毕业而导致人才流失的现象,比赛选手得到最大化利用。两校通过通力合作,目前已经有多名中高职贯通学生在计算机辅助设计(CAD)领域获奖(见表1)。

表1 中高职贯通专业学生在计算机辅助材料(CAD)领域获奖情况

姓　名	比　赛　情　况
金逸飞 钱家俊	2017年全国机械行业职业院校技能大赛——"中望杯"零部件测绘与计算机辅助设计(CAD)成图技术技能大赛获二等奖
黄奕轩	2019年中国技能大赛——"四大品牌"上海市职业技能大赛"计算机辅助设计(CAD)"项目获得三等奖
丁亮	2019年中国技能大赛——"四大品牌"上海市职业技能大赛"计算机辅助设计(CAD)"项目获得优胜奖

2. 竞赛多历练,能力稳提升

竞赛是对学生最大的历练,也是体现学生综合能力的最有效途径。在学生学习阶段,两校为学生提供了各种比赛平台,鼓励学生参加各级各类大赛,主要包括"F1在学校"青少年科技创新挑战赛、上海市"星光计划"职业院校技能大赛、数控多轴编程与加工比赛等。目前已经转段到上海第二工业大学的3届学生中,一共有4人参加了"F1在学校"青少年科技创新挑战赛,先后荣获"最佳图册设计奖""裁判主席成就认可奖""主裁判推荐奖""最佳国际合作奖"和"最佳团队营销奖";同时还有4人参加技能操作比赛获得佳绩。

表2　技能操作比赛获奖情况表

姓　名	比　赛　情　况
朱　岑	上海市"星光计划"第7届职业院校技能大赛"数控铣加工"项目二等奖
王家俊	上海市"星光计划"第7届职业院校技能大赛"加工中心"项目三等奖
张公铭	上海市数控技术专业中高职联合教研组举办的"数控多轴编程与加工"比赛三等奖

3. 扬专业优势,夯基础能力

数控铣床高级实训应安排在高职阶段学习,考虑到中职学校拥有先进的设备和宽敞的场地,两校研究将课程进行前置。目前,3届中高职贯通学生在转段之前,已经有56.76%的学生获得铣工(数控铣工)三级技能等级证书,提前完成学习任务;同时在实训期间,高校教师也积极参与其中,为后续高职学习作好准备。从目前已转段到高校的3届学生来看,学生中职阶段的获证率非常高(见表3),远超过上海市平均合格率,圆满完成了中职阶段的能力培养。

表3　中高职贯通3届学生考证情况

	车工初级	车工(数控车工)四级	铣工(数控铣工)四级	车工(数控车工)/铣工(数控铣工)三级
2017届	100%	97.5%	100%	82.5%
2018届	100%	100%	94.29%	83.33%
2019届	100%	82.9%	100%	65.22%

（二）不足与建议

1. "机+电"课程分界明显,亟待优化课程设计

中职阶段专业课程以机械加工专业课程为主,高职阶段课程主要以电控专业为主,两者在课程的衔接方面还不够好,课程前后的梯度设计需要纵向和横向考虑,进一步优化;两校之间更需要加大教科研力度,将每门课程的知识点和技能点细化到能力培养点,分工协作,共同谋划,让学生的职业能力有序提升。

2. 高职技能考证缺失,倡导理论、实践融合

高职阶段课程多以理论教学为主,集中性实践课程较少,实验课居多;同时高职阶段没有考证课程,由于企业数控机床装调与维修技能人才紧缺,建议高职阶段进行数控机床装调与维修四级的考证,使高职阶段学生的技能水平在中职基础上有一个纵向梯度的提升,真正实现"机、电融合",使学生的职业能力全面提升。

微课手段下的贯通教学
——以"国际贸易业务流程"为例

上海第二工业大学附属振华外经职业技术学校 朱 颖

内容简介：我校中高职贯通专业的课程安排中,"国际贸易业务流程"是专业基础课程,在中职偏向流程,在高职侧重操作。原有的课堂教学安排枯燥,学生学习积极性不高,且进入高职后,知识点易遗忘、不连贯。为此,我校将微课引入教学,尝试解决此问题。在本文中,主要针对微课在"课前""课中""课后"这三个环节的使用进行研究分析。希望通过实践分析,对中高职贯通课程教学尽一份绵薄之力。

一、择适用课程

"国际贸易业务流程"是中高职贯通报关与国际货运专业的一门核心课程,是学生学习进出口贸易业务操作的基础课程。课程采用"任务引领"的方式设置知识点,对学生兼顾知识运用和进入社会角色具有重要作用。中职阶段的学生理解力不够是学习的很大障碍,为了解决这个问题,也为了学生在进入高职阶段能顺利学习更高层面的专业知识,利用微课教学,是一种有效手段。

二、备教学资源

目前市面上微课教学资源很多,大多是把简单的书本知识放到网上,这并不是一种良策。我校通过中高职贯通联合教研,首先将课程内容进行分解、知识点分类,将那些更适合利用微课来进行中高职贯通的知识点细化。

通过反复修改、确定教案、编写拍摄脚本、拍摄、配音、后期,到样稿呈现,联合教研团队群策群力,实现了目标。

通过"国际贸易业务流程"微课制作,提升了课程资源的配置,完善了课程资源的结构,将这些不同类型的教学资源根据课程特点和不同媒体的表现特点,进行统一设计和组合,成为优质的课程内容,以最佳的方式保证学生学习任务的完成。学生可以自行上网浏览、阅读该精品课程网站,或可以通过手机终端观看微课完成预习和复习,或在精品课程网站的互动平台进行交流。在网上,相关的所有数据和资源均能共享,极大地方便了学生随时随地学习,拓展了学生学习的空间和时间。

同时,利用中高职贯通教学手段,在联合教研中,将中职、高职均需要使用的知识点细分出来,制作成微课,在中高职共同使用,不仅实现辅助教学、贯通教学,也提升了微课的使用率。

三、展课堂实践

(一)利用微课开展中高职贯通"国际贸易业务流程"课程的课前预习活动

教师布置预习任务,利用微课资源,将学生的预习工作从枯燥的书本引导到常用的手机终端,使得学生可以利用放学路上或者饭后等更多的时间来进行预习。针对职校生对学习不感兴趣的特点,微课可以良好地解决这一问题:视频的浏览相对于书本的阅读更有可看性,学生的预习工作完成率更高(见表1)。

表1 3堂课课前预习教学效果对比分析

	课前预习之"签订外销合同"	课前预习之"运输办理"	课前预习之"保险办理"
教学效果	通过对学生的测试可以反映出,学生因为刚接触"国际贸易业务流程"这门课程,学习兴趣不大,并且理解力不够,因此,测试题的得分率很低,学生对于预习学习的积极性不高	通过对学生的测试可以反映出,学生对于之前的知识点能够做到掌握,但是仍存在理解力不够的问题,学生对于预习学习的积极性有所提高,微课播放次数变多,平台留言变多	通过对学生的测试可以反映出,学生已经基本掌握通过微课预习学习的方式方法,并且能够对于新知识的预习做到"看明白"。通过平台的学生在线时间,可以看出学生自主学习时间变长,测试题的得分率提高,说明学生掌握新知识的能力提高了

通过3堂教学课的实践，不难看出，原先学生对于课前预习是敷衍、粗糙的，甚至是逃避的，通过教师的任务引导，以及微课平台的改善，学生的课前预习积极性得到了提升。

微课平台的后台数据展示表明，课前预习的完成率从30%上升到85%；而学生的在线时间，也从每天3—5分钟，提升到每天20分钟。

（二）利用微课开展中高职贯通"国际贸易业务流程"课程的"课堂练习"活动

在"课堂练习"环节，学生可以随时将存在疑问的知识点，通过再次阅读来查阅信息，微课学习平台分担了教师"反复教"的角色，能及时反馈学生的课堂学习情况，教师可以在第一时间了解学生掌握的程度，及时调整课堂进度（见表2）。

表2 3堂课课中练习教学效果对比分析

	课中练习之"签订外销合同"	课中练习之"运输办理"	课中练习之"保险办理"
教学效果	通过微课播放，让学生在课堂上对于原本枯燥的知识点产生兴趣，并且，原本字面上的合同条款，通过微课动画效果，给学生直观感受，让学生能真切体会到每一个条款中所包含的意义。但是，学生初次尝试微课，对这种课堂教学形式还不能完全适应，因此在操作上有掌握得好、坏的差异，需要后期加强训练	通过微课介入课堂，让学生能够清晰地了解本节课的任务内容，为教师的教学任务导入节省解释的时间。在任务完成过程中，学生对于还未掌握的知识点，可以再次观看微课，起到巩固的效果。既帮助教师规避了在课堂上反复讲一个知识点的情况，也帮助教师通过课堂练习及时获得学生学习情况的反馈	通过本课的教学安排，能够达到教学要求中的"认知""情感"和"能力"三方面要求，但是由于掌握整堂课所教授的新知识需要学生对于前一段时间所学知识的理解和消化，对于反应能力和理解水平参差不齐的学生而言，在接受新知识的能力程度上有一定差别。总体而言，在微课进入课堂一段时间后，学生能够掌握微课进入课堂的教学模式。通过本堂课，让学生了解海运保险的办理流程，掌握投保单的填制

通过3堂教学课的实践，学生对于"国际贸易业务流程"这门课程的学习积极性有了很大的提高，并且在课堂上通过微课平台完成课堂练习的速度及准确率也有所提升。通过后台分析，学生从最开始的一节课10道练习时间消耗15分

钟,到学期末的课中练习,学生完成10题课堂练习题基本控制在10分钟以内;学生平均课内微课播放次数从一节课人均5次,到一节课人均3次。通过这些数据分析得出,学生对于微课课堂中的练习部分已能完全掌握。

(三)利用微课开展中高职贯通"国际贸易业务流程"课程的课后复习活动

教师布置课后练习,学生通过手机终端登录后,完成课后练习并及时获取习题分析,如果学生对知识点或者习题有疑问,可以通过学习交流平台及时与教师沟通,起到及时答疑的效果(见表3)。

教师可以通过手机终端的学习情况分析,掌握学生的回家作业完成情况,减少教师催收作业以及批改分析的工作量。

表3　3堂课课后复习活动对比分析

	课后复习之"签订外销合同"	课后复习之"运输办理"	课后复习之"保险办理"
教学效果	学生能够做到及时完成微课平台作业,但是,完成质量参差不齐,而且对于学生是否是自己完成作业不能加以监控,只能看到作业完成的时间及完成质量	通过加强学生课后在微课平台的留言互动,掌握到学生课堂学习的情况,并通过察看微课平台展示的课后作业的完成度,综合了解学生的学习情况;通过学生账号登录时间及长度,获得学生自觉完成作业程度的情况	学生通过微课平台加强互动留言,可以相互评价作业,学生很感兴趣。学生课后再次观看微课的时间和次数增加,说明学生课后复习的积极性有所提升

通过3堂教学课的实践,学生从课后不复习的状态,变成开始积极投入到每天上微课平台进行复习;特别是在微课平台使用之后,学生的期中、期末考试的考前复习积极性变得很高。而教师通过微课平台直接可以看到学生每天的登录及练习情况、每个学生在线时间及答题时间、视频播放次数,教师可以省出每天批阅练习题的时间,让学生进行有针对性的练习。

四、评实践分析

利用微课将课堂教学切割成"课前""课中""课后"三个部分,以学生为主体,以问题为基础,以能力、方法为主线有计划地培养学生的自学能力、观察和实践能力、思维能力、应用知识解决实际问题的能力和创造能力,提升教学效率。通过一学期的微课实践,学生的学习成绩有了很大提高。

我校2016级中高职贯通班的学生在进入高职阶段后,继续利用微课内容,对中职阶段学习的知识点进行自我巩固,提高了高职阶段的学习效率,高职教师的授课效率明显提升。

我校从2014级开始中高职贯通专业教学,从2016年开始,对中高职贯通专业学生的"国际贸易业务流程"课程进行微课试点。从学科成绩上比较看,2016级学生的平均分数高于之前两届学生1.5分;从学生参与国际商务专业竞赛的角度看,2016级学生参与积极性高于之前学生,获奖率也明显提升。

五、优势与不足

利用微课提升教学效率的答案是肯定的,通过教学实践,我们发现,微课进入课堂,不能生搬硬套,而是应该有步骤地进行,要切合实际,从评价体系、学生能力、课堂组织层面去看。

微课具有一些吸引学生的优点,在使用微课过程中,63%的学生认为微课最吸引他们的原因在于微课是视频形式,方便观看;53%的学生认为微课最吸引他们的原因是知识点集中,有针对性;此外,23%的学生认为微课很有新意;21%的学生认为微课时间太短。

几乎所有的学生都赞同微课可以提高学习兴趣。原因有两个:(1)微课作为一种新型的辅助复习的资源,有新鲜感,学生乐于接受新的复习方式;(2)微课是教师自制的,学生感兴趣,且感觉亲切,也乐于接受教师的劳动成果。

但在实践过程中,我们也发现了不足:

微课仅为课堂教学的补充,而非替代。中高职贯通教学的根本在于中职和高职的无缝衔接,单从微课来看,只能做到反复、重复,并不能提升,因此,微课只能作为课堂教学的补充,更多的知识点需要中职教师的铺垫与高职教师的提升才能达到教学目标。

微课是教学评价的辅助。传统的教学评价中,教师占据很大一部分,但是,中高职贯通教学下,需要达到学生、学校、企业三方面的评价,因此,微课的教学评价只能体现出学校这一方,并不能做到全覆盖,有待完善。

  对于中高职贯通的学生而言,中职阶段的学习是进入高职的基石,因此,培养中职学生对专业课程的学习兴趣也是非常重要的。利用微课能够很有效地激发学生的学习兴趣,有效地提升学生的自学能力,对于学生进入高职后的继续学习也有一定的帮助,对中高职贯通的教学有极大的促进作用。

  从教学资源来看,中高职贯通的教师可以通过微课从中职、高职两个层面进行互相借鉴使用,在贯通教学的基础上贯通资源,互通互助。

中高职贯通"服装缝制工艺"课程教学改革分析

上海东海职业技术学院　陈　超

内容简介：中高职贯通能更好地加速培养高素质技能型人才，有效推动服装与服饰设计专业中等和高等职业教育的协调发展，系统培养适应经济社会发展需要的服装高端技术技能型人才。本文以具有较强实践性和较高技艺性的服装与服饰设计专业基础课程"服装缝制工艺"为例，在原有的课程教学中充分开发课堂资源，提高课堂教学效率。在教学方法上体现一个"放"字，由教师精讲，让学生多做；在教学目标上体现一个"效"字，提高教学质量。

一、背景

上海东海职业技术学院与上海市群益职业技术学校自2014年以来开设了服装与服饰设计中高职贯通专业，目前已有两届学生通过五年的学习从高职毕业。两校通过多年的教学实践，对中高职贯通课程的内容设置、课程衔接等有了新的设想和体会。

基于中高职贯通"服装缝制工艺"课程，从"教学内容、教学方式以及考核评价方式"这三个方面进行探索和研究。在中高职贯通的前提下，将工艺和结构设计相结合，进行"服装缝制工艺"课程的教学，以此提高学生的学习积极性，让学生在掌握缝制工艺与结构设计的同时可以进行创新能力和创新思维的培养。由于中职院校该专业人才培养目标和课程开设等方面，注重的是对学生实际操作动手能力的培养。到了高职之后，希望能在注重动手能力培养的基础上将款式设计、结构设计与工艺设计结合起来，提高学生的专业技能，增强综合实力，使学生毕业后能符合服装市场的岗位需要，真正实现"技术基础在中职，专业提升在高职"的目标。

二、主要创新做法

(一) 教学内容一体化

在高职阶段的"服装缝制工艺"课程教学内容设置上,应避免重复中职学习期间已掌握的课程内容,如"缝纫基础知识"及"裙装、裤装和衬衫等常见款式的缝制工艺"的教学内容,而应建立在以上述内容为前提的基础上,设置"男、女外套类服装缝制工艺"的教学内容,适当提升缝制工艺的难度,同时以款式设计、结构设计与工艺设计相结合来展开教学活动,并注重课程内容的循序渐进性。

(二) 传统教学方式与现代多媒体的结合教学

对于现有的"服装缝制工艺"课程教学,一般采用的模式首先是由教师进行理论讲解,再分组由教师操作示范,然后学生各自练习。此类教学方式的优点是比较直观,让学生有身临其境之感;但是其缺陷也比较明显,教师在示范时,学生围站着观看,会使学生由于占位或个体接受能力的差异性等原因,导致在观看了一次演示后,对于很多操作细节还是没有完全看清或学会,从而在自己操作练习时,还是需要教师反复多次地示范才能达到教学目标,因此就会产生耽误教学进度的现象,而作为主体的学生在整个教学过程中也处于被动学习的地位,教学质量也得不到保证。此类教学方式缺乏启发性、针对性和互动性,不仅不利于调动学生的学习积极性,不利于培养学生的创新能力、独立解决问题的能力和实践能力,而且也容易使学生产生疲倦感,达不到良好的教学效果。

那么如何调整"服装缝制工艺"课程的教学方式呢?笔者认为可以采用多媒体教学,其优点是可以弥补一群学生围着教师导致看不清细节操作,及教师因反复多次讲解而造成耽误教学进度的缺陷。具体来说,通过多媒体课件,第一可将服装制作的过程以图像的形式放大,让学生能更容易地看清细节;第二是多媒体课件具有可重复播放的特点,让学生根据自己的实际状况,反复多次地回放,有效地平衡了学生的个体接受能力和原有基础差异的问题,增强了学生的自主学习能力，让学生变被动学习为主动学习，显著地提高了教学效率，提升了教学质量。

多媒体教学可以采用视频、PPT、分解部件的课件展示等形式。具体分析如下：

对于服装缝制工艺的部件操作步骤方面的内容，如装拉链、缝制口袋等具有共性的缝制工艺制作过程运用"PPT+视频"的形式。在PPT课件中偏重于过程的描述，而在视频制作中则偏重于实践操作的步骤演示和分析。其教学目标是使学生在PPT课件中清晰地了解相关服装部件操作过程的步骤，在学生观看后续的实践操作视频之前有一个整体的过程性概念；而视频的播放能使学生对相关的缝制工艺有全面的了解。

对于服装缝制工艺课程的重点、难点内容，如裤装的门里襟装配部位的显示，可以通过PPT形式放大图像局部，进行细节化的授课，由教师针对放大的图像重点讲解，对容易出现常见错误的部位加以标注和提醒，弥补了原有教学方式中教师讲解时不能放大图像以清晰地展示的缺陷。

教师示范教学之后，让学生可以通过PPT课件和视频进行重复观看，而教师可以腾出更多的时间解答学生在缝制过程中出现的其他问题。

（三）考核评价方式多样化

"服装缝制工艺"课程的考核评价方式，以往都是采用全班学生制作同一款服装后进行评比考核。此类考核方式的弊端是容易让学生对某一款服装的制作方式及过程死记硬背，而没有真正地去理解和掌握；所以新的教学内容是将款式与结构设计及缝制工艺相结合进行教学，考核评价方式也应随之进行改革，将学生的日常服装设计、作业等全部纳入到考核的范围内，从而更真实地反映出学生的实际能力和综合设计能力。

"服装缝制工艺"课程还需强调"基本功扎实"，根据现有的情况看，中职阶段虽然进行了裙装、裤装及衬衫等缝制工艺课程的学习，但是进入高职阶段后，有些学生对学习过的内容还是存在遗忘或者不够熟练的情况，中职阶段的"服装缝制工艺"课程除了对所学的内容进行教学外，更要加强熟练度的训练，而熟练度是"服装缝制工艺"课程学习效果的重要指标，也是进入高职阶段学习后续提升课程的必要条件。以女衬衫为例，教学中要求教师除了让学生了解女衬衫的操作步骤，并能缝制完成成品外，还应反复多件（至少4件以上）地训练，直至熟练完成。

基于对教学熟练度的要求，改革考核评价方式应该是有效的措施。具体可将考核评价方式改革为"教、考"分离，即由高职院校指定教学内容及要求，中职学校组织教学，在一个阶段的教学任务完成后，高职院校根据教学内容的要求，以试卷的形式对学生进行考核，以此检验中职学校的教学效果是否符合既定的教学要求，同时针对具体情况给出意见及建议，以便中职学校后续改进，此举能更好地检验学生的知识掌握情况，也能真正地达到中高职之间的教学体系贯通及一体化。

三、取得的成效及影响

教师结合自己在教学中的实践经验，通过传统教学方式与现代多媒体的结合教学，使教学资源得到了充分的利用与开发，课堂整体效率得到了提高。教师能按时完成课堂教学任务的同时，也能更好地关注到每位个体学生的进度差异。对于制作技能掌握得比较快的学生，可以制定额外的教学任务；对于制作技能掌握得比较慢的学生，也可以让他们由原先的被动学习改为主动学习，提高学生的学习主动性。因此教师在原有的课程教学中充分开发课堂资源，可以很好地提高课堂教学效率。在教学方法上体现一个"放"字，由教师精讲，让学生多做；在教学目标上体现一个"效"字，真正实现教学质量的提高。

中高职贯通教育不是中职、高职的简单叠加与拼凑，而是中高职两大系统的优化组合及优势互补，因此基于中高职贯通"服装缝制工艺"课程的三方面改革要求，教师需要通过对课堂资源的充分利用及开发，进一步提高课堂教学效率，才能让本课程更好地实现中高职贯通的教学要求，进而实现人才系统化培养。

融合篇

深化校企合作,筑牢育人根基

校企融合一体化贯通的实习实践教学
——中高职贯通连锁经营管理专业与来伊份公司合作教学的典型案例

上海市商贸旅游学校 王 翎

内容简介：上海市商贸旅游学校与上海商学院于2013年开始连锁经营管理专业中高职贯通人才培养试点，六年来，连锁经营管理专业联合中国休闲食品领导品牌——上海来伊份股份有限公司，优化实习实践过程，一体化设计职业技能实习实践，合作探索出校企融合一体化贯通的实践教学路径，形成校企合作下一体化贯通的技能进阶流程。

一、项目起源

2017年黄浦职教集团营销技能大赛上，上海市商贸旅游学校连锁经营管理中高职贯通班学生参加项目的比赛成绩明显高出其他班级甚至高职的学生，受邀来做评委的企业专家们对这些学生的表现一致称赞，纷纷表示：希望这类班级的参赛学生在毕业之后到评委们所在的企业就业。为什么上海市商贸旅游学校连锁经营管理中高职贯通班的学生会受到企业如此地青睐呢？是因为评委们对这些学生职业技能的认可，从这些学生身上看到了一个个未来可能成为优秀员工的年轻一代，他们怎么不高兴、不欢迎呢？然而，最高兴的是连锁经营管理中高职贯通班管理办公室的领导、班主任以及连锁经营管理中高职贯通班的任课教师们，因为大家亲眼看到了"中高职一体化专业实习实践设计"的成效，学生正是经过校企融合一体化贯通的实习实践锻炼，才变得"不一般"。

二、设计理念

《国家职业教育改革实施方案》中提出：促进"产教融合"，校企"双元"育人。坚持知行合一、工学结合。借鉴"双元制"等模式,校企共同研究制订人才培养方案,及时将新技术、新工艺、新规范纳入教学标准和教学内容,强化学生实习实训。以此为指导,选取新零售"黑马"企业、中国休闲食品领导品牌——上海来伊份股份有限公司,设计中高职一体化专业实习实践计划,形成学生专业技能和素养的阶梯化提升,以高师带徒的模式,针对性地设计实习实践内容,使学生通过五年的实习实践完成从职业院校学生到连锁经营管理职业人的蜕变。

其路径模式如下图:

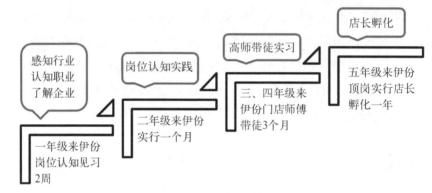

中高职一体化专业实习实践路径图

三、实施阶段

(一) 设计阶段

2014年,中高职贯通之初,上海市商贸旅游学校、上海商学院与上海来伊份股份有限公司签订校企合作协议,共同设计了中高职一体化专业实习实践模式。

(二) 试行阶段

2015—2016年,2013级中高职贯通连锁经营管理专业学生开始试行中高职一体化专业实习实践路径模式。

(三) 磨合阶段

2016—2017年,对中高职一体化专业实习实战模式在试行中暴露的问题予以修正、补充、完善一体化专业实习实践新模式运营方式和管理方法。

(四)成熟阶段

2017—2018年是中高职一体化专业实习实战模式的成熟阶段。经过三年的运行,新模式逐步成熟完善,可以推广运用。

四、方法与措施

五年贯通培养不仅需要在教学上打破中高职界限划分,在实习实践方面也需要重新梳理职业技能的内容,形成一体化职业技能实习实践体系。

(一)设计安排一体化人才培养模式

我们的路径是:第一年2周企业观摩认知见习;第二年一个月企业实习;第三、四年3个月门店高师带徒;第五年一年顶岗实习店长孵化。

(二)设计"五年一体化"专业实习实践内容及应达成的目标

"五年一体化"专业实习实践内容及应达成的目标

学 年	专业实习实践内容	实践方式	达成目标
第一学年	企业观摩	企业参观、讲座、研学	了解企业
第二学年	企业见习	2周企业岗位实践	了解岗位
第三学年	店长带徒	3个月企业实践	熟悉运营
第四学年	店长带徒	深入门店实践	熟练岗位技能
第五学年	店长孵化	顶岗实习	店长岗位独立实操

(三)编写一体化专业实习实践配套教材和软件

上海市商贸旅游学校、上海商学院连锁经营管理专业的教师与企业的高级技师、行业专家一起共同开发了连锁经营管理专业"五年一体化"专业实习实训教材和岗位实训软件。

(四）建立完整的专业学生实习实践档案

为保证"五年一体化"专业实习实践内容的落实以及目标的达成，学生从实习之日起，学校便建立一体化专业学生实习实践档案，详细记录学生五年实习实训过程，不仅有学生的实习内容，还有学生的实习体会、实习带教评价，清晰地反应了学生技能成长过程。

（五）引来企业进校园，构建实习实践基地

学校引入"上海来伊份门店"进校园，建立"来伊份未来概念店"连锁经营门店教学实习实训基地，以校内门店实践教学为核心点，以校外门店实习实践为基本面，为门店平台进行连锁经营管理专业五年成长专业技能路径设计，实现第一年认识门店、第二年接对高师、第三年"一对一"带教、第四年店长带教见习、第五年正式顶岗的真实蜕变。

（六）校企合作举办技能比赛以赛促学促教

另外与来伊份企业合作开展三项技能比赛：(1)举办国际校际营销技能大赛，邀请国外零售商科来沪与连锁经营专业学生开展商业技能友谊比赛，互相交流学习；(2)举办"来伊份杯"全国中高职营销技能大赛，由上海以及周边省市中、高职连锁经营管理专业同台比拼，展示技能高低；(3)举办"学生与职工销售技能比武"，由学校连锁经营管理中高贯通班学生与来伊份职工同台竞技，比拼技能水平。这些对教学是很好地促进，对学生是非常宝贵的专业技能交流切磋和提升的机会。

五、特色与成效

（一）搭建了校企合作的中高职贯通教学实训基地

以"来伊份未来概念店"为实训基地，中高职贯通连锁经营管理专业将专业课程开设在门店，让学生认知、了解并熟练运用门店中的"电子刷脸""热点跟踪""精准推送""智慧支付""线下体验线上购买""新零售技术"。

（二）搭建了职业技能一体化培养的最佳实践路径

一体化专业实践设计避免了在中职、高职分离培养的情况下重复的学习内容、重复的实践内容带来的不必要的时间浪费，建立了层层深入的校企合作实践模式。每一个阶段有每一个阶段的具体目标要求，形成一体化技能进阶流程，成为人才培养职业能力提升的高效率路径。

经过一体化专业实习实践，动手能力成为学生的优势。据学校统计，贯通班98%的学生入学第二年拿到营业员五级证书，平均85%的学生入学第三年取得营业员四级（相当于店长）证书。贯通班学生参与承接的"百联股份企业满意度调查""来伊份节日主题营销策划""来伊份主题陈列设计"等多项企业项目，完成度好，质量达标，思路新颖，得到企业好评。

（三）"店长孵化基地"系列项目有效提升了学生的专业能力

2016年5月，"来伊份店长孵化基地"宣布成立；2016年10月，双方合作制订门店店长创业培训校本教学大纲；2016年11月，校企双方合作编定门店店长培训校本课程标准；2017年12月，校企双方合作编写门店店长培训课程——店长学习工作页；2018年2月，双方合作招收第一期的门店创业店长孵化班开班，为学生从店员到店长的蜕变插上了翅膀。

六、思考与启示

以与来伊份的校企合作、"产教融合"为基础的中高职一体化专业实习实践设计为学生培养营造了一个专业成长的优良环境。

（一）职业教育走校企合作道路，有着光明的前途

要培养具有良好的综合文化素养、专业知识、职业素养及国际视野，并能满足职业生涯发展需求的知识型、发展型、高素质技能型应用人才，要主动与具备条件的企业开展合作，这是新时代商贸业发展的需要，也是企业人才培养的要求，通过与来伊份公司的合作，专业找到了人才培养的关键点和专业建设瓶颈的突破口，企业协同参与、了解了职业教育人才培养的过程，有利于协助学校培养

适应企业需要的人才。

（二）一体化实习实践，是培养中高职贯通学生职业技能的有效途径

一体化实习实践，从中高职贯通教育的特点与优势出发，将职业教育规律和现代职业教育理念有效结合、大胆创新，在一体化的过程中使教学资源、师资配备、学生实习实践、技能培养以及管理，能够达到聚合优势的目的，其效用在有限的时间内达到了最高，减少了中职、高职分开培养中的学习内容重复、实践内容重复，实现了专业技能的阶梯式提升，是高效率人才培养的新路径。

（三）校企合作使教学紧贴行业发展，是培养新型连锁经营管理人才的最佳途径。

校企合作给学生创造了实践机会，实践中企业兼职教师带教，专业对接岗位，使教学与行业企业的实际要求实现一致，推动教师主动改进教学，使教学不再落后于企业发展，真正对接企业人才需求，从而培养出真正符合企业需要的连锁经营管理人才。

校企共育职业人，跟岗助力职业梦

上海交通职业技术学院　李　烨

内容简介：上海市公用事业学校和上海交通职业技术学院专业系部紧跟行业企业发展方向，依托校企合作平台，持续推进"工学交替"的现代职业教育人才培养模式改革，重点深化中高职贯通城市燃气工程技术专业跟岗实习的质量与效果，综合提升学生适应行业岗位需求的能力。设计学生在第六学期（中职阶段的最后一学期）进行为期8周的跟岗实习，为理论与实践的横向融合、专业实习的纵向连贯及学生的职业生涯发展奠定基础，获得上海市燃气管理处、上海燃气集团及各燃气行业企业的一致好评。

一、实施背景

上海市公用事业学校和上海交通职业技术学院紧密结合行业和企业的发展趋势，经过多次走访调研，构建了教学三阶段和实习三阶段并举的"3+3"工学结合创新人才培养模式，实习三阶段包括：认知实习、跟岗实习、顶岗实习。鉴于中高职贯通城市燃气工程技术专业三年级在校学生，已具有专业基础知识和实验实训操作能力，尚不具备独立操作生产设备及在企业实习岗位独立工作的情况，在学校与上海燃气集团共同组成的专业指导委员会指导下，结合上海多家燃气企业的业务范围和实际工作情况，将跟岗实习单位设在上海大众燃气有限公司。

上海大众燃气有限公司是上海燃气集团下属集燃气销售、输配、运行管理为一体的上市公司。2015年12月上海市公用事业学校和上海大众燃气有限公司双方成功申报徐汇职教集团师生联合培养基地，公司副总经理和人力资源经理作为专业指导委员会专家成员，定期参加学校城市燃气工程技术专业人才培养方案研讨,反馈师生企业实践情况。

二、实施过程

（一）实习计划校企共定

根据专业人才培养方案及上海燃气行业发展趋势对高技能人才的需求,学校与实习单位在校企合作框架协议的背景下共同制订了跟岗实习计划,明确实习目标、实习任务、必要的实习准备、考核标准等,同时开展了相关的实习培训,使学生了解各实习阶段的学习目标、任务和考核标准。

（二）实习安全校企共责

由于燃气行业是一个特殊行业,运营正常与否直接关系每个人的生命财产安全,各级安全教育在实习准备阶段就贯穿始终。

实习前专业负责人对学生进行跟岗实习动员和校级安全教育,使学生进一步认识和了解跟岗实习的意义及实习过程中应注意的事项。实习第一天,学生到实习单位上海大众燃气有限公司人力资源部进行企业宣讲和公司级安全教育,使学生了解企业业务和企业对员工的安全要求。实习第二天,学生到实习部门进行安全防护知识和岗位操作规程的教育培训,完成学校、公司、班组三级安全教育。实习过程中,反复提安全要求,具体落实各项安全措施,为学生顺利完成跟岗实习任务打下了良好基础。

（三）实习考评校企共参

为进一步提高实训教学质量,学校专业教师与企业专业人员进行双重管理。专业教师跟班管理,负责考勤,进行学生思想情况教育,同时全程跟踪学生实习内容,记录并与学校交流;企业专业人员负责指导岗位工作、示范演示操作。实习过程中岗位带教师傅给予学生实习评语及评价,专业教师结合评语及评价和日常考勤情况,评定跟岗实习成绩。跟岗实习考核结果均计入实习学生学业成绩,考核结果分"优秀""良好""合格"和"不合格"4个等次,考核"合格"以上等次的学生获得学分,并纳入学籍档案,实习考核"不合格"者不予毕业。

实习结束后，专业负责人认真对学生实习情况材料进行立卷归档，包括实习协议、实习计划、学生实习报告、学生实习考核结果、实习日志、实习检查记录和实习总结等。

三、实施成效

（一）深化贯通培养，助力技能提升

中高职贯通城市燃气工程技术专业的跟岗实习安排在第六学期，即中职阶段的最后一学期。在这个阶段安排学生进入企业实践，不仅能帮助学生巩固自己在中职阶段所学的理论知识和专业技能，将学校所学与企业实践更好地结合在一起，同时帮助学生为高职阶段的专业学习作好准备。

自2014年首次建立城市燃气工程技术专业中高职贯通班以来，至今已有2014级、2015级和2016级城市燃气工程技术（贯通）专业学生共计104人参加了跟岗实习。跟岗实习锻炼了学生的实践动手能力，使学生在各项专业技能比赛中取得了优异成绩。如，2014级4名学生参加上海建筑职业教育集团2017年职业技能大赛"工程量计算"项目获二等奖2个、三等奖1个、优胜奖1个。2015级张夏昊同学及其团队在2018年参加了"挑战杯——彩虹人生"全国职业学校创新创效创业大赛，荣获全国一等奖、上海市市赛二等奖。2016级张赟同学在学院技能节中获得"建筑设备安装"项目一等奖。

（二）渗透企业文化，树立专业自信

在认知实习阶段，学生在初步了解企业的基础上，通过跟岗实习对企业文化、职业道德和规范、职业精神有了进一步认识和体验，使企业各部门对他们也有了深入的认识，他们跟岗实习的表现为企业今后来校面试挑选优秀储备人才提供了依据。在跟岗实习过程中，学生深入了解了燃气行业企业的主要部门工作和一线技术岗位要求，实践了相关专业技能，同时有了更多机会与企业进行交流沟通，为他们今后的顶岗实习提供了极大的便利。企业通过跟岗实习过程中对学生的了解，在面试后挑选学生进入本企业顶岗实习，而学生通过跟岗实习进一步了解燃气企业的不同岗位，可以根据自身的特点参加面试，企业和学生双方都能有的放矢。据

统计,2014级学生共32人,有28人进入燃气行业企业进行顶岗实习;2015级学生共37人,有36人进入燃气行业企业实习(其他情况包括参军等)。如图所示。

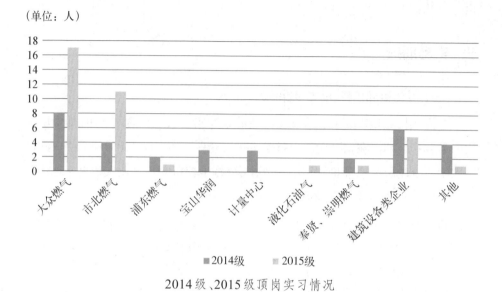

2014级、2015级顶岗实习情况

(三)密切校企合作,促进专业建设

跟岗实习的落实也给教师和企业专家供了交流平台,教师的教科研项目带入企业调研咨询,同时把企业的新技术、新发展带回学校,企业大力支持学校外聘教师及各类项目建设工作。实习单位副总经理和人力资源经理是学校城市燃气工程技术专业专家指导委员会委员,输配所总工程师担任第八学期"燃气管道施工"课程外聘教师,营业所主任及骨干业务人员担任第八学期"常用燃具维修"课程及实训的外聘教师,并定期参与校内燃气具检测与维修实训设备调试,企业推荐多名专家参与学校城市燃气工程技术专业内涵建设项目的论证及验收等工作。

四、特色与亮点

(一)燃气行业人才培养业务全覆盖

中高职贯通班在周期的实践中学生可以深入了解燃气公司的各个技术部

门,在不同的岗位上进行学习。跟岗实习覆盖公司4大主要业务部门,包括营业所、输配所、急抢修中心和工程质监部。在跟岗学习的过程中全班同学分组,每个小组在不同部门之间实行轮岗,小组化的设计既能保证跟岗实习的效率,也能保证质量。学生在跟岗实习过程中对与自己能力能适应的岗位也有了认识,有利于促进高职阶段专业学习的针对性。

(二)"双师型"教师提高专业教学能力

在学生跟岗实习期间,学校安排专业骨干教师全程跟踪指导,不仅起到实时管理学生、服务学生的作用,同时也使专业教师深入企业实践,熟悉公司相关岗位职责、操作规范、用人标准与管理制度,全面提升专业能力。通过企业实践,教师全面提高了专业技能水平。

(三)校企共育,贯通培养,立德树人

为了深化跟岗实习所获,增强企业实践效果的辐射率。跟岗实习后,每位学生需总结实习情况并形成书面材料,在班级汇报交流,分享实习经验。同时请企业专家参与评价,部分综合表现优秀的学生被企业提前锁定,在顶岗实习面试中被优先录取。

综上所述,在跟岗实习的设计和实践过程中,两校的专业系部以过程管理法为参照,以"岗前三级安全教育""岗中师生共同实践""岗后校企双方评价"的方式,保证跟岗实习的有效管理和质量。随着"十三五"燃气行业信息化的推进,以及未来"十四五"期间智能化的发展趋势,燃气专业人才培养还需紧跟现代职业教育理念和行业发展趋势进行不断探索,提高和深化跟岗实习的质量和效率。

深化校企合作,助力专业人才培养

上海第二工业大学　李延红
上海市工业技术学校　修慧丽

内容简介: 上海第二工业大学与上海市工业技术学校于2014年开始试点眼视光技术专业中高职贯通培养,共同探索眼视光技术专业一体化人才培养模式,深化"产教融合"校企合作,拓展校外实习实训基地,助力眼视光技术专业高素质技能型人才培养。

一、背景

(一)响应国家和上海市中高职贯通教育人才培养模式改革

为贯彻落实《教育部关于推进中等和高等职业教育协调发展的指导意见》(教职成〔2011〕9号)和《上海市教育委员会关于继续开展中高职教育贯通培养模式试点工作的补充通知》(沪教委职〔2012〕25号),促进中等职业教育与高等职业教育有机衔接,构建中等职业教育与高等职业教育课程人才培养模式和学制贯通的"立交桥",加快培养适应上海市经济社会发展需要的知识型、发展型高素质技能型人才,上海第二工业大学与上海市工业技术学校本着突破提升和科学发展的原则,就眼视光技术专业贯通人才培养模式的合作达成了一致共识,开展眼视光技术专业中高职贯通人才培养(三年中职、二年高职),2014年首届招生。

(二)适应视光行业人才需求

眼视光技术专业培养掌握光学和视光学基础理论,并了解必要医学知识、掌握规范的验光技术、配镜技术、接触镜验配技术、双眼视异常处理技术和低视力助视技术，以及能运用现代技术和手段提高人们视觉质量的视光技术应用人才。

视光行业的岗位工作技术复杂、技能要求高、工作内容广，要求从业人员不仅理论知识扎实、操作技能熟练，而且需要有较强的服务能力与意识。培训周期长，实施中高职贯通人才培养模式有效解决了眼视光技术专业人才培养需求。

二、过程

（一）依托贯通人才培养模式，构建一体化人才培养方案

依托上海第二工业大学和上海市工业技术学校两校优质教育资源优势，梳理与整合原中职、高职各自独立的培养体系及课程结构，借鉴国内外先进经验，优化整体课程设计，贯通能力培养过程。

例如：重构课程体系，对视光检查流程进行贯通设计，并将验光技术改为视光检查技术，该课程分四个模块，中职阶段有模块Ⅰ初始检查和模块Ⅱ验光技术，高职阶段有模块Ⅲ眼部检查和模块Ⅳ双眼视功能检查。

（二）优化人才培养方案，突出职业能力逐级提升

两校从职业能力分析入手，结合专业特色，重点考虑工作岗位、工作任务、工作过程、岗位技能等综合因素，确定专业知识、能力、素质结构，调整教学环节，使职业能力培养逐级提升。例如：中职阶段有初始检查、验光检查、配镜技术、初级裂隙灯显微镜操作；高职阶段有验光和配镜进阶、双眼视功能检查、综合裂隙灯显微镜操作。

（三）深化校企合作，助力人才培养

1. 制订一体化实训实习计划

第一阶段：认知实习阶段，使学生了解不同岗位的技能需求，加深对理论知识的理解。第二阶段：单项基础技能的实训阶段，如验光技术、眼镜加工、接触镜验配、双眼视检查等。第三阶段：企业实习阶段，中职阶段半年，高职阶段半年。通过五年培养，提高学生对知识的运用能力，同时提高学生社会参与能力和

自我管理能力,成为行业所需人才,更快地对接工作岗位。

2. 拓展校外实习实训基地

为适应中高职贯通一体化培养方案的实施,在原有3家实习单位——上海三联(集团)有限公司、陆逊梯卡(中国)投资有限公司、睛姿商贸(上海)有限公司的基础上又逐渐增加了上海观知医疗科技有限公司、上海志汇眼科门诊部公司、复旦大学附属眼耳鼻喉科医院汾阳视听、上海小林眼镜有限公司、上海爱尔眼科医院、未来视界、上海菁视、上海依视路光学有限公司等10余家公司作为校外实习或实训基地,助力人才培养。

3. 专业实践活动实施

针对不同岗位的工作要求,结合专业学习内容,安排学生到相关工作岗位进行对口实践,以提高实践活动的有效性与针对性。一是实现专业知识与职业素养的提升。二是实现岗位职业能力的递进。三是通过企业实景实岗,锻炼学生的综合能力,实现由认知岗位、熟练操作到胜任岗位工作的转变,而且让学生逐步掌握不同岗位的工作能力及业务能力,使学生不仅能够得到技能的训练,同时也能感受企业氛围,感知企业文化,感悟企业精神。

4. 校企合作,助力眼视光技术专业人才培养

主动对接行业企业,在与企业洽谈合作时强调:"不要等到果子成熟了才来摘果子,如果能参与果子培养种植的各个环节,到了果子成熟时才更符合需求。"

"引企入教",使企业以多种方式深度参与眼视光技术专业的教学规划、课程建设、教材开发、实习实训等环节,促进企业需求,融入人才培养各个环节。下面以眼视光技术专业与上海观知医疗科技有限公司的合作为例,以便"窥见一斑":

校企合作共建课程。2017年9月眼视光技术专业的中高职贯通班进入我校,学校从2017年10月开始洽谈合作事宜。2018年2月开始校企合作共建"接触镜验配技术"课程,聘请企业人员讲授部分章节,共同开发教程,将企业对人才的需求融入课程教学。

建立校外实习实训基地。通过去企业实训实习,使学生和企业能够互相深入了解,让企业选人更有目标,让学生就业更有方向。

设立"观知新锐"企业奖学金。2018年6月,洽谈设立"观知新锐"企业奖学金,奖励勤奋好学、在校企合作课程学习过程中表现优异的学生。到目前,两

届学生3个班级共计9名学生获得了"观知新锐"企业奖学金,同时有10名毕业生选择入职上海观知医疗科技有限公司。

三、成效

(一)形成一体化专业教学新内涵

中高职贯通人才培养一体化人才培养模式,实现了教学过程与生产实践有机结合,使学生在校期间的学习领域,从学校课堂、实训室延伸到门店、工厂及眼科医院,顺应了行业人才培养需求。学生在五年的学习过程中,都有明确的专业和职业能力培养要求。这种将课堂教学、实训教学以及实景实岗有机结合的方式,将学生的专业学习按照认知、模拟、操作、岗位实践等环节逐层推进,使学生职业素养、能力与企业需求接轨成为了现实。

(二)提升了专业教师队伍能力

通过开展一体化人才培养,深化了学校专业教学改革,提升了教师教学能力、专业技能以及管理能力。专业教师参与了教育部专业教学标准的制定,参与编写中职《验光技术》和高职《接触镜验配技术》国家规划教材,开展《产教融合视角下学生综合职业能力培养的实践研究——以眼视光与配镜专业为例》课题研究,担任了职业技能考评员,"双眼视异常处理技术"成功申报了"2018年校重点建设课程"。

(三)学生喜获成果

学生通过学习,实现了理论与实践教学的交融并进,职业能力得到了提高。学生杨志清和陆依萍在2019年第4届全国验光与配镜职业技能竞赛中分别获得二等奖与三等奖,学生良好的职业素养与工作能力得到了企业的高度评价。

(四)学生社会服务意识和能力强

学校建立了融学习与工作于一体、互相交替的一体化人才培养模式,使学生不仅能力出色,而且服务意识强。近年来,学校组织专业志愿者服务队,深入学校附近社区,师生共同利用专业特长和技能为社区居民、养老院提供眼镜保养、护理服务,专业学生也参加每年的"爱眼日"活动,宣传爱眼、护眼知识。

(五) 校企合作,打通学生的就业通道

2019年首批中高职贯通班学生毕业,眼视光技术专业毕业生就业率和签约率均达到100%,呈现"学生未出校门,企业用人单位已抢订一空"的现象。2020届,尽管就业形势严峻,但中高职贯通班的学生在5月下旬就实现了100%就业率。

校企合作,对于学校,培养的人才更适应企业和社会需求,同时也解决了学生就业问题;对于企业,获得了对企业认知度高、更加符合企业需求的人才;对于学生,收获了满意的工作,获得了良好的职业发展。

结束语:深化校企合作"产教融合",助力中高职贯通人才培养,打通学生就业通道,实现校、企、生三方共赢。

以中高职校企联合工作室为特色的人才培养新模式探索

上海电机学院　倪彬彬　倪辰怡
上海市信息管理学校　卢　琛

内容简介：作为数字媒体应用技术中高职贯通试点专业，充分利用中高职贯通"五年一贯制"的学制优势。将中职的校企工作室贯通到高职，打破中职、高职、企业三方之间的壁垒，打通校际和校企之间资源共享的渠道，形成了联合工作室培养新模式。在改革的实践和完善中，不断加强校企间的深度融合，将教学成果充分转化，同时进一步优化专业课程设置，指导人才培养方案的修订，促进师资队伍建设。

一、数字媒体应用技术中高职贯通专业概况

2013年上海电机学院与上海市信息管理学校进行了数字媒体应用技术专业中高职贯通试点办学，2018年6月，中高职贯通专业第一批学生正式完成中高职"五年一贯制"学习，就业率100%，签约率94%。

2018年中高职贯通专业成功申报"上海市高水平专业建设项目"，建设期三年（2019—2021年）；2018年成功申报"上海市第一批中高职教育贯通专业教学标准开发"项目，进行数字媒体应用技术中高职贯通专业教学标准开发，建设期两年（2019—2020年）。学校通过这些在建项目，不断提升专业建设水平。

二、构建"两校一企"三方联合工作室新模式

（一）实施"两校一企"三方联合工作室新模式的意义

2013年前，上海电机学院与上海市信息管理学校在"校企合作、产教融合"方

面都有自己的独到之处,随着中高职贯通专业的成功办学,意味着不仅仅需要达到学制上的贯通,还结合职业教育特色,结合数字媒体应用技术专业日益更新的快节奏,更需要结合企业的力量,做到学生技能培养的贯通、学生实践学习的贯通。

联合中职、高职两校原有的校企合作资源,以及中职阶段的校企工作室培养模式,衍生至高职阶段的校企工作室的培养模式,能进一步创新和延伸校企联合工作室的功能,而且为更深层次校企合作的开展提供了支持。院校师生和企业工程师一起参与工作室项目活动,实现企业项目与学校项目紧密对接,进而形成"产、教、研"结合的工作室制教学体系。

(二)服务学生,提供实践学习延续平台

校企联合工作室作为学生实战化培养的平台,以学生为本,以专业为基础,以兴趣为驱动,以项目为主导,学生以模拟就业的状态在工作室完成专业能力锻炼和职业能力培养,为教师和学生提供了一个开放的教育教学环境,促进了教学与就业的自然衔接,突破了学生在专业学习上的瓶颈。

本模式中联合工作室的特点在于衍生中职阶段已经建立的校企工作室制培养形式,结合"工学交替"、实习实践,实现校企工作室模式贯穿至高职阶段,学生在高职阶段的定向项目特训、生产实习、岗位实习阶段继续参与校企工作室的项目工作,两校师资一起参与项目实施。目前校企联合工作室有4个,同时依托4家校企联合工作室新增了校企联合专家工作室4个。

校企联合工作室情况表

工作室	合作企业	已有基础	改革创新
影视后期工作室	上海动漫公共技术服务平台运营管理有限公司	企业与上海市信息管理学校在人才培养、专业辐射等方面合作时间长久,2015—2018年先后正式入驻揭牌,每个工作室都已有学生进行实践学习,部分学生参与企业案例的制作	进一步打通中职阶段、高职阶段校企工作室的持续性培养模式,将原有的项目实训管理衍生到高职阶段进行继续培养,打通学生就业途径
虚拟互动工作室	上海乐呈文化传播有限公司		
移动终端工作室	上海林彩网络科技有限公司		
三维动画工作室	上海联岸信息科技有限公司		

在已有校企工作室的基础上,联合三方校企合作,打造立体化校企贯通,建设中高职贯通人才培养模式与校企联合工作室制人才培养模式相结合的标准化建设,包含实训项目标准建设、教学制度管理、"工学交替"制度、实习实践标准等,培养学生对于企业生产标准、典型产品生产的认知及产品制作的实践能力。

(三) 实施"两校一企"三方联合工作室新模式的项目工作机制

制定联合工作室新模式的项目工作机制,规范项目工作中项目承接、项目传递、项目运行、项目实施、项目验收、成果反馈各流程的细则。

工作室项目承接由企业全权负责,整个项目的承接过程都无需学校方面参与。项目传递过程需要校企双方共同参与,同时双方签订项目合作协议。企业指定专门的项目经理为学校解读项目的任务指标,并做好相应的质量、资金管理工作;学校方面负责项目的具体实施,确保项目按时保质完成。项目导入工作室以后,首先分析项目性质,结合学校教学进度来拟订教学方案、实施计划等,然后进行校企资源的合理分配与使用。校企联合工作室合作项目的具体运行模式如下:

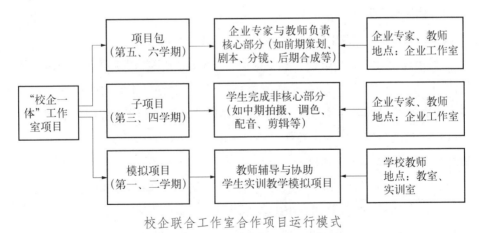

校企联合工作室合作项目运行模式

在项目实施过程中,采取学校和企业"双导师"管理模式,将教学过程融入到项目实施中,形成校企双方相互协作、各尽其职的教学管理局面,确保工作室项目的顺利推进和实施。项目结束之后,企业派出项目经理对项目实施情况进行验收,并组织学校教师和企业导师对学生在项目实施中的综合表现作出客观评价,也可以组织学生进行互评,以调动学生参与项目实训的积极性;并将已完成的项目做成模拟项目,供低年级学生进行模拟与训练。

三、联合培养的改革创新成果与优化

(一)校企联合培养,促进教学成果转化

校企三方互联合作,共同推进人才培养。企业把人才培养看作提升企业核心竞争力的关键环节来抓,派遣技术骨干担任专业专家指导委员会成员,指导学校的教学建设,同时作为企业兼职教师参与学校的教学过程,与两校教师一起带领学生参加项目制作,培养学生的专业能力。

在校企联合工作室的教学实践平台下,在中职阶段,新增具有上海市精品课程建设标准的课程2门、校级精品课程2门、校级优质课程4门;全面实现项目教学,与合作企业共同开发核心课程14门,修订和完善专业课程标准26个。在高职阶段,2018年6月,完成专业课程的第一轮教学,修订和完善专业课程标准24个,所有专业课程完成初步建设。2018年9月立项"校级重点课程建设项目"("多媒体制作"课程),建设期两年。2019年9月立项"校级'课程思政'教育教学改革建设项目"("微电影制作"课程),建设期一年。

组建校企合作教学资源库建设组委会,基于企业项目实践案例,新编一体化校本教材18本,新建20个专业教学课程资源包(包含1个微课程教学资源包,新增20个微课教学资源)。多媒体教学资源总量增加了100 GB,达到了约200 GB;校企合作特聘兼职教师团队专业课程教学数增加了14门,占专业课程的比例从10%提升到了50%。

培养的学生荣获各级各类比赛奖项颇丰,包括全国职业技能大赛"工业产品"项目2016年1个金奖和1个银奖、2017年2个金奖、2018年2个银奖,"未来杯"上海市中学生微电影大赛三等奖,上海市"星光计划"职业院校技能大赛"动漫制作"项目三等奖,上海市"星光计划"职业院校技能大赛"平面设计"项目第7届二等奖、第8届一等奖等。

（二）优化人才培养方案，凸显专业方向培养，强化专门化课程贯通

依托区域内数字媒体产业企业优势资源，积极主动开展人才需求和中高职贯通专业建设系列调研，对接国际、国内先进行业企业技术标准，根据职业能力培养要求、职业资格鉴定要求制定科学的人才培养方案。

以中高职贯通人才培养方案专业方向课程为主线，结合联合工作室各企业的岗位情况，实行专业细分（影视动画方向和交互设计方向）。经过工作室实际项目的接触，让学生自主挑选方向及相应的方向课程，明确职业能力培养方向，实行个性化培养模式。

（三）提升实践教学能力，培养一体化师资团队

建立数字媒体应用技术专业中高职贯通联合教研组，完善中高职贯通专业师资队伍人才培养机制，开展新进教师、青年骨干教师、专业带头人的阶梯式培养。以培养教师教学研究能力与实践运用转换能力为主线，依托校企合作工作室资源，有效提高教师的教学技能与创作技能，不断增强师资力量。近几年，1位教师加入市计算机中心教研组，1位教师连续两届荣获"徐汇区青年骨干教师"称号，1位教师荣获"市级企业实践项目优秀学员"称号、行业职业教育指导委员会说课比赛二等奖。在实践教学中，提升中职、高职两校教师的专业技术水平以及专业教学研究能力。

基于"产教深度融合"的校企合作机制构建与实践
——以烹调工艺与营养专业为例

上海旅游高等专科学校　林苏钦
上海市信息管理学校　赵洪声

内容简介： 实施职业教育有两个主体，一是学校，二是企业，二者是一个共生共荣体。离开了学校的职业教育和离开了企业的职业教育，都不是真正意义上的职业教育。我国著名职业教育家黄炎培先生就明确指出职业教育必须坚持"教、学、做合一"，实施这一模式的前提在于学校与企业的合一。上海旅游高等专科学校与上海市信息管理学校开展烹调工艺与营养专业中高职贯通联合办学，在办学过程中通过校企合作，加强与企业紧密合作，逐步建立了基于"产教深度融合"的校企合作机制，提高了烹调工艺与营养专业人才培养的办学水平。

一、实施背景

目前我国职业教育开展的校企合作形式大多是基于企业为职业院校提供实习和就业的机会，满足中高职院校的专业实践和就业需求。这种简单的合作关系是基于校企双方的短期利益考虑，并没有充分考虑职业教育培养的特点，未能形成一种长期稳定、全面高效的校企合作培养专业人才的长效机制。

自2011年开始，上海旅游高等专科学校和上海市信息管理学校建立烹调工艺与营养专业中高职贯通合作办学。在办学过程中，我们发现现代职业教育的重点是要解决"教、学、做合一"的专业实践问题。因此，我们开始思考如何开展深度的校企合作，如何建立校企双方合作共赢、常态化合作的运行模式，希望建立一个长效的校企合作机制，提高烹调工艺与营养专业人才培养的办学水平。

通过学校走访企业、校企双方深入讨论，我们决定成立校企跨界合作机构——大师工作室,即通过校企双方互设大师工作室来处理日常合作事宜,通过相应的工作章程,保障大师工作室业务运行;大师工作室每年将合作项目纳入工作计划,确定各种项目合作的内容和目标,并由校企双方对合作成果开展年度评价考核。

二、促进"产教深度融合"的主要做法

(一)互设大师工作室

通过学校与企业商定,我们于2015年在学校和企业成立了2个大师工作室,以大师工作室作为开展校企深度合作、"产教深度融合"的常设机构开展合作。为此,我们对大师工作室的制度章程和工作内容作了五个方面的要求。第一,制定大师工作室的主要职责,规定校企双方的权利和职责。第二,制订大师工作室的年度计划,确定当年开展校企项目合作的内容和目标。第三,定期召开大师工作室联席会议,沟通合作事务,反馈项目实施情况。第四,将大师工作室的工作任务列入校企双方人员的考核分配和激励计划。第五,每年定期由校企双方共同对合作成果开展年度评价。

(二)合作开展烹调工艺与营养专业人才培养研究项目

双方大师工作室联手合作,实施学校与宾馆校企合作开展烹调工艺与营养专业人才培养研究,项目要解决的主要问题是在校企双方大师工作室的参与下,探索总结校企合作大师工作室框架下烹饪人才培养,尤其是学校课程设置及教学内容改革,使学校达到规范办学、科学办学,提升教学质量,提高人才素质的目的。一方面通过以大师工作室框架下的校企合作办学研究,获得一些重要经验,以满足区域、行业对人力资源开发的实际需求;另一方面是通过项目研究,构建大师工作室框架下的校企合作办学模式和教育模式,探索总结大师工作室框架下的校企合作办学规律,着力提出具有现实性、针对性、可操作性的方法和建议。

(三)引入"名师进课堂"项目

大师工作室机制建立后,首先解决了校企合作中的师资问题。目前,通过大

师工作室的协调，以工作室名师的名义安排优秀的高技能人才到学校任教。由于有大师工作室的技术支撑，企业授课名师从一个单体变为具有一个团队的技术支撑，所教授的内容能够形成体系，便于学生逐渐学习掌握。企业名师授课的常态化将企业岗位实际需求和企业菜单带进课堂，把新产品、新技术、新工艺、新方法带入课堂，使课程内容得以丰富，提高了学生的实践能力。企业名师对学生的熟悉程度日益加深，能够掌握学生的学习特点，便于深入教学和过程性评价。

（四）开展"三段式工学交替"实训合作项目

通过校企双方大师工作室机制共同制订了学生"三段式工学交替"实训方案。

1. 岗位认知模块——学做职业人

岗位认知安排在新生报到入学的第一周——军政训练周，学校在军政训练周中穿插各项专业认知活动。新生对报考的专业在认知上比较模糊，岗位展示的目标是让学生对将来所从事的岗位有一个基本的认识，培养学生的职业认同感和学习动力，为入学后的学习培养职业情感。主要形式是企业岗位参观调研和学校专业认知性学习讲座。

2. 岗位见习模块——尝试职业人

岗位见习安排在学生进入第四学期学习之前，学生通过一年的学习后对专业技能和知识有一定的掌握，并且已具备初级水平，岗位见习的目标是强化学生已掌握的技能弥补课堂教学的不足，在真实的工作环境中培养学生解决一般问题的能力，为中级水平的学习打下基础。同时，在企业真实的环境中培养学生的初步认知，学习在企业中如何与同事相处、与上司相处，主要形式是在企业带教师傅的指导下学生合作完成厨房岗位任务。

3. 顶岗实习模块——做好职业人

顶岗实习安排在第五学期，学生通过中高职贯通的学习已具备专业三级技能和知识，顶岗实习的目的是让学生在真实的工作环境中强化中级岗位技能，在真实的岗位中能够逐步开始独立工作，并达到可以独挡一面的专业水平，主要形式是在真实的岗位上逐步学会独立完成工作任务。

通过"三段式工学交替"的培养使学生在与企业的近距离接触中，增强了学生的沟通能力、团队协作能力、操作能力，使学生清楚地认识到自己的优点和弱势，以及自己在未来就业市场上的位置，更加务实、勤奋，并且明确了自己今后的目标。

（五）"大师与讲师共建课程"项目

通过大师工作室的"大师与讲师共建课程"项目，我们成立了校本教材编写委员会，由学校教师和企业高技能人才合作，共同开发校本教材。我们既编写了专业性、实用性强的《中餐烹饪技术》，又编写了学生喜欢并能快乐阅读的《美味旅行记》（广东旅游出版社）等趣味校本教材。通过校企双方共同开发数字化教学资源，完成了数字化学习题库的建设，利用企业场地和大师专业技术共同拍摄教学视频，构建了符合真实工作场景的实践教学平台。

三、取得的成果与影响

通过互设"大师工作室"的方式，学校和企业在开展合作方面进入了常态化，双方都把对方的合作需求纳入了各自的年度工作计划，校企协同性大大提高。

通过近几年的校企深入融合，烹调工艺与营养专业人才培养质量方面取得了几个方面的成效。第一，通过合作开展人才培养项目，学校充分了解了企业对专业人才的需求，人才培养标准精准定位市场人才需求；人才培养模式发生了变革，为开展现代学徒制人才培养奠定了基础。第二，引入"名师进课堂"项目，提高了学生对专业学习的兴趣，提升了专业教师的教学视野和专业技术水平。第三，通过"大师工作室"的"三段式工学交替"实训合作项目，我们不但解决了实习和就业的问题，还解决了学生岗位认知和见习问题。学生通过"工学交替"对企业岗位和专业技能有了更为感性的认识，专业实践能力得到了提高。第四，"大师与讲师共建课程"项目加强了专业资源的建设，目前已建成4门专业课程题库、一批数字教学资源和"美味旅行记"系列校本教材。

七年之养，深耕赋能
——"产教融合"视域下中高职贯通影视动画专业人才培养路径研究

中华职业学校　李　颂
上海电影艺术职业学院　包文君

内容简介：中高职贯通影视动画专业采用"校企合作、院校联合"的办学模式，以"减少学程，提高实效，两校和产教联盟协同提高人才培养整体质量"为原则，通过"两校一企"深度合作，"校行企联"耦合共生，创造性地形成"站位高、体系新、实践性强、成效显著"的影视动画专业中高职贯通人才培养实施路径，让每一名学生都找到自己的发展定位。

中高职贯通影视动画专业系中华职业学校与上海电影艺术职业学院合作办学，自2013年申报立项成功并开始招生。两校与上海今日动画影视文化有限公司校企合作，"产教融合"围绕服务区域经济和面向社会发展的定位，遵循职业教育规律，以行业岗位群的需要和职业标准为依据，以"减少学程，提高实效，两校一企三方协同共育人才"为原则，以培养高素质复合型人才为目标，走内涵发展、特色发展之路。

一、"两校一企"：教学资源师资统筹一体化

（一）"两校一企"，教学实施一体化

"两校一企"三方联合起来，取长补短，一体化地去实施教学，企业利用他们的制作规范、标准乃至企业的转型目标及方式对于高校动画教育的航标作用，高校利用自身的教学和科研能力，中职利用基础教学的深厚经验共同实施教学目标和理念。

（二）"两校一企"，资源共享一体化

"两校一企"作为一个整体，在资源的配置和利用上做到"共建、共用、共管"，把资源的实用效益发挥到最大。五年教学内容中项目导入主要通过今日动画与上海电影艺术职业学院共同开发的"动漫制作管理平台"和"在线动漫资源库系统"项目，而教学及项目实训的实施地点主要通过中华职业学校和上海电影艺术职业学院共建的实训室为主，以深度融合为导向，结合人才培养模式的特点，以整合资源，促进优质资源共享，提高资源使用效益和服务水平。

（三）"两校一企"，师资队伍一体化

双班主任工作制：在"2.5+0.5+2"的学制模式下，学生会在第五个学期进入到上海电影艺术职业学院进行适应性学习，及早适应大学生活，班级管理采用双班主任工作制，即"中华职业学校的班主任+上海电影艺术职业学院班主任"共同进行学生的日常行为规范和专业学习的管理。

联合教研例会制：每2周两校贯通制教研室教师召开例会，及时反馈教学状况，加强教学教法的研究，并组织教师集中备课。组织每年一次的专业比武：抓住每学年的重点专业课程，开展学生专业比武，组织贯通制专项研究课题。

（四）"两校一企"，实训基地一体化

依托行业龙头企业今日动画及诸多优秀动画行业联盟的资源优势，共建校内实训室11个、校外实训基地13个。校内专业实训室主要依托龙头企业今日动画，依据"校中企"的格局，按照专业相关企业的实际生产流程配备实训设施，实施情境实践教学，承担各类动画项目实训课（部分为生产性创收项目）、顶岗实习、毕业综合训练等教学任务。

二、"校行企联"："产教双向赋能"人才培养路径

（一）构建了较为成熟的"产教双向赋能"人才培养模式

1. 确立了以"协会+"为核心的"校行企联"、耦合共生的"产教融合"发展路径

在影视动画专业实际育人过程中，专业初期基于一家行业内的龙头企业开

始奠定"产教融合"人才培养模式的基础,引入国内动漫行业龙头企业今日动画进行校企合作以搭建行业主导的培养模式雏形。随着专业建设的发展,依托"1+N"合作模式,从与单一的龙头企业合作升级到依托上海市10余家典范企业集群的更为广泛及深度的合作模式。龙头企业了解、引领并创造市场需求,以先行者的理念和方略渗透教学设计和教学实施,倒逼教学成果。由于龙头企业的引领作用,校企合作的传统难题,比如资源整合、成果共享,乃至市场拓展、创业孵化等难题,也都找到了解决的路径和抓手;更由于龙头企业与工作室有具体项目在共同运作,龙头企业的下游企业及周边资源都会自然地对接给专业。

专业形成了以"协会+"为核心的"校行企联"的"产教融合"育人模式,与上海市动漫行业协会(会员单位有300多家动漫类企业)及长三角动漫行业联盟签署战略合作协议,全方位进行协同发展。一方面,专业与动漫行业协会的主要会员单位保持良好的合作关系,在更广泛的范围内对接产业集群,建立互相依存的协同共生关系。行业协会凭借其强大的号召力帮助专业察觉行业生存状态、存在的问题和发展前景,进一步进行合作企业的自主选择、跨界优化、有机集成,形成更为凸显的集群优势,精准完善专业核心课程,逐步形成专业教学标准。另一方面,专业积极对接行业协会2个重要大赛标准,即全国引领性劳动和技能竞赛——动画师技能大赛和漫画师技能大赛,引入对接产业标准的两张重要证书:动画师职业资格证和漫画师职业资格证,全面赋能专业建设。

2. 功能差异化的动漫工作室,培养多元化的动画人才

影视动画专业结合学校实际情况,精心打造了功能定位不同的工作室,即"漫联动漫制作工作室""炫影动画创作工作室"及"华光之翼研发孵化工作室"。差异化的工作室育人模式,使得针对产业链的不同领域为培养不同规格的动漫人才提供了可能性。专业近三年的就业率、就业对口率及平均薪资均远高于同类型其他院校,获得毕业生、家长和企业的共同认可。

(二)建立了一支"互赢共生、专兼结合"的师资团队

中高职贯通影视动画专业与上海市动漫行业协会及长三角动漫行业联盟签署战略合作协议,全方位进行协同发展。专业教学引入第三方评价体系,遴选行业协会里龙头骨干企业中的产业大师成立专家理事会,制定完善的理事会章程

和运作机制,协助专业在人才培养方案、教学计划、教学内容、考核评价等方面把关,确保专业课程体系符合产业当下即未来的发展方向。同时,"产教融合"下校企合作双方优势互补、互赢共生,打造了"专、兼结合"的优质师资队伍。

为了增加教师在影视动画行业乃至数字娱乐领域的影响力,引导教师走进行业协会(含游戏类、影视类、出版类等),参加各类业务培训进修,提升教师自身专业能力,获得专业话语权,跳出固化的教育圈子,在动画大领域寻求更广阔的的发展空间。

三、育人成效:每一名学生都有人生出彩机会

2013年至2019年,上海电影艺术职业学院和中华职业学校合作开办的中高职贯通影视动画专业共计招收学生358名,依托两校11个校内实训室(其中4个生产性工作室)、26个校外产业联盟企业的实训基地提供的105个专业培养目标相匹配的顶岗工位,完成了一系列在社会上具有广泛影响力、专业竞争力的动画、动漫项目。

近三年,据不完全统计,学生中51人次参与到5部全国公映的院线级动画、真人大电影制作中(上海美影厂六十周年献礼大电影《阿凡提之奇缘历险》《风语咒》《大护法》《雪鹰领主》《银河补习班》,献礼祖国七十周年《我和我的祖国》);完成在电视、新媒体平台署名播放的动画短片137分钟(腾讯阅文、企鹅影视出票的《崩坏星河》、12集动画网剧《陈情令》《九州缥缈录》的影视后期制作、东方财经频道大型科创节目《创时代》全年栏目动画制作);249人次在48期全国性动漫重点刊物上署名连载、刊物累计总发行量96万册(中国少年儿童出版社《儿童画报》百变马丁专刊"漫画学院""发明与发现故事"及"数学故事"栏目统筹及整体创作,2017年至今)、539人次署名参与49本漫画出版物的全流程创作(中国少年儿童出版社百变马丁授权原创漫画5本、漫画制作40本、广西师范大学出版的《天鹅牧场》《鬼狗》漫画单行本及各类行业相关插画漫画创作),总计绘制漫画23520格(包括漫恺漫画和大妖漫画的《班长大人》《青柠之夏》等绘制),累计漫画书的发行量超100万册。目前第一届、第二届毕业生就业率为100%,对口率为98%,学生、企业满意率为100%。

"三段四步,校企共育",探索"工学交替"新路径

上海市工程技术管理学校　顾　诚
上海城建职业学院　樊　辛

内容简介：推进"工学交替",实现校企共育,是我国职业教育改革与发展的关键问题及方向。实施"三段四步,校企共育"实践活动,探索职业学校人才培养新模式,是贯彻落实《国务院关于加快发展现代职业教育的决定》(国发〔2014〕19号)等文件精神的具体行动。通过"中高职贯通一体化设计"及分段、分步实施"工学交替"实践活动,培养学生的职业精神,拓展学生的专业视野和职业素养,育人质量得到明显提升。实施过程中形成了一套比较完善的管理办法和机制,为进一步探索职业教学改革提供借鉴。

《国家中长期教育改革和发展规划纲要(2010—2020年)》指出要"建立健全政府主导、行业指导、企业参与的办学机制,制定促进校企合作办学法规,推进校企合作制度化"。学校的理论、实践教学与企业工作实际相比总会存在相对脱节的现象,会与学校预定的教学培养目标产生偏差,学校必须弥补在实践教学环节中的不足;酒店行业服务型人才需求缺口很大,稳定地招收、培养适合需要的服务人才是酒店企业长期思考的问题,学校和企业都应成为人才培养的主体。

实行校企合作"双主体"育人是职业教育改革与发展的必然方向和社会经济发展的内在要求,是校、企双方的一种内在的合作需求,更是校企长期合作发展的内在动力。为适应上海"世界著名旅游城市"和"崇明世界级生态岛"建设发展深化校企合作制度与内涵,推进"工学交替、校企共育",实现学生在学期间与企业、与岗位的"零距离"接触,从根本上提高人才培养质量,是为上海旅游服

务业发展和"崇明世界级生态岛"建设提供强有力的人才支撑和储备的需要。

一、创新"三段四步'工学交替,校企共育'"育人模式

酒店管理中高职贯通专业实施"三段四步'工学交替,校企共育'"人才培养模式。

(一)校校联动,共建一体化育人机制

酒店管理专业中高职贯通教育的学制为五年,其中三年在中职,两年在高职,中职阶段学生均在校学习,高职阶段学生一年在校学习,另一年到企业开展顶岗实习。中职、高职学校联合研讨确定了贯通教育学生在校学习期间"工学交替"活动的一体化安排与设计,在学生5个学年整体的实践活动安排中,除前四年每学期安排学生到酒店开展为期2周的"工学交替"实践活动外,最后一年的顶岗实习阶段也纳入专业"工学交替"运行模式的构建之中。

(二)"三段四步",创新人才培养模式

1."三段四步'工学交替,校企共育'"人才培养模式的建构。

(1)三个阶段

第一阶段:第一至二学期(每学期2周),为认知实习阶段。

第二阶段:第三至八学期(每学期2周),为见习实习阶段。

第三阶段:第九至十学期(整体2个学期),为顶岗实习阶段。

(2)四个步骤

第一步骤:第一至二学期(每学期2周)。在市级旅游服务开放实训中心——上海嘉和苑度假村开展"工学交替"实践活动,主要让学生在企业带教师傅的引领下对酒店及其岗位工作内容产生感性认识,每学期每位学生熟悉认识2个岗位。

第二步骤:第三至四学期(每学期2周)。在市级旅游服务开放实训中心——上海嘉和苑度假村开展"工学交替"实践活动,由企业带教师傅指导学生开展对客服务,主要让学生动手参与实践体验,每周1个岗位,共4个岗位。

第三步骤:第五至八学期(每学期2周)。在上海高星级酒店开展"工学交

替"实践活动,主要让学生在不同酒店的带教师傅的指导下参与实践体验,半独立开展对客服务,体会不同酒店的文化及经营理念,不断提升专业技能及职业素养。

第四步骤:第九至十学期(整体2个学期)。学生在学校的安排下到上海高星级酒店独立开展岗位对客服务,进一步沉淀专业技能和职业能力,为毕业后直接就业奠定基础。

"三段四步'工学交替,校企共育'"人才培养模式的建构

阶段	学期	教学内容		
一	1	德、语、数、英、体、心、信技、专业课2周认知实习(中职上海嘉和苑度假村)	中职阶段	校企共育合作全过程
一	2	德、语、数、英、体、心、信技、专业课2周认知实习(中职上海嘉和苑度假村)	中职阶段	校企共育合作全过程
二	3	德、语、数、英、体、专业课2周见习实习(中职上海嘉和苑度假村)	中职阶段	校企共育合作全过程
二	4	德、体、语、英、专业课2周见习实习(中职上海嘉和苑度假村)	中职阶段	校企共育合作全过程
二	5	德、体、英、专业课2周见习实习(中职上海高星级酒店)	中职阶段	校企共育合作全过程
二	6	德、体、英、专业课2周见习实习(中职上海高星级酒店)	中职阶段	校企共育合作全过程
二	7	德、体、英、专业课2周见习实习(高职上海高星级酒店)	高职阶段	校企共育合作全过程
二	8	德、体、英、专业课2周见习实习(高职上海高星级酒店)	高职阶段	校企共育合作全过程
三	9	顶岗实习+现场教学(高职上海高星级酒店)	高职阶段	校企共育合作全过程
三	10	顶岗实习+现场教学(高职上海高星级酒店)	高职阶段	校企共育合作全过程

2."三段四步'工学交替,校企共育'"的特点和要求

一是学生学校学习与企业实习交替进行,学、用紧密结合。二是酒店企业参与育人,"工学交替"实习期间学校将与合作酒店共同制订培养方案,明确培养内容和要求。三是学生都具有双重身份(学生与员工);四是具有2个教学场所(课堂与酒店)。

实施"工学交替"实践活动之前,"校校校企"共同制定《"工学交替"实训任务书》《"工学交替"评价体系》《"工学交替"运行管理制度》《"工学交替"工

作日志》等,全方位对学生的"工学交替"活动进行记录和评价,注重企业考核与学生评价接轨,直观反映学生的优势和差距,引导学生自我提高、扬长补短。

3. "三段四步'工学交替,校企共育'"的制度建设

"工学交替"期间学生学习的是服务技能,但更应强化学生的服务意识的培养。学校与合作企业共同制定学生"工学交替"期间的一系列管理制度及合作文件,同时为确保各教学实践环节的顺畅,还建立了校企协商机制、工作机制及保障机制,双方签订合作培养协议,明确学生"工学交替"期间校、企双方的职责与分工,共同制定实习岗位工作标准、实习内容及要求等。

(三)"校企互融",实施学生多元考核

参加"工学交替"实习的学生由学校和实习单位共同管理。学校和实习单位在学生参加企业实习期间,共同维护学生的合法权益,确保学生在实习期间的人身安全和身心健康。学生应遵守实习单位规章制度,尊重企业带教师傅及企业员工,服从工作分配,认真工作,遵守所在单位的保密要求;遇到问题,及时与专业指导老师或班主任(辅导员)联系,由学校与单位协商解决;若因学生的原因给单位或学校造成不良影响或损失的,学校将根据有关规定给予相应处理。

学生"工学交替"期间的评价包括企业带教师傅评价、学生小组互评、客人及时评价、学生自评等。为检验"工学交替"成效,提升"工学交替"在培养学生综合能力方面的作用,使学生在职业技能及职业素养方面有大的提高,将同时引入行业企业第三方评价。

二、探索"三段四步""产教融合"教学改革

探索"产教融合"教学改革,校企合作实现五对接。一是培养目标与企业需求对接,行业企业专家与学校教师共同制订、优化人才培养方案。二是核心课程与岗位任务对接,遵照行业标准和学生认知规律,以典型岗位工作任务引领,构建工作过程系统化课程体系。三是教学过程与服务过程对接,按照服务过程设计核心课程,形成实践教学体系并贯穿于整个教学过程。四是英语教学与涉外

情境对接，英语教学中设置情境教学的涉外课程，同时，聘请外籍教师通过"现场交流""英语角""日常沟通"等途径强化学生英语交流与会话能力。五是学生综合评价与岗位绩效对接，将企业绩效考核办法融入到对学生"工学交替"实践活动的评价之中。

学校专业以市级旅游服务开放实训中心——上海嘉和苑度假村为平台，以上海高星级酒店为合作和技能拓展窗口，进行"育人、经营、服务"的"三维一体"探索，让"产"和"教"在资源、信息等方面充分融合，最大化地发挥出整体优势，凸显专业特色，成为上海职业教育系统特色服务窗口。

三、实施"三段四步"推升"校企双主体"育人质量

通过多年"工学交替，校企共育"实践活动的探索和开展，逐步形成了一套完整而行之有效的管理和运行机制。学生的职业素养、实践能力、创新意识有了明显提升。尤其是帮助来自农村的学生树立了自信心，从最初的"不敢、不想"，到初步的"敢想、敢做"，最终实现"能想、能做"，并能快速融入到高星级酒店的工作环境中，育人质量明显提升。2018年9月，2014级学生黄海莉在上海大酒店"工学交替"实习时因表现出众，被酒店领导安排作为员工代表向入住酒店的中非共和国总统及夫人献花（见图1）；2018年3月，2015级学生许佳龙在上海华亭

图1 2014级黄海莉同学代表酒店向外国总统献花

宾馆"工学交替"期间,因及时上交客人就餐后遗忘的皮夹等贵重物品而受到客人及单位的表彰(见图2)。《中学生报》《成才与就业》《新民晚报》等报刊媒体对学校专业建设情况及取得的成效进行了报道,有效地塑造了专业形象。

"三段四步,校企共育"仍在途中,愿与兄弟学校一起探索践行,共同为我国职业教育的发展添砖加瓦!

图2　2015级许佳龙同学收到的表扬信

加强校企合作,助推实习实训

上海市建筑工程学校　贝健民
上海城建职业学院　吴香香

内容简介:本文旨在阐述如何通过校企深入合作,进一步加强和推进学生的实习实训。校企深入合作主要体现在三个方面:(1)企业专家进校园;(2)学生走进企业实验室;(3)实践就业。无论是哪个阶段,专业知识的浸入和企业文化的传输都能提升学生的专业认知度,促进学生更好地学习掌握书本知识,为以后从业打下良好的专业基础。学生通过实习实训,通过近距离聆听企业专家们的授课或讲座,通过在顶岗实习阶段的被带教,逐渐获得专业自豪感,也逐渐从内心建立起专业使命感。实习实训对促进学生就业和保证学生就业后的良好表现都起到了非常积极的作用。

为深入学习贯彻全国教育大会精神及《国家中长期教育改革和发展规划纲要(2010—2020年)》和《国家职业教育改革实施方案》(国发〔2019〕4号)的要求,落实《教育部等五部门关于印发〈职业学校学生实习管理规定〉的通知》(教职成〔2016〕3号)精神,学校大力推进校企合作人才培养模式,重视学生实践能力的培养,依托企业行业优势,充分利用企业教学资源,助推实习实训。实习实训环节作为人才培养过程中的重要环节,学校着重规范实习实训组织形式,加强实习实训管理,保证实习实训教学效果,提升实习实训的质量。

一、主要创新做法

（一）深化校企合作，强化协同育人

职业院校学生实习实训是实现职业教育培养目标、增强学生综合能力的基本环节，是教育教学的核心内容之一。坚持理论与实践相结合，强化校企协同育人，将职业精神养成教育贯穿学生实习全过程，促进职业技能与职业精神高度融合，服务学生全面发展，提高技术技能人才培养质量和就业创业能力。

上海市建筑工程学校、上海城建职业学院中高职贯通建筑工程技术专业根据教学实施方案，与上海建工集团股份有限公司、上海浦公检测技术股份有限公司等企业，经过多次沟通，反复讨论，最后确定通过"引进来、走出去、实践就业"三种方式实施深入合作培养，让企业参与专业课程设置，制订人才培养方案，将学校培养与企业需求结合，实现职业教育培养的最终目的。

（二）企业专家进校园，提高专业理论及技能

将企业理论水平高、专业技能强的专家、能工巧匠请进校园授课，给学生开设相关专业课程，在授课时通过工作实际案例，在课堂上生动地还原实际操作中所面临的问题，激发学生的学习兴趣，更好地将书本中的理论知识与实践相结合，有利于学生对理论的理解。

目前高职阶段开设的"装配式混凝土结构施工"课程请了上海建工二建集团有限公司的席金虎副总工程师授课；"测量技能操作"课程请了上海建工四建集团有限公司的姚春荣高级工程师授课；"工程材料及质量检测"课程请了上海浦公检测技术股份有限公司王汇川高级工程师授课。同时，学校还不定期地请专家来校开设专业讲座，提高学生的认知，拓宽学生的视野。例如，学校邀请上海建工设计总院第四设计院的郑建文院长来学校开设了讲座《地铁上盖建筑案例》，邀请上海建工七建集团有限公司的项目经理赵征开设了讲座《浅谈超高层施工工艺》。这些企业专家让学生了解到本行业的新动态，提高了学生的专业认知度，也培养了学生的专业荣誉感和责任心。

上海城建职业学院成立了"鲁班之家"，聘请多名拥有"上海工匠"称号的

高级技师作为"鲁班之家"的指导老师,提升学生的专业技能与素养,培养学生的工匠精神。

(三)学生走进企业实验室,提升职业岗位技能

学校不定期地将学生带到企业观摩学习,进入实验室进行实际操作,利用企业的场地和其他资源优势,进行实践技能及职业基本素质锻炼。学校与上海浦公检测技术股份有限公司合作共同拍摄"主体结构拉拔检测""楼板厚度检测""混凝土抗压检测"等建筑工程检测教学视频,注重学生的职业体验,强调学习与实践相结合。通过对企业进行参观、观摩和实训,让学生对建筑企业与相关岗位有了初步认识,为专业学习打好了基础,对专业产生了浓厚的学习兴趣;通过企业实践,让学生熟悉了企业一线相应岗位的实际操作标准与要求,提升了学生的职业岗位技能,让学生与工作岗位"零距离"对接,为学生实习、就业奠定了坚实的基础。

(四)理论实践结合,助推实习就业

经过双向选择,学生到企业进行顶岗实习,将专业理论知识运用到实践中。目前合作实践就业的主要企业有上海建工集团、上海市建筑装饰工程集团有限公司、上海建工材料工程有限公司等大型国企施工单位和一些民营施工企业。

在顶岗实习期间,企业拟定就业岗位,学生以"准员工"的身份进行顶岗实习工作,熟悉企业环境,感受企业文化,在企业师傅的带教下按照企业工作要求规范作业,并同时注重安全、节能、环保。顶岗实习阶段培养了学生的职业技能、职业素养及安全生产意识。

二、取得的成效与成果

学生通过企业参观、职业岗位体验,了解到企业文化、企业标准,让学生对专业产生浓厚的学习兴趣。企业专家来校上课,开拓了学生的知识视野,改变了学生的思维方式,激发了学生学习的勇气和信心。通过"走出去、请进来"模式,专业培养的学生,直接在相关工作岗位上进行专业实训、实习,学生直接留在了企

业就业，实现了校企合作的无缝对接。学校教师们在合作过程中也能够深入到一线，通过理论与实践相结合，积累了丰富的社会经验，从而提高专业技能和业务水平。

学校根据人才培养需要，主动与具备条件的企业开展合作，深化校企合作融合度，更新教学理念，依托企业行业优势，充分利用学校与企业双方的教学资源，建立紧密结合、优势互补、共同发展的合作机制，提升我校教育教学水平和人才培养质量，开创校企合作的新局面。现在学校已经和上海建工集团、上海隧道股份公司签署了合作协议，就共建实训基地、培养学生实践能力、提升学生竞赛技能等方面进行深入合作。

通过校企深度融合，达到了双赢。学生以"准员工"的身份进行实习，对建筑企业与相关岗位有了初步认识，为专业学习打好基础，学生对专业产生浓厚的学习兴趣，能将理论知识与工作实践有效地结合起来，增强学生对社会的全面了解，丰富社会实践经验，提高自身综合素质；能增强动手能力、协作能力、专业技术能力和对社会的认知能力，培养吃苦耐劳精神，锻炼承受挫折的心理素质，养成良好的职业道德；能培养学生综合运用知识解决实际问题的能力，实事求是、严肃认真的科学的工作态度。学生通过教学见习，熟悉了企业一线环境，感受了企业文化，做到与工作岗位"零距离"对接。就拿上海浦公检测技术股份有限公司来说，先后有12名同学通过实习考察被公司录用，为企业注入了新鲜血液。在与企业专家们合作完成教学的过程中，教师们也丰富了教学素材，提高了专业教学能力。

三、反思与展望

目前，本专业与众多企业进行校企合作，通过引入企业专家进入课堂、定期开展讲座等途径来激发学生的专业兴趣，提升学生的专业认知度和荣誉感；通过与上海市基础工程集团有限公司等大型企业进行深度校企合作，共同建设实训基地，以基地为依托，为学生营建"聚焦技能"的良好氛围，让学生对各种职业技能在课堂内外都有志趣学、有地方学、有专家指导，同时适当引入竞争机制，激励学生勤学苦练，为学生展示个人技能特长提供平台。通过创新职业技能社团的活动内容和形式,适应新时期学生对职业素质培养的新需求,让精益求精、刻苦钻研的"工匠精神"在学生心中生根发芽,提升他们的专业技能与素养。

在未来,我们专业将在校企合作的深度和广度上继续拓展,努力实现校企合作的企业多元化、合作形式多样化,实现企业文化、企业理念、企业经验实时进入课堂;让课堂教学植入企业、学生走进企业、教师融入企业,为企业培养合适人才,同时企业也能够更直接地指导学生的学习方向,为学生更快地适应企业、更好地服务企业而努力创新。

校企合作解实践难题,"产教融合"育实用人才
——以上海市商业学校中高职贯通会计专业实习为例

上海市商业学校 胡海梅

内容简介:如何通过校企合作方式促进中高职贯通人才培养,是现代职业教育专业建设改革和发展的难点,也是提高中高职贯通专业人才培养质量的突破口和关键点。为此,上海市商业学校与浙江衡信教育科技有限公司合作创建"衡信(上海市商业学校)会计工作室",尝试通过校企融合,实现贯通教育"双元"育人的目标。本文以上海市商业学校中高职贯通会计专业实习为例,阐述中高职贯通开展校企合作、促进专业实习、提高学生专业技能的具体措施和成效分析。

一、建设背景

上海商学院与上海市商业学校合作开展中高职贯通会计专业建设已经有八年时间了,为更好地将理论知识教育与实际操作训练相结合,中高职贯通教学除了安排职业通识通用课程、职业核心课程和职业拓展课程外,还安排了会计操作技能、ERP沙盘实训、会计综合实训、专业实习、顶岗实习、毕业实习等专业实践与实习实践操作训练类课程,其中专业实习安排在第五学期。

根据中高职贯通专业实习任务的要求,实习岗位必须要和专业对口。通过专业教学团队的努力,有力地推动了中高职贯通会计专业的实践实习教学环节,但从2016年、2017年、2018年三年的专业实习情况来看,还是存在不少问题,主要集中在企业积极性不高(学生未满18周岁以及会计岗位信息的敏感性和财务部门的特殊性,企业不愿意接收短期实习生)、学生所学专业理论知识和技能与企业专业岗位发展脱节、企业实习管理成本大等。

二、主要创新做法

根据教育部最新颁布的《关于进一步加强职业学校学生实习管理工作的通知》(教职成司函〔2019〕91号)文件精神,要求学校不得组织未成年人到企业参加顶岗实习。为加强专业建设,专业教学团队积极寻求新的实习途径。

2018年10月,专业教学团队与浙江衡信教育科技有限公司开展了事务联系,通过一年左右的建设,"互联网+实习""衡信(上海市商业学校)会计工作室"已经建成并投入使用,在学生专业实习实施上取得了良好效果。

(一)"衡信(上海市商业学校)会计工作室"建设思路

"衡信(上海市商业学校)会计工作室"由校企合作双方共建实训平台,学校出资建设工作室的各项软件和硬件,企业派专人对工作室进行管理和维护。利用工作室学校解决专业教师和学生企业实践的难题,而企业通过一段时间的运营实现工作室的企业化运作并实现盈利,从而实现校企共赢。

学生进入工作室后由工作室经理、代账会计及学校辅导教师三方进行培训、指导、跟踪,采用"师徒制"的形式全程手把手地指导学生专业实习,实现"真实环境下的岗位操作"。通过"衡信(上海市商业学校)会计工作室"建设项目,带动企业人员和信息技术人员参与专业建设,与专业教学团队深入探讨专业发展,编撰融基本业务、财务核算、成本核算、税务核算为一体的校本教材,实现简单、实用的"简易会计"专业实习教学,从而提高中高职贯通会计专业学生的实操动手能力,提高学生对专业的认知感、体验感,增强学生专业后续学习的信心,加强对贯通专业学生未来职业能力的培养,切实帮助学生完成从理论到实践的过渡,实现专业"理实一体"建设;同时专业教师通过参与"衡信(上海市商业学校)会计工作室"的建设,了解行业发展动态、企业岗位人才需求,提高专业实习指导能力,提高专业教学效果。

(二)"互联网+实习"实施步骤

学生在"衡信(上海市商业学校)会计工作室"进行专业实习,包括"前期准备工作""中期实习过程管理"及"后期反思改进"三个部分。

前期准备工作阶段，为实习动员和开班典礼。学生在校第五学期期中考试前，专业负责人到中高职贯通班级召开实习动员大会，实习首日，学校联合企业举行开班典礼。

中期实习过程管理中，采用理论学习和实践训练同步进行的方式。"衡信（上海市商业学校）会计工作室"是一个生产型教学基地，以真实代理记账报税业务为载体，"衡信（上海市商业学校）会计工作室"管理团队成员由校企共同组建，并驻点在会计工作室，人员配置一般按照如下要求进行组建：会计工作室经理1位、代理记账会计1位、代账业务经理2位，学校辅导教师1位。参加工作室实习的贯通班级学生被分成4个小组，由企业派驻的工作室经理1位和代账会计1位（以下称为"企业指导教师"）全程辅导，定向指导学生依托互联网开展实习，我校选派1位专业辅导教师进行跟训。

"衡信（上海市商业学校）会计工作室"依托税友软件集团强大的税务系统，由税友衡信和代账企业建立合作机制，通过代账公司承接企业的真实代账业务，将企业的真实业务通过脱敏化处理导入"衡信（上海市商业学校）会计工作室"的实训平台，实现了横向资源整合、纵向需求对接。由于代账公司的业务充足（据统计2018年底集团有5000多家代账公司，每家代账公司代理1000家以上企业的财务工作），足以保证"衡信（上海市商业学校）会计工作室"中提供给学生的实习业务与企业"零距离"接触，以达到真账实操的实习效果。

专业实习结束后，专业教学团队组织召开实训总结会，指导教师、优秀实习学生代表等总结在实习过程中的收获、体会，专业教学团队还通过总结会听取教师、学生对"衡信（上海市商业学校）会计工作室"的"互联网+实习"实习模式的建议与期望，为下一轮专业实习方案提供改进依据。

三、成效与成果

（一）实现"理实一体"，提升专业实习质量

中高职贯通专业会计172班27名学生教学中首次实施了"衡信（上海市商业学校）会计工作室"校企合作模式下的"互联网+实习"专业实习教学环节，

改变了过去常规专业实习"一台电脑一本账"的实习模式,实习内容紧跟行业发展,实习环境紧跟企业现实岗位,学生在专业能力培养、工作方法习惯、软件工具运用、工作职业素养四个方面得到了有效提升,同时为高职阶段的专业学习和会计综合职业能力的提升奠定了扎实基础。

学生职业能力对比表

职业能力	以往校企合作单位	衡信会计工作室
专业能力培养	只能从事票据的整理和凭证的装订等简单业务,一般负责1家企业的业务	企业账务处理、企业的各项税费申报、各类发票的开具、票据的整理和凭证的装订,以及原始票据的扫描和归档工作,同时又加入9家真实企业账务,让学员们将训练内容转换为实践操作
工作方法习惯	企业只是口头交代,由于实习时间短,不作专门训练	每天工作结束写日志,各项文档命名有规范,交接工作有程序,并形成工作制度
软件工具应用	基本是使用之前学校学到的Office基本办公软件,企业不作单独培训	标书制作让学员们锻炼文档格式和排版,工资表的制作、企业经营数据的测算锻炼学员们表格公式的运用以及思维导图软件的使用
工作职业素养	因是实习生的特殊身份,企业基本不作要求	执行力、沟通力、忍耐力、责任心以及客户化意识5项职业素养

"衡信(上海市商业学校)会计工作室"集中高效的专业实习与非贯通班级学生分散性非专业对口的实习相比,在企业化管理、职业化标准、任务化管理、清单化训练、数据化评价、平台化协同、订单化就业等方面有明显优势。这种模式的专业实习,大大减轻了企业人员的管理压力,克服了企业积极性不高的难题;学生所学专业理论知识和技能与企业岗位紧密联系,提高了实习效果;所有学生在校内实习,安全系数远远大于校外分散实习,便于学校管理,节约了实习成本。

(二)促进专业建设,提高贯通专业教学水平

"衡信(上海市商业学校)会计工作室"校企合作模式不仅帮助学生提高了专业认知,而且让中高职贯通会计专业教师通过参与管理与指导,了解行业发展

前沿动态,从而进一步明确中高职贯通会计专业教师"教什么""怎么教",尤其是指导学生"学什么""怎么学"的问题,从而提高会计人才培养质量。"衡信(上海市商业学校)会计工作室"建设以来,专业团队中的年轻教师得到了快速成长,专业教师李阳连续获得2018年、2019年上海市信息化教学大赛一等奖,专业教学团队还通过课题研究、组织教师开展编撰校本教材等工作,极大地促进了中高职贯通会计专业的建设。

"产教融合"和磨课、研课助力园艺技术专业青年教师迅速成长

上海市农业学校　佘为为　俞平高

上海农林职业技术学院　成文竞　张微微　徐俐琴

内容简介：园艺技术专业实施中高职贯通六年多来，通过"产教融合"和磨课、研课，已助力7位青年教师迅速成长。通过"产教融合"，青年教师把握了行业发展动态，实现"产、学、研相融合"；优化了课程和教材设计，积累了教学素材，丰富了课堂表现力；移植企业项目化管理制度，改革教学组织模式。通过磨课、研课，教学团队共同反思，相互促进，协调合作，实现校校互动、校企交流、老中青教师密切沟通，推动专业建设和教师成长。

2013年起，上海市农业学校与上海农林职业技术学院联合开展园艺技术专业中高职教育贯通人才培养，除2013级和2017级之外，每届招生2个平行班，是两校的骨干和特色专业。六年多来，本专业新进7位青年教师，他们主要为应届生、农业单位科研人员或文职人员，在专业教学和实践方面的经验不足。几年来，学校通过"产教融合"和磨课、研课，提升了青年教师的专业实践和教学能力，他们已成为本专业的中坚力量与实力保障。特别是2016年入职的果树课程教师佘为为，通过"产教融合"，已经把上海最具代表性和先进性的梨园、葡萄园和桃园打造成学生实训场所；通过磨课研课，"果树嫁接技术"已入选上海市中职"匠心匠艺"优秀教学案例，荣获上海市"星光计划"第8届职业院校技能大赛教学能力比赛一等奖，以及全国职业院校技能大赛教学能力比赛三等奖。

一、"产教融合",实现青年教师实践、科研和教学能力的同时提升

余为为毕业于西北农林科技大学,主要研究北方果树,对上海主栽果树的生产管理涉猎较少。首先,进校第一年,按照学校对新进应届生教师的要求,她吃住在学校实训基地,成为葡萄园、桃园和梨园的主管,与本地的能工巧匠一同在果园劳作,熟悉了上海本地果树品种的栽培技术。其次,她积极报名参加"2017年度上海市中等职业学校教师下企业实践"项目,在上海五四有限公司的葡萄园践习有机果园管理新技术。余为为感慨,学校基地和企业提供的实践平台使她对上海本地企业的运行模式、人才需求、行业发展趋势都有了更深刻和直观的了解,能够在教学和科研中更接地气。

(一)把握行业发展动态,实现"产、学、研"相融合

通过"产教融合",教师全面参与了果园土肥水管理、修剪、疏花疏果、套袋、采收及采后生产管理的全生长季工作。尤其在上海五四农场的实践,使余为为掌握了上海主栽葡萄品种和新品种的特性及生产管理要点。扎根田间地头,边实践,边思考,边查资料,最终她申请获得一项校内课题和一项"晨光计划"课题,以期解决葡萄栽培的实际问题。

(二)优化课程和教材设计,积累教学素材,丰富课堂表现力

"产教融合"是提高课程项目化和信息化教学水平的重要途径。首先,依据果树的年周期管理规律,结合实训基地生产实践,重构春季学期、秋季学期的课程项目和任务,使课程与基地生产紧密结合。其次,在农场践习时,与能工巧匠和工人师傅打成一片,充分挖掘课程思政案例,实现德育、智育和劳育培养相结合。最后,在农场实践,将生产项目技术要点,例如夏季果树病虫害防治等,拍成了多个微课视频,以作为日后上课的素材。

(三)移植企业项目化管理制度,改革教学组织模式

将企业管理文化、规章制度移植和借鉴到班级管理和教学组织模式中,组

图1 上海五四公司葡萄园生产总监的蔡红玲老师在为践习学员佘为为讲解"桃太郎"品种特性

图2 已接受企业实践的佘为为老师采用生产班组的模式给学生上果树嫁接实训课

建班级生产小组。每个学生动手能力不同,根据学生情况,在分组时,选基础好、先掌握的同学做组长,把他们分到各组中。员工在班组长统筹安排下开展工作。这样既可以使教师有更多的时间去辅导掌握得慢的同学,也使班组长得到锻炼,使他们分析问题、解决问题的能力得到提高,同时也使部分学生解决了因怕问老师问题而举步不前的问题,从而使所有的学生各得其所。

二、磨课、研课,教学团队一同打造优质课堂

多年来,园艺技术专业牵头开展了多项上海市中等职业学校都市农业专业中心组教研活动,包括上海市教委教研室"匠心匠艺"优质课堂建设工作。佘为为老师组建果树教学团队,结合企业实践成果,选择"桃树嫁接技术"这一生产实践任务,开展"匠心匠艺"优质课教学设计,并以此开展了网络研讨和磨课、研课及优质课建设经验交流等教研活动,重点围绕三个方面进行了课程改革。

(一)基于建构主义,设计课堂架构

在"做中学、做中教"教学理念的指导下,设计课堂架构。课前,利用网络教学资源库,将操作步骤制作成视频、动画等,学生在线上完成预习和旧知识复习;课中,依托实训基地和桃树生产企业,通过"老师演示""学生操作""作品点评"等环节,借助"在线直播"功能,使学生掌握桃树芽接技术,完成教学目标;

课后,将上课视频上传至课程平台,以备学生查阅和学习,巩固教学效果。

(二)基于信息技术,实施线上和线下混合式教学

线下,通过教师示范,学生反复实操,不断解决教学重点和难点;同时,结合"在线直播"功能,使企业专家能远程观看学生的操作过程。线上,连线企业专家,对学生实训过程和效果进行点评,实现课程线下和线上相结合;利用物联网,展示将来苗木移栽的环境,进一步提高教学项目的真实性。

(三)基于多元智能理论,进行学习效果评价

传统的嫁接实训教学中,由于学生人数众多,在果园中操作时比较分散,课前预习考核和课中操作考核基本无法实施,只能将"接穗成活率"作为唯一的考核标准,而此次实训教学通过运用信息化手段,参考企业嫁接生产标准,将评价考核贯穿在整个教学过程中,从而克服评价考核"不全面、不公平"的弊端。

三、反思与启示

余为为从事职业教育不到四年,园艺技术的教学和科研已成为她愿意为之奋斗终身的"甜蜜事业"。我校的"产教融合"和磨课、研课为青年教师的迅速成长中起到了重要作用。

"产教融合",不是简单的下企业实践,而是要实现职业技能与职业精神的高度融合,教师在完成下企业项目之后,还能长期保持与企业的教学和科研紧密合作关系。"产教融合",就是要优化师资队伍建设,提高教师实践操作能力和新方法、新工艺的开发应用能力,进而提升整体教学水平,实现专业设置、人才培养和行业企业需求的深度对接,探索培养高素质创新创业型人才。园艺技术专业中高职贯通将继续依托上海现代农业职业教育集团等平台,每年派1—2位教师到上海五四有限公司、上海源怡种苗股份有限公司等现代农业企业践习,同时,实现专业课教学中企业实训环节比例的提升,鼓励校企合作申报科研项目,进一步深化"产教融合"。

磨课、研课,对于绝大多数缺乏本科师范训练的新教师具有极为重要的意

义。在磨课、研课中,教学团队要作好充分准备,对教学内容要滚瓜烂熟,对教学方法要择优选择,是一个共同反思、相互促进、协调合作、开放性的过程。专家能精准、独到地提出针对性的问题和建议,使主讲教师和听课教师受到启发。雅斯贝尔斯在《什么是教育》中说,教育就是一棵树摇动另一棵树,一朵云推动另一朵云,一个灵魂唤醒另一个灵魂。园艺技术专业中高职贯通将继续深入开展磨课、研课活动,实现校校互动、校企交流、老中青教师密切沟通,推动专业建设和教师成长。

对接国际标准,培养本土工匠

上海交通职业技术学院　马桂秋　米晓彦　刘安洁

内容简介：上海交通职业技术学院、上海市交通学校汽车运用与维修专业于2010年开始试点中高职贯通人才培养模式。2017年由上海永达汽车集团有限公司、上海交通职业技术学院、英国艾蒙特克培训认证机构三方共同参与,开展现代学徒制人才培养模式试点改革,实现校企紧密合作、协同育人。经过五年多的实践,取得良好效果。

一、实施目标

随着汽车智能化、网联化、电动化等趋势带来汽车产业的深刻变化,上海汽车中高端国际品牌迅速增长,上海汽车产业的发展对人才需求呈现出新要求、新趋势,急需大量掌握中高端品牌汽车国际行业标准与全球统一工作方法的高素质技术技能型人才。为了满足汽车售后服务市场对高技能人才的需求,2013年,华东地区首个英国汽车工业学会(IMI)认证中心成立,引进了全套汽车维修国际行业标准,在此基础上,2017年上海交通职业技术学院和上海市交通学校与上海永达汽车集团有限公司开展深度校企合作,以中高职贯通汽车运用与维修技术专业为试点,通过中高职贯通"五年一体化"培养,探索实施IMI永达现代学徒制人才培养模式,将纯正的英国学徒模式引入中国,旨在为上海永达集团有限公司培养具有国际标准的本土工匠。

二、具体举措

(一)深入行业调研,完善人才培养目标

近两年,我国汽车行业发生了翻天覆地的变化。以新能源汽车为引领,越来

越多的新能源汽车融合了人工智能、大数据、云计算、互联网等先进技术创新成果,形成了未来出行变革的新趋势。也就说在汽车行业发展新特征非常明显的情形下,对汽车人才需求提出了新的要求。

为了确保培养的学生适应社会需求,IMI项目组定期调研以永达汽车为核心的上海汽车维修行业人才需求情况。以培养具备当代"工匠精神"、具有国际化职业视野与素养为目标,重点培养学生掌握汽车专业技术、胜任岗位工作、适应行业变化、可持续学习和发展的能力,保证学生既能获取国家相应的职业资格证书,也能获得英国汽车工业学会(IMI)汽车维护修理二级资格证书以及永达汽车企业相应的岗位等级证书。

(二)构建管理教学双重项目体系

IMI永达学徒项目体系是英国学徒教学体系、国内IMI认证中心及对应合作企业上海永达汽车集团有限公司三方紧密合作的学徒项目,该项目体系建立在IMI教学体系基础之上,体系模式由两部分组成,一部分是学徒管理体系;一部分是学徒教学体系(见图1)。

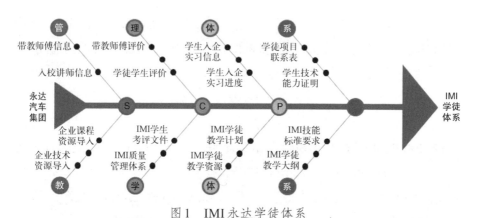

图1 IMI永达学徒体系

(三)对接国际技能等级,制定课程标准

IMI项目组在制定课程标准时,首先与国际技能等级对接,同时结合上海市中高职贯通汽车运用与维修技术专业课程设置与工作任务分析结果,其课程标准由基本技能、综合技能以及专项技能标准三大部分组成,在设计这三类标准时对接

英国汽车工业学会国际技能标准和"1+X"证书技能标准、永达企业汽车维修岗位技能标准,实现课程标准的可视化。学院、国内IMI认证中心和上海永达汽车集团有限公司共同完善专业课程体系,开发基于上海永达汽车集团有限公司汽车维修岗位工作内容,融入国内IMI认证中心和"1+X"证书技能标准的专业教学。实现学习与工作、学院与企业环境对接,使学生真正做到了"学中有工、工中有学"。

(四)校企联合招生组班,共育知识技能人才

引入英国现代学徒制理念,按照"学员→学徒→准员工"人才培养总体思路,学院、国内IMI认证中心及上海永达汽车集团有限公司联合开展现代学徒制动员和宣讲,共同制订一体化招生招工制度和实施招生招工方案,参与招生过程。规范招生录取和企业用工程序,签订学生与企业、学校三方协议,明确学生和"准员工"双重身份,明确各方权益保障等。

国内IMI认证中心将教学活动系统地安排在学校和企业,理论与实践交替进行。前三年打基础,并完成国内IMI认证中心一级课程和为期6周的企业实践;后两年,以在校学习和企业实践"工学交替"的形式完成国内IMI认证中心轻型车辆拆装与保养二级课程,并通过国内IMI认证中心的考核,取得国内IMI认证中心轻型车辆维护与修理国际二级职业资格证。上海永达汽车集团有限公司选派专家和一线技师来校授课,担任教学任务,实施"理实一体化"教学。

(五)"工学交替",双重管理

"工学交替"、轮岗实训,学生与企业师傅"一对一"完成汽车维修岗位轮动实习,学院老师和企业师傅全程指导并负责实习过程管理,并由企业专家和专业教师共同对"准员工"在企业进行现场考核。

(六)创新评价模式,理论与实践并重

日常教学实行项目引领,任务驱动。每完成一个任务都组织学生进行交流分享。完成相应项目的学习后即进行理论和实操"一对一"的考核和反馈,使学生的发展与企业岗位需求相一致。完成并通过所有项目后,由国内IMI认证中心组织最后的在线测试。

（七）三级检查体系，全方位监控教学质量

IMI永达学徒项目，除了有学院和上海永达汽车集团有限公司的检查督导，国内IMI认证中心也具有完整的质量检查体系。IMI质量检查体系从下至上分别是IMI学生/学徒、IMI考评员、IMI内督员、IMI外督员、IMI总部分级督导（见图2）。考评员为一级督导，考核学生对每个项目的掌握情况、理论知识和实践操作水平；内、外督员每年对项目进行4次督导检查，检查学生的学习和项目运作情况。根据实际情况，定期开展三方质量会议，进行交流反馈。

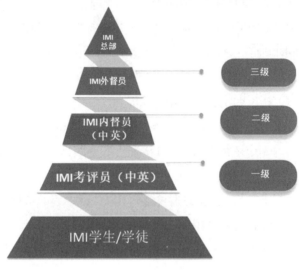

图2　IMI质量检查体系

三、取得的成效

（一）提高了人才培养质量

中高职贯通教学一体化设计、螺旋上升，提高了人才培养质量。学生通过企业实践，充分认识到工作岗位对自身知识和技能的要求与现有水平存在的差距，提高了学生学习的自觉性与积极性。通过中高职贯通"五年一体化"培养，学生不仅理论知识掌握得牢固，实践技能也略胜一筹，学生毕业时不仅取得毕业证书，同时也获得国内IMI认证中心二级资格证书、汽车维修工三级和上海永达汽车集团有限公司技能认证证书，而且在全国技能大赛中取得了优异成绩，尤其是

取得世界技能大赛上海市选拔赛第1名的好成绩。

（二）提升了企业经济效益

现代学徒制人才培养模式，改善了传统职业教育学校教学和企业实践"两张皮"的症状，促使企业、学校与学生三者有效连接起来。在"双元育人"过程中，老师的实践能力得到提高，企业教师自身的专业知识体系也得到完善，具备了攻克技术难题的能力，为企业直接带来经济效益；学生毕业后在企业定向就业，为企业未来几年的人才储备打下基础，提高了企业的参与热情。

（三）加深了国际合作交流

IMI永达学徒项目的实施，加强了与IMI认证中心的合作。IMI认证中心作为英国唯一一家专注于汽车工业领域最具权威性及影响力的职业资格认证及颁证机构，将其"严谨、高效、实用、先进"的国际职业资格评审标准引入中国，提升了我院汽车运用与维修技术专业人才培养质量。截至2020年3月，师生已多次到英国交流学习，实现与国外优秀职业教育"零距离"接触。

四、未来考虑

（一）完善学籍管理制度，培养高质量人才

中高职贯通人才培养的学生在完成每一年的课程学习后，都要进行甄别。经甄别，未获得规定学年学分的，留在下个年级继续学习，这样有利于提高进入高职阶段学生的质量。

（二）提高对现代学徒制办学理念的重视程度，培养本土工匠

现代学徒制在中国势在必行，学院应提高对现代学徒制办学理念的重视程度。制订全方位、机动灵活的人才培养计划，加强实训场所建设，创建与企业环境相同的校内实训中心，进一步加强与企业合作的深度和广度，多举措打造双师队伍，建立校企师资队伍之间的"双岗互聘"制度，加大"工学交替"的频次与时间，培养高素质的本土工匠。

"逸夫—秦伟校企联合包装大师工作室"模式探索与实践

上海市逸夫职业技术学校　许彦杰　陆　珺

内容简介：校企合作是学生职业素养培养的有效途径。在以往单一的校企培养模式下，即使学校通过"工学交替"、轮岗培训等方式加强学生培养，但应届毕业生在实际工作环境下仍然表现出职业意识与职业技能的欠缺。这和艺术专业教育及创意产业的人才培养目标是有着明显的背离，校企联合人才培养的模式到了需要变革的阶段。

一、校企合作全新模式——校企联合工作室

基于上海市逸夫职业技术学校和上海秦伟平面设计有限公司校企合作框架协议，双方在长期合作的基础上，在深入交换对合作模式设想的意见后，以优化校企合作培养路径、强化校企合作培养成果为目标，共同提出了创新校企合作模式的要求，共同打造"逸夫—秦伟校企联合包装大师工作室"项目，签署了合作合同，最终得到了校方的项目获批和落地实施。

（一）成立工作团队，建立合作机制

逸夫—秦伟校企联合包装大师工作室的顺利实施必定需要依靠一个强有力的实施团队。在创建初期，双方成立了由上海秦伟平面设计有限公司庞文艳总经理和上海市逸夫职业技术学校沈蓝校长领衔、双方管理部门和设计师团队、教师团队共同组成的工作团队。工作团队定期开展工作交流会议，将计划任务和学校常规教学实施进行有机结合，使项目的推进具有了现实的可操作性。

（二）项目实践教学，创建教学新形式

项目实践课程是上海市逸夫职业技术学校的专业特色拓展课程版块。通过工作室团队的商议，上海秦伟平面设计有限公司将上海市包装技术协会参与的"ASPaC国际包装设计比赛"项目引入"包装设计"项目实践课程，基于课程的实施，开展了一系列专题讲座、企业参观、项目制作、作品展示等教学环节。打破了原先单一的项目教学模式，学生的兴趣和学习热情有了较大改观。

（三）举办公益教育展，链接行业教学资源

为了让学生看到行业最好的、学到行业里最好的，学校及专业联合逸夫—秦伟校企联合包装大师工作室、近现代商业美术设计博物馆，共同策划举办"前世今生——百年上海日用品包装展"，为专业学生成长链接了行业大师资源，提供了强大、立体而真实的教学资源，拓展了原来课堂教学形式，导入了场景教学，同时，优秀设计师作品也为专业学生树立了榜样，让学生建立了自信。

（四）开设工作室课程，实践真实项目

专业基于工作室承接的真实项目，开设工作室课程。包装工作室课程利用课余时间，由具有专业兴趣和学习能力的学员参加，完成的课程为工作室真实项目。专业以这种更为灵活、开放、应用的课程方式，进一步丰富课程形态，满足学生专业发展需求。2018年，逸夫—秦伟包装工作室师生承担"百诺巧克力包装"项目设计。历时6个月，逸夫—秦伟校企联合包装大师工作室最终完成成果交付，也获得百诺公司客户的肯定。

（五）"走出去，引进来"，拓展学生专业视野

逸夫—秦伟校企联合包装大师工作室通过名师课，为学生引入行业大师，引领学生发展。先后邀请著名高级工艺美术师、国务院特殊贡献专家、国际商业美术设计师协会A级资质设计师赵佐良先生、工艺美术师庄建民老师、庞文艳老师为专业学生开设讲座。同时，工作室还带领学生参观学习业界优秀展览、延展、丰富教学形式。

历年主要项目活动：

2015年12月上海逸夫职业技术学校和上海秦伟平面设计有限公司签订校企合作协议，逸夫—秦伟校企联合包装大师工作室成立。

2016年1至12月组织开展课程指导。

2016年9月参与项目实践课程，输出学生作品到"逸想秀"。

2017年6月签订版专—逸夫—秦伟联合包装大师工作室联合共建协议。

2017年6月参与中高职贯通转段教育成果展。

2017年9月参与学生项目实践课程。

2018年4月至8月参与"百诺巧克力包装"项目设计、制作。

2018年6月开展名师课"创新思维与设计创新"，由赵佐良大师讲座。

2018年6月参与中高职贯通转段教育成果展。

2018年11月名师课"包装设计与版工印墨技"，由庄建民大师讲座。

2018年10月学生参与ASPaC亚洲学生包装设计大赛。

2018年10月参与第4届上海十佳优秀中青年设计师联展。

2018年11月逸夫—秦伟校企联合包装大师工作室优秀作品汇报展。

2018年12月至2019年3月参加"统一企业软饮包装"项目设计与制作。

2019年1月至4月参加"宝贝箱——幸福母婴计划"公益项目。

二、条件保障

"逸夫—秦伟校企联合包装大师工作室"项目的顺利实施离不开相应的机制和相关保障环节，保障机制建设也是上海市逸夫职业技术学校在成立大师工作室的初期先行推动和构建的重要基础。

（一）长效校企合作模式的确立

人才培养需要过程，校企合作也需要不断磨合。上海市逸夫职业技术学校在和上海秦伟平面设计有限公司的商议沟通下，先行签署了三年校企合作框架协议，作为逸夫—秦伟校企联合包装大师工作室合作模式的制度保障的先决条件。

（二）美术专业处、实训中心提供教学、空间保障条件

专业教学及工作室的运作离不开美术专业处的支持和空间保障，上海市逸夫职业技术学校美术专业处由董文良副校长亲自领衔，提供从专业课程融合、实训中心场地的配合到设立逸夫—秦伟校企联合包装大师工作室的工作室空间保障等多重支持，将逸夫—秦伟校企联合包装大师工作室和上海市逸夫职业技术学校美术开放实训中心相融合，对项目实施的空间、设备等均全面提供支持和保障。

（三）经费合作保障

上海市逸夫职业技术学校通过示范校建设项目、品牌专业建设项目拨付的专项资金支持逸夫—秦伟校企联合包装大师工作室的运作和课程实施，同时项目实施严格按照学校经费管理办法执行和提供保障。

三、改革成效

（一）以项目带任务，从任务出产品

项目任务教学是上海市逸夫职业技术学校一直坚持和致力于创新改革人才培养模式的立足点，随着逸夫—秦伟校企联合包装大师工作室的建立，上海秦伟平面设计有限公司通过工作室将实际的工作任务带入专业日常教学中。通过任务驱动教学，将作品向产品的转化过程将变得具有可操作性和现实性。专业学生经惠宁的作品就被北站街道购买作为街道文化宣传的文创礼品。

（二）培养具有"工匠精神"的学生

创意产业需要具有"工匠精神"的专业人才，逸夫—秦伟校企联合包装大师工作室也将这一目标作为教学活动的宗旨。上海秦伟平面设计有限公司的设计总监和资深设计师亲自指导学生进行项目实施；提供学生参观知名企业的机会；邀请行业专家开展专题讲座等，均在向学生传递这样一种精神。

（三）带动校内教师项目培训

在工作室项目的推动下，教师培训结合教学实践、项目运作、作品实施等，将

教师培训常态化、精细化、项目化,实现了与创意产业人才结构模式相适应的培训机制目标。

(四) 校企共育人才,储备人才

人才培养、储备是需要有一定的长远眼光和行业实力支撑的。工作室的负责人——上海秦伟平面设计有限公司的总经理庞文艳正是这样一位有着行业责任感的公司领导人。在逸夫—秦伟校企联合包装大师工作室筹建开始,她就提出了为包装行业培养和储备一批立足专业长期发展的专业人才。而正是基于这样的目标,在工作室实施过程中,工作室从学生的项目参与、人员构成环节中不断推动和建立这样的合作机制。

(五) 辐射至更多课程

逸夫—秦伟校企联合包装大师工作室在包装项目实践课程的实践经验和具体实施办法通过项目任务进行了固化和梳理。上海市逸夫职业技术学校也将此模式进行了推广和交流,沈蓝校长也亲自莅临调研,并肯定了工作室的成果和经验。在今后的课程实践中,这样形式的校企合作和项目课程实施模式将在更多的专业与课程中予以推广和实施。

(六) 推动专业能级提升,可持续发展

在项目开展三年多时间里,视觉传达设计专业从学校重点专业,成功申报并完成了上海市中等职业学校品牌专业的建设任务;艺术设计方向也同上海出版印刷高等专科学校携手,获得上海市中高职贯通高水平专业建设项目,项目的开展也将更有利于校企联合工作室的不断拓展和专业能级的不断提升。视觉传达设计专业逸夫—秦伟校企联合包装大师工作室的成立是学校探索校企合作模式的借鉴。随着"逸夫—秦伟校企联合包装大师工作室"项目的深入实施,上海逸夫职业技术学校其他专业也进行了交流和学习,各专业也以此为模版分别成立了各自专业的大师工作室,大师工作室模式下的校企合作新常态在我校美术相关专业普遍铺开,成为了学校专业建设一个新的亮点和模式。

生物制药专业教学改革中的"产、教、研融合"

上海健康医学院　梁蓓蓓

内容简介：我校中高职贯通生物制药专业因专业紧贴社会需求所办，历届学生就业率达到95%以上，就业专业匹配度达到90%以上。生物制药中高职贯通专业将行业需求、教学、科研融合在一起，创新校企合作运行机制，立足于教学质量提升，注重科研师资团队发展，培养生物制药产业急需人才，是实施"产、教、研融合"人才培养模式的一次成功尝试。

生物医药产业是上海重点培育和发展的七大战略性新兴产业之一，根据《上海市生物医药产业发展行动计划》，上海市将优先发展生物制药，而生物制药的核心就是大力发展抗肿瘤、抗类风湿等抗体药物，加快治疗性基因工程疫苗的研发，积极推动抗肿瘤和治疗心衰等重组细胞因子药物的产业化，探索支持核酸药物、干细胞等前沿技术创新，带动上海生物制药产业快速发展。为了适应行业需求，我校中高职贯通生物制药专业因运而生，一路走来，我们的办学模式逐步在传统的教学方式中进行改革，形成了以"产、教、研融合"为特色的教学模式。生物制药专业"产、教、研融合"的教学改革其目标就是要培养符合行业需求、具备专业的生物制药知识技能，以及具有一定综合科研能力的生物制药领域的后备军，满足生物制药领域高速发展的人才需求。

一、"产、教、研融合"教学改革的开展

（一）创新校企合作运行机制，共育产业急需人才

在共育人才的基础上，我校与上海医药集团股份有限公司中央研究院共建

"上药集团高技能人才培养基地抗体药物张江实训平台",实现了引校入企。该项目于2014年获得了市上海市人力资源和社会保障局2887.52万元的财政资助,另加学校和研究院的投入,总计将投入6700多万元。该实训平台设备与国际接轨,按现行药品生产管理规范(current Good Manufacture Practices,简称cGMP)标准高规格建设,通过引进发达国家先进的课程资源,开展面向抗体药物生产高新技术的职前实训和职后培训,共同培养上海医药集团、上海乃至长三角地区抗体药物产业化所急需的高技能人才。

(二)从仿真教学走向全真教学,创新人才培养模式,加快课程体系建设,全面提升专业教学质量

2012级和2013级连续两年与上海医药集团股份有限公司中央研究院组建了18人的上海医药校企合作班,学生在"培养、纯化、检定"三大岗位群六个岗位内开展轮流定岗学习。校企合作班学生全程参与抗体类药物研发的全过程,切实体会生物药品生产的cGMP要求和各项工作的严谨规范。通过轮岗实训,学生具备了一定的抗体药物制备全局观,提升了职业素养和职业岗位技能。同时,校企合作班也反哺校内专业建设,实训中心引进校企合作班在上海医药集团股份有限公司中央研究院的真实实训项目,极大地促进了校内的仿真实训;专业教师也通过在中央研究院各岗位的实战练兵,将企业先进的技术引进到自身的课堂教学。

此外,本专业建设了由企业专家和专业带头人组成的"双名师"工作室,助推专业教师参与企业科研,加速青年教师的培养;共参加了64人次的各类培训,培训总课时达1300课时以上。开发了上海市级精品课程"生物发酵技术",编写了《细胞培养技术》《生物药物分析与检测》《生物大分子分离纯化技术》《生物药物制剂技术》4本校本教材。这些教材基本按照"理实一体、任务引领"的理念编写,突出了与企业真实任务的接轨,已获得多家相关专业的院校认可。为方便教与学,本专业开发了"生物药物分析与检测""细胞培养技术"等4门专业方向性课程的专家示教视频19个、教师教学视频14个、学生实训操作视频14个、渗透压检测等仿真教学软件6个,极大地丰富了专业教学手段和方法。

（三）高学历师资的引进带动生物制药后备人才科研能力的培养

在科研培养方面，学校大力引进学科科研带头人和博士学位教师，制订了科研激励计划，积极鼓励教师提升科研水平。近年来我校专业授课教师团队获批国家自然科学基金3项、市自然科学基金1项、厅局级课题8项等校外纵向科研课题共12项；获批校协同创新专项1项、校种子基金11项；横向合作课题6项，获得各类科研经费249万元；发表科研论文78篇，其中SCI收录45篇，获得上海市药学会青年论文二等奖1项、三等奖1项；申请专利10项。因为教师科研能力的提升，让我们更加重视教学与科研的融合及对生物制药专业学生科研能力的培养，我们每一届毕业生都有近6个月的时间开展毕业设计，大部分学生能够参与到学校或企业教师的科研项目中，撰写毕业论文，并在毕业之前对自己的科学研究内容进行论文答辩，初步具备了一定的综合科研能力。也可能是这个原因，我们毕业生就业的专业对口率高达90%以上。

二、"产、教、研融合"教学改革的效果

自2013年实现首次招生以来，已招收学生240余人，年均招生60人左右。第一届学生于2018年夏季顺利毕业，因专业紧贴社会需求，历届学生就业率达到95%以上，就业专业匹配度达到90%以上。尤其是校企合作班的建设，使本专业的学生更加符合行业需求。2012级校企合作班学生顶岗实习的专业对口率是94.4%，最终有一半学生与抗体类药物制造或研发企业签订了正式合约；2013级校企合作班学生大部分与各大生物医药高新技术企业签订了顶岗实习协议。使校企合作提升职业教育质量的宗旨以及培养适合生物医药行业发展要求的技术技能型人才的目标得以实现。

三、教学与科研融合的教学模式

（一）建设可供教学及科研共享的综合性实训室

根据生物医药行业的发展需求，我们进一步更新了相关设备，目前已能开展"摇瓶培养""3L生物反应器培养""超滤""层析操作""蛋白浓度检测""十二烷

基硫酸钠-聚丙烯酰胺凝胶电泳（SDS-PAGE）微粒检测""电导率检测""细菌内毒素定量检测""渗透压检测""毛细管电泳"等多项实训项目。专业实训室经能级提升后的各种设施设备正逐渐与国际生物制药的主流设备接轨，设备正向着精密化、复杂化方向发展。同时我们鼓励学生利用实训课程开展科研课题研究，申请国家级、校级创新创业项目课题，撰写各类科研综述及科研论文，更好地将科研融入到教学之中。

（二）提升教师教学水平，注重其科研能力的培养

近三年来，除了进行教学和课程的改革，在科研培养方面，大力引进学科科研带头人，提高博士学位师资比例；制订科研激励计划，积极鼓励教师提升科研水平，为教学科研的进一步融合奠定基础。

生物制药中高职贯通专业将行业需求、教学、科研融合在一起，创新校企合作运行机制，立足于教学质量提升，注重科研的师资团队发展，培养生物制药产业急需人才，是实施"产、教、研融合"人才培养模式的一次成功尝试。接下来，我们将继续推进"国际化、本土化、数字化"战略，以专业建设为着力点，不断深化人才培养模式改革，深化"产教融合"、校企合作，为上海战略性新兴产业——生物医药的创新发展培养需要的知识型、发展性技术技能人才。

让高职生走上研发工作岗位
——高职化工人才培养路径探索

上海应用技术大学高等职业学院　郁　平
上海信息技术学校　黄　虹
上海石化工业学校　邵　喆

内容简介：应用化工技术专业中高职贯通人才培养模式试点从2012年9月开始正式实施，迄今已有3届毕业生走上工作岗位。从就业分散、岗位目标与培养目标分离，到就业主要面向一流跨国化工企业，形成规模效应，应用化工技术中高职贯通专业走过了一段不断调整优化的改革之路。三所贯通合作学校主动寻求与一流企业合作，对标化工行业知名企业岗位需求，主动调整"五年一贯制"课程体系，面向上海市化工制造类和化工检测类企事业单位，培养了一批具有一定的文化基础、良好的职业道德和人文素养、能从事化工生产、控制、管理、化工检测、化学应用研发等相关工作的高素质技术技能人才。

一、案例背景

2017年6月至9月，上海应用技术大学高等职业学院首届应用化工技术专业学生学成毕业走向工作岗位，56名学生的就业岗位比较分散，真正进入知名化工企业或主流化工企业的人数寥寥无几，专业对口率不甚理想，学生专业思想也不够牢固。这引起了学院领导和专业教师的思考：专业发展之路在哪儿？专业培养目标如何实现？

二、探索之路

面对上述局面，三校主要领导审时度势，于2017年11月主持召开应用化工技术专业贯通人才培养总结分析会,邀请上海市教育委员会职业教育专家听取学校工作汇报,为贯通人才培养把脉指路。大家一致认为,校企合作是职业教育发展的根本之路。自此,高等职业学院化工专业教研室主动对接化工主流企业,宣传专业特色和优势,逐步开启应用化工技术专业校企合作之路。

2018年5月至2019年5月,学校相继与巴斯夫(中国)有限公司、中国石化上海石油化工股份有限公司、英威达尼龙化工(中国)有限公司签订战略合作框架协议,明确校企双方的权利和义务,校企双方在高等职业教育和培训工作中发挥各自优势,投入人、财、物,建立长期、稳定和紧密的校企合作关系。通过校企合作,学生就业在短短的一年内发生了显著变化:专业对口率从2017届的80%升至2019届的88.3%,尤其是到世界500强化工企业的就业率从2017届的7%提高到2019年的43%。

近三年应用化工技术专业学生就业情况表

毕业生届别	总人数	升学人数	进入知名化工企业人数	其他企业人数
2017届	56	4	4	48
2018届	66	2	12	52
2019届	77	2	42	33
备注	2017届学生:巴斯夫(中国)有限公司1人,上海杜邦农化有限公司1人,科思创聚合物(中国)有限公司2人 2018届学生:华谊新材料有限公司5人,巴斯夫(中国)有限公司6人,通用标准技术服务(上海)有限公司1人 2019届学生:华谊新材料有限公司4人,巴斯夫(中国)有限公司13人,上海石化股份有限公司16人,合全药业股份有限公司4人,佳化分析技术(上海)有限公司5人			

三、主要措施

(一)加强课程思政,培养专业认同感

通过高职段的专业课程调整,加强了绿色化工和现代化工生产技术的宣传教育,让学生既了解了化工与人们日常生活之间的密切联系,又认识到自身在充分利用资源、化工安全生产、保护环境、推动人类生活协调发展方面的责任与担当。

定期请化工企业的能工巧匠进校园与学生面对面交流,如邀请上海华谊新材料有限公司的劳动模范李君来校宣讲,正面激励和引导学生认识化工行业的发展前景,树立岗位成才的信心。

(二)优化课程体系,适应岗位需求

通过深入行业企业岗位调研和对地区经济发展的分析、预测,根据人才培养目标要求,按照职业岗位群和职业资格证书提出的能力要求,突出核心岗位并兼顾迁移岗位,构建"五年一贯制"应用化工技术专业课程体系框架,优化课程标准,确定课程内容与考核标准。

从2017级高职段学生开始,除保留原计划主干课程外,陆续为学生开设基础化学、化工产品检测、大学英语、化工生产安全技术、制药技术、工业催化、绿色化工,使学生的专业知识体系真正做到螺旋循环、巩固提升,在做精、做强化工生产技术专业方向的同时,拓宽了学生的岗位适应能力,使学生的就业岗位从单一的化工生产操作拓展到与分析检测、实验室研发齐头并进。

(三)建立保障机制,推动深度融合

近两年来,学校重新完善修订旨在保障校企合作有效深入开展的系列制度,如《高等职业学院关于推进"2+1"教学模式的意见》等多个制度文件,确保学生企业实习的质量。同时,高等职业学院邀请企业专家担任学院教学委员会成员,指导"一流专业建设"及人才培养方案的调整优化。学院还每年召开"产教融合"研讨会,及时研讨深化校企合作、就业后岗位成才等有关人才培养的重大问题,有力地推动了高等职业学院教育教学的各项工作。

(四)加强过程管理,确保高质量的企业实习

学院把毕业生实习管理作为教育教学的重要工作来落实。实习过程的监督、检查与管理由专业主任携手专业实习任课教师、学生辅导员、教学管理人员、企业实习负责人组成实习管理工作小组,各司其职。各小组在实习开始前要制订小组工作计划,计划需包含:组内成员的工作职责、到岗检查时间安排表、检查结果反馈方式等。实习前专业实习管理工作小组组长负责给每个班级召开实

习动员和说明会议,让每一位同学了解实习的意义、内容、方式和注意事项。

(五) 加强校企互动,不断深化合作内涵

高等职业学院每年都要做好毕业生的岗位调查工作,并分析企业人事部门、装置主管、学生本人等的意见,以此作为改进教学的依据;同时,加强校企各层面的沟通。学院领导通过各种形式与企业高层领导交流,洽谈规划校企合作的新内容、新载体;教师与企业工程师、技术人员互动联络,促进教师不断更新知识,紧跟技术发展;同时,定期邀请企业专家来校开设专业讲座,让师生了解现代化工、产业发展新体系,掌握基础化工向新材料、新能源、新环保、新用途转型的新趋势。

四、实施成效

通过校企合作和不断优化调整教学手段,应用化工技术中高职贯通专业学生的就业质量越来越接近专业的培养目标,有些甚至受到企业的"重用",产生了积极的社会效应。这里,仅举一例。

2019年9月,上海应用技术大学高等职业学院2020届应用化工技术中高职贯通专业的11名学生,进入巴斯夫新材料有限公司科技研发部,开始了为期一年的企业实习和培训。这次实习和培训的目标是要让这些学生具备一定的实验室技术开发工作能力,实现与入职该公司相应技术研发岗位的要求无缝对接。为了实现这一目标,巴斯夫新材料有限公司腾出专用培训场所和装备,并专门配备了2位具有德国"双元制"培训经历和丰富实验技术的高级工程师、1位专职英语外教,可谓不惜重金。学院教师于2019年10月曾深入这家企业,实地考察了学生在企业的培训过程,亲身感受了跨国企业对"准员工"培训的开放和严谨,对企业培训所采用的案例教学、互动式交流、开放式答题,以及融洽的师生关系,留下了深刻印象。巴斯夫新材料有限公司培训主管对学校介绍说:"对学生的整个培训在研发部的真实环境中进行,时间跨度一年,培训与实践交替进行,真正体现德国'双元制'特点,同学们在这样的环境下培训和实习,动力和压力并存,但我们会有措施帮助每一名学生,如果最后考核合格,都会留在巴斯夫上

海创新园从事实验室技术开发工作。"

五、总结展望

近年来的实践证明了校企合作是中高职贯通培养高素质技能型人才的重要模式,是实现人才培养目标的根本途径。提高中高职贯通教育人才培养质量,必须树立为社会和企业服务的理念,主动面向市场、对接企业,走可持续发展、良性循环的校企合作之路。

校企合作提升专业素养,"工学交替"服务上海进博会

上海民航职业技术学院航空运输系　丁　磊

上海市信息管理学校　罗长安　朱海峰

内容简介：上海民航职业技术学院为了提升民航运输中高职贯通专业学生的专业素养与职业能力,引进了企业职业技能要求与规范。2018年9月,上海民航职业技术学院、上海市信息管理学校与上海机场贵宾服务有限公司达成校企合作协议,共同推动以"提升技能,服务进博"为主题的"工学交替"的实践教学活动。以上海进博会为服务平台,将"服务保障上海进博会"作为"工学交替"的重点项目纳入三年级教学计划,既提升了民航运输专业中高职贯通学生的专业素养与职业能力,又直接服务和保障了上海进博会,同时充分体现了中职、高职两所院校的社会责任与办学责任。

一、引言

自2014年2月,上海市教育委员会正式批复同意上海市信息管理学校与上海民航职业技术学院开展民航商务专业中高职贯通(2016年根据教育部目录变更要求更名为"民航运输专业")办学项目以来,两所院校利用各自的优势,为学生创造了一个良好的学习环境。为了更好地实现贯通专业人才的培养目标,自2018年开始与上海机场贵宾服务有限公司合作,将"服务保障上海进博会"作为"工学交替"的重点项目纳入三年级教学计划,该"工学交替"项目的制定积极围绕民航运输中高职贯通专业人才培养方案中关于"具备一定的民航旅客运输、航空地面服务、民航客票销售、民航货物运输相关操作能力"这一目标开展专业岗位实践,既提升了民航运输中高职贯通专业学生的专业素养与职业能

力,引进了企业的职业技能要求与规范,也直接服务和保障了上海进博会,同时充分体现了中职、高职两所院校的社会责任与办学责任。

二、"工学交替"服务上海进博会

民航运输专业中高职贯通办学项目获批后,上海民航职业技术学院与上海市信息管理学校就开始磋商如何利用两校各自的优势来做好联合办学,在人才培养计划中,也特别强调了开展校企合作模式下的各类实践类教学活动。

(一)方案论证

两校考虑到通过"工学交替"的方式参与上海进博会服务保障工作,一方面能够很好地锻炼与提升学生的专业素养和技能;另一方面能够开拓学生的专业视野,为学生在高职阶段学习与就业奠定更扎实的基础。为此,中职、高职两所院校与上海机场贵宾服务有限公司开展了充分的协商与可行性方案论证。

(二)签署校企合作协议

2018年9月29日,在上海民航职业技术学院的共同参与下,上海市信息管理学校与上海机场贵宾服务有限公司签署了校企合作协议。民航运输专业中高职贯通班的同学从2018年第一届上海进博会开始,今后的每届学生都参与到了上海进博会的机场贵宾服务保障工作中去。这既服务了上海进博会,也完成了自身的"工学交替"学习活动,学生的专业素养与社会责任感都得到了大幅度提升。

(三)专业课程内容优化与补充

签署校企合作协议后,两校领导高度重视,多次在中高职贯通联合教研组会议上开展针对上海进博会服务活动的相关研讨,形成了"保障学生参加服务上海进博会及志愿者活动"的一系列意见与建议。根据这些意见与建议,教师在平时的专业课教学中,就开始进行了有关上海进博会知识的渗透与教授。如在"民航国内旅客运输"课程中,对上海机场贵宾服务有限公司的工作任务以及工作范围作了介绍；在"航站楼旅客服务"课程中，对机场的各个工作岗位进行了详细讲解；在"民航旅客订座"课程中，对旅客的订座知识作结合上海机场集团贵宾服务有限公司工作实际的讲解；在"民航服务礼仪"课程中，根据上海机场贵宾服务有限公司的礼仪要求对学生进行知识传授；在"民航旅客服务心理"课程中，对志愿者活动中可能遇到的各种旅客心理状况以及应对措施作了针对性讲解；在"民航商务英语""民航商务英语口语""民航商务日语"课程中，对在上海进博会期间可能遇到外籍人士的外语服务情境进行了语言知识强化。

（四）专业实践课程培训与训练

为了让学生强化专业意识，更快地适应岗位工作要求，上海民航职业技术学院航空运输系派出专业实训指导教师，在"离港系统实训课""订座系统实训课"课程中，对上海机场贵宾服务有限公司目前所使用的订座系统、值机系统进行了系统培训与操练，确保每位学生都能够在系统操作应用上做到技能熟练、反应迅速。

（五）企业培训专员岗前培训与选拔

在参与"工学交替"的学生上岗前，上海机场贵宾服务有限公司培训部的企业专家提前介入到学校教学中，在学校内对学生开展了一周岗前培训和考试。主要培训内容包括上海机场（集团）有限公司企业文化、主要工作岗位与技能要求、基本礼仪与沟通技巧、上海机场贵宾服务有限公司相关规章制度等。

（六）"工学交替"岗位实践阶段

"工学交替"开始后的第一周属于见习期。学生分别被分配到虹桥和浦东2个机场的4个航站楼和1座卫星厅，由专门的值班主任和带教师傅负责带教，上海机场贵宾服务有限公司培训部给所有学生在机场实地上了岗前第一课。为了确保所有学生能够尽快地适应工作岗位，上海机场贵宾服务有限公司每天都配备4位值班主任和12位带教师傅，全程对学生进行管理与岗位指导。第一周是忙碌的学习期，对于刚踏出校门的学生来说，书本上的知识一下子转换成了实际的操作，需要学习的东西非常多。校企三方依据人才培养方案相关技能要求制订的第一周跟岗方案，主要跟岗内容有：贵宾的引导服务工作（迎宾服务）、贵宾室内服务（茶水饮料食品服务、登机提醒服务、机票退改签服务）、重要旅客送机服务（从贵宾厅引导至专用贵宾安检通道，即头等商务通道或者专用贵宾通道，引导贵宾通过安检，引导至登机口登机）、重要旅客接机服务（从廊桥或者摆渡车停靠点接待指定旅客，引导至机场出口或者指定区域VVIP要客服务）。经过一周时间的带教，学生在待人接物上成熟了不少，业务也越来越熟练。从第二周开始，值班主任们逐步开始"放单"，让学生自己独立完成企业师傅带教的任务。学生佩戴着禁区通行证，独立带领乘客办理登机牌，引导贵宾通过安检通道，送入VIP贵宾厅并提供服务，直至送登机、接机。与此同时，中职、高职两所院校的相关领导、相关班级的班主任以及两校相关航空专业的教师也同步到达"工学交替"现场，确保每天、每个机场、每个航站楼都有教师同时抵达机场现场解决、协调问题，帮助学生更好地理解、完成企业实践工作，从而有力地帮助学生完成上海进博会志愿者工作。第一届上海进博会志愿者学生在为期一个月的"工学交替"学习时间里，非常好地完成了上海进博会志愿者服务工作，得到了上海机场贵宾服务有限公司的高度肯定。两所院校在学生完成"工学交替"后，在联合教研组会议上根据企业的反馈，及时对上海进博会机场志愿者工作作了总结与反思，指明了以后工作改进的方向。

经过两届上海进博会上海机场贵宾服务有限公司的"工学交替"工作，中高职院校教师通过实地走访、学生座谈、校企会谈、学生调研等多种形式了解了学生岗位实践学习全过程。两届学生在"工学交替"实践学习中，专业能力得到了锻炼，岗位实践虽然只有一个月，但使得学生可以把在校学习的相关理论知识、技能与实践相结合，大大提升了学生的职业素养与专业能力，尤其是实践操作能力。学生都在座谈会中表示职业视野得以更加开阔，职业方向也有了更多的思考，收获很大。

三、体会

通过两校的共同努力，目前中高职贯通班的学生已经成功参与了两届上海进博会机场服务保障工作,受到了上海机场贵宾服务有限公司的高度好评。学生在"工学交替"的过程中,对自己未来的岗位也有了初步认识,职业技能与素养也得到了操练与提升。两所院校中高职贯通能够使得资源互通互补,共谋专业发展,共享专业成果。通过连续两届服务上海进博会"工学交替"活动,我们看到中高职贯通专业共建共享的效果得到充分体现,"1+1"发挥的作用肯定大于"2",中高职两校获得了更好的提升与发展,同时也让学生收获更多、发展更好。

中高职教育贯通培养企业跟岗实习的实践研究
——以市政工程技术专业为例

上海市城市建设工程学校（上海市园林学校） 程　群

上海城建职业学院　汪瑞峰

内容简介：上海城建职业学院与上海市城市建设工程学校（上海市园林学校）自2013年开始，试点市政工程技术专业中高职贯通人才培养模式。该专业的教学实施方案在完成了前期专业基础操作模块课程之后，安排学生进入企业进行跟岗实习。本文就跟岗实习的实践探索，从校企合作、实习评价方式、实习管理等方面进行研究，为中高职贯通人才培养模式的校企合作培养高素质技能型人才寻求新思路和新方法。

一、前言

经上海市教育委员会批准，上海城建职业学院与上海市城市建设工程学校（上海市园林学校）于2013年9月开始进行市政工程技术专业中高职贯通人才培养模式试点工作，本专业教学实施方案采用理论教学"2+1.5"与实践实习（0.5+1）"工学交替"的形式，体现为知识与能力螺旋式上升的人才培养模式。学生先在校完成两年的文化基础课程、专业课程与实训技能课程等的教学任务，于第五学期进入中职阶段"0.5"的实践实习环节，该环节即为跟岗实习教学环节，由学校教师与企业专业技术人员共同指导。学生通过亲身参与企业实践活动，将课堂所学的专业理论知识、实务技能与具体的工作实践相联系，对职业素养、职业岗位等有了初步的感性认识，有助于学生初步形成职业意识，为中高职贯通教学后阶段专业课程的延伸和拓展奠定了良好基础。

跟岗实习是市政工程技术专业中高职贯通五年长学制培养模式的重要环

节,是提升学生专业技能、树立职业意识的重要教学活动,同时借实习中反映出来的问题,不断更新教学内容和组织形式,提高教学质量,为推进中高职贯通教学模式改革试点提供有益借鉴。

二、跟岗实习的教学实施策略

(一)实习管理模式运作的策略

为保证跟岗实习的有序进行,两校专门成立实习工作小组,由中职校分管校长进行统一领导和协调,并由教学部具体实施,全面负责本次跟岗实习的计划、组织、实施、检查和总结。实习工作小组经过充分准备,组建了学校和企业"双导师"管理团队,校企合作共同做好跟岗实习的各项工作。学校导师团队由教学部分管教学的主任、带教指导老师、班主任等组成,负责学生的分组、日常管理、考核等各项工作;企业导师团队由企业人事负责人、带教师傅等组成,负责学生在企业的实习管理、安全教育、企业文化指导等。同时校企管理团队在实习前、实习中以及实习考核阶段加强联系,全力做好学生跟岗实习的保障工作。

(二)实习企业选择的策略

对跟岗实习企业的选择,主要通过现有的校企合作平台,选择专业对口、管理理念先进、有社会责任的企业,有助于学生将在学校所学与企业实践有机融合,吸收先进的企业文化,使跟岗实习的效果最大化。实习工作小组根据市政工程技术专业就业岗位群的特点,遴选了11家企业,包含道桥施工、市政养护、工程测量等相关工作岗位。

(三)学生分组的策略

跟岗实习不同于顶岗实习,对学生的基本要求是能在企业中多看、多思、多想,并在力所能及的情况下参与工作岗位中简单的辅助工作。跟岗实习学生以小组的形式下企业,一是便于企业进行管理,同时又可以方便学生进行沟通与交流,因此将学生以3—4人为一组。分组时考虑以下几个因素:(1)根据工作岗位的特点有侧重点地进行男女学生安排,比如测量工作以男生为主,而资料管理则以女生为主;(2)考虑在校表现的搭配,比如每组学生中尽量安排一位班干部,便于对学生实习期间的日常管理以及学生与带教老师之间的反馈沟通。

(四)评价方式的策略

跟岗实习期间要求学生搜集和工作岗位相关的资料,在实习结束时完成跟岗实习报告,制作汇报PPT,并进行实习答辩。跟岗实习的考核,采用过程性评价与终结性评价相结合的考核方式。过程性评价包含日常出勤、劳动纪律和学习绩效的评估,终结性评价主要针对跟岗实习报告,以总结发表和现场答辩方式,均由"双导师"管理团队联合实施,每个学生将实习所学以及感悟通过汇报答辩的形式进行呈现,既锻炼了学生总结和思考的能力,同时也让其他学生更多地了解企业文化和工作岗位,起到了较好的效果。

三、跟岗实习的实施成效

跟岗实习教学环节完成之后,对参与过实习的49名学生以及11家企业分别发放了调研表,对实习的效果进行评价。49份学生问卷调查,共回收有效问卷48份,回收率达到97.9%;而11家企业,73%为国有企业,27%为民营企业,基本以施工、养护、检测单位为主,都是与学校建立良好校企合作的企业。

调查中,我们发现有95%的学生认为最重要的实习目的是"提高处事能力,为从学生向职场人能力转变作准备",约87%的学生认为是"提高专业技术水平,提高理论联系实践能力";93%的学生认为通过跟岗实习提升了岗位适应能力,约87.5%的学生认为是交流协作能力。这两项素质也是学校教育中比较难以提高的短板,凸显出了跟岗实习工作在学生能力素质提高方面的重要性。

(一)综合职业素养明显提高

跟岗实习是学生在专业知识和技能积累到一定程度、具备了一定的职业素养后进行的。当学生进入企业进行跟岗实习时,一方面企业带教的指导老师把他们当作自己的徒弟;一方面学生自己把自己定位为企业的"职工",并能在企业带教老师的指导下完成一些简单的辅助工作,加上企业文化的熏陶,因此学生的综合职业素养得到了明显提高。

(二)交流协作能力大幅提升

跟岗实习在学生的安排上,通常较分散,学生被散布在各个实习单位。由3—4名学生作为1个团队,由1位企业带教老师进行指导,在完成实习任务的过程中,学生需要与企业的指导老师、团队中的其他学生一起沟通交流,在这种情况下,学生能进行更多的有效沟通,对他们的交流协作能力的提升和沟通技巧的形成产生了重要影响。

(三)专业学识运用能力逐步形成

在跟岗实习的岗位上,学生需要直接面向生产,在实践过程中对所学理论知识有了感性认识,知识和技能融会贯通。在跟岗实习初期,虽然学生处于适应和习惯阶段,但随着时间和机会的积累,这种知识和技能综合在一起运用,学生的能力就会被不断强化和放大;到了跟岗实习中后期,学生的学识运用能力有了明显提高。跟岗实习教学实践已经表明,学生的专业学识运用能力在积累中已经逐步形成。

(四)专业教学团队结构更趋合理

跟岗实习中的企业指导教师,从表面上看只是为了解决学生的跟岗实习而为之,但实际上学校聘用他们,不仅因为他们很好地改善了师资队伍结构,而且他们与学校的带队教师一起共同组成跟岗实习教育教学和管理团队,其教学、管理的方式与行为直接影响了学校的专业教师团队。

(五)专业教学改革循序发展

在对学校今后教学改革方向的调研中发现,学生最希望学校能加强职业道德素养(占83.88%)、团队合作与沟通能力(占81.25%)、专业技能操作(占79.17%)三方面的素质培养,而这3项素质提高最有效的方法都是基于实践,所以我校应继续加强学生的实践课程开展,努力提高他们的职业素养及团队沟通等能力。而企业的关注点则主要是学生的自主学习意识和能力（占54.55%），吃苦耐劳精神、团队合作与沟通能力、职业资格等（占27.27%），远高于对专业技能水平（占9.09%）的要求。跟岗实习的反馈为今后教学改革指明了方向。

四、结语

跟岗实习的研究与实践，虽然从目标设定、操作层面、成效检测等方面考量是成功的，但是针对中高职贯通专业实施的跟岗实习在校企合作长效机制建设、实习跟踪管理、学生在各企业实践中由于企业工作性质不同引起的差异化、考评机制的科学有效性等方面还有很多问题需要我们去探索。

"产教融合"助提升,"合作发展"促双赢

上海市城市科技学校　黄　鸽
上海城建职业学院　吴香香

内容简介:"产教融合,合作发展"的人才培养模式是一种以培养职业人才为目的的教育模式。多年来,上海市城市科技学校与上海城建职业学院以建筑工程技术中高职贯通专业建设和人才培养试点工作为载体,积极搭建校企合作平台,通过建基地、办竞赛、共教研、搭平台,共同探索校企协同育人新模式。

"产教融合"是职业教育的本质特征,校企合作是职业教育的基本要求。2015《教育部关于深化职业教育教学改革全面提高人才培养质量的若干意见》(教职成〔2015〕6号)将"坚持产教融合、校企合作""坚持工学结合、知行合一"作为提高人才培养质量的基本原则。2017年《国务院办公厅关于深化产教融合的若干意见》(国办发〔2017〕95号)阐述了深入"产教融合"的任务、要求和标准。2019年,国务院《国家职业教育改革实施方案》(国发〔2019〕4号)中提出促进"产教融合",校企"双元"育人,"坚持知行合一、工学结合",推动校企全面加强深度合作。一系列文件的颁布与实施为进一步深度校企合作奠定了基础。

2014年开始,上海市城市科技学校与上海城建职业学院联合开展建筑工程技术中高职贯通人才培养专业试点。多年来,两院校秉承"校企合作、产教融合"的理念,聚焦建筑工程技术中高职贯通专业人才培养,积极搭建校企合作平台,探索校企协同育人新模式,共同培养符合建筑行业发展需求的高素质技术技能型人才,成效显著。

一、共建共享助力发展

"产教融合,合作发展"的人才培养模式是一种以培养职业人才为目的的教育模式,是把职业教育纳入经济社会发展和产业发展规划,促进职业教育规模、专业设置和经济社会发展需求相适应的重要途径。如何系统规划、阶段落实、有序推进,这是深度校企合作能实质性发展的重要问题。

(一)建基地,搭建协同育人平台

建筑工程技术专业开展中高职贯通人才培养以来,两院校在原有校企合作的基础上,充分发挥合作优势,积极推进校企合作基地共建共享,拓展基地数量,推进深度校企合作。近年来,专业携手行业知名企业共同开辟校企合作新途径,构建合作新模式,充分调动社会资源,依托企业优势,构建校企合作与人才培养新机制。专业同上海建工集团、上海市基础工程集团有限公司、世界500强巴特勒(上海)有限公司、上海科瑞真诚建设项目管理有限公司、费斯托(中国)有限公司等开展多种形式的深度校企合作。

(二)共谋划,校企合作共建双赢

以校企合作项目建设为载体,整体规划,阶段推进,促进校企合作成果积累和转化。通过校企合作,依托高校指导,充分利用企业优质资源,聚焦专业实践教学环节,进一步实践创新专业人才培养模式,实现学生"基本技能—专项技能—综合技能"的递进式提升,共同培养符合建筑行业发展需求的高素质技术技能型人才,助推建筑工程技术专业发展与提升的同时,服务行业企业,实现校企合作共建双赢。

二、校企合作助推建设

近年来,上海市城市科技学校与上海城建职业学院以建筑工程技术中高职贯通专业人才培养为载体,开展深度校企合作,共享优质资源,助推专业发展与提升。

（一）办竞赛，激发职业兴趣

校企合作开展技能大赛，是学校与企业进一步深度校企合作、"产教融合"、协同育人的实践过程。近年来，专业携手励精科技（上海）有限公司、巴特勒有限公司、上海市隆古建筑装饰工程有限公司等相继合作开展"宾得杯"测量技能大赛、"巴特勒杯"建筑计算机辅助设计（CAD）技能大赛、"隆古杯"实测实量技能大赛。大赛对接行业企业标准，贴近真实生产环境，"以赛促教"，注重学生"工匠精神"的培养，促进学生专业实践能力和教师专业能力水平的提升与发展；同时，对接世界技能大赛、全国职业院校技能大赛和市级各类技能大赛，依托高校优势，专业聘请多名"上海工匠"指导创新职业技能社团，让精益求精、刻苦钻研的"工匠精神"在学生心中生根发芽。2016年至今，两院校携手费斯托（中国）有限公司、多卡模板（上海）有限公司等世界知名企业积极承办世界技能大赛建筑类项目全国选拔赛、上海市选拔赛，通过世界技能大赛服务、技术支持、选手培养等工作，为专业学生的培养搭建了更高的技能学习与提升的平台。

（二）共教研，实现技能提升

1. 校企合作共建项目，指导专业综合提升

组建校企合作建筑工程技术专业指导委员会，邀请行业专家参与项目建设，指导专业教学实施方案和课程标准优化、实训中心能级提升建设、专业课程建设等工作。2014年开始，校企合作建设1个共建共享实训室，开展了4门专业课程建设，完成了"建筑工艺施工综合实训"项目优化及项目施工与构造节点信息化教学资源建设。在校企合作推进项目建设、课程改革的同时，为本专业课程设置优化和专业建设的深入发展搭建了良好的互通平台，有效提升了专业综合实力。

2. 讲座引领迈向职场，开拓视野提升能力

充分利用校企合作优质资源，以公司技术专家为引领，创新课程教学模式，拓展专业教学资源，推进"迈向职场"行业专家进校园系列讲座。依托校企合作专业指导委员会和高校专家资源，组织行业企业专家开展专题研讨，优选内容，确定了学生职业规划、建筑行业发展趋势、建筑专业四新技术、建筑专业规范解析4个方向。组织"迈向职场"行业专家进校园系列讲座，每期15讲，有效开拓学生专业视野，提升职业意识和专业能力。

3. 聚焦实践教学环节,创新人才培养模式

依托校企合作平台,专业积极探索协同育人新模式。组织行业企业技术人员进课堂,聚焦专业"认知实习、课程实践、综合实训、顶岗实习"4个环节,充分融入企业资源,对接行业企业标准开展实践教学与指导。在认知实习阶段,校企合作指导学生进入企业了解岗位职业要求,参观典型工程施工现场,开展建筑市场调研;在课程实践、综合实训阶段,专业教师协同企业技术人员共同开展实践教学;在顶岗实习阶段,组织学生进入企业,有针对性地指导学生熟悉真实的岗位操作流程,掌握相应岗位技术要求,提升学生的专业职业能力和就业能力。除此以外,在聚焦实践环节教学,校企合作组织专业教师开展企业实践,加强"双师型"教师培养。

4. 试点"1+X"技能认证,促进学生技能提升

校企合作积极推进专业"1+X"技能考核。上海市城市科技学校作为全国建筑计算机辅助设计(CAD)、建筑信息模型(BIM)技能等级考试培训点,上海城建职业学院作为"1+X"建筑信息模型(BIM)认证试点工作牵头院校,负责初级模块建筑信息模型(BIM)建模项目建设工作。以此为契机,在中高职贯通联合教研基础上加强校企深度对接,聚焦专业"1+X"技能考核,研讨优化课程设置,并顺利推进了"1+X"建筑信息模型(BIM)信息化技能认证,促成建筑工程技术中高职贯通专业学生在中职阶段学习获取建筑信息模型(BIM)初级证书,到高职阶段进一步学习获取建筑信息模型(BIM)中级证书,实现学生的专业技能随着学习阶段提高而提升。

(三)搭平台,推广技术应用

关注行业高新技术发展,在新工艺、新技术引入专业教学的同时,校企合作搭建专业服务平台,深度开展专业新技术的应用与推广,进一步服务企业、服务行业,在建筑制图新技术计算机辅助设计(CAD)和建筑信息模型(BIM)技能人才培养和推广方面实施了积极的举措。近年来,校企合作相继为工程施工企业、建设咨询公司、项目管理及建筑设计单位等专业技术人员进行技能培训与鉴定;同时积极对接校企合作基地单位,量身打造新技术培训,引进世界先进奥地利多卡模板技术等,将高精尖产业应用到实践教学的同时,服务企业培训,帮助企业开拓专业视野,加速行业技术发展,服务地区经济技术发展。

三、携手共建引领发展

近年来,校企合作得到了政府的高度重视和支持,两院校与企业共同携手,有效推进与实施,在专业人才培养模式改革、师资队伍建设、专业人才质量提升等方面都取得了很好的成效。

(一)创新形成校企合作实践教学模式

通过校企合作,聚焦"认知实习、课堂实践、综合实训、顶岗实习"4个环节,优化创新形成阶段递进式校企合作实践教学模式,有效助推建筑工程技术专业人才培养质量的提升与发展。

(二)校企合作项目引领教师发展提升

通过校企深度合作,专业教师积极参与企业实践、校企合作开发团队进行研讨交流、课程开发、资源建设及讲座学习等活动,进一步帮助教师了解行业实际、参与专业实践与学习,有效提升教师专业实践能力和专业综合能力。

(三)促进贯通专业人才培养质量提升

深度"产教融合、校企合作"进一步助推了专业人才培养质量的提升与发展,贯通人才培养成效显著。近三年,专业学生参加全国职业院校技能大赛共获得一等奖1个、二等奖4个、三等奖12个;参加上海市"星光计划"职业院校技能大赛共获得一等奖1个、二等奖7个、三等奖5个,其中3个项目荣获团队一等奖;1名同学荣获2017中国国际技能大赛"精细木工"项目金牌;2018年5名学生入围第45届世界技能大赛"精细木工、家具制作、木工"项目国家集训队;2019中国技能大赛暨第46届世界技能大赛上海市选拔赛,有3名同学荣获第1名。

我们相信,随着校企合作的深度推进,院校与企业携手,协同育人,着力强化合作联动,推动校企深度融合,将进一步推进建筑工程技术中高职贯通专业教育教学改革,提高专业人才培养质量,为上海加快建设"五个中心"和具有世界影响力的社会主义现代化国际大都市作出新贡献。

课堂实训与企业实践结合,校企合作共育时代工匠
——记"义齿制作生产性实训"系列特色课程的构建

上海健康医学院　王　凯　陈凤贞

内容简介: 中高职贯通人才培养模式是一种现代教育模式,上海健康医学院中高职贯通口腔医学技术专业针对专业教学有着连贯式培养、一体化课程设计的要求,通过整合课程内容与教学资源,将校内课堂实训与企业生产实践相结合,开设了校内外义齿制作生产性实训系列特色课程,通过"校企合作、共同育人"探索出了中高职贯通口腔医学技术专业教学新思路。

随着社会经济的发展,职业教育在我国教育体系中的作用和地位日益凸显,口腔医学技术专业中高职贯通培养已成为专业技术人才培养的重要途径之一。上海健康医学院中高职贯通口腔医学技术专业自2011年开始招生,学生为初中毕业,经专业面试及文化课统考入读中高职贯通教学试点班,专业人才培养目标是能够将学生培养成满足社会需求、符合岗位标准、紧贴行业发展的合格的口腔医学技术人员。由于专业人才培养凸显"课程体系新""培养时间长""学生基础差异大"等问题,同时针对中高职贯通专业教学又有着连贯式培养、一体化课程设计的要求,专业通过整合课程内容与教学资源,将校内课堂实训与企业生产实践相结合,开设了校内外义齿制作生产性实训系列特色课程,通过"校企合作、共同育人"探索出了中高职贯通口腔医学技术专业教学新思路。

一、匠心营造,校企共建特色课程

中高职贯通口腔医学技术专业学生培养的特殊性在于专业中职阶段生源的差异性较大,但学生的专业思想相对稳定;到了高职阶段,学生积累了一定的专

业理论与实践知识,经过了专业素养熏陶,有了临床见习经验。在面对新的学习时,学生的学习基础、学习习惯、学习能力、学习动机以及对专业的理解较中职阶段有了很大的不同——此时,他们热爱专业,但又对即将步入的职业岗位有着强烈的敬畏之心。校内外义齿制作生产性实训系列特色课程通过系统化整合课程资源,即将义齿制作行业生产流程及作业标准早期融入校内课堂教学,而校外实训课堂中企业教师严把基础知识关,对学生开展个性化教学,此举成功地搭建了校内课堂与生产岗位的互通"桥梁",探索出理想的培养模式,解决了高职阶段课程重复设置等问题,使学生在认识口腔正常结构与功能以及具备口腔常见修复体制作基本技能的基础上,在能够正确应用口腔材料及正确使用口腔设备的前提下,深入掌握各类常见义齿制作工艺的基本知识,获得常见修复体制作的技能,养成认真求实的学习作风和精益求精的职业素养。

校内外义齿制作生产性实训系列特色课程主要包括"义齿制作生产性实训"(校内)(160课时)、"义齿制作生产性实训"(校外)(128课时)以及"专项技能实训"(64课时)。课程开设前学生在专业基本理论、操作方面已有了一定基础。"义齿制作生产性实训"(校内)课程教学立足于理论服务于实践,加强了学生理论与实际相结合的能力。在教学过程中通过教师引导和学生自主开展案例分析讨论和学生提问与教师解答、指导有机结合,让学生在学习过程中熟练掌握相关技能的操作,掌握口腔设备的使用。"义齿制作生产性实训"(校外)课程的学习需深入企业一线义齿生产岗位,企业委派行业一线从业人员全程负责指导,确保每个学生深入了解义齿制作企业的工作环境,巩固学生在校学习的理论知识与实践能力,以实际工作环境对学生的专业技能进行实训巩固。"专项技能实训"课程作为系列课程的延续,重在指导学生正确运用各类口腔修复设备及器械完成各类临床常见的个性化义齿的制作,为学生从事口腔修复技术工作打下了扎实的基本功。

二、温故知新,从专业技能提升到综合素养提升

学生普遍反映校内外生产性实训系列特色课程通过对知识、技能的"温故知新",令自己的专业能力掌握得更全面、操作更娴熟。88.5%的学生认为在学

习校内外生产性实训系列特色课程中,以往专业课学习的技能得到了很好强化和巩固,同时在生产性实训中又掌握了新的技能或知识点;86.7%的学生表示得到了带教老师"制作经验"的传授。

校内外生产性实训系列特色课程与单一项目的专业课不同:多个实训项目同时进行,课程进度、实训要求同企业生产标准看齐,因此对于学生交流合作、统筹规划及表达等综合能力的要求更高。超过70%的学生认为校内外生产性实训系列特色课程有效提高了其综合职业素养,主要包括与人合作共事的能力、统筹安排时间的能力、专业交流和表达的能力,对工作的态度也更加严谨。综合职业素养的培养在以往专业课实训中不够突出,生产性实训综合开放的工作模式能有效帮助学生提升综合职业素养。

通过校内外生产性实训系列特色课程教学的开展,学生在义齿制作专项技能的提升上效果是显著的。首先,通过集中生产性实训的方式,学生在完成校内课程规范化培训的同时,还感受到了校外实训基地的工作环境及工作节奏,增加了一份在校内实训无法体会到的紧迫感。将这份职业精神融入实训过程中,学生的实训操作技能得到了进一步提升。其次,专业学生对于实训操作中的全局观念有了一个初步认识,部分学生已经能够较好地运用实训操作中的间隙时间,开始学习另一个实训操作内容,这为专业学生将来走上工作岗位能够合理地安排自己的工作节奏和工作内容奠定了基础。

以往的专业学习中,专业学生均能够掌握课程所设立的实训内容,但部分学生对于实训操作自信度欠佳,造成能够独立完成操作、敢独立完成操作的学生不占多数;通过校内外生产性实训系列特色课程的巩固学习,很多学生已经能够独立完成实训操作,学生的实训操作自信心显著增强。

三、天堑变通途,学生从校园顺利步入企业

通过教学实践,针对校内外生产性实训系列特色课程制订了规范化的课程标准,更精准地明确了各课程教学目标、校企合作育人方向。在课程教学中教学团队成员能对学生精准定位,不断发现学生潜在的能力,针对不同学生开展个性化教学。专业自第一届学生入校以来,多次在省市、国家及国际专业技能竞赛上

获得佳绩。

通过校内外生产性实训系列特色课程学习,学生专业认同度显著提升。课程注重"工匠精神"的养成培育,教师在授课过程中将自己身上的职业道德、职业能力、职业品质潜移默化地传授给身边的学生,使学生在日常学习中也能习得敬业、精益、专注、创新的职业精神。据统计,我校中高职贯通口腔医学技术专业毕业学生就业率在同专业高职学生就业率对比中占绝对优势,2019届30名学生达到了100%就业率。

伴随着人工智能技术在口腔修复领域的应用与普及,课程通过"校企合作、共同育人"能更精准地瞄准行业风向标及行业转型需求。近年来课程教学内容从"传统义齿制作"逐步转型延伸,以培养义齿"智造"人才为目标,中高职贯通口腔医学技术专业教学从教学理念、教学模式、教学内容和方法等方面进行全方位的改革创新与实践,建立"虚实结合"的专业实践教学体系,打造量身定制与开放共享的"移动课堂",使专业的人才培养目标时刻对接行业发展前沿,显著提高了人才培养的质量和层次。教学团队通过课程教学了解到专业教学需求,携手开发了国内首个虚拟现实的专业软件,同时结合行业发展,通过校企合作系统培养口腔计算机辅助设计(CAD)/计算机辅助制造(CAM)高端人才,积极开展"口腔计算机辅助设计(CAD)/计算机辅助制造(CAM)技术"课程建设,已为行业输送了第一批掌握前沿技术、持有专业证书的高端人才,有效缓解了上海市在这一领域人才紧缺的现象。

中高职贯通人才培养模式是一种现代教育模式。中高职贯通口腔医学技术专业随着课程体系不断完善、培养目标不断清晰、行业需求不断提升,课程改革也在不断深入,校企合作模式也在不断变化,改革的最终目的是建立一条有利于学生终身发展的职业成长之路。因此中高职贯通人才培养模式还亟待开展更多的研究、探索和实践,不断反思、总结、完善,实现专业人才培养持续发展。

彩虹之梦扬起,我与企业心连心
——记中高职贯通"永达奖学金"

上海中侨职业技术学院 李运涛

内容简介:我校中高职贯通专业通过与上海永达汽车集团有限公司合作建立"永达奖学金"激励机制,有效地促进了本专业学生的学习积极性、教师教学的主动性,为今后进一步发展中高职贯通专业、加强校企合作、贯彻国家发展职业教育的方针打下了良好基础。

一、试点以来的背景

汽车运用与维修技术专业中高职教育贯通方案设计,是以上海中侨职业技术学院和上海食品科技学校为衔接载体,以中高职贯通(五年一贯制)专业教学标准为依据,参考发达国家职业教育培训理念,将原中职和高职各自独立的课程体系进行有效整合、合理衔接,达到文化基础加强、专业领域拓宽、实践能力提升、职业素养优化的培养目标。

为了进一步促进中高职贯通学生的学习积极性,建立学校与企业之间沟通的桥梁,拓宽学生将来的就业前景,增进企业与学生之间的相互了解,进一步加强校企合作模式,上海中侨职业技术学院积极与企业结合,建立校企合作的师生激励机制,落实教育部倡导的中高职贯通教育人才培养模式,坚持"校企融合、教培一体"。经过多方调研、洽谈,选择汽车维修龙头企业——上海永达汽车集团有限公司为中高职贯通班合作试点单位。上海永达汽车集团根据"永达汽车班"学生的个性,量身定制了培养计划,制定了清晰明确的职业生涯发展路线,安排实习生进行跨部门锻炼实践,接受集团总部和下属企业资深经理人的共同带教培养。

为激励学习勤奋、积极进取、品学兼优以及家庭经济困难的学生、实习生顺利完成学业、踏入社会,弘扬中华民族尊师重教的优秀品质,传承"尊师、敬师、爱师"的文化传统,倡导全社会尊师重教,营造全社会的尊师氛围,我校积极与上海永达汽车集团有限公司结合,由上海永达汽车集团有限公司出资设立"优秀困难学生助学金""优秀实习生奖学金""优秀教师奖"。

二、过程与做法

(一)"优秀困难学生助学金"的评选过程与做法

1. 评选对象

合作院校"永达汽车班"学业综合表现优秀、家庭经济困难的在校学生。

2. 评选要求

热爱社会主义祖国,拥护中国共产党领导,热爱所学专业。

遵守宪法和法律,遵守学校规章制度。

生活俭朴,经认定为"家庭经济困难学生"。

原则上要求参加评选的学生综合成绩达到班级前20%,或在市级专业技能比赛上获得奖项。同等条件下,学业综合表现优秀者优先考虑。

参加评选的学生对公司文化有一定的了解。

3. 奖励标准及名额

人民币1000元/人每年。

4. 评审程序

助学金评定时间为中高职院校三年级上半学期9月初,本科院校为大四下半学期2月初,根据学制及实习时间可作相应调整。所有符合评审条件的申请对象均有资格申请。有意愿申请助学金的学生需填写申请表,向所在学校提出申请。

院校方对申请学生进行初审,将结果上报上海永达汽车集团人力资源中心。

上海永达汽车集团人力资源中心进行复审,将结果上报永达公益基金会。

永达公益基金会进行最终审定,根据评定结果划拨相应助学金。

助学金的评审工作应坚持公正、公平、公开、择优的原则,严格执行国家有关教育法规,杜绝弄虚作假。

(二)"优秀实习生奖学金"评选的过程与做法

1. 评选对象

合作院校"永达汽车班"下企业实习的学生。

2. 评选要求

爱岗敬业,拥有优良的道德品行。

遵守学校和公司规章制度,了解并认同公司文化。

原则上每月实习天数不少于20个工作日,实习时间不少于5个月。

具有良好的团队精神和人际关系,受到实习小组、实习指导教师及实习单位的好评。

实习结束时能胜任本岗位工作要求。

家庭经济困难的实习生优先考虑。

3. 相关规定

每个"永达汽车班"评选5名优秀实习生,每人奖励奖学金1 000元。

奖学金评选时间为每年7月学生实习结束。

由学校、企业根据学生实习情况上报至上海永达汽车集团人力资源中心初步审核,再提请永达公益基金会最终审定,根据评定结果划拨相应奖学金。

(三)"优秀教师奖"评选的过程与做法

1. 评选对象

合作院校"永达汽车班"(以专业划分)学生在校期间的辅导老师,如班主任、实训教师、专业核心课教师、实习指导教师等,以及为确保"永达汽车班"顺利运行的管理部门和其他相关部门的人员。

2. 评选要求

按照专业培养目标和实习教学计划,能认真制订并严格执行实习教学进度,周密安排实习过程中的各个教学环节,实习教学准备充分,教学方法科学实用,指导答疑耐心细致,实习教学效果优秀,深受学生好评。

严格遵守实习教学工作规章制度,认真履行指导教师工作职责,教书育人,为人师表,重视学生政治思想、专业素质、创新意识和实践能力的培养与提高,事迹典型,成效突出。

重视实习教学工作的安全教育和管理,关心学生的生活与健康,实习期间无违纪违规现象及安全事故。

积极加强与实习企业的沟通,整个实习工作得到实习企业的认可。

所带教"永达汽车班"学生参业实习时,能基本符合企业岗位的工作要求。

3. 相关规定

获得"优秀教师奖"的"永达汽车班"合作院校带教老师,每人获得奖励2500元。

"优秀教师奖"的评选时间为每年7月学生实习结束。

由上海永达汽车集团人力资源中心牵头组织考核并上报获奖名单,提请永达公益基金会最终审定,根据评定结果划拨相应奖励金。

三、效果与经验

中高职贯通专业的学生普遍有厌学心理,激励机制的推出,对我们学校而言,既带来了"产教融合"的教学模式,还促进了青年教师队伍的成长,对学生的学习工作在一定程度上起到了春风化雨的作用。

"永达汽车班"的"优秀困难学生助学金""优秀实习生奖学金""优秀教师奖"极大地鼓舞了广大教师和学生。实践证明,学院"永达奖学金"有效破解了汽车运用与维修技术专业学生的学习积极性问题,解决了汽车维修和驾驶培训行业"要不到、留不住"所需人才的困难。2017级中高职贯通班共25人,就业率达100%;2018级中高职贯通班共10人,就业率100%;2019中高职贯通班学生增加到33人。

"创新发展,校企合作"人才培养模式探究

上海市西南工程学校　饶玉静
上海城建职业学院　周培元

内容简介:通过探索开展中高职教育贯通专业人才培养模式试点建设,形成以企业为平台、项目为载体、围绕企业实际工作项目、通过课程实践和综合实训等手段构建的"创新发展,校企合作"人才培养模式,真正提升学生的综合职业能力与专业素养。

一、实施背景

2014年经上海市教育委员会批准同意,上海市西南工程学校与上海城建职业学院(原上海建峰职业学院)探索开展建筑装饰工程技术专业中高职教育贯通人才培养模式试点,通过创新和实践"引企入校,一体化培养"的人才培养模式改革,优化了学生的知识、能力结构,提升了学生的专业素养与综合职业能力,做到真正切合建筑装饰行业的发展步伐和人才需求。中高职贯通建设期间,通过人才培养方案与产业发展需求对接、课程内容与岗位需求对接、教学过程与生产过程对接,努力实现校企精准对接,为培养"会设计懂施工"的建筑装饰工程技术高素质人才作出了积极贡献,取得了显著成效。

二、实施过程

(一)校企一体,精准对接

中高职双方通过遴选优质企业完成学生实训基地的转型升级,实现从"观

摩体验式"实训中心到"企业实践型"基地的转型,从"满足专业认知实习"到"对接岗位能力实践"的转型。

与上海市西南工程学校合作的上海筑纳建筑装饰工程有限公司与壹置文化艺术(上海)有限公司,在设计与工程领域、艺术与创意设计领域有着丰富的国际化背景与资源,能支撑专业建设。企业规模、业务范畴、项目类型和人员资质均严格匹配专业建设、课程结构以及专业教学的需求;跨国际的设计团队、充沛的国际资源,有利于专业教学理念和教学模式的创新与改革;引入了国际先进的创意设计理念,能解放学生的思维,开拓学生的视野,培养学生创新创意的能力。

与上海城建职业学院深度合作的上海聚通装饰集团有限公司,是"设计领域甲级资质"企业,拥有"上海市著名商标""五一劳动奖状""全国青年文明号"等多项殊荣。

双方充分利用企业项目和人力资源,在校企合作过程中,学校开展了项目参与式教学与双师课堂教学模式改革实践。以真实项目引领课堂教学,借助双师课堂教学模式,整合企业设计师实践与专业教师的理论优势,有效开展课堂教学模式改革。从项目发布、概念设计、方案深化到项目施工、落成,学生全程参与,跟踪项目进展,由浅入深,"做学一体",真正实现专业理论与实践的有机结合。

(二)大力推进"产教融合",深化改革

中高职贯通以来,双方与行业企业共同开展专业前沿课题研究,承接或参与实际工程项目取得良好效果,面向行业企业开展专业技术技能培训,培养专业骨干教师成为专业领域内知名专家,提高了教师国际化视野,通过企业实际项目实现校企合作双赢。

建筑装饰工程技术专业与上海聚通装饰集团有限公司在多领域开展合作,建立校内校外实训基地、企业项目进课堂、多样化的实习培训等,促进本专业学生掌握建筑装饰行业一线技能。校企合作范围覆盖聚通装饰集团旗下全案设计体验中心、特色设计旗舰店以及"尚海整装"品牌。例如:课堂引入"聚通装饰集团装饰门店样板间设计方案"项目,提供设计任务书给学生,在学生课程作业完成过程中分阶段去企业门店实地进行现场量房、模拟选样、方案讲评等多种互动,使学生更直观地接触实际项目的操作流程。同时在本专业的"装饰构造"等

课程中,进行了"企业构造做法展间"的现场参观学习,较传统课堂多媒体展示更加生动直观。

结合本专业人才培养方案中顶岗实习安排,上海聚通装饰集团有限公司旗下多家设计品牌公司接受一定数量的本专业实习生进行顶岗实习,在实习过程中对学生进行学校教师、企业导师双向指导,帮助学生掌握行业技能。每年本专业有10多名学生在上海聚通装饰集团旗下的"尚海整装"品牌公司实习。

在实习过程中,除了企业导师指导实际工作项目以外,学校实习导师不间断地与实习学生进行沟通,了解工作情况和学习情况。通过学生实习形成校企合作"桥梁",学生综合技能得到大幅度提高;由于学校教师与企业导师共同指导,学生对职业的理解也大大提高,学生实习稳定性强、积极性高,得到企业认可。

三、实施效果

(一) 校企合作,育人成效显现

通过校企合作,初步实现了精准化育人的目标。通过企业项目引领、企业轮岗、顶岗实践等课堂教学模式改革,真正实现"做学一体"。专业学生在上海知名企业实训、就业,毕业生得到社会、行业、家长的一致认可。上海城建职业学院的"馆校联动、课程创新、聚焦综合素养——上海市中职走进艺术宫项目的创新与实践"荣获2017年上海市职业教育教学成果一等奖。

(二) 优势互补,双师共同成长

学校与企业签订企业"产教融合"师资培养协议,聘请国内外知名设计师,开展研讨交流。实施教师下企业实践制度,充分发挥校内企业基地优势,灵活机动地安排教师进企业实践。企业导师丰富的实践经验是实施项目引领教学改革的有效保证,校内教师为项目实施提供理论支撑,并在实战中真正实现"理实一体",共同进步。专业教师团队定期到上海云丽莎艺术装饰设计有限公司对企业骨干员工进行指导与培训,与企业建立良好的社会关系,全方位提升教师专业综合能力。

(三) 资源共享,激发创新潜能

中高职贯通双方学校与企业共同构建以创意创新为落脚点的课程体系。校企合作所具有的优势资源,无论是人力资源还是项目资源,都为课程体系的创新发展、改革与实践提供了保障,拓展了国际视野,激发了学生创新潜能。

(四) 辐射各地,引领专业发展

"创新发展、校企合作"人才培养方式的探索与实践成果还辐射多地,接待来自云南、贵州、浙江及上海兄弟学校的参观考察达200多人次。上海市西南工程学校的学科带头人饶玉静老师2次受邀前往上海市奉贤中等专业学校开设专题讲座。在"沪遵"联盟对口帮扶活动中,本专业培训遵义绥阳中等职业学校专业教师5人。

四、反思与启示

2019年《国家职业教育改革实施方案》(教职成〔2019〕11号)(第二十条)中明确指出,坚持"产教融合,校企合作",实施职业教育全面改革创新。未来五至十年,职业教育将由参照普通教育办学模式向企业社会参与、专业特色鲜明的类型教育转变。

中高职贯通专业在创新"校企一体"的人才培养模式、优化课程体系和课程内容、提升教师专业实践能力等方面,作出积极尝试,取得了突破性进展。但是要真正实现"校企融合,双元育人",只有从根本上提升企业参与办学的积极性,培育"产教融合"型企业,健全多元化办学格局,才能真正推动企业"深度参与、协同育人",这需要学校、企业、政府三方共同努力。

另外,"校企融合,双元育人"的人才培养模式改革,需要理论和实践并行的真正"双师型"教师,这是保证人才培养质量的根本。因此,如何切实有效地落实教师进企业实践制度、保证教师实践时间与质量、建立健全企业师资培养制度,也对学校、企业和政府提出了更高的要求。

环境篇

创设软、硬环境,提高育人成效

提升软技能,赋能学生终身发展

上海商学院 张 琦

内容简介:现代企业对于商科人才的要求除需具备一定的专业技能外,更重要的是要具备一定的软技能,比如价值观和专业认同、专业胜任能力、学习能力、人际沟通能力、组织技能等,为此在中高职贯通金融管理专业学生培养的过程中,我们更加注重通过多种途径提升学生的软技能。

金融管理专业属于商科,商科专业人员的工作对象主要是人,而不是物。因此,从从业人员的素质方面看,商科专业更加突出综合素质的基础性地位;从能力特征来看,商科专业的核心专业技能日趋隐性化,而传统的显性技能日益被信息化技术所取代。中高职贯通金融管理专业建设与企业行业发展紧密相联,专业人才培养与企业行业岗位人才要求"唇齿相依",教学团队通过"头脑风暴"、企业走访、问卷调研、专家访谈等形式了解到,商科专业人员除必备的专业技能之外,更为重要的是必须具备良好的综合素质,主要包括价值观和专业认同、专业胜任能力、学习能力、人际沟通能力、组织技能等软技能。

在这样的背景下,上海商学院和上海市南湖职业学校在培养中高职贯通金融管理专业学生的过程中更加注重通过搭建多维度的培养平台,提升学生的软技能。

一、破除樊篱,把软技能培养渗透到专业课程教学

目前,很多教师在上专业课程时都是以专业知识和技能为主要教学内容,为了培养学生的软技能,必须把握职业特点,改革专业课程的教学内容,增加软技能

的培养内容,使得两者在教学过程中相互融合。两校定期开展联合教研活动,讨论如何在教学过程中充分利用专业知识点挖掘软技能培养素材,找准专业知识教学与软技能的结合点,致力于为学生营造积极思考的学习氛围,激发学生的思考力和判断力。

在"金融营销"某课的教学设计中,教师特别注重学生思考力和判断力的培养以及综合职业能力的提升。通过"学生体验—教师讲授—学生完成任务"的教学流程,在发挥教师引导作用的同时营造积极思考的学习氛围,激发学生的思考力和判断力。以小组合作完成任务的方式,培养学生团队合作精神,将软技能渗透进教学过程。

二、改革公共课程,构建软技能培养课程体系

两校公共课教师定期进行教研,共同探讨如何从培养学生软技能的目标出发,改革公共课程,构建软技能培养课程体系。例如在数学课"数列在'存贷款'中的应用"的教学设计中,教师将枯燥的数列知识与实际生活相联系,与金融管理专业学生的专业知识相联系,让学生感受数学就在身边,提高金融管理专业学生学习数学的兴趣;通过小组活动的形式,以组为单位进行教学评价,组内成员必须共同思考,分工合作,完成课堂任务,培养学生大胆创新、勇于探索的精神,提高合作学习的意识;在数学知识中渗透正确的理财理念,提升学生的品行素养,让学习更贴近生活、具备时代感。

三、发挥班级德育的教育作用,渗透软技能培养

班级是德育教育的主阵地,贯穿学生在校学习期间,把软技能培养渗透其中是最直接的途径。中高职贯通金融管理专业学生在校学习时间是四年半,共九个学期,根据学生在校成长发展阶段特点,确定每个学期的班会主题。

例如在班会课"沟通是链接心灵的艺术"中,教师通过设计信息传递游戏,让学生体验沟通的重要性;通过情景再现,深度体验有效沟通的重要性,掌握有效沟通的技巧;启发学生在课上模拟颁奖词,和同学、老师进行真诚交流,体验

班会主题

学　期	班会主题（软技能）	针对的问题和不足
第一学期	融入集体，培养兴趣	生活习惯较差，自我意识严重，大局意识淡薄，缺少集体生活意识；不会尊重他人，不积极参加学校各种活动；对学习没有兴趣，课堂积极性不够高
第二学期	树立自信，有效沟通	因为某种原因缺乏自信或有自负的表现，不能正确评价自己，没有自信心；沟通效率低下，在与陌生人打交道时产生隔阂，不利于双方沟通和交流
第三学期	团队协作	喜欢个人表现，不合群；团队成员间缺少默契以及相关的策划能力
第四学期	责任意识	对责任的理解片面，遇事推诿或找客观原因及别人的问题；缺乏责任心，遇到困难逃避
第五学期	理解与尊重	无法正确理解师长或家长的用心；对别人提出的建议不能虚心接受，不尊重别人
第六学期	换位思考，律己宽人	不会换位思考问题，不为他人着想；不能宽容对待他人
第七学期	规则意识	没有底线意识、规则意识
第八学期	时间观念	有严重的拖延症；不能在有限的时间内高效完成学习或工作
第九学期	激励创新，走向职场	有一定的创新意识，思维活跃，但对创新意义的理解还需加强，有的想法脱离实际；在心态上不能顺利地从"准职业人"转换为职业人；缺乏工作后的积极主动性、领导力、执行力、沟通协作来完成任务的综合能力；服务意识不够，对细节不够重视，可持续发展的意识淡薄

沟通的技巧；告知学生在沟通技巧之外，心灵和谐的人才善于沟通，启迪学生做心灵和谐的阳光少年。

四、借助系列活动、校企合作平台，多维度提升学生的软技能

（一）系列体验活动，运用金融知识收获成长

两校共同组织各项体验活动，让学生在活动中学习金融知识，提升软技

能。先后组织了"'3.15 金融消费者权益日'主题活动—南京银行送征信知识进校园""'风雨同舟二十年,金融公益民生行'—安全账户""百特青年行城市生存挑战赛""巴克莱银行企业导师分享会"等多种形式的活动,帮助青年学生体验真实的生活,在模拟的严酷的生存挑战中学会做预算、合理消费以及团队协作。中高职贯通金融管理专业学生在 2017 年、2018 年连续两年组队参加百特青年行城市生存挑战赛,均取得上海赛区第一名的好成绩,并代表上海参加全国总决赛。

(二)走入企业一线,综合素养全面提升

依托于两校的校企合作基地,中高职贯通金融管理专业的学生会进行相应的认知实习和专业实习。实习中不仅能让这些"准职业人"体会到企业真实的工作内容与工作标准,更重要的是在实践中锻炼了团队合作能力。1 名学生在周报中写道:"我们'超越队'每周的邀约指标都能完成,这离不开我们 5 位小伙伴的努力和坚持,还有大家的互帮互助。比如说我在"打回访电话"这方面是略有欠缺的,这时候黄帅杰同学就能积极主动地帮助我,将客户约过来面审,我也能在其中学到很多技巧和话术。我们'超越队'的进步当然也离不开带教老师翁兢叶老师的帮助。起初我们以为他是一个严肃的人,但在 2 个月的相处过程中,我们发现他真的很有责任心,很能活跃气氛,在我们指标未完成的时候也能很好地帮助我们回访客户,教我们在各种情况下怎样回答才能让客户满意。在翁老师的培养下,我相信我们'超越队'的 5 位小伙伴能变得更优秀,能在实习结束后获得一份令自己满意的答卷。"这种真实企业的认知和实习,既开拓了学生的视野,又给了学生在真实工作中提升软技能的机会。

五、反思与启示

(一)转变传统教育观念,软技能和硬技能相互穿插渗透

一个只是掌握了某项技能的人,如果缺乏社会责任感和团队合作意识,没有一定的人文素质修养和心理素质,是不符合现今社会和企业的人才需求的。因

此,应转变传统的教育观念,重视学生软技能的培养;使二者相互穿插、渗透,形成"你中有我,我中有你"的交融合一的局面。

(二)把握金融专业特点,丰富软技能培养内容

贯通培养过程中从品行素养、人文素质等方面重新构建软技能培养课程内涵,从实际生活中提炼教学素材,让课程内容更贴近生活、贴近职业、贴近社会,注重实践教育、体验教育、养成教育,切实增强针对性、实效性和时代感。

总之,软技能是个人发展所需的重要能力,在经济社会转型升级、技术发展日新月异的知识密集型社会,软技能的培养对于学生的成长和发展显得尤为重要。我们应继续探索学生软技能培养的方法和途径,更加有效地培养出符合企业和社会需求的优秀人才。

突破软技能培育,实现专业"育人"

上海旅游高等专科学校　龙　睿
上海市商贸旅游学校　　韩　琴

内容简介:为满足上海打造"世界著名旅游城市"对高素质人才的需求,旅游管理中高职贯通人才培养着力于改革专业人才培养实践课程,针对原有的"平台+模块"课程的模块部分进行大胆创新,打造出专业综合实践课程模块,强化学生在真实情境中持续性实践和整合性培养,实现专业"育人",提升旅游管理专业人才的软技能。

一、上海旅游业的转型发展凸显人才软技能培养瓶颈

通过旅游行业市场调研,发现未来旅游管理人才不仅需要具备过硬的专业能力,即更强的服务意识和五大专业核心技能——咨询推介、讲解接待、活动组织、线路设计、事故处理,还需要具备深厚的国际视野、地方文化底蕴、跨文化交流能力、外语水平、人文艺术素养,以满足上海这座"世界著名旅游城市"对高素质人才的需求。而后者就是人才的软技能,这正是旅游管理专业人才目前培养的瓶颈。

软技能的培养有三个必要条件。第一,基于真实任务或真实环境。第二,持续性实践。第三,跨界融合培养。于是,本专业调整旅游管理中高职贯通人才培养目标、改革课程,特别是针对专业原有的"平台+模块"课程中的模块部分进行创新,打造专业综合实践课程模块,着力突破人才培养软肋,实现专业"育人"。

二、打造旅游管理专业综合实践课程,突破软技能培育

(一)创新"平台+模块"课程体系,"软硬"并重

以旅游管理专业中高职贯通人才培养全新定位为目标,创新专业已有的"平台+模块"三位一体的课程体系。在保留其优势的同时,分别在"平台"和"模块"两方面做文章,紧密围绕旅游管理专业人才所必备的"五大专业核心技能",注重学生旅游服务意识、人文艺术素养等软技能的提升,从"加强平台中核心能力课程的实践性"和"开发专业课综合实践课程模块"两个方面解构原有课程体系,特别是针对专业原有的"平台+模块"课程的模块部分进行了大胆创新,打造出专业综合实践课程模块,着力突破人才培养软肋。将专业课程、公共基础课程和跨专业的相关课程进行有机融合,形成"系统化+多样化+融合性"的一体化课程体系(见图1)。

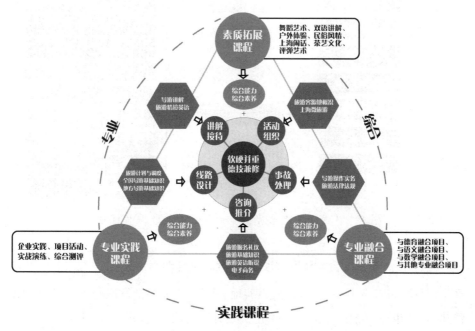

图1 创新型"平台+模块"课程体系

（二）系统设计专业综合实践课程，强化软技能培养

全面贯彻习近平新时代中国特色社会主义思想和党的教育方针，落实立德树人的根本任务，从学生认知特点出发，结合学生深厚的国际视野、地方文化底蕴、跨文化交流能力、外语水平、人文艺术素养等综合素质的培养，及职业发展和自我发展的需要，设置素质拓展课程模块、专业实践课程模块、专业融合课程模块。分别从素养类、校企深度融合实践类、专业能力和素养教育融入全学科开发出系列综合实践项目，共同构成专业综合实践课程模块（见图2）。引导本专业学生从专业学习生活、社会生活或与真实的职业情境的接触中提出具有教育意义的活动主题，通过探究、服务、制作、体验等方式，使学生获得关于专业、自我、社会、自然的真实体验，在学习与生活之间架构有机联系，培养和提升学生的综合素质，以适应新时代对旅游人才培养的新要求。

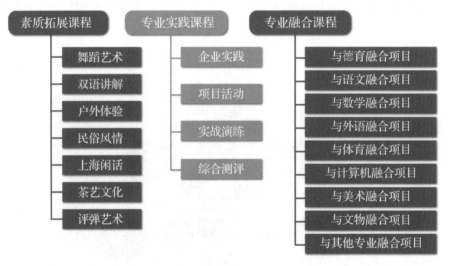

图2　中高职贯通旅游管理专业综合实践课程模块

（三）设计专业综合实践课程项目，跨界融合全课程育人

课程项目选取典型学习内容，在实地、实景、实战中开发递进式的综合实践活动，让学生在"操作""实验""探究""设计""创作""反思"的过程中，全身心参与活动，发现、分析和解决问题，体验旅游行业，感受生活，提高旅游服务实践创新能力。

素质拓展课程模块围绕"旅游+",从激发学生兴趣入手,邀请王汝刚工作室、Discovery探索极限基地、文化传媒公司、黄浦少体校、上海评弹团、雅风国乐古琴馆等各行业顶尖专家共同设计课程内容,以社团的形式,为学生提供多样化的选择,满足学生个性发展需求,加强学生综合素养竞争力。

专业实践课程模块与专业融合课程模块的课程项目的设计以旅游管理专业典型工作任务为主线,打造校企合作的综合实践课程特色(见表1),整合知识、技能与态度,提升学生实践性学习的能力,满足学生自主选择的需求。

表1 中高职贯通旅游管理专业实践课程模块一览表

内容学期	企业实践	项目活动	实战演练	综合测评
第一学期	走访企业	名师讲堂	旅游"嘉年华"	旅游服务礼仪测评
第二学期	设计春游攻略	企业线路销售调研	营销节活动	旅游销售技能测评
第三学期	企业跟团	上海游览区实地	迪士尼主题乐园体验活动	"校园天使"导游讲解测评
第四学期	自组团队设计线路	南京路微旅行	旅游产品推介活动	导游操作实务之突发事件处理测评
第五学期	设计研学旅行线路	"长三角"研学旅行	5千米"长三角"负重徒步	导游模拟综合测评
第六学期	设计旅游线路推广方案	旅游线路推广	参与世界旅游博览会	旅游线路设计综合测评
第七学期	走访企业	上海5A旅行社旗舰店及体验店走访调研	旅游门店市场调研	旅游市场调研及数据分析能力测评
第八学期	策划及组织比赛	策划上海旅游高等专科学校导游风采大赛;策划上海旅游高等专科学校旅游产品设计及网络营销大赛	教学实践周两场比赛现场组织实施	组织、策划及团队协作能力综合测评

专业融合课程围绕学生综合素质培养、职业发展和自我发展的需要,打破各学科、各专业之间的壁垒,跨界融合,将多种实践活动有机整合为有序化、逻辑

化、系统化的课程内容,通过一体化设计,由简单到复杂,由单一到综合,螺旋式递进培养学生的综合素质和实践能力,突现"多样化+融合性"的特色。

表2 中高职贯通旅游管理专业融合课程模块一览表(中职阶段)

跨学科融合课程	第一学期	第二学期	第三学期	第四学期
与德育融合项目	遇见更美好的自己	借你一双慧眼	阅读上海建筑	青春毕业纪念册
与语文融合项目	校园说明文撰写	诗画楹联欣赏(豫园篇)	旅游文学欣赏(豫园篇)	海派文化探寻
与数学融合项目	"上海一日游"价格报价计算	"长三角三日游"价格报价计算	国内七日游价格报价计算	港澳台产品成本核算
与外语融合项目	校园英文讲解	南京路英文讲解	上海著名游览区英文讲解	上海城市概况讲解
与体育融合项目	3千米滨江徒步	3千米滨江负重徒步	5千米红色之旅徒步	5千米武康路定向徒步
与计算机融合项目	设计宣传海报(Photoshop)	设计游览地图(Photoshop)	旅游景点宣传视频设计	设计产品推介资料
与美术融合项目	植物写生	旅游摄影	建筑素描	手绘地图
与文物融合项目	青铜研学游	雕塑研学游	陶瓷研学游	书画研学游
与其他专业融合项目	音乐赏析	美食欣赏	艺术插花	营销技能

(四) 校企深度合作,实现双主体育人

旅游管理专业综合实践课程将职业核心能力融入实践操作和各学科教学,实现专业教学与学科教学协同育人,提升学生软技能。创设"名师讲堂"和"校企融合"培养项目,由来自学校、企业、社会的拥有良好学识修养、专业能力出众的资深教师、技术专家或优秀社会人士与学生建立支持性关系,用自身的职业成长演绎"真人图书馆"。组建校内外生涯导师队伍,融合校内外人力资源构建良好的学习成长氛围和机制。

专业综合实践课程通过企业实践、综合实践把专业核心能力和软技能的培养自然融入专业学习、专业实践和学科教学中,贴近学生实际,切入点小,更具说服力、吸引力,既提高了学生对专业的认同度、对职业道德修养的重视,也让学生在实践中体会到敬业诚信的积极意义,增强了社会责任感,最终实现德、技并修。

(五) 全员参与,落实实践,保障课程实施

广泛吸纳企业资源、社会资源,形成长短结合、形式灵活的课程项目,让学生在导师的指导下综合运用所学的专业知识和技能,独立或集体完成实践项目,得到典型工作任务的综合职业能力的培养。在三大模块的综合实践课程中,第一模块素质拓展课程模块可以由学生根据兴趣和特长进行自主选择和搭配,以拓展学生个人专业核心能力以外的一项能力专长;第二模块专业实践课程和第三模块专业融合课程模块为学生必选项。其中第二模块依托多方资源,主要是在"校企深度融合"中完成,第三模块跨界融合其他学科和专业完成,体现出"全课程"育人的特点,实现能力和素养的全方位培养。

三、提升素养,彰显育人成效

专业综合实践课程改革促进了教师教学观念的改变,保障了学生软技能的提升,大大提升了教师的专业教学效能。导游资格证是最难考的职业证书之一,但我们专业学生的考证通过率是全国通过率的3倍,名列上海院校前列。

综合素养的提升帮助学生从容参与各类活动,上海著名红色旅游资源既是学生的教室,也是学生服务社会的实践场地。学生在增长知识技能的同时,更在社会服务过程中提升了对党、对中国历史的认同度和自豪感,德、技并修;我校开设的旅游咨询点是上海市文化和旅游局和院校合作的第一家公共咨询服务点,既体现了社会公共服务的意义,又帮助学生在实践中直面游客,提升专业技能,加强主动服务意识,积累与游客积极互动的经验,有效提升沟通能力和活动策划能力。扎实的专业教学、充分的实践保证,帮助本专业学生在全国导游大赛这类强调综合素养的比赛中,连续3届蝉联中职组个人一等奖,并荣获团体一等奖。

动物医学仿真教学模型助力教学改革

上海农林职业技术学院　滑志民

内容简介：根据中高职贯通动物医学专业教学的实际需要，开发了系列动物医学仿真教学模型，包括犬前、后肢输液模型等共有11种。模型的皮肤、外表面、结构等均按真实犬模特翻制而成，整体具有"操作手感真实、逼真、经久耐用、拆装方便"等特点。在动物医学职业教育方面国内还没有完善的动物医学仿真模型产品用于教学，本系列模型在这方面填补了国内空白。在教学中使用动物医学仿真模型，让学生先用动物医学仿真模型练规范和熟练度，再用活体动物进行实操，既能提高教学效果，又可减少由于操作不熟练导致的一些意外事件。动物医学仿真模型的使用将极大提高动物福利水平，更可为教学和考核模式的改革提供实训资源保障，切实提高教学效果。这些模型的推广和应用将会有利地推动全国动物医学专业教学手段和模式的变革，也可有效地服务于动物医学专业职业技能培训。

一、背景和意义

动物医学类专业需要大量动物用于临床检查治疗技能的培养训练，尤其是高职高专层次，更加强调学生临床技能的培养，这些技能要经过反复训练才能掌握。传统教学使用活体动物主要存在三个问题。首先，活体重复利用性差。活体动物成本高，有些实训对动物有伤害，几次操作后就不能再使用，这就导致很多临床操作技能不能得到充分训练。其次，使用活体风险高。学生在还没有熟练掌握操作技巧和规范时，使用活体动物做实验实训容易发生意外事件。最后，动物福利水平低。实验实训时经常多人用同一只动物，如果做一些有伤害性的实验，动物会经历比较痛苦的一个过程，动物福利水平比较低下。

动物医学仿真模型可以有效解决以上问题,学生先在动物医学仿真模型上练习操作的规范性和熟练度,然后再用活体动物练习真实手感,这样就能让学生得到充分的训练,掌握扎实的技能,提高动物福利水平。由于社会上还没有完善的动物医学仿真模型用于教学,因此我们专门研究开发了动物医学仿真教学模型。

二、模型的开发

(一)分析确定模型开发的种类

项目组成员分析动物医学临床和教学中最常用的技能操作项目,将需要用到动物的项目分列出来,然后将其中对动物造成伤害的实训项目选出来,对其开发模型的必要性和可行性进行分析讨论,确定第一批需要开发的模型类别,包括中型犬前肢输液模型、中型犬后肢输液模型、小型犬前肢输液模型、小型犬后肢输液模型、犬肌肉模型、母犬导尿模型、公犬导尿模型、犬心肺检查模型、外科训练模型、犬全功能急救模型、猫心肺复苏模型11种,经过试制,反复试验改进,最终定型。

(二)首建动物医学仿真教学模型综合实训室

开发的动物医学仿真教学模型后,专门安排了一个实验室作为动物医学仿真教学模型实训室,实训室可供40名同学上课。目前还未见其他院校动物医学专业建有专门的动物医学仿真教学模型综合实训室,具有较强的引领示范作用。

(三)申请专利,提升学院教科研成果转化能力

该系列动物医学仿真教学模型开发完成后积极申请专利,目前已经获得国家知识产权局2项实用新型专利授权,还有2项发明专利已经通过了初审,成为我校近几年专利申请方面的重要突破,也为以后成果的转化打下基础。

三、模型在教学中的运用和推广

(一)动物医学仿真教学模型支撑中高职贯通动物医学专业课程体系的改革

中高职贯通动物医学专业打造了以行动领域为划分依据的模块化课程体

系，整合形成8门专业核心课程。新的课程以典型工作任务为载体，将相关技能和知识重新融合，尤其加大了临床基本检查和治疗技术的课程量，这样的教学模式需要充足的动物作为实训资源，活体动物是无法满足此要求的，而动物医学仿真教学模型的重复利用性好，正好可以解决实训资源的问题，有效推动了教学改革。8门专业核心课程中宠物临床检查技术、宠物临床基础治疗技术、宠物外科与手术、宠物内科诊疗技术4门课程均引入本系列模型开展教学。在教学过程中，将动物诊疗教学模型引入学生实训操作中，学生只有在动物医学仿真教学模型上熟练操作后，才能使用活体动物进行实操，此种教学方式显著提高了学生操作规范及操作能力，同时也让实训动物得到很好的保护发挥了无可替代的作用。

（二）动物医学仿真教学模型创新了考核评价模式

2018年聘请上海市畜牧兽医学会小动物医学分会作为第三方，对课程改革前2015级59名中高职贯通班学生进行小动物临床基础技能鉴定，共鉴定"注射给药"等5项技能，其中4项通过率为45.76%，5项全部通过率为12.3%。2019年对2016级中高职贯通55名学生进行技能鉴定，2016级是国际水平中高职贯通教学标准试点班，学生4项技能通率为100%，5项技能通过率为85.5%，比2015级有显著提高。说明实施国际水平中高职贯通教学标准教学效果明显好于没有实施标准的，这其中动物医学仿真教学模型的运用发挥了十分关键的作用。

（三）利用动物医学仿真教学模型开展技能大赛，提升学生学习积极性

用活体动物很多技能比武无法有效开展，因为活体动物重复利用性差，有些项目对动物伤害大，动物痛苦程度高。动物医学仿真教学模型可以有效解决这一问题，依托动物医学仿真教学模型动物科学系开发了"静脉输液"等技能比武项目。2017年5月经过周密筹划，首次开展犬输液大赛，学生踊跃参加，认真训练，比赛圆满结束，取得了非常好的效果，学生的技能得到了强化巩固，学习积极性明显提高。

另外，随着这些动物医学仿真教学模型的推广，以该系列模型为基础的全国性技能大赛也在研究中，用动物医学仿真教学模型可以有效避免因动物福利问题造成的困扰，而且使比赛能够更标准和规范，从而达到促进职业教育发展的目的。

（四）动物医学仿真教学模型推广初显成效

目前已经有二十多所高校相关专业来校了解动物医学仿真教学模型的应用情况，多所高职院校计划引进本系列动物医学仿真教学模型用于教学，2018年5月北京农业职业学院已经引进了本系列动物医学仿真教学模型。使用单位表示该系列模型操作手感真实，外观结构逼真，拆装方便，十分适合动物医学临床技能的训练，让学生的技能规范和熟练度在短时间内得到明显提升，又减少了学生由于操作不熟练导致的一些意外事件。

四、反思与启示

（一）聚集专业教学痛点，激发师生创新精神

通过本系列模型的开发，团队深刻体会到了教育教学创新要源于教学一线，要解决教学痛点和难点，要开发符合教学需要的动物医学仿真教学模型。这是专业知识和教学有机结合的产物，这样的创新是有效的创新，是有生命力的创新，真正可以支撑和推动教学改革。

（二）紧跟时代发展趋势，利用技术进步推动教育改革

在专业建设中要充分关注科学技术的进步对教育教学手段方式的影响，这些模型的应用和推广不但有效支撑了动物科学系的教学改革和实施，显著提高了我院动物医学专业在全国同类专业中的地位和知名度，同时师生的动物福利意识也明显得到提高，逐渐与国际接轨。如美国兽医协会教育委会员、上海顽皮家族宠物医院等行业专家来校交流时均表示由衷的赞叹，十分肯定我们的教育理念和动物福利意识。

动物医学仿真教学模型的应用将会有力地推动全国兽医类专业教学手段和模式的变革，提高学生的培养质量，也可有效地服务于动物医学职业技能培训，将在全国的动物医学职业教育中发挥良好的示范效应。

艺术设计专业人才贯通培养中的"实境"育人

上海工艺美术职业学院　黄　晶

内容简介：文章分析了上海市工艺美术学校与上海工艺美术职业学院进行中高职贯通艺术设计专业人才培养的方案设计、教改举措以及专业建设中"校企合作一体化、实境育人"的实践成效，提出了通过中高职贯通艺术设计专业高水平建设的思路。

上海市工艺美术学校与上海工艺美术职业学院进行中高职贯通艺术设计专业试点运行以来，两校已建立了完善的运行机制，积累了丰富的贯通人才培养经验，取得了丰硕的内涵建设成果，提升了人才培养质量。专业依托学院校企合作特色基础，致力于发挥上海文化创意和科技创新优势，对接"长三角"数字服务产业，服务于中国特色数字文娱、文创产品设计行业的发展，重视"实境"育人，通过多重教学改革，着重培养动漫设计、游戏设计、产品设计等文娱、文创类设计岗位人才。

一、对标国际，与国内外知名企业共建一体化教学"实境"

中高职贯通艺术设计专业建立之初，依托上海工艺美术职业学院校企合作企业及行业优势，进行了非常详实的行业需求调研和研究。发现困扰学生未来就业与发展的最重要的问题是学生长时间沉浸在校园学习环境中，知识接受属于被动摄入，一旦在实际工作中遇到问题，往往会出现知识与技能不对位、解决问题能力偏弱的情况。

据此，上海市工艺美术学校中高职贯通艺术设计专业以培养学生解决实际问题的能力为主线,结合数字服务行业需求展开职业能力培养,科学、全面地设定一体化人才培养方案。专业根据行业实际工作岗位的需求,将各个教学方向所涉及的专业课程进行分类整合,进行科学化、系统化的合理安排,形成有利于学生职业能力培养、脉络清晰的课程结构。

此外,专业依托上海工艺美术职业学院教学资源优势,与世界最大传播集团WPP集团、德国职业教育联盟、上海文广新闻传媒集团、北京水晶石数字科技股份有限公司、中国工业设计(上海)研究院股份有限公司等国内外知名企业开展合作共建,参与国家级专业教学资源库、教学创新团队与实践教学基地建设,构建对接市场需求、服务建设现代化经济体系的"实境"学习环境,将专业学生真正带入行业参与实践,从而了解行业,树立未来就业目标,了解未来工作需求。

二、校企合作,将行业"实境"项目引入课堂教学

上海市工艺美术学校中高职贯通艺术设计专业坚持"实境"育人,在深化"产教融合"的同时,完善专业教学体系,提升教学的有效性和时效性。通过对多种教学情境的设计,将实际行业项目引入教学课堂。将实践项目技能训练转化为课堂教学内容,以此保障专业的教学质量。

以艺术设计专业动漫设计专业方向为例,专业充分利用高职引领优势,衔接上海工艺美术职业学院对口动漫设计专业的教学合作资源,与上海文广新闻传媒集团幻维动画、环球数码媒体科技有限公司、北京炫动卡通、杭州玄机科技信息技术有限公司、上海艺薯数码科技有限公司、上海东软普华信息技术有限公司、上海市多媒体行业协会、上海市信息服务业高技能人才培养基地等国内外知名企业行业组织机构合作,共建校内外实训基地。在近年来的实践探索中,如《每日科普》APP移动端动画开发、《赛尔号大电影》三维动画电影制作、《嘉定区政协雷锋车队志愿者》动漫形象设计等行业一线实践项目的课程化教学引入,帮助学生更快地完成从学习者到应用者的角色转换。通过实际项目的制作,提升学生的学习兴趣,提高学生的专业技能,增强学生面对问题、解决问题的能力,让学生对行业制作规范有了更深刻的体验,真正形成从专业理论知识到行业

实践应用的教学闭环,为企业培养了大批优秀的动漫设计人才。

此外,"实境"项目在具体的实施过程中,不仅提升了学生的专业制作技术能力,还着重培养了学生职业道德素养;教会了学生遵守行业规范,以及如何在项目开展的过程中更好地与人沟通、怎样正确地表达自己的设计想法;帮助学生树立中国特色的文化创新意识,真正培养出符合上海文化创意产业规划中所需要的既有"匠心"又有技能的高端创新型专业人才。

三、以赛促学,将国际化考核"实境"引入专业教学标准

上海工艺美术职业学院动漫设计专业自2017年起开始参加第44届世界技能大赛"3D数字游戏艺术"项目,后于同年被上海人力资源与社会保障局认定为"世界技能大赛3D数字游戏艺术项目上海集训基地"。上海市工艺美术学校中高职贯通艺术设计专业依托上海市工艺美术学校与上海工艺美术职业学院"两校一体""体内循环"的天然优势,将世界技能大赛"3D数字游戏艺术"项目国际化竞赛标准引入到专业核心课程中,对应专业核心课程的教学标准建设。通过将基地集训过程中的训练模块、教学内容分批逐步转化到日常教学内容和专业核心课程的考核中去,在提升教学质量的同时,真正做到对标国际。这样一来,学生对专业对应的国际化标准有了更深刻的理解,更好地拓展了国际化视野。

此外,定期组织学生参加世界技能大赛相关的各类专业技能类大赛,不仅增加了学生的学习兴趣,还大大提升了学生的专业自信。在2019年中国技能大赛——"四大品牌"上海市职业技能大赛中专业学生吴嘉馨,通过自身不懈努力,力克来自行业一流企业的优秀员工和其他专业院校的学生,获得了"3D数字游戏艺术"项目全市第二的好成绩,也因此在专业里引导并形成了良好的"学习标杆、你追我赶"的学习气氛。

四、协同创新,以"实境"促进学生创新创业

上海市工艺美术学校中高职贯通艺术设计专业着重培养学生的现代"互联网+"创新意识,与法国育碧电脑软件公司、腾讯游戏、中国艺术科技研究所等国

内外知名企业行业组织机构合作，共建实训基地，在培养学生具备完整的专业知识和技术能力以外，还让学生掌握行业最新现代数字互动类项目实践综合能力。

在近年来的实践探索中，通过上海工艺美术职业学院—长三角虚拟现实（VR）协同创新实践基地，引导学生参与创新创业实际运用能力的各类实践活动。以项目、活动为引导，将教学与实践相结合，有针对性地加强对学生创业过程的指导，全面提升职业人才培养力、技术技能创新力、区域与行业服务力、国内与国际影响力。学生创业项目"工域VR——新时代VR戏曲文化传播者"，获第5届中国"互联网+"大学生创新创业大赛上海赛区创业组金奖。

五、中高职贯通艺术设计专业开展"实境"教学的意义

中高职贯通艺术设计专业五年的长学制教学过程中，学生的学习状态如果始终长时间陷入知识的海洋，很容易造成学习过程的冗长枯燥，并因此导致教学质量的低效能。灵活地构建学习"实境"，能为学生带来对标行业的真实职业体验、实用的专业知识、实际操作技能和有效的实践心得。"实境"中蕴含的相关知识和技能是具有关联度的一个主题情景，能够为学生营造出一个真正实现全方位一体化学习的过程，引导学生从"实境"中获取问题，并利用这些问题设计出对应的解决方案并实施，这样才能真正地提高艺术设计业专业学生的综合实践能力。

中高职贯通创新创业能力培养实践探索
——以工艺美术品设计专业为例

上海工艺美术职业学院　蔡　文

内容简介：本文以上海工艺美术职业学院工艺美术品设计中高职贯通专业为例，探索创新创业能力培养实践路径。通过将创新创业教育纳入人才培养方案体系，共同打造创新创业平台，构建"双创融合"实践教育体系，提升专业教师"双创教学能力"，并建立"协同育人"机制，全面促进学生创新创业能力的提升。

一、建设背景

工艺美术品设计中高职贯通专业是教育部"085"工程国家级重点专业、上海市高职高专院校重点专业（一流专业）。2019年上海工艺美术职业学院成功入选"中国特色高水平高职和专业建设学院"，工艺美术品设计专业是"双高建设"2个专业群之一，其中中高职贯通专业目前招收了首饰、玉雕、漆艺3个方向。

2013年，专业制定了国家教育部工艺美术专业标准，然而在西方文化和工业化大生产的冲击下，工艺美术老旧的培养方式、模糊的行业标准、停滞不前的行业动态、持续低迷的就业率……导致传统工艺美术陷入被抢救和被保护的困境，新时代的继承与发展迫在眉睫。专业对工艺美术创新创业教育存在规律性、系统性、成效性认识不足的问题：师资缺少"真刀实枪"的创新创业经历，只能纸上谈兵式地讲授；重理论教育、轻实践教育的"偏科"，笼统地把不同专业学生的创新创业教育课程纳入"大班式"教学；校园创新创业教育文化氛围不足，项目较少。

因此，我们推进改革，将创新创业能力培养目标放在基于国内行业现状的国际发展平台之上，在"大众创业、万众创新"的时代精神引领下，把创新创业与专业教育深度融合,激发学生热情,培养出面向生产、管理、服务一线的"下得去、留得住、用得上"的工艺美术创新创业人才。

二、创新创业能力培养的实践探索路径及成效

根据国务院深化创新创业教育改革的指导意见,按照教育部中高职贯通学生培养的基本要求,结合两校一体化发展的实际情况,制订出提高学生"双创"能力的具体措施。

(一)创新创业教育纳入人才培养方案体系

我院中高职贯通生源文化基础一般,没有接受过基础绘画训练;习惯从讲授中获得知识,对教师有较大的依赖性;喜欢由简单到复杂的职业技能实践训练;自制力较差,需要教师重复讲解;生活在相对比较安逸的校园和父母身边,很难意识到就业形势的严峻,普遍缺乏创新创业意识。

针对特殊学情,我们打破原有中职、高职壁垒,建立共同培养目标,创新创业课程避免"大班式"教学,按不同专业职业能力需求进行课程适配,融入人才培养的全过程。前三年精细化夯实学生的文化和专业基础,后两年侧重学生的专业职业能力培养。专业课程前置到第一学期,学生一进校就接受创新创业教育熏陶。在专业核心课程之外,设置人文及专业拓展课程,增设工艺美术产业概论、专业考察、双创调研课程。引入中国黄金集团、深圳世界大学生运动会设计首饰等校企合作项目,开展以专业技术和市场需求为基础的创新创业理论与实践课程等,师生运用创新设计制作能力,研发首饰700多项,激发学习兴趣,获得职业认同,形成未来创新创业职业理想和规划。通过五年的培养,中高职贯通学生能够扎实运用创意和工艺技能,表现出对中国工艺文化由衷的热爱,树立了民族文化自信。提升创新创业人才的培养规格,有利于"快出人才"和"出好人才"。

(二)多层次多角度共同打造创新创业平台

1. 建设通识课程与能力集成普惠性平台

开设分层"职业素质教育"必修课,通过进行"梦想导航"(导入职业规划教

育)、"梦想领航"(接入素质和专业教育)、"梦想启航"(开放多元化实践体系),系统进行理论教育。开展基于不同专业特点的创新创业选修课程:漆艺修复、镶嵌、玉雕设计、首饰DIY等,打通人文素养及专业跨界选修课,使学生了解行业发展动态,通过"必修+选修""线上+线下"的课程形式,举办创业大讲堂,在校园以及网站宣传创新创业政策及故事,营造创新创业校园文化,渗透价值导向,激发创新创业潜能。

2. 建设文化活动针对性平台

选拔有创业意愿和潜质的学生,依托创新创业孵化基地、训练营、大赛、市集、精英俱乐部等载体,渗透"大德育""大课程"格局,形成"作品—产品—商品—艺术品—人品"培养的特色育人链,"以赛促学""以赛促教""以赛促创"。承办全国大众创业万众创新活动周、上海大学生文化创新创意市集,主办"上海市大学生创意、创新、创业高峰论坛"等活动,整合服务资源,营造创业氛围,探讨在互联网背景下实现文化创新,引导创业实践。在创新创业比赛中屡获大奖,其中不乏中高职贯通优秀学生。他们依靠扎实的功底、开拓的眼界、创新的思维,获得上海市副市长翁铁慧、周波的高度赞扬,参与2018年2月"NEFT"美国纽约国际青年创业设计展销会,先后获得中国"互联网+"大学生创新创业大赛金奖、全国职业学校创新创效创业大赛特等奖、第4届上海市大学生创业计划大赛金奖、"挑战杯——彩虹人生"上海市中职学校创新创效创业大赛特等奖……

3. 打造创新创业教育国际化开放性平台

学院与英国剑桥大学签订"创造、创新、创业"国际项目合作协议,开启"科技+文创"教育国际化进程。双方共同制订"创业教育课程""创业企业见习""创业导师培训"等国际前沿创业教育培养方案,项目受众学生超过1000人次。建立上海市高校创业指导站,并创新性地采取市场机制推动项目优胜劣汰,设置企业准入和退出制度,建设创客服务平台,提供孵化场地、创业指导、管理咨询等支撑条件,全方位地帮助学生实现创业,支撑技术能手、创新创业生产管理型人才发展,仅2018—2019年,就指导注册创业项目100余项。

(三) 构建"双创融合"实践教育体系

打破中高职原有使用限制,将所有实训资源统筹使用,提升使用率,提高学生在实践时对整体工艺的定性认识。建立上海市工艺美术公共开放实训中心、中国黄金集团、上海老凤祥珠宝首饰有限公司、上海英合玉器有限公司、合肥响玥科技有限公司、上海亦佳工艺品有限公司等校内外实训基地。同时将大师工作室及19个国家级非物质文化遗产品种进行挖掘，培育"未来大师"；建立工艺综合材料实验室和市级工艺大师研究室，培育跨界及传承人才，实现课堂教学与实践基地的有机结合。探索建立依次递进、有机衔接、交叉融合的实践教育体系，将理论实践、竞赛、毕业实习等有机结合，使学生在"产、学、研一体化"的创新创业实践中得到锻炼。

（四）提升教师双创教学能力，建立"协同育人"机制

面对创新创业教育这样更高层次的教育教学形态，单一依靠思政、就业指导教师、辅导员或普通专业教师是难以有效实施的。教师本身是否具有创新创业能力，能否在专业授课过程中真正融入创新创业内容，是创新创业教育能否取得成效的关键所在。依托东方学者团队、中国工艺美术行业大师，省市级工艺美术大师、"上海市育才奖"获得者、教学名师、省级玉雕大师、国家一级美术师、"上海工匠"，同时引进创业成功的校友、知名工艺美术大师等，融通现有中高职师资力量，开创了由工艺美术大师、企业高级技师、"双师"骨干教师共同组成的"三师结合"的师资团队，贯彻"大师工艺领衔、教师创意带教、技师创业管理"，建立"专兼结合"的高素质创新创业教师队伍，充分发挥"三师"队伍教育优势，共同育人。协调中高职贯通师资统筹管理机制，联合组建"教师库"，协同育人；将创新创业教育意识和能力作为岗前培训、课程轮训、骨干研修的重要内容，建立企业挂职锻炼制度，实现教师多元化专业能力的提升。

三、结语

在不懈的努力下，学院先后获得"全国创业高校50强""全国高校'双创'先进单位""全国创新创业典型经验50强高校"等荣誉。而这些成绩的取得，很大程度上依赖于工艺美术品设计中高职贯通专业的支撑作用，为创新创业培养提供了时间和质量保障。学生的学习成果，用作品说话；人才成果，让市场评

价;示范效应,由同行肯定。毕业生专业基础扎实,毕业人数连年提升,就业率稳步在99%左右,自主创业率达6.67%。身处"海纳百川,兼容并蓄"的上海,工艺美术品设计中高职贯通专业积极将海派文化的血液与中国工艺美术文化进行创新融合,助力上海文化品牌建设,打造一条创新创业能力培养实践探索之路,以期振兴国家传统工艺文化!

德育学分评价体系下推进学生自主管理
——学制贯通背景下德育教育新方式的探索

上海工商信息学校 马明娟 戴海娟

内容简介：中高职贯通人才培养已经成为上海市职业教育人才培养的主要模式与方向。本文针对学校贯通制班级开办多年来，对进入高职校学生的各项信息反馈进行德育教育工作反思，尝试从完善学制贯通班学生的德育学分评价体系、贯通制班级学生的德育教育方式两方面进行探索，提升学生自主管理的能力。

一、背景与主题

自2014年以来，我校与上海第二工业大学、上海民航职业技术学院、上海思博职业技术学院和上海工程技术大学合作开办了多个中高职贯通和中本贯通专业，在学制、升学、专业、课程等方面的贯通衔接已经比较成熟，但在学生自主管理、德育评价方面的衔接不够畅通，直接造成的结果就是学生在转段进入高职以后，不能很好地适应高职学校相对宽松和自主的管理模式。主要原因如下：

在中职阶段，学生以班级为固定单位开展各门学科的教学、各种班队活动和德育活动。班主任作为班级的管理者，对学生的基本情况较为了解，尤其是品德状况与日常行为，这种固定单位的管理方式为班主任开展德育工作提供了较好的条件。

但进入高职以后，随着学分制、选课制度的建立，学生的流动性增加了，班级的概念和形式在大学生心中越来越淡化，班级的作用相对减弱，这使得高职的德育活动缺少固定、有效的组织形式。与中职相比，高职的管理模式显得较为宽松，并且高职阶段的辅导员在工作力度上远不及中职阶段的班主任，出现了管理上的差异。这些差异使得许多学生进入高校后不能立即适应，极大地影响了德育的连贯性和有效性。

目前，我校的格局是中高职贯通班与普通中职班并存，尽管学生生源和未来去向不同，但在学校管理上却实施着"同步管理"。对中高职贯通学生的德育评价，我校是以品行量化考核得分为依据，每位学生的德育分必须达到及格。但在实际实施过程中，德育评价量化考核涵盖面较小，笼统且不够细化；重结果性评价，少过程性评价，体现不出学生之间的差异性，实际效果不是很大。因此，有必要开展对于学生自主管理和德育教育方面有效衔接的研究。

二、过程与结果

（一）完善学制贯通班学生的德育学分评价体系

学校借助德育课题研究，进行了国内学制贯通背景下德育学分评价体系的现状调查和分析，通过纵向学习、实践反思，确定德育学分评价标准，明确德育学分对学制贯通班学生的主要效能，开展信息化、过程化、案例式的学生综合素质评价，从而逐步完善学校学制贯通班德育学分评价体系。主要从以下4个方面开展研究：(1)德育学分对学制贯通班学生的主要效能研究；(2)学制贯通班德育学分的基本内涵研究；(3)学制贯通班德育学分评定标准的设计；(4)结合《上海市中等职业学校学生综合素质评价管理办法》、上海工商信息学校《学生品行量化考核制度》以及中高职转段时中职向高职提交的《中职阶段学生成长记录表》，完善学校德育学分的评价体系。

完善后的量化评分细则是把学生在校内、外思想政治教育、劳动素养、学习素养、行为规范、集体活动等方面的现实表现进行量化。它是根据中高职贯通人才培养的德育要求和高素质高技能专门人才培养目标的阶段特点，将德育的内容和环节换算为量化分数，将德育的过程和结果成绩化，把学生在实践活动、行为规范等方面的表现全部纳入德育学分评价体系之中。具体评价量化表格包括：《德育必修记录表》《德育选修记录表》《德育情况》《智育情况》《实践能力》《身心健康情况》《家庭情况》和《综合鉴定》。

举例如表1、表2所示：

表 1 德育必修记录表

上海工商信息学校中高职贯通学生中职阶段成长记录
(第____学年 第____学期)

专业：   班级：

学号	姓名	学习素养(10)			劳动素养(15)			行为规范(15)			集体活动(10)				必修得分	选修得分	德育得分
		军训(加分项)	三操(加分项)	早锻炼和广播操(加分项)	劳动实践周(加分项)	值日生(加分项)	宿舍劳动(加分项)	好人好事(加分项)	处分(加分项)	细则考核(加分项)	参加党团活动(加分项)	参加各级组织的学生会议(加分项)	参加讲座(加分项)	参加集体活动(加分项)			
															50		

表 2 德育选修记录表

上海工商信息学校中高职贯通学生中职阶段成长记录
(第____学年 第____学期)

学号	姓名	志愿者活动	积极参加各类文体活动			担任校、部、班级学生干部	争创先进			选修得分
			文艺活动	体育活动	社团活动或竞赛活动		先进集体	文明寝室	先进个人	

学制贯通制背景下,中高职贯通人才培养德育教育量化评分系统的设计与实施,充分调动了学生个体全面发展的主动意识和自觉意识,也为学生"德"的评价予以量化,彰显了德育的教育效能。

(二)改变学制贯通制班学生的德育教育方式,注重培养学生自律意识,探索学生自主管理和发展的有效途径

我们提出在中职教育阶段培养学生自主管理和发展的德育目标,达成在知识上自学、行动上自律、决策上自主、品德上自修、评价上自省、心态上自控、情感上自悦、生活上自理的目标。

1. 搭建学生自我管理平台,在工作中形成有助于推动学生自主管理的有效途径

搭建校学生会、专业部学生会、学生社团、学生俱乐部、志愿者服务队等各类平台,让更多的学生有机会参与自主管理,在中职教育阶段参与"不以班级为单位"组织开展的教育活动,对接高职阶段更开放的教育组织方式。

以学校专业部学生会为例,由于专业部班级数量达到35个,整个专业部的学生会架构以各班班委自动形成,达到300多人,这些学生在参与专业部的各项活动和日常管理中起到了关键的作用。

比如:纪检部学生的早锻炼检查组16名学生,负责每天全体住宿生(325名)的早锻炼出席情况,每天早上7点通过微信群向专业部全体班主任反馈检查结果。在这看似简单的工作中,这些学生会碰到种种困难,尤其到冬天,如何做到"自己最早到点名处",如何应对"同学的帮帮忙",都是一次次自主管理的真实考验。在工作中培养了"诚信""敬业"等核心价值观。

又如:学习部"三修"检查组12名学生,负责专业部6个楼层各班的"早自修""午自修"情况,从"班主任到位""准时开始""纪律情况""领读员到位""全体站立""学生玩手机""老师组织"等各方面进行检查,扣分落到每个违纪项或违纪学生座位号。每天的检查单由学习部长审查并及时输入电子表上传专业部,所有扣分项都用备注方式标清,培养了严谨负责的工作方式和工作态度。

专业部利用学校各类教育资源,结合学校各类活动,开展有针对性的学生干部培训;通过"班级文化交流活动""班委风采展示活动",让全体学生干部相互

学习,取长补短;开展"新、老班长结对带教""学生会各部长轮岗"等举措,促进学生干部自主管理能力的提升。

2. 转变班主任的教育观念,探索有助于学生自主发展的教育管理方式

自主发展教育理念的根基是学生的自我教育,人的发展是一个由他律走向自律,即依赖性日益减弱、主体性日益强化、不断地扩大对现实的自由度的过程。推动学生自主发展是为学制贯通班学生适应从"中职校班主任管理模式"向"高职院校辅导员管理模式"的转换,促进中职、高职衔接为目的。这不仅需要学校注重正面的灌输教育,还需要通过教育、管理和服务开展教育,寓德育于学校文化建设、社会实践以及学生活动之中,对学生进行渗透式的隐性教育。

班主任作为中职阶段德育教育的主要组织者,需要转变教育观念,在班级管理中减少"一手抓""一言堂"的管理方式。要积极开展学生自律教育、尝试自主管理等活动,培养学生在班级管理和学习管理中的自主参与意识,提升学生的组织管理能力,同时需要学校从方法和制度上不断地推动。

比如,在"温馨教室"建设过程中,经过"班主任集中培训"和"宣传委员集中培训",要求"人人参与",以"原创""个性"为评比要素,改变了以往班主任主导、宣传委员或几个班委包干的形式,从以"打印收集的材料"或以"装饰品"大量张贴的宣传内容改换为由班级学生分小组承担版块设计,文字内容全部手写,图片都是以班级活动或生活的留影照片呈现,让学生在班级活动中因参与和付出而凝聚。

还有不少班级,在班级管理中探索一些新的管理模式。比如"轮流班干部制",即让每个学生都有机会担任班级管理者;"任务承包制",班级日常工作任务学生可以自主承包。譬如值日生工作,确定每个学生一学期有几次值日工作之后,学生可以根据自己的情况,申报哪天值日,一般提前一周申报。如果申报后因故无法履行就得自己进行沟通调换。又如2016级数控技术专业贯通班开办了"尤李高数辅导班",尤李同学是班级中的学习尖子,高数是贯通班学生的一大难关,这个辅导班的实质就可想而知了。

一切真知来源于一线教师的探索实践,在探索德育管理新方式的过程中我们主张法无定法,给教师留有余地,鼓励他们在实践中不断开拓创新。

目前,进入高职的学生不仅对高校生活的适应情况有了较大的改善,而且自

我管理能力也得到了很好展现,很多学生纷纷投入到高职学生会工作中,表现突出。如2015级数控技术专业贯通班的唐嘉琪同学(原校志愿者服务队队长)进入大二之后担任了"班导"。2015级信息技术专业贯通班的丁党世聪同学(原校体育部部长)进入上海第二工业大学之后加入了院系新媒体部,负责学生会公众号的推送;因为其学业优秀、工作能力突出,被评为"上海市优秀学生",获得了"专升本"的面试资格,并顺利通过面试,被上海建桥学院免试预录取。

三、思考与启示

如何以制度完善、平台搭建作为突破口,在实施过程中,充分明确高校对学生的发展要求,同时结合学生现状,运用德育学分评价机制,让学生自主选择德育学分获得的渠道,培养学生自主管理意识,从而有效对接高职教育,是德育教育至关重要的一个方面。

如何在中职阶段加大学生自主管理范畴,尊重学生的个体差异,让学生在自主决定、自我反思、自我评价的活动中,提升自主管理和发展的能力,探索、设计一系列符合学生年龄和心理特征的主题教育活动是德育教育的关键所在。

《鼎秀》展演
——上海第二工业大学形象设计专业中高职贯通共建成果

上海第二工业大学高等职业技术(国际)学院　张晓妍

内容简介：上海第二工业大学和上海市第二轻工业学校形象设计专业中高职贯通携手共建形象设计职业教育体系，通过共同开展教研活动培养学生的人物整体造型能力，并用一系列的教研项目谱写形象设计中高职贯通的优秀成果。2019届学生毕业展演《鼎秀》，正是第1届中高职贯通毕业生实践能力的集中展现。

一、《鼎秀》的孕育土壤

2019年6月，在上海第二工业大学体育馆，2019届形象设计专业毕业生毕业作品展演隆重举行。此次展演名为《鼎秀》，正逢蒙妮坦学院成立十五周年，展演向全校和社会展现了中高职贯通形象设计专业整体造型设计、化妆设计、创意构成、服装设计与制作等人才培育课程体系的建设成果。作品的制作过程和展示成果也让学生从中感知自身的才华，并以此作为未来发展的精神力量，激励他们毕业后在专业领域砥砺前行。

上海第二工业大学形象设计专业自2004年创办以来，就有在毕业季举行毕业展示的传统。2014年与上海市第二轻工业学校中高职贯通后，从学生进中职之后就开始进行系统的形象设计课程设置和专业能力培养，使学生进入高职阶段之前就对形象设计有一定的概念和体现能力了。2017年，第1届中高职贯通学生进入高职，经过高等教育的设计课程和制作课程训练之后，他们的设计体现能力得到进一步提升和成熟，具备就业能力，达到培养目的。而《鼎秀》展演，正是第1届中高职贯通联合培养毕业生的人物造型整体创意设计体现能力的集中展现。他们与上海第二工业大学2016级自主招生班级的毕业生一起，共同谱写了《鼎秀》的华丽篇章。可以说,《鼎秀》的展演是由高职主导的中高职贯通复合型形象设计人才培养成果阶段性成果展示。

本次展演集合了形象设计各个年级的力量,演出的内容由形象设计2016级(自主招生)、中高职贯通2014级应届毕业生负责,2015级在校生协助造型制作和演出协调。展演还伴有"历届形象设计毕业生追踪视频剪辑""蒙妮坦学院十五周年庆典图册""形象设计中高职贯通专业作品平面展示"等,多方位地梳理和体现了上海第二工业大学形象设计专业的发展历程,以及中高职贯通联合办学的丰硕成果。

二、《鼎秀》的内涵和价值

《鼎秀》是培养成果展示的载体之一,是露出的峥嵘一角。《鼎秀》之下,蕴含着专业办学精神和专业建设的丰富内涵。

《鼎秀》是办学模式创新、课程体系创新、教学方式创新、设计理念创新、制作工艺创新等多层次创新的立体体现。

《鼎秀》的主体为人物整体造型设计,涉及立体构成、材料创新、设计概念创新、服装裁剪制作工艺、头部整体妆发造型设计、饰品设计等各个专业课程的技术和技能,能综合体现形象设计专业学生的设计体现能力和造型能力。

《鼎秀》是上海第二工业大学和上海市第二轻工业学校立足上海形象设计专业职业教育前端,用五年的时间培养适合新时代的复合型形象设计人才,用富有创意、整体和细节兼具的造型设计作品的艺术魅力向人们传达对生活的热爱、对未来的向往,具有鲜明的时代特征和发展眼光。

《鼎秀》是师生将中国传统文化的视觉符号和西方的视觉创作理念相结合的创新成果,旨在启发学生的创作理念,激发学生的创作激情,将对中国艺术的热爱和当代视觉的优势相结合,用层次分明的主题串联成一台完整的演出。

在《鼎秀》的策划、实施、汇报的过程中,行业专家、校企双师团队对于设计作品和行业需要相连起到重要的推动作用,加强了校企合作的教学模式,凸显了中高职贯通教育资源共享的人才培养优势,让专业教育成果得到社会的认同。

在《鼎秀》之前的中职毕业阶段,也有阶段性作品汇报展示。不仅注重结果,更注重过程。学生从构思、设计,到材料选择、作品制作都有完整的记录。这不仅规范了学生的工作态度和工作习惯,也为中高职贯通综合性人才培养积累了反思和改善的基础。

因此,《鼎秀》毕业展演,只是中高职联合培养教研展示系列历程的一个驿站,是人才培养发展的一个重要参数。

三、《鼎秀》:教学体系的优化改革

《鼎秀》是个契机,是两校联合共建教学体系、集约优化教学资源、立足新时代职业教育的培养目标,培养了设计与实践能力并重、具有高水平专业能力和知识的复合型形象设计人才。

在贯通之前,中职和高职形象设计专业有自己的完整体系和培养方式;贯通之后,通过讨论、优化、磨合,将中职"重技术"和高职"兼专业理论"的优势集合起来,制订明确的阶段性培养目标和科学的教学方法,让学生在中职阶段打好专业操作基础,到高职阶段接受更深入的专业理论教育和注重专业实践能力提高。

在中职就读期间,学生就开始参与美发与形象设计研创中心工作室的实践教学活动,为社会组织和公众提供专业的形象设计相关服务,有一定的专业设计与体现基础,以及对工作岗位的熟悉度。在中高职贯通的合作中,中职在不断完善和拓展实训教育体系,同时中职、高职加强沟通和协作,共建一流专业。通过"开展联合教研""实施教考分离""每学期去中职听课"等教学活动,高职全程监控中职的培养体系发展,保证中高职贯通的合作高效切实,使学生在进入高职之前就做好了准备,具备系统完善的知识体系和技能素质。

进入高职阶段后,学生接受"创意思维训练""服装设计理论""化妆设计理论""演出和创意妆发设计与体现""服装结构构成"等专业课程,在强化中职阶段的专业技术和设计能力的同时,获取更开阔、自由的思维训练和造型技能。可以说《鼎秀》是中职、高职两校共同培养的结果,是教学资源共享的成功案例。

通过中高职贯通项目,一些重复的内容得到优化配置,两校的教学资源、校企合作资源的互通也更为频繁直接,课程设置更科学,学生学习更连贯,学习习惯的培养也更有效。

《鼎秀》毕业展示只是中高职贯通初始阶段的阶段性成果,随着合作的深入、专业建设的加强,我们的成果将更为丰硕,质量也更高。

四、《鼎秀》:"匠人精神"的摇篮

"匠人精神",是新时代职业教育追求的目标。《鼎秀》毕业设计展示是两校共建课程、校企共建课程的结果之一。中职、高职之间建立系统且顺畅的合作培养模式,同时双方与企业也建立校企合作运营机制,开发相关课程,将教学成果提炼并加强,形成与行业和企业紧密结合的校企合作协同机制,有利于培养具有市场竞争力的形象设计人才。

此次作品动态秀的背景下,高职形象设计专业优化了"创意思维训练""服装立体裁剪""饰品设计""演艺化妆设计"等课程,并将形象设计相关课程"经典化妆设计"和"创意化妆设计"与美容类"芳香身体护理""塑形身体护理"课程打造成"双证融通"课程模块,结合中职的高水平课程"基础化妆"等建立系列高水平课程体系。

中高职贯通的办学模式对中职和高职的课程建设、教学质量监控和提高都提出了新的要求,刺激双方努力建设专业课程,加强合作,优化配置专业教学资源和校企合作资源,为中国的形象设计职业教育树立标杆而不懈努力。

此外,本专业在教学实施过程中,邀请行业和企业大师、名师参与带教课程模块设计等工作,延续了中职的学校专业教师和企业及双导师带教制度,落实双重责任制,拓宽学生的成才途径,多层次地共同推进人才培养工程。

学生们通过毕业作品展演,在筹备过程中启发艺术灵感,在设计阶段迸发创作激情,在制作阶段踏实地向理想前进,自然地培养了踏实做事的"匠心精神",体现了职业教育的特点和优势。作品是过程的最终体现,是无声的语言,细节不需要任何语言的描述即可动人。不仅是制作作品的毕业生,协助活动筹划工作的本专业在校生和外专业学生都能感受到创新的激情和匠人的专注。

把脉课堂实践教学，协力推进贯通专业建设
——校企共建城市轨道交通车辆大师工作室

上海市公用事业学校　郭　凝

内容简介： 城市轨道交通车辆技术专业，具有产业科技含量较高、职业岗位知识技能综合性强的特点，校企合作的重要性尤为突出。"五年一贯制"的学生培养，是课程体系的合理构建、能力培养的逐层递进、学生知识和能力结构的不断夯实。大师工作室的共建立足于最基本的课堂教学、实践教学，对于中高职贯通专业深入建设、课程一体化结构优化、开展实训实践、青年教师技能提升等具有非常重要的作用。

一、建设背景

（一）校企深入合作，推进贯通专业发展

城市轨道交通车辆技术专业，具有产业科技含量较高、职业岗位知识技能综合性强的特点，因此，校企合作的重要性尤为突出。为适应上海轨道交通发展及企业对人才要求的变化，需要学校不断强化专业建设，改革课程体系，强化教学条件建设，创新人才培养模式，以适应行业企业的岗位人才需求。

"五年一贯制"的学生培养，有别于三年制的中职培养和两年制的高职培养，不是简单的"3+2"模式，而应是培养模式的紧密贯通、课程体系的合理构建、能力培养的逐层递进、学生知识和能力结构的不断夯实。企业需要怎样的职业能力和职业素养，企业最有发言权，因此，贯通专业的建设更需要企业专家的深度参与，帮助我们共同细化职业能力分析、合理思考、安排理论与实践教学、优化课程一体化结构，使得学生的基础更加牢固、职业能力的培养逐层递进，打造更适合贯通专业培养的课程体系。

（二）大师工作室立足基本，把脉课堂

学校继续加强与以上海地铁、上海铁路为龙头的轨道交通运营和装备制造企业的紧密合作。其中，大师工作室的共建立足于最基本的课堂教学、实践教学，对于课程优化、开展实训实践等具有非常重要的作用，也是学校在校企合作中的一大亮点。

将有经验的企业大师请到学校来，与中职校及高职的专业教师定期联合教研，共同探索校企合作贯通人才培养模式，参与人才培养方案的优化、课程标准的修订、实训课程的开发及实训教学的指导，对于推动贯通专业深入建设起到了非常重要的作用。

此外，通过师徒带教形式，为教师上实操示范课，带领青年教师参与企业技改等，提升专业教师的技能水平。通过定期开展学生专题讲座、技术能手直接参与实训课的教学，以及技能大赛指导等活动，参与学生的培育，将学生职业素养的培养融入到课程中。

二、建设内容

（一）"上海工匠"进学校，协力专业建设

学校依托上海地铁，从企业聘请了轨道交通车辆方面的权威专家主持校企共建大师工作室。城市轨道交通车辆大师工作室聘请的技能专家为上海申通地铁车辆分公司制动班组长李鹃伟高级技师，曾荣获"全国技术能手""上海市杰出技术能手""上海市十大工人发明家"称号，也是上海首批"上海工匠"称号的获得者。

李鹃伟大师也是申通地铁公司首个成立企业首席技师工作室的专家，获得"上海市技能大师工作室"的称号。首席技师工作室由李鹃伟大师领衔，工作室还有其他技术能手完成企业科研攻坚、职工技能培训等工作。

校企共建城市轨道交通车辆大师工作室是希望能够与企业首席技师工作室对接，企业首席技师工作室的技术能手们一起参与了我校城市轨道交通车辆技术中高职贯通专业的建设，对人才培养方案修订、课程标准研讨、课程资源建设、校本教材评审、技能大赛指导、实训课程建设等提出宝贵意见。企业专家的

参与对推进城市轨道交通车辆技术贯通专业建设及课程体系的完善提供了很大的帮助。

（二）探讨实训项目拓展，打造"理实一体"专业课程

专业实训室建设是学校基础建设的重中之重，功能完善的实训室能使"教、学、做"融为一体。贯通培养的学生在实践技能方面的要求更高，对实训设施及实训教学的要求也更高。学校实训室的建设得到了大师工作室技术专家的很多帮助，从实训室建设方案的论证，到实训室功能的划分、实训项目的开出等出谋划策。

在企业专家的帮助下，制定了专业实训课程标准，并对专业课程中理论与实践部分如何更好地融合进行了探讨，目的是使实训实践教学与企业岗位需求更加贴近，使学校教学更加有效。

（三）指导学生实训，参与学生培养

学校每学期都会邀请企业大师来学校参与学生的教学活动。具体包括：为城市轨道交通车辆技术专业的学生定期开讲座，用自己的实际经历引领学生；指导学生进行全国职业院校技能大赛的训练和为学生轨道技能社团活动出谋划策；学校的课程教学及专业实训带教也特聘企业的技术能手作为兼职教师。大师工作室在专业课教学、学生顶岗实习、学生就业中发挥了很大的组织协调指导作用。

（四）企业实践带教，促进青年教师的蜕变

专业教师深入企业挂职锻炼大大提升了青年专业教师的技能水平。本专业每年都会安排专业教师利用暑期深入企业实践。每次企业实践也得到大师的大力支持，大师每次必定亲自参与带教。特别是青年教师，不但开拓了眼界，也提高了实践技能。比如我们的专业教师在参加企业技术工人的技术比武中取得了不错的成绩，并获得了职业资格证书，真正成为了"双师型"教师。

在企业的挂职过程中，青年教师也参与了企业培训中心职工培训课程的建设及课程标准的编制工作，为企业的发展提供自己的一份力。还有老师参与

企业技师工作室的科研项目,提升了科研能力。

三、建设成果

(一)名师出高徒,技能大赛获大奖

大师工作室的技术骨干参与学生的实践教学,不但作为实训特聘教师完成实训教学工作,还对学生的技能大赛进行指导,对规范性提出了许多中肯的意见。

在大师的指导下,城市轨道交通车辆技术贯通专业的学生荣获了许多奖项。如:2014年全国职业院校技能大赛"城市轨道交通运用与检修"赛项二等奖,2016年"挑战杯——彩虹人生"全国职业学校创新创效创业大赛特等奖,2017年上海市"星光计划"职业院校技能大赛"机电一体化设备安装调试"项目三等奖,2018第10届全国交通运输行业"捷安杯"城市轨道交通列车司机(学生组)职业技能大赛优胜奖,2019年中国技能大赛上海市选拔赛"电气装置"项目一等奖。

(二)合力开发课程资源,促进专业发展

建成"城市轨道交通车辆机械检修"市级精品课程、"城市轨道交通车辆电气检修"校级精品课程,从实训教学环节设计到实训指导,都在大师所在的工作车间完成。开发"城市轨道交通车辆技术"系列校本教材,教材编写均有企业技术人员参与,以岗位需要和职业标准为编写依据,由申通地铁技术专家评审,对教材质量进行把关。2020年初国家级"城市轨道交通车辆电气检修"课程教学资源库开发通过验收。在企业大师工作室的协助下,许多实训教学内容的拍摄在企业车间完成。

(三)共建实训基地,开拓实训思路

学校新建成的轨道交通综合实训线实现了各专业之间的互通,城市轨道交通车辆机械检修实训室及电气检修实训室建设论证工作顺利完成,企业大师多次赴学校参与实训室的建设论证,并与专业教师一起开发了系列实训指导书。

四、体会与思考

学校的专业建设离不开教师的努力,更离不开企业的参与。校企共建大师工作室立足于最基本的课堂教学、实践教学,对于课程优化、开展学生的实训实践教学、青年教师带教等具有非常重要的作用。

共建大师工作室应持续发展,并应更加深入。目前,院校正在推进城市轨道交通车辆技术贯通高水平专业建设,在企业大师的全力参与下,人才培养模式进一步优化,课程结构更加合理,更加贴近企业的发展需求,教学资源开发不断完善,实训设施建设及实训课程内容的丰富逐步推进。

打通汽车技术和营销技能的"任督二脉"

上海交通职业技术学院 荣建良

内容简介：汽车营销与服务专业人才，是跨越汽车营销与汽车技能两个方向的综合性人才。在传统的高职教育中，因为培养周期的缘故，很难深度糅合这两个方向的专业技能。本文从专业课程体系构建、培养学生综合能力入手，介绍如何通过科学系统的剖析岗位职业能力需求、分析典型工作任务，优化构建中高职贯通一体化设计的综合人才培养方案。

一、专业背景介绍

上海交通职业技术学院汽车营销与服务专业，从2002年开始招生，通过多年的教学实践，对汽车营销人才培养体系构建有较为深刻的认识。多年来，专业背靠"长三角"汽车行业在国内的领先地位，结合深入用人单位和兄弟院校的系统调研，建立了以全面关注学生职业生涯发展，培养综合性人才的特色课程体系，该课程体系在国内同类专业中，具有标杆示范辐射作用。

近年来，通过深入分析我国汽车行业发展现状，各地院校对汽车营销与服务专业就业方向形成了比较成熟的共识。汽车营销与服务专业主要就业岗位包括新车销售和汽车维修接待，以及二手车、汽车保险、汽车金融等其他就业岗位方向。这些就业岗位的共同特征是：学生在学校要掌握扎实的汽车构造、汽车使用专业知识和技能，也要掌握现代服务体系下的现代营销理论和技能。

而传统的高职院校汽车营销专业人才培养体系的痛点，就是仅仅靠三年的专业培养，学生要完成包括必修的公共基础课、专业课程、专业实习等教学内容，在短时间内掌握复杂的汽车知识及技能，以及要横跨理工和财经两大学科体系去理解并掌握深奥的现代营销服务理念和技能,对处于社会认知成长期的学生,真的是强人所难。

多年来,各地院校在平衡汽车技能和营销理念两个方向时,顾此失彼。尽管在专业委员会的指导下,进行了大量教学改革,企图在汽车和服务理念之间找寻到某个平衡点。但从用人单位的反馈来看,如果学生在能够具有现代服务技能和意识的前提下,为客户提供专业汽车技术解释服务,更能完美实现"专业服务"这一现代汽车销售和售后服务需求。

上海交通职业技术学院联合上海市交通学校,从2010年开始招生以来,经过多年专业建设和教学实践,在人才培养路径和学生技能培养方面取得了一定的成绩。通过梳理专业人才培养体系,紧紧抓住技能复合型人才培养新途径"职业能力"这一核心要素,基于学生能力培养的教育理论,依据国家人社部职业资格标准和上海汽车后市场岗位职业能力要求、复合汽车营销与汽车维修两大岗位职业能力,聚焦学制与课程体系的创新,构建职业能力模块库、新课程体系、新实践教学平台、教学质量标准监控体系,探索一条技能复合型人才培养新途径。

二、构建"既懂营销又会维修"的技能复合型人才培养体系

(一)按照企业用人标准,剖析专业人才能力模块

汽车营销与服务专业充分发挥我院在汽车维修教学方面的专业优势,由汽车维修行业协会专家根据行业企业标准,剖析汽车营销与服务专业的岗位、职业发展路径和职业能力要求,按照"行业发展要求→岗位职业能力需求→工作任务分析→人才培养方案设计→课程标准制定→课程教学实施→课程教学评价",复合在汽车维修与汽车营销两个技术领域,一体化设计基于职业能力渐进的五年制中高职贯通人才培养方案,大大缩短了人才培养周期,充分发挥了五年制中高职贯通教育的周期优势,培养出"既懂营销又会维修"的技能复合型人才。

(二)解决了"学校缺少支撑技能复合型人才培养的课程体系、教学资源"的难题

运用"柔性衔接"开发技术,构建基于能力分级和生涯发展的中高职贯通课

程体系。将职业能力嵌入课程内容，形成新的由"基本技能、专业核心技能、综合能力提升"平台课程组成的职业能力"渐进式"课程体系。"柔性衔接"技术借鉴了企业"柔性制造"技术方法，实现中高职贯通人才"职业能力渐进"系统培养。为理清中高职在人才培养目标上的层级差异，通过能力标准推进中高职课程贯通，构建一个基于职业资格等级与能力本位的中高职贯通体系，以"职业标准—能力标准—专业标准—课程标准"作为主线来设计中高职的课程衔接，构建基于职业资格等级与能力本位的中高职课程体系。

开发了适用于中高职贯通汽车营销与服务专业人才培养的"汽车结构与检修""汽车服务企业管理"等8门职业能力项目课程及一批教学资源，同时推进"技能中国"系列、小班化教育，专门配备汽车专业辅导员、专业实训教师言传身教等方法推进思政教育，培养汽车营销与服务技能人才"工匠精神"，解决了"学校缺少支撑技能复合型人才培养的课程体系、教学资源"的难题。

（三）解决了"学校缺少符合技能复合型人才培养的实践教学平台"的难题

校企构建"学校+基地+品牌企业"的实践教学平台和"维修+营销"校企专兼结合教学团队，基地每年提供永达宝诚MINI店、交运汽修奥迪等28家汽车中高端品牌企业，用于中高职贯通专业实践性教学；企业派出由"汽车维修与汽车营销"企业骨干组建的企业讲师团，通过专业课教学与讲座结合的形式，满足技能复合型人才培养的教学需求，解决了"学校缺少符合技能复合型人才培养的实践教学平台"的难题。

（四）解决了"学校缺少符合技能复合型人才培养的教学质量标准监控体系"的难题

建立中高职专业教学质量标准监控系统，开发中高职贯通管理系统，动态监控中高职贯通教学全过程的专业建设、课程建设、实训实习、课程教学、职业素质、职业岗位能力、职业资格鉴定、教学质量、教材等标准，确保技能复合型人才培养的培养质量。

三、成果应用及效果

（一）培养出了"既懂营销又会维修"的高素质技能复合型人才

我院中高职贯通汽车营销与服务专业连续5届毕业生受到企业欢迎与认可。毕业生现大多就职于汽车中高端品牌服务企业关键岗位，专业对口率超过90%。学生毕业后的职业发展路径与我们人才培养方案的设计方向基本一致，学生的专业能力和工作后的发展后劲得到了用人单位的一致认可。

近年来，中高职贯通汽车营销与服务专业学生积极参加全国及上海市汽车技术服务与营销、汽车运用技术类职业技能竞赛，并连续获奖。在全国、上海汽车营销类大赛中，1人获特等奖，2人获二等奖，3人获三等奖；学院获得上海市汽车营销技能大赛团体一等奖；5名学生参加全国汽车运用职业技能大赛汽车运用技术类赛项，其中2人获二等奖，3人获三等奖，学院获得全国团体二等奖。中高职贯通教师团队是"上海市高职高专市级教学团队"，中高职贯通新建课程"汽车服务企业管理"是上海市市级精品课程。

（二）荣获国家级教学成果

我院汽车营销与服务专业扎根专业建设，重视教材建设、教师能力提升和教育教学改革，全方位系统提升专业实力。以汽车营销与服务专业为背景，专业建设课题研究《五年制中高职贯通汽车营销与服务专业技能复合型人才培养新途径》，荣获2018年国家教委教学成果二等奖。

目前，此成果已开始在学院10个中高职贯通专业中予以推广应用；已被上海23个同类院校、全国三十二所兄弟职业院校予以应用；在上海市教委组织的中高职贯通推进会作经验介绍，并被表扬、推广；在全国骨干教师培训基地上进行专题讲座，并被推广，在上海、行业乃至全国产生重大影响。

通过多年实践，我院汽车营销与服务专业学生无论在就业质量和职业发展空间，还是在全国兄弟院校教学成果评比中，都获得了不俗的成绩。证明了我们在专业教学改革中方向和思路是正确的，也激励我们继续优化课程体系和教学实践，为日新月异的现代汽车服务体系培养紧缺人才。

"三贯通一提升",依托"产、教、研"基地,培养影视"微特效"动画制作人才
——东海职业技术学院影视动画专业中高职贯通工作案例

上海东海职业技术学院 关艳丽 王翔宇

内容简介:上海东海职业技术学院和上海市西南工程学校中高职贯通影视动画专业深入理解"中高职贯通"的意义和价值,在充分沟通、达成战略合作的基础上,精心设计影视动画贯通的定位与专业培养目标、专业建设目标和建设内容,制订了专业建设的规划。试点工作运行平稳,取得了一定的成绩。

一、案例背景

上海东海职业技术学院影视动画专业是上海市市级特色高职院校重点建设专业,开设于2003年。专业理论教学的教师有11人,其中教授1人、副教授4人;实训教学教师有5人,中级职称3人、初级职称2人。

该专业于2013年开始与上海市西南工程学校成功申报"五年一贯制"培养试点;2012年与日本京都情报大学院大学签约"3+2"专升硕教育合作项目,为两校中高职贯通在机制运作、管理架构、专业课程优化、人才培养模式等方面提供了很好的借鉴。

二、问题提出

一是基于影视动画专业自身的发展,目前各高校动画专业设置范围非常广泛,一切与影视和动画相关的内容几乎都被囊括其中。这在扩大了影视动画专业就业范围的同时,也加大了专业的教学难度,学生技能学习不精,什么都知道

一点,但是什么都不精通,专业特色不明显。

二是基于学生的培养,原来通过三校生高考进入本专业的学生,中职阶段学过相关课程,因缺乏衔接,高职阶段重复开设。普通高中进来的学生,两年在校学习,一年实习,除去公共课程,专业知识掌握与技能训练的时间有限。

三、案例的实施过程

(一)专业定位精准

紧跟市场对特效技术人才的需求,坚定围绕"树立现代教育的一面旗帜"的办学定位开展工作,通过中高职贯通融合,把影视动画专业办成上海市乃至"长三角"的"样板专业"。中高职贯通影视动画专业定位基于充分的市场调研和人才需求分析,明确并坚定了"微特效"动画专业定位和课程体系的设计理念。

动画"微特效"人才,不仅需要扎实的审美能力,还需要坚实的绘画、色彩、造型的基本功力,需要有数字化软件工具使用的技术,以及对特效平台,即影视视频的制作知识。动画"微特效"人才,不仅是动画人才,还应是影视人才;不仅应有艺术身份,还应该具有技术水平。

(二)培养目标明确

本专业培养学生通过"五年一贯制"的学习,达到牢固掌握专业必要的文化科学基础知识和影视动画"微特效"操作的基本技能。熟悉相关影视、动画的常用工具和制作软件,了解制作过程,掌握制作方法,能够从事影视制作、动画制作、多媒体制作等,并且具有解决问题的能力和学习能力、良好团队协作能力的高素质技能型人才。我们总结了三个维度———速度:服务于影视动画中端环节软件的快速熟练运用和行业的快速适应能力;高度:紧密跟进行业变革,具有国际化视野和前沿技术的自我更新能力;广度:毕业生即时上岗,同时具有职业进步能力和岗位迁移能力,上手快且后劲足,具有独立创意能力和一定发展空间。

(三)专业特色鲜明

上海市西南工程学校与上海东海职业技术学院的中高职贯通影视动画专业

是上海首家以培养"微特效"动画人才为特色的动画专业。通过市场调研,我们与兄弟院校形成了错位发展,不盲从,着力于"视频合成、节目包装、后期调色、动画微特效"领域的人才培养。

贯通专业体现了三个不同:(1)不同于传统手工艺动画,凸显"互联网+数字化"的特色;(2)不同于传统剧情动画,凸显视频包装动画的特色;(3)不同于大型特效动画电影,凸显视频"微特效"的特色。

(四)培养模式创新

该项工作试点主要采用了"三贯通一提升"的培养模式,来科学地实现人才培养的目标。

贯通一:课程贯通。围绕基本专业定位和培养目标,设计了科学的教学课程体系,强化了动画专业的基础训练和基本技术学习,确定了先期可达到"基本制作能力"的培养目标。对原有相互独立的中职、高职课程体系进行分析、优化和重构,创建新的中高职贯通人才培养一体化课程体系。具体做法:强化通识教育,夯实基础技能,提升技术技艺的培养,增加实践创作课程。

贯通二:"双证融通"。严格推进学生证书的取得,结合市场需求,建立了政府与行业的双维度认证体系。

贯通三:"产、教、研"协同。依托"产、教、研"协同基地实践现代学徒制。坚持市场化的传统,融合教学与生产为一体,严密对接市场。教学中,坚持"作品考核"和"市场考核"的制度,用市场化的标准说话。结合"产、教、研"协同基地建设,把微电影创作中心、影视多媒体实训平台、数字调色与现代动画大师工作室等教学资源整合成影视创作和制作人才培养上的合力。

"一提升":提升人才的未来发展空间。推行"三面向"工作,即面向应用本科提升,面向海外硕士提升,面向终身学习提升。其中,"面向应用本科提升"即学生在毕业当年参加上海市的专升本考试;"面向海外硕士提升"即目前已经和日本京都情报大学院大学等海外院校开展了高职留学海外攻读研究生的合作项目;"面向终身学习提升"即通过持续建立和更新教学资源的云教育平台,为学生提供职后和终身的学习分享。

（五）课程实施高效

课程实施上，以市场任务为引领，依托"产""教"基地开展技能训练。在企业资源上，依托影视方向的上海盛视天橙传媒股份有限公司、上海美术电影制片厂等，从教学、管理、技能培训、技术开发、创作实训等多个梯次的专、兼职人力，向学生开放产业、行业一线的创作实践平台。在高年级将学生直接放置于校中厂，进行与市场项目"无缝对接"的学徒式技能训练和实践学习，再到课堂中进行经验的总结和理论的提升。增加以文化创意为目标的课程模块。课程在常规基础技能课的基础上，探求文化创意的理念植入，分析、优化、重构、创新了中高职贯通人才培养课程体系，为学生的可持续发展提供了上升的架构和发展的空间。

四、建设成效与反思

中高贯通影视动画专业经过七年探索，目前已有3届学生，学院在专业建设、人才培养和服务贡献方面取得了一定成效。

聚焦"微特效"人才，专业建设铆住了增长点，完成教育部认定的"高等职业职院校骨干专业"建设；完成教育部认定的"基于移动终端的影视创作产教研协同基地"建设。中高职贯通建设稳步提升，联合完成3门教材建设；"3+2专升硕"为学生提升就业竞争力，31名学生获得硕士学位；"课—证—赛"一体化，试点建设"双证融通"，初步形成"学历教育+职业技能培训+多维培养通道"相融合、相统一的现代职业教育模式。

聚焦人才培养，师资团队得到快速提升，学生专业能力扎实。影视动画专业教学团队获评"上海市级教学创新团队"，《基于产教研协同，动画微特技人才培养的探索与实践》获上海市级教学成果奖二等奖。学生获得全国职业院校技能大赛"动漫制作赛"项目三等奖；获得第6届、第7届上海市"星光计划"职业院校技能大赛"动漫制作"赛项一、二、三等奖、团体奖等。

增强了服务发展的能力和贡献度。校中厂"东海创意园"初具规模，园内校企共建"集群渲染实训室"，渲染动画10余部；师生参与实际项目制作，拍摄多部法制类作品，具备一定的品牌特色，其中《毒爱》等获得全国奖项与好评；影视动画专业与广播影视节目制作及计算机应用技术等专业形成联动效应，拓宽了学生的专业学习范围,不局限于传统动画,为学生错位竞争就业打下了基础;通过"职业体验日"宣传专业与职业教育,累计200余人受益。

影视动画专业是一个应用型非常强的专业,专业发展和人才培养坚持"三贯通一提升",依托"产、教、研"基地,坚持市场导向、需求导向,密切关注市场上影视动画的发展,立足市场需求实际,不断调整专业规划、课程安排以及教材的使用,实行数字技术与传统动画相结合,宽基础,分模块,理论与操作并重,培养影视动画专业市场需求的专业人才。

基于最近发展区实现特色班集体建设

上海市群益职业技术学校　骈　岑

内容简介：特色班集体的建设离不开专业特色和班级特色，在创建特色班集体的过程中能够将两者融汇贯通，才能打造真正有利于学生发展的特色班集体。本文主要以学前教育专业中高职贯通班的特点为基础，以最近发展区为指导理论，对特色班集体的建设进行初探。通过营造富有学前教育专业特色的班级文化，在学生原有特长基础上开展"培养特长""展现特长"等一系列活动，增强学生的专业学习兴趣及学习动力，逐步实现人人有特长、个个有发展的特色班集体。

一、案例背景

2014年9月，40个活泼可爱的上海小囡来到了上海市群益职业技术学校学前教育专业中高职贯通班这个大家庭——作为和上海行健职业学院联合培养的首批五年制贯通班级，学生在入学前进行了严格的面试。这些多才多艺的小囡们在展现青春风采的同时，也逐渐显露出很多问题，如学生在专业技能方面基础差异较大、部分同学学习积极性低、对于技能学习的定位模糊等。

针对这些问题，将学前教育专业特色和班级的实际情况相结合，在学生原有经验的基础上打造以学前教育专业技能为载体的特色班集体，并以此为学生提供培养特长的平台，促进学生的全面发展。此外文艺特长是学前教育专业学生应具备的基本职业素养，对于其未来的职业生涯发展有着举足轻重的影响。

二、理论基础

著名的教育学家维果斯基的最近发展区理论表明,学生在有效指导的情况下,借助成人帮助达到解决问题的水平与独自解决问题达到的水平之间的差异,实际上是两个邻近发展阶段间的过渡阶段。教师如能把握住最近发展区,则能够加速学生的发展。

基于最近发展区的教学理论,创建"人人有特长,个个有发展"的特色班集体——在学生现有经验水平的基础之上,以"学生为中心,教师作为引导者"为学生搭建平台,提供机会,使学生在活动中全面发展,帮助学生完成最近发展区的阶段过渡。

三、实践过程

(一)抽丝剥茧析班情,有的放矢定目标

最近发展区理论中提到需要明确学生存在的两种水平,即学生已达到的水平和学生可能达到的发展水平。因此,首先,需要明确班级整体在特长方面已达到的发展水平,通过问卷调查、访谈等形式了解到班级27%的同学具有一定程度的才艺特长,其中以音乐、舞蹈、美术等才艺为主。例如班级中有获得过拉丁舞金牌的同学,有通过钢琴八级、古筝十级、中国舞十级的同学,有合唱团的优秀成员等等。其次,任课老师们为学生详细解读专业技能方面的课程设置,引导学生明确每门专业课的定位、教学要求及各门课程之间的联系,帮助学生明确"培养特长"的重要意义,促使同学们产生"培养特长"的意识和愿望。

(二)放眼长远细规划,运筹决策定方案

在创建特色班集体的规划中,采取"以点带面""点面结合""整体推进"的方法。首先,根据班级学生的特长情况以及专业技能课程的设置,一年级选定声乐、舞蹈、绘画3个优势项目,通过对这3个项目的支持和推动迈出打

造班集体特色之路的第一步；随后在优势项目的基础上，二年级增加了乐器表演、书法、朗诵、演讲、体育等特长项目；三年级时则增加了歌舞剧表演、小品表演等综合性项目。其次，发掘班级具有特长的骨干学生，鼓励她们在各自的特长领域中有所表现，逐渐带动班级的积极分子并发掘其潜在特长，最后通过活动和班级氛围带动全班同学，形成"人人有特长，个个有发展"的班集体特色。

（三）循序渐进巧引领，积微成著展特长

维果斯基认为，在最近发展区理论中成人给予学生的有效指导起着至关重要的作用。结合"人人有特长"的特色班集体目标，通过搭建平台、专业教师辅导、创建互助小组和课外社团等方法，使学生能够从"已达到的水平"迅速发展到"能够达到的水平"。

1. 发掘学生特长，准确定位班级优势特长项目，以活动促特长形成

在第一阶段中通过班级、学校活动来促进骨干学生的特长培养。班会活动中鼓励特长骨干学生展现自我，针对班会主题设计活动内容，为特长学生创造展现的机会。如在"我的中国梦，我的职业梦"主题班会中，具有绘画特长的同学为大家展示了她创作的系列漫画《幼儿教师的一天》。此外，结合学校的黑板报评选和"温馨教室"建设，重点培养学生的书法、手工及绘画特长。

2. 巩固学生特长，结合专业课程发展优势特长项目，以比赛推特长发展

第二阶段中结合每天的技能训练和社团活动，有效地帮助具有特长的骨干学生快速成长，而对于没有基础的同学来说，专业技能课程的学习为他们提供了更多的选择和尝试，可以选择自己感兴趣的项目重点发展。此外，推荐班级具有特长的骨干学生参加区、市级比赛，力争获奖，以激发学生的自信心，增强学生的学习动力。

3. 发展学生特长，重点推进非优势特长项目的培养，荣誉激励，助均衡提高

这一阶段是班集体特色建设的完成阶段，主要任务是关注班级少数无特长生以及特长不明显学生的特长培养。该部分学生普遍生性腼腆、缺乏自信心，对其特长培养首先从班级活动开始，成立互助小组，以实现优势互补；此外，"荣誉激励制"在这一过程中也起到了举足轻重的作用。

四、成效与评价

(一) 各级各类活动中摘成果,实现了特色班集体的创建目标

通过三个阶段的班集体特色建设,实现了"人人有特长,个个有发展"的特色班集体目标。其中,8名学生在全国"文明风采"大赛及闵行区艺术节舞蹈单项中获金、银等不同奖项;10余名学生在全国"文明风采"大赛、上海市"纯悦杯"学生动漫画大赛、纪念长征胜利主题活动、法制漫画活动等各级各类绘画比赛中均取得优异成绩。此外,17名学生考取不同等级的钢琴证书,而其中15名学生是从零基础开始学习。

此外,学生凭借着自身的特长在各项活动中大放光彩,这在班级里起到少数带动多数进而影响整体的作用,在整个班级内营造了一种"活动不分大小,积极参与展现自我"的氛围。

(二) 为职业生涯发展保驾护航,实现了自我提升和促进就业的双赢

作为第一批学前教育专业中高职贯通的试点班级,目前该班的40名上海小囡已从上海行健职业学院顺利毕业并踏上工作岗位。该班就业率为100%,其中97.5%的学生从事幼教相关行业。上海行健职业学院表示扎实的技能不仅使得该班学生在幼儿园教师技能大赛中所向披靡,更有助于学生在教师资格证面试中的发挥。该班教师资格证的通过率为82.5%,位居上海行健职业学院学前教育专业第一。

扎实的特长为学生的就业同样提供了保障,在求职面试中该班学生受到了各幼儿园的喜爱和欢迎。其中浦东新区绿川幼儿园的园长表示,被录用的该班学生基本功扎实、职业素养较好,能够很快适应幼儿园教师工作。此外,特长的培养对学生未来职业生涯的发展有着更为深远的影响。

花儿需静待其慢慢绽放,40名小囡的成长亦是如此。打造特色班集体只是促进学生特长发展的第一步,帮助学生形成可持续性发展的特长培养模式才是关键,也是今后需继续努力的方向。不断探索适合学生发展的教育理念,继续寻求现代化的管理理论,让学生在个性特长充分发展的同时提高职业素养,提升职业能力,这是我们每一位职业教育工作者所肩负的使命和奋斗的目标。

探索课堂实践改革,有效提高专业技能
——以上海市商业学校中高职教育贯通国际商务专业课堂教学改革与实践为例

上海市商业学校 吴纪周

内容简介：本文以上海市商业学校中高职教育贯通国际商务专业班课堂教学改革与实践为例，以专业教学团队强化学生专业技能训练的教学改革为突破口，从"背景与主题""过程与措施""反思与启示"三方面，阐明了专业课堂教学改革与实践的方法、路径、学生学习效果成效，展示了中高职教育贯通人才培养课堂教学改革与实践的初步探索成果，从而为今后进一步深入教学改革和推广打下基础。

一、背景与主题

职业技能是职业岗位的重要组成部分，是学生未来职业生涯成败的关键因素，也是衡量中高职教育贯通人才培养质量的重要指标。中高职贯通班的学生普遍学习基础较好，有的学生能良好地完成各项课业任务，但一遇到需动手动脑操作的内容，便不知所措，他们的学习成绩良好，但思考分析解决问题的能力、团队协商沟通的能力、专业敏感度及适应能力等方面却差强人意。

上海市商业学校在中高职贯通人才培养实施过程中，注重"一体化"人才培养，以"学生发展"为核心，以先进职业教育理念与经验为范本，以专业课程课堂实践教学为基础，根据专业核心知识与能力目标，设计各种活动，让学生在课堂教学实践活动中融会贯通所学专业知识，提高各项专业技能。专业教学团队齐心协力，共同研究探索职业技能在中高职贯通国际商务专业课程教学中的培养方式，在教学中设计各种活动，让学生在活动中逐渐具备基本学习能力：阅读能力、计算能力、信息技术运用能力等；人际关系能力：沟通能力、团队工作、协商能力等；创新能力：创造性地思考问题、解决问题能力等；后续学习能力：自主学习、自我提高的能力。通过改革探索与实践，总结其中的教育教学科学性和可操作性，为专业教学赋予创新特色。

二、过程与措施

国际贸易业务流程课程是我校中高职教育贯通国际商务专业的专业核心课程之一,主要介绍国际贸易特征、基本流程、主要单据、合同结构和内容、装运与保险、检验与检疫、索赔与仲裁、支付结算等基础知识和基本技能。课程涵盖的专业知识和专业基本技能面广量大,如何通过有限的课堂40分钟提高学生的学习效能,是我校专业教学团队思考的主要问题。

突破教师传统教学"满堂灌"的教学形式,按照专业人才培养目标的要求,专业教学团队着力将学生活动围绕着专业知识和专业能力进行设计,在课程的每个单元都开展了"实践活动",以完成典型任务项目来带动学生学习课程相关章节知识点,激发学生的学习兴趣,提高学习的自主性和能动性,充分发挥学生的主动性和创造力,从而有效提高学生的专业技能(见表1)。

表1 课程课堂实践活动设计举例

学生活动	学生活动内容描述	涉及的任务
学生活动一:某公司国际贸易和国内贸易2个实际案例资料的阅读	学生分组活动,一组看国际贸易案例,一组看国内贸易案例,双方比较这2个案例的异同,并完成教师指定的表格	让学生能区分国际贸易与国内贸易
学生活动二:展示各种包装标志,让学生进行辨别包装标志,设计唛头和选择包装标志的操作	学生分组活动。给定某商品,每组学生判定它的包装标志,并根据所给条件,设计唛头	能判断包装标志;能设计唛头
学生活动三:设计计算案例,使学生了解商品的价格构成,并进行FOB、CFR和CIF等贸易条件下的价格换算,以及折扣和佣金的计算	学生分组活动。安排学生在回顾"常用贸易术语"、感悟其价格构成的同时,将运费、保险费逐一融入,并通过在规定时间内完成"任务卡"中的各项任务、展示讲解,让同学更深地体会各种贸易术语之间的价格构成差异	能进行FOB、CFR和CIF等贸易条件下的价格换算;能进行折扣和佣金的计算
学生活动四:通过书面合同的案例分析,使学生了解合同签订的基本要求,并能填制合同	学生分组活动。安排学生对几个案例进行分析,并发表自己的意见,说明签订合同时要注意什么,看哪组率先把合同填制完成	能填制合同;能了解合同签订的基本要求

(续表)

学生活动	学生活动内容描述	涉及的任务
学生活动五：设计若干个案例，通过案例分析活动和教师演示，让学生进行汇付、托收和信用证的操作，并了解银行交单结汇的相关手续	学生分组活动和讨论。安排学生根据案例完成各种支付方式下的交单结汇流程的表格。看哪一组最先完成	能办理汇付手续；能办理托收手续；能办理信用证手续

以"项目三　解读贸易术语和商品价格"中的一个学习单元为例，在基础知识学习后，设计安排了"学生活动三"——"常用贸易术语商品价格的换算的小组PK竞赛"活动。

竞赛活动前，教师说明竞赛要求，指导学生回顾"常用贸易术语"中的专业知识内容。活动开始后，教师将学生分成若干小组，给每个小组发放写有"任务"的"任务卡"，每组须在规定时间内完成"任务卡"中的各项任务，每个小组的任务略有不同，学生均须完成资料的阅读查找、沟通协作、计算、规避陷阱、给出合理化建议等具体任务。每组完成"任务卡"后，在3分钟内阐述"任务卡"中各项任务的解决思路、方法、易错点的归避等情况，随后回答他组同学和评委会（评委会由企业专家、家长代表和校内教师组成）的提问，最后评委们围绕学生解决问题能力、应变能力、语言表达能力、沟通交流能力、知识应用能力、创新能力和团队协作能力等项目进行评分。

通过这样的竞赛活动，将枯燥的专业知识变得有趣，使学生更深地体会了各种贸易术语之间的价格构成差异，将"死"知识灵活运用，锻炼提高了各项职业能力。具体对比如表2所示：

表2　学生职业能力提高对比

职业能力		实施活动前学生职业能力表现	实施活动后学生职业能力表现
基本职业能力	基本学习能力	学生综合运用所学知识点归纳问题、计算能力相对较弱	学生的贸易术语、价格换算中的计算能力明显提高，能归纳知识点和易出错的地方

（续表）

职业能力		实施活动前学生职业能力表现	实施活动后学生职业能力表现
基本职业能力	人际关系能力	基本没有团队协作、沟通；上课只是自己顾自己听课	团队合作能力、沟通能力有了显著提升。活动后，学生更善于倾听他人意见和表达自己的想法和观点
	创新能力	传统的教学方式是教师"满堂灌"、单一授课，给学生提供独立思考的空间少，也就无法锻炼学生的创新能力	极大地为学生创造了独立思考解决问题的空间，使得学生的创新能力得到提高
	后续学习能力	学生没有动力在课余时间继续学习本课程内容	很好地锻炼了学生课堂外后续学习的能力
专业职业能力	能明确3种常用贸易术语下商品价格的构成	传统教学模式导致学生的书面知识无法应用	通过活动，让学生将书面知识活学活用
	能运用"运费、保费的计算方法"完成3种常用贸易术语下商品价格的换算	传统教学模式导致学生的书面知识无法应用	通过活动，让学生将书面知识活学活用

三、反思与启示

中高职教育贯通人才培养是"一体化"建设的人才培养模式，更注重学生的后续发展，更需要关注并促进学生积极主动地发展，帮助学生在学习专业知识的同时锻炼自主学习能力，从而不断提高专业职业技能。实践证明，在教学过程中，设计生动有趣的活动，将应用性的知识让学生在活动中融会贯通，学生们获得了更多、更充足的时间去思考、交流与探讨，同时也能让学生更好地思考专业问题，分析和解决问题，促进他们主动寻求提高学习成效的发展途径，培养和提高了学生的职业能力。

通过教学课堂实施改革探索与实践，实施教学的主体从教师转变为学生，讲台变成学生展示能力的舞台,极大地调动了学生的积极性与参与性,极大地锻炼了学生的沟通能力、团队协作能力、语言表达能力等综合能力。在今后的教学工作中,我校专业教师团队将努力钻研,为使中高职贯通国际商务专业学生成为专业知识扎实、职业技能过硬的国际商务人才而不断探索。

夯实专业核心技能，提升学生综合职业能力
——打造环境工程技术专业高素质人才

上海城建职业学院　郭艳微
上海市材料工程学校　章晓兰

内容简介：中高职贯通环境工程技术专业（环境监测方向）整合三方（高职、企业、中职）优势资源，深化"产教融合"，提炼职业核心技能，利用贯通长学制优势，通过强化化学分析实训、构建综合实训体系、加强转段过程的"工学结合"、凸显技能大赛的积极引领等措施，打造高素质复合型人才。培养了多批能从事环境采样、现场监测、实验室分析检测、环境质量管理等岗位工作的、具有职业生涯发展基础的高素质复合型技术人才。通过夯实专业核心技能，提升学生综合职业能力，取得了丰硕的成果。专业就业的岗位类型多、就业率高，学生专业技能过硬，具备跨学科的专业技能。

一、引言

环境工程技术专业面向的岗位类型多，要求的专业技能比较复杂，需要从业人员具备跨学科的专业技能。要求学生掌握基本的化学及生物化学的基础知识，还要熟练掌握无机、有机、分析、微生物等相关实验的基本操作，进而拓展到水、大气、土壤等专业领域的样品采集、预处理及分析，同时要掌握最先进的环境监测及分析仪器的使用，因而需要进行大量、多科目的实际操作训练，使基本操作技能达到较高的熟练度。在此背景下，上海城建职业学院与上海市材料工程学校合作试点中高贯通环境工程技术专业（环境监测方向），通过长学制，同时联合企业共同解决学生的综合职业能力培养困境。

本专业以环境采样、实验室检测、仪器分析为职业基础技能核心的培养宗旨，形成"职业专业技能优秀"的专业特色。通过两校统筹，发挥联合教研、师资

共享、以校企合作为基础的实习实训的优势,通过不断完善的质量监控,培养兼具专业技能和职业素养的优秀人才,同时在以"夯实职业基础技能"为核心的教学理念下,提升学生的专业技能。

二、发挥两校优势,提升学生综合职业能力

(一)中职阶段开始专业基础课程、职业认知与专业导论学习

从中职入学一开始就进行相对集中的实训教学,通过无机、有机、分析化学及相关基础实验的学习和操作,使学生具备与环境监测相关的基础科学知识和技能。以参观环境监测单位的实验室为主,并聘请环境监测企业的技术人员讲解,使学生对本专业对应的职业和岗位有一个清晰的认识,并对本专业学习的知识、技能有一个概述性了解。在之后五年的理论和实践教学中不断深入,使得学生在深入学习知识技能的同时,不断加深对未来所要从事的行业的了解,对环境监测领域逐渐形成自己的认知和理解。

(二)贯穿整个学制的环境化学分析实训

主要针对化学分析工(四级、三级)考核设置。通过专业理论知识学习和操作技能的强化训练,使学生能够掌握环境化学分析的专业知识,熟练化学分析和仪器分析操作方法。通过从中职到高职不断深入强化学生的技能操作,并设置阶梯性目标:让学生在第四学期完成化学分析工(四级)考核,在第六学期完成化学分析工(三级)考核。注重专业标准与职业标准对接,特别是技能要求的对接,通过阶段性强化训练,使学生能达到职业标准要求的操作技能。

(三)契合转段过程的"工学结合"实训体系

通过合理设置"工学结合"的实训体系,使学生顺利完成由中职向高职阶段的过渡。中职阶段第六学期主要在校企联合生产性实训中心完成教学内容,将校内学习与实际工作相互印证,理顺工作逻辑。进入高职阶段的第八学期安排2周的校外实训基地实习,让学生深度参与环境监测采样与检测岗位的实际工作,掌握工作流程,熟练岗位技能,循序渐进地参与企业实际岗位工作,学习实际工

作流程和实际工作技能,培养学生的综合职业能力,让学生融会贯通所学、所见、所得,为顶岗实习打下坚实的基础。

(四)开展校内技能大赛、提高学生的积极性

中高贯通专业每年定期开展校内技能大赛,包括工业分析理论部分及实操部分,并请检测行业内的专家作为裁判。学生通过前期的备赛、比赛过程,大幅度提升专业理论及实操技能,学习的积极性也明显提高;同时,检测行业专家通过参与评判过程,对专业内学生的技能有所了解,对专业起到一定的宣传作用,因此有企业在比赛现场预定学生实习。

三、深化"产教融合",强化学生综合职业能力

(一)校企共建生产型实训中心

上海市材料工程学校与上海轻工环境保护压力容器监测总站共建生产型实训中心,探索形成了开展"定岗跟单"式实训教学模式。通过职业能力匹配、操作技能规范、场所师资保障、考核标准统一等具体的校企对接措施,开展专业基础技能、专项技能、综合技能三个阶段实训教学。在生产岗位上培养学生,为学生综合职业能力的提高提供了一个良好的平台。

(二)落实顶岗实习

在顶岗实习阶段,学生已经熟练掌握了专业所需的职业基本技能,本专业充分发挥了校企深入合作的优势,学生进入多个长期合作的企业进行实习,很多企业的带教老师都是本专业的外聘教师,学生在顶岗实习阶段能更快地融入企业,把所学专业知识用于实践。通过在环境监测第一线的学习和工作,全面提高了学生的专业技能和实践操作能力,提高了学生的专业知识的深度和广度。

四、专业核心能力筑基础,综合职业能力显成效

(一)学生技能水平明显提升

通过一贯制的环境检测实训体系、校企共建实训基地,以及不断完善的保障

制度,学生的环境检测技能得到明显提升。2019届毕业生共43人,其中37人获得化学分析工四级证书,12人获得化学分析工三级证书。学生在实习企业获得一致好评,企业对学生的技能表示认可。

(二)学生在技能大赛中获佳绩

通过贯穿整个学制的持续技能培训,学生取得了突破性成果。近三年以来中高贯通专业学生先后获得国家级技能大赛奖项14项,其中团体5项、个人项目9项。包括2018年全国职业院校建材类专业学生职业技能大赛"建材化学分析"项目(中职组)团体一等奖;2019年全国职业院校建材类专业学生职业技能大赛"建材化学分析"项目(中职组)一等奖;2019年全国职业院校建材类专业学生职业技能大赛"建材化学分析"项目(高职组)三等奖;特别是贯通班学生参加2019年全国职业院校技能大赛高职组"渤化杯""工业分析检验"赛项比赛,获得团体三等奖,实现了上海市高职院校在这个赛项上零的突破。

(三)学生在企业获得认可

学生通过顶岗实习及毕业论文实习,相互支撑,并在"工学交替"的过程中完成顶岗实习和毕业论文,对学生的综合能力提升将有很大作用,同时也为学生的后续就业打下了坚实的基础。学生获得企业的认可,很多学生都因为实习期间表现优秀而被企业直接聘用,2019年贯通专业学生就业率为100%。2019年,上海城建职业学院组织的检测类专场招聘会中,前来参加招聘的企业达到100余家,环境工程技术专业学生出现供不应求的局面。

(四)校企合作有深度

学生技能提升获得企业认可,企业与学校形成良性互动,为开展深层次校企合作打下基础。上海市材料工程学校与上海轻工环境保护压力容器监测总站共建生产型实训中心,开展"教学""生产""研发"三个校企联动平台,创新实训教学环境以及实训教学模式。上海城建职业学院环境工程技术专业与上海国齐检测技术有限公司计划成立生态健康产教研协同中心,开展教学、科研以及社会服务等方面的合作。

对接世界技能大赛,工匠型学生成长引领专业发展

——以应用化工技术专业中高职贯通培养模式试点为例

上海应用技术大学高等职业学院　郁　平
上海信息技术学校　黄　虹
上海石化工业学校　邵　喆

内容简介：应用化工技术专业中高职贯通人才培养模式自2012年9月试点以来,以中高职贯通人才培养"素质为本、突出技能"为主线,围绕学生职业能力和专业素养的培养,通过应用化工技术专业通识教育、专业拓展课程设置、提高班与兴趣班的设立、系统扎实的技能培训、激励奖励机制的运用,为学生专业技能的提升提供了有力保障。本专业培养出了"化工生产技术"和"工业分析检验"国赛选手,也为第46届世界技能大赛"化学实验室技术"项目提供了上海市的优秀选手。

一、案例背景

应用化工技术专业为上海应用技术大学高等职业学院领衔上海信息技术学校、上海石化工业学校实施中高职贯通人才培养的专业,目前试点工作已开展七年,专业主要面向现代化工制造业及相关企事业单位,培养在生产、控制、管理、服务第一线具有高尚的职业道德和职业行为、扎实的化工专业基础理论知识和较强的化工操作实践技能的高级应用型技能人才。

本专业将教育教学重点落实在"素质为本,突出技能"的主线上,着力培养"专业能力强、操作技能熟",对标化工行业、企业人才需求零距离对标的应用型技能人才。

二、主要做法

（一）咬定专业培养目标不放松

1. 专业教学有保障

本专业中高职贯通试点工作基于教学实施计划中职、高职学段培养要求，把技能培育作为贯通培养的工作主线，保障专业教学课时充足、教师优配、装备精良，引领学生积极、主动参与操作技能训练上来。

2. 学段考核有标准

本专业中高职教育贯通人才培养试点方案中明确，学生在最终获得高级工技能等级证书后准予毕业。《中高职教育贯通培养学生学籍管理规定》中明确：本专业学生在前三年中职段必须获得相应的中级工职业资格证书，未取得中级职业资格证书，不能转段。除了因甄别和转段机制退出中高职贯通人才培养的8名学生外，本专业前3届的199名毕业生全部获得化工总控工中级和高级工证书。

（二）抓住长线培养优势不放松

中高职贯通人才培养有着单纯中专和单纯两年制高职无可比拟的长线培养优势，要充分运用这一优势，关键是要有规划、有机制、有恒心。

本专业学生毕业时需要具有一定水平的化工生产操作技能，以化工总控工高级工证书获取率为参考指标，对比同类专业高职院校三年制教学实施情况，100%取得化工总控工中级职业资格证书已属不易，少有取得高级职业资格证书。五年中高职贯通的培养为学生毕业时获得高级职业资格证书创造了条件。前三年合理安排理论和实训环节，使学生经过努力能取得化工总控工中级工证书；后两年让学生在训练中进一步提升理论知识和操作技能，最终使学生获得化工总控工高级工证书。

从已有的3届毕业生的总体情况看，学生全部获得化工总控工中级和高级工证书，证书等级和获取率远超高职学院其他专业，受到化工生产企业的普遍欢迎，肯定了"五年一贯制"人才培养的成果。

（三）立足专业能力拓展不放松

在试点过程中,我们三所学校一致认为,本专业中高职贯通人才培养的毕业生要面向上海地区乃至"长三角"区域的主流化工企业,包括外企和大型国企,要有一定的专业视野和专业敏感性。在"五年一贯制"人才培养过程中,不能局限于具体的专业内容方向,要在化工大类专业高职层次通识教育的同时,引领学生参与各种兴趣班拓展学习的可能,引导学生从中发现各自特长,以便学生学到专业能力拓展迁移的技能,适应面向未来的岗位和社会需求。

以本专业中职段上海信息技术学校材料与检测系的具体做法为例。建立"工业分析与检验方向"和"化学工艺方向"两个专业拓展提高班,每周固定有半天的时间。在提高班招生阶段,指导老师面向系部所有学生（不分专业）进行宣讲,学生根据自己的意愿进入拓展班参加培训。

三、实施成效

（一）实施成果

1. 世界技能大赛选拔赛技胜一筹

2019年11月1日至2日,在第46届世界技能大赛"化学实验室技术"项目上海选拔赛上,来自本专业2017级学生王嘉佳经历体能、心理素质、化学实验技术、理论基础等综合性的考验,从六所参赛学校（两所中职校和四所高职院校）的16名选手中脱颖而出,获得了该赛项的第1名。而本专业2016级（160应用化工）覃凤姐同学获得了三等奖的成绩,她和王嘉佳同学一起进入下一步集训,迎接第46届世界技能大赛"化学实验室技术"项目国家选拔赛。

2. 全国职业院校技能大赛角逐场名列前茅

2019年6月,来自上海石化工业学校中高职贯通应用化工技术专业2016级的学生郑艳豪和覃凤姐,分别获得2019年度全国职业院校技能大赛（中职组）"化工生产技术"和"工业分析检验"项目团体二等奖。目前2名学生正在上海应用技术大学高等职业学院一边学习一边训练专项技能,备战2020年度全国职业院校技能（高职组）大赛。

2016年5月,本专业2012级学生高舒鹏、曹家辉、沈岱彦3名同学代表上海应用技术大学高等职业学院,参加全国职业院校技能大赛(高职组)"化工生产技术"项目比赛,获得团体三等奖。

3. 技能考证无一人掉队

2017年7月以来,已经学成毕业的中高职贯通应用化工技术专业2017届、2018届、2019届合计199名毕业生,全部怀揣化工总控工中级和高级职业资格证书,踏上了工作岗位。

(二)引领辐射

1. 以点带面,专业建设辐射专业群

在本专业中职段教学过程中,上海信息技术学校材料与检测系的专业拓展提高班(不分专业,只选方向),为学生个人能力的提升与学习兴趣相对接。以王嘉佳同学为例,根据其个人的意愿跨专业选择进入了分析检测的专业拓展班参与相关专业培训,经过一段时间的培训,她就表现出了很高的悟性和操作动手能力,成为技能比赛选手"人才梯队"的一员,为参加世界技能大赛"化学实验室技术"赛项迈出了坚实的脚步。本专业以点带面,深度探索专业群(系部)人才培养机制建设的探索。

2. 突出技能,长学制保障人才培养

案例中的王嘉佳同学和覃凤姐同学,在本次上海市选拔赛结束后将在上海集训队进行强化训练,计划于2020年12月参加第46届世界技能大赛全国选拔赛,届时该同学已经是上海应用技术大学高等职业学院高职段的学生了,如果入围国家队,就要备战2021年的第46届世界技能大赛。正是有了"五年一贯制"的人才培养模式,才确保了对于王嘉佳同学和覃凤姐同学的系统性、连贯性的训练,由中高职教师组成的教练团队有效地支撑了整个训练过程。在训练内容上集聚了中高职的所有资源,涵盖六大模块:气相色谱(GC)、电位(Potentiometrie)、高压液相(HPLC)、分光光度(Photometrie)、有机合成(Organic Synthesis)、滴定(Titration);涉及的技能包括:工作组织和管理,信息技术应用和人际沟通技巧,实验操作技巧、步骤和方法,数据保留、记录、分析、解读和评估,应用科学方法解决问题,现代检测的趋势,中英文阅读与转换,等等。如果没有中高职贯通的长线培养机制,这样的具有"工匠型"潜质的学生培养是难以想象的。

四、总结展望

在三校联合实施应用化工技术专业中高职贯通人才培养的过程中,把技能培育作为贯通人才培养的工作主线,取得了点滴成效,也体现了中高职贯通人才培养模式的优越性。关于如何进一步优化机制、扩大成果,我们打算在以下方面进一步深化开展相关工作。

(一)技能实训与竞赛的引领机制

进一步整合、优化、完善"学生技能提升激励实施办法"等机制,科学关联竞赛获奖与课程成绩等,引领学生积极投入技能实训教学环节、各类竞赛。

(二)师资队伍与投入的优化机制

提升本专业师资团队化工总控工职业资格考核、相关各类赛事评价细则等专业知识,激励教师在人才培养、考工考证、大赛指导等方面的创造性和积极性,为"工匠型"学生的发现、培育、参赛、获奖等方面迈出每一个坚实的脚步。

匠心匠艺，精心培育园林专业技能人才
——以学生技能大赛为途径

上海农林职业技术学院　刘秀云　闫　妍
上海市农业学校　陈取英

内容简介：通过职业技能大赛，推进"以赛促教、以赛促学、以赛促改"，完善园林技术人才的培养模式，特别是在倡导"工匠精神"的时代背景下，以学生参与技能大赛为途径，多纬度培育具有"工匠精神"的高水平、高素质的园林人才，为上海城市绿化建设输送技术人才。

一、"大国工匠"技术人才培养的时代背景

李克强总理在2016年《政府工作报告》中首次提出了"工匠精神"的概念。职业院校作为培养技能人才的主阵地，必须深刻认识到"工匠精神"是学生职业素养的核心理念，在教学过程中注重学生"工匠精神"的培育，为培养"大国工匠"作贡献。

进入五年中高职贯通的学生大多觉得中考失利，缺乏自信，同时缺乏科学的学习习惯，自主学习能力不够，有畏难情绪；但是同时他们也渴望能够得到认同和关心，渴望能在学业上有所成就，以便将来在职业岗位上得到发展。基于学生的群体品质和性格特征，学校在重塑学生"自我"的基础上，注重学生专业技能的培训，将精益求精、严谨认真、持之以恒、爱岗敬业等为核心品质的"工匠精神"融合在职业教育的全程中。

二、园林类技能大赛概述

(一) 院校类技能大赛

中职阶段市级以上的技能大赛为上海市"星光计划"职业院校技能大赛,园林技术专业学生主要参赛的项目为"城市绿化""花艺制作"2个项目。为对接世界技能大赛,自2017年起2个项目分别调整为"园艺"和"花艺",比赛内容和要求也对接世界技能大赛比赛标准。高职阶段主要参与的赛事为全国职业院校技能大赛中的"园林景观设计与施工"项目、全国职业院校林草技能大赛"园林景观设计""花艺""艺术插花"等项目、上海市"星光计划"职业院校技能大赛(2018年起有高职项目)、全国职业学校创新创效创业大赛等。其中"园林景观设计与施工"项目中的施工部分在比赛内容和评判标准上都在调整与世界技能大赛的"园艺"项目对接,设计环节的内容也以"庭园"为对象。

此类大赛,注重对接园林行业先进发展技术,把实际工作融入比赛环节,重视团队协作和职业素养,能全面展示参赛选手的综合素质。特别是随着参与世界技能大赛"园艺""花艺"项目,对标行业标准、精准的评分项目,也使得学生在参与比赛的过程中,更注重标准的流程、工艺、操作过程的规范和细节上的精益求精。

(二) 社会类技能大赛

由行业、社会举办的技能比赛活动有"上海家庭园艺展"活动、上海植物园举办的"上海国际花展"活动,内容有"一米花园""组合容器展""环保园艺""园艺文创展"等项目,这些项目在学生中高职学习阶段都可以参与其中。此类比赛,在创新创意上有更高的要求,对参赛学生的综合素养要求比较高。

三、对接技能大赛促改、促教、促学

(一) 让在校专业教育成为"园林工匠"的起点

结合技能大赛要求优化人才培养方案,本专业以理论知识本着"必需和够用"

为原则,调整课程设置,开发实训项目,参考技能大赛的程序、内容和规范开展实训教学,进行"教赛融合"。在教学上注重知识目标和能力目标,在实现、强调对学生进行技术技能培养的同时,在素养目标上将"工匠精神"、职业素养的培育融入其内;教师教学以任务为导向,以大赛训练项目为载体,采取"教、学、做"的一体化教学方式,树立学生在园林技术技能方面成材的理念,让学生对专业学习有信心,对未来职业有期待。学生学习中以专业技能大赛为"引领"培养学生创新精神、进行实景训练。

(二) 多维度创造培养"工匠"条件

1. 通过大赛提升教师实践教学能力,打造实践教学团队

"双师型"教师现在成为职业教育中一项重要的指标,特别是"职教20条"对职业教育岗位教师的要求,反映了国家对职业教育教师实践经验的重视。教师不仅要掌握教育教学方法理论,还要掌握园林技术专业的实践经验和应用技能。通过学生参与技能大赛,一方面学校引进了专任的实践指导教师(主要针对技能大赛训练);另一方面通过校企合作将行业专家、一线能工巧匠请到课堂指导比赛,带动校内教师提升专业业务能力,鼓励教师"走出去",通过"顶岗实践"直接到企业进行学习实践。教师在教学实践中也可以将在实践中体验到的职业规范、"匠心匠艺"等言传身教给学生。

2. 打通各类技能比赛通道,多元学生技能成才

本专业的职业技能要求实践性强,对应工作岗位有些需要综合能力,有些则强调专项能力:如植物识别应用能力,也包括植物设计、植物种植施工、植物养护等能力,每一个园林项目的流程都需要了解。有些岗位针对性非常强,如插花花艺,就是在花艺方面有一技之长。因此,结合不同大赛的特点,给学生搭建参与不同比赛的平台,从综合能力、专项能力等多纬度提供给学生专业学习、实践、竞赛的机会,让学生发现自己的闪光点,同时对在园林中可以从事的岗位和要求的技能有更切实的认知。通过创造多个比赛通道,鼓励学生在综合素养、专业素养上锻炼自己,培养学生专注做事、迎难而上等品质。

3. 结合技能大赛要求,完善实验实训条件

在技能大赛中,实验实训条件也是保障比赛培训顺利进行的物质条件,本

专业结合大赛要求，特别引入行业标准建设相关实训场，联合企业建设校内外实训场，完善学生进行园林专业技能学习所需要的实验实训条件，保障培训顺利进行；同时随着课程结合技能大赛的改革，也满足相关课程的学习需求，让实训场惠及所有的园林专业学生学习。

4. 联合企业培养学生，连接校内"学习、实习、就业链"

随着本专业参与世界技能大赛，企业也参与到学生技能大赛中，如"园艺"项目，学校联合"上房园艺"对学生进行培训和选拔工作，有效地联合了企业的能工巧匠、实训资源等，结合校内完整的培训程序和方案实现"校企融合"，培养"工匠精神"。学生技能大赛建立起了"技术技能人才"与"企业顶岗实习与就业"的连接"桥梁"，促进了校企深度合作，建立了"产、学、做一体化"的战略合作关系，有利于校企双方积极探索和创新"双主体人才"培养模式。

四、小结

本专业以技能大赛为引领，在园林专业人才培养中强调职业技能，体现"匠心"。如第46届世界技能大赛主题口号为"一技之长，能动天下"，倡导技能是推动人类文明发展的原动力，是全球共同的财富；掌握技能，改变世界，引领未来，造福人类。本专业通过技能比武，展示学生的专业技能、知识储备、专业综合能力等，让学生体验专业学习的成就感；通过行业标准化、综合能力素养在课程中的对接，有利于增强学生技术技能的创新意识及能力，全面提高人才培养质量；通过技能大赛的引领作用，从人才培养模式中的课程体系设置、"校企共建"教学模式、师资优化等方面提出可行性的优化措施，以促进人才培养质量的提升。

职业导师引领数控技术人才培养实践

上海市高级技工学校　王　朴

内容简介：利用校院一体化优势，遴选学校"高职称、高技能、高学历"的优秀教师，组成面向中高职贯通数控技术专业的"职业导师"队伍，从专业认知、技能培养、技能竞赛、创新发明、就业等方面进行指导，在导师"导学、导做、导研"过程中，提高学生"专业知识""实践技能"和"创新能力"。经过三年训练，获批创新项目8项，获得以学生为第一发明人的国家授权专利4项，获得"挑战杯——彩虹人生"上海市职业学校创新创效创业大赛一等奖2项和二等奖4项，获得全国职业学校创新创效创业大赛二等奖3项。

一、职业导师制实施方案

为扎实推进数控技术中高职教育贯通人才培养模式试点教育教学工作，提升人才培养质量，满足学生的个体成长与职业发展需求，特在数控技术中高职教育贯通人才培养班中面向全体学生实施职业导师制。

中高职教育贯通人才培养模式试点是一项长线的高技能人才培养工程，学生在五年期间，完成从"未成年人"到"成年人"的成长阶段转变、从"中职生"到"大学生"的认知层次转变、从"在校生"到"职业人"的社会身份转变。

职业导师制遴选优秀教师担任学生的职业导师，指导、帮助学生尽快适应在校学习生活，树立良好的学习习惯，确立个性化学业发展路径，在顺利完成学业的同时，实现个体职业发展目标，完成人生新的跨越。

职业导师制实施方案中明确了目的与意义、基本原则、导师任职条件、导师职责、辅导效果评价与反馈、保障条件等职业导师制实施的核心要素，在遵循

"全程化""个性化""立足职业,面向发展"辅导活动的原则下,规范要求辅导过程,针对导师取得的成效和存在的问题,不定期开展专题研讨、交流,改进辅导方法,做到既满足学生需求又能进一步激发学生的积极性;实施方案为推进职业导师制提供了制度保障。

二、职业导师制的实施过程

职业导师制自2013年9月起正式实行,已面向中高职贯通班级280名学生,共有32位导师。职业导师制的建立,让学生有了专业学习的"引路人"、职业发展的"领航员"。

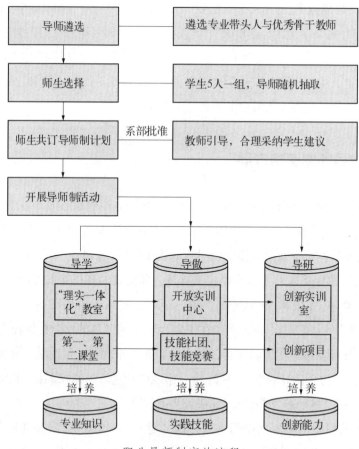

职业导师制实施流程

导师辅导工作包括导师遴选、师生选择、师生共订导师制计划、开展导师制活动等方面。

导师遴选阶段,挑选专业带头人与优秀骨干教师担任学生的专属职业导师,每5名同学配备1位职业导师,导师将全程辅导学生中职阶段的学习,并将跟踪学生未来高职阶段的学习。

职业导师制是以协同创新实践平台为基础,以现实生活中项目为载体。在创新人才培养中,导师通过"导学""导做""导研"等多种方式引导和帮助学生了解专业培养目标,熟悉课程设置,激发学习兴趣,建立职业意识,形成职业认同,并以此分阶段培养学生的"专业知识""实践技能"和"创新能力",形成导师机制。在辅导过程中,导师会根据每个学生的特点量体裁衣,为其制定职业能力培养(发展规划)路线。

"导学",即导师针对所有学生,从中职入学至高职毕业的五年时间内,在"理实一体化"教室或第一、第二课堂,以学习性项目为载体,采用项目教学法组织教学,加强学生专业知识的学习,并指导、培养学生的创新意识。在指导学习的过程中,有目的地针对个别学生开展专业思想教育,调整学生的不良情绪,使学生充分了解专业特点和行业发展前景,明确专业学习的内容及特色,逐渐培养专业兴趣,提高专业认知;帮助学生制订学业规划,树立学习目标,对专业学习与行业发展充满信心,实现从"要我学"到"我要学"的根本转变。

"导做",即导师依托上海市数控技术应用开放实训中心,引导学生积极参加技能社团和技能训练,开展创新实践项目和技能竞赛项目,促进专业教育与创新教育的有机融合;通过强化训练,指导学生在加工过程中优化切削参数,不断总结,培养学生的专业技能和创新思维。

"导研",即导师选拔创新意识强、创新思维活跃的学生自主申报学校创新实践项目,并给予专项基金资助;通过与"江湾镇社区活动中心创新屋""上海市增材制造协会"等多个校外创新教育实践基地合作,全面推动学生开展"机械产品创新设计""创新实验""创新产品制作""专利申请"等创新实践活动;鼓励学生参加上海市和全国"挑战杯——彩虹人生"职业学校创新创效创业大赛等。通过创新实践导师制项目的实施,对激发学生的科创兴趣、培养学生的科创能力起到了积极的推动作用，同时也营造了良好的培养科创人才的科创学术氛围。

在"导学、导做、导研"过程中，导师要把握行业动态，提升自身专业水平，同时指导学生正确评估自己的优势，制定合适的职业发展规划。对专业知识掌握得较好的学生，鼓励他们认真学习专业理论知识，参加"专升本"考试；对专业技能兴趣浓厚、机床操作熟练的学生，引导他们加入技能竞赛团队，参加上海市、全国职业院校技能大赛；对创新意识、创新能力较强的学生，指导他们参加上海市、全国的"挑战杯——彩虹人生"职业学校创新创效创业大赛、中国"互联网+"大学生创新创业大赛。

1位职业导师对学生开展职业发展全程辅导的典型路径为：帮助学生感知职业（专业）→激发学生的职业兴趣（"走出去"的方式：参观国际机床展、C919及RJ700飞机制造厂等先进制造业企业，感受智能制造业的神奇魅力。"请进来"的方式：聘请校友李斌、苗俭介绍"怎样从中职生或工人成长为大国工匠"的精彩职业成长轨迹）→促进学生的实践技能学习→学生形成专业认同与职业认同→制定个性化职业发展规划。通过对学生心智成长过程的引导，塑造学生"耐心专注、专业敬业"的品质，培养学生良好的职业素养和"匠心精神"。

三、职业导师的实施成效

引导中高职贯通数控技术专业学生实施并获批创新项目8项，惠及学生35人，开创了在我校中职生中实施创新项目的先例。通过实施创新项目，提高了中职学生的自信，启发了学生对创新能力及对专业的认知，打破了我校中职学生从未获得国家授权专利的先例，让中职学生也可以申请学校、学院学生创新项目。

经过创新训练和创新课程的结合，学生学会了创新思考，启发了创新智慧。学生根据自己的特长爱好，结合实际，开发创新项目，利用CAD软件完成产品结构设计，并撰写专利文书，申请国家专利。经过三年训练，获得国家授权发明专利2项、实用新型专利6项，其中以学生为第一发明人获批国家授权发明专利1

项、实用新型专利3项。

学生创新成果：参加"挑战杯——彩虹人生"职业学校创新创效创业系列竞赛获奖6项，其中获2016年上海市职业学校"挑战杯——彩虹人生"创新创效创业大赛一等奖1项、二等奖1项，获2016年全国职业院校"挑战杯——彩虹人生"创新创效创业大赛二等奖2项，获2017年上海市职业学校"挑战杯——彩虹人生"创新创效创业大赛二等奖2项。

建三方交融互利生态，打造高素质技能型人才培养基地

上海市高级技工学校　华艳秋

上海工程技术大学高等职业技术学院　张文蔚

内容简介：电气自动化技术中高职贯通专业通过"政、企、校"三方联动，深度融合，互利共生，创设职业人培育生态环境，实现人才精准有效供给。具体举措有：构建"政、企、校"三方生态共融的合作模式，形成闭环反馈优化课程体系；以世界技能大赛、市赛基地等政府、名企、学校三方协同平台为抓手，提升办学基础条件；三方融合背景下推动学生的职业素养、职业技能、职业精神协调发展，彰显人才培养特色，打造高素质技能型人才培养基地。

上海市高级技工学校隶属于上海工程技术大学。根据《上海市教育委员会关于继续开展中高职教育贯通培养模式试点工作的通知》（沪教委职〔2011〕34号）的精神，为了适应上海经济形势的快速发展和产业转型过程中企业对中、高级电气自动化技能人才能力不断提升的需要，上海市高级技工学校于2013年申报现有电气运行与控制专业和上海工程技术大学高等职业技术学院现有电气自动化技术专业联合办学，试行中高职教育贯通人才培养。

本专业自2014年招生至今已有6届学生，共计240人。目前，2014级学生已毕业，就业率为100%，2015级、2016级学生已通过转段升入高职阶段，中职阶段在校生有3个年级。

中高职贯通专业不断探索顺应产业发展的职业人才培育新途径，通过构筑"政、企、校"三方交融互利的生态平台，提升培养效益，打造高素质技能型人才培养基地。

一、"政、企、校"三方协同,构建生态共融合作模式

本专业与上海市职业技能鉴定中心、上海市职业培训研究发展中心以及合作企业联盟等融合交互,形成"共融、共享、共生、共赢"的生态圈;发挥政府在组织机构中的统筹协调作用,建立政策导向协同机制;企业和学校则在合作过程中找准彼此之间的利益"切入点",选择最合适的模式进行合作,从而实现联动共进、跨域对接、交替融合,推动人才培养、企业成长和区域经济联合发展,实现多方合作共赢、"生态共融"的"产学合作"模式。

二、资源共享,优势互补,互利共生,全面提升办学条件

本专业以世界技能大赛"工业控制"项目比赛和上海市"星光计划"职业院校技能大赛等市级大赛的承办及世界技能大赛选手培养基地、高技能人才培养基地等"政府、名企、学校"三方协同平台为抓手,资源共享,相辅相成,形成合力,提升办学条件。

(一)校企深度合作,联合培养

人力资源和社会保障部门牵手企业与学校共同构筑高技术技能人才培养平台,政府部门挂牌授权,学校与企业联合担当第44届世界技能大赛"工业控制"项目全国选拔赛技术支持单位。本专业与西门子工厂自动化工程有限公司等全球知名企业组建"双元核心"团队,研判世界技能大赛技术发展动向,融入企业标准化要求,优势互补,资源共享,联合培养,促教师团队业务能力提升。

(二)调动企业主动参与,互利共赢

本专业以职业教育改革创新、精良装备、优秀师资、培训资源、鉴定资源、灵活多元的校企合作方式,吸引企业主动参与,互利共赢。专业方向贴近智能制造产业发展需求,人才培养强化相关领域核心职业能力,坚持"知识、素养、能力"协调发展;配置先进精良、贴近真实生产的实训装备,吸引企业从事新技术研发及

创新,在满足校内技能人才培养的同时,提供企业员工培训、技能鉴定的服务平台;调动企业参与主动性,使企校双方实现资源充分共享、优势互补、共同提升。

(三)"政、企、校"全面合作,提升专业发展

"政、企、校"三方进行"教、学、研、创"的四维合作,推行专业课程标准与职业标准贯通的"双证融通"改革;围绕全国职业院校及全国职工职业技能竞赛,锻炼队伍,提升团队专业技能;以专业声誉社会影响吸引政府部门关注,全力参与上海市职业培训研究发展中心多个新职业标准开发工作,与企业协同创新开发相关鉴定装备;依托上海市第六职业技能鉴定所,打造"学生钳工""维修电工""数控维修工"等多职业资格辅修平台,为专业教学考核提供丰富的资源库。

三、技能为本,素质为要,精神为基,彰显人才培养特色

本专业在"政、企、校"三方融合背景下,关注职业素养、职业技能、职业精神"三位一体"协调发展,彰显人才培养特色。

(一)职业素养"三级渗透"

职业素养渗透课程体系、教学内容、教材开发,将职业标准融入课程标准,针对专设课程开发系列职业素养类适用教材;职业素养渗透评价机制,考核评价方式从"一站式终结性评价"向"过程性形成性评价"转变,设计过程考核打分表,其中体现岗位责任心、职业道德、合作意识、质量意识、服务意识、学习意识等职业素养评价要素。

(二)职业技能"多维强化"

企校深度融合,"双元"驱动,构建"核心阶梯式"综合职业课程模式。所有课程有机、合理地整合成"职业素养""职业发展""职业技术""职业能力"四类综合课程。四类课程以"技能"为本位组成一个相辅相成、互相渗透的整体,紧扣能力培养目标,多次反复,从不同角度涉及同一职业活动(任务),加深学生的理解,强化学生对实用技能的掌握,课程按照"基础实训""专业实训""专长实

训"三个层次呈阶梯式逐渐上升,围绕职业实践活动由泛到精、由浅入深地渐次开展。

政府导向大赛引领,"双核四驱"助人才培养能级提升。以世界和全国技能大赛作引领,携手龙头企业,组建顶尖专家团队,形成"双元核心教练队伍"。通过"技能学习驱动力""技能教学驱动力""以赛促研驱动力""创新创意驱动力"四种驱动力修筑技能培养平台,促进人才培养能级提升。通过跟踪大赛技术指向,发现短板,针对性地进行技术补缺及提升培训,打造高素质师资团队。

四、取得的成效和经验

(一)职业资格鉴定通过率

根据培养计划,2019届学生电工四级职业资格鉴定通过率为92.3%,电工三级职业资格鉴定通过率为33.3%,电工二级职业资格鉴定通过率为7.7%。

(二)学生获奖

几年来,教师们带领中高职贯通班的学生积极参加各级各类比赛。学生在世界技能大赛选拔赛、上海市"星光计划"职业院校技能大赛等比赛中取得了优异成绩,1名学生入选第44届世界技能大赛全国集训队,多名学生获得市级奖学金、校三好生等项目表彰。其中,吴昊同学通过参加技能大赛成为了上海市最年轻的技师。

(三)学生科研创新训练

本专业注重学生创新能力培养,近年来学生开展科研创新项目6项,每个项目获得经费支持人民币0.5万元,共计人民币3万元。

孙巍老师指导学生参加上海市职业学校"挑战杯——彩虹人生"创新创效创业大赛,2017年获得中职组特等奖及"优秀指导教师"称号;2018年获得中职组一等奖,2019年获得第5届中国"互联网+"大学生创新创业大赛上海赛区金奖(指导学生)、第5届中国"互联网+"大学生创新创业大赛上海赛区"优秀指导教师（个人）"、第5届中国"互联网+"大学生创新创业大赛全国总决赛铜奖（指导学生）；2019年获得TI杯全国大学生电子设计竞赛上海赛区一等奖（指导学生），2019年获得TI杯全国大学生电子设计竞赛二等奖（指导学生）。

（四）世界技能大赛基地建设

作为高技能人才培养基地，本专业承办了2014年第43届世界技能大赛"工业控制"项目上海赛区选拔赛、2014年上海市市级一类竞赛"工业控制"项目、2015年上海市"星光计划"职业院校技能大赛"工业控制"项目、2015年"技能中国行"暨市级一类大赛"工业控制"项目、2016年第44届世界技能大赛"工业控制"项目上海市赛区选拔赛、全国选拔赛。政府、名企和学校三方协同，"工业控制"项目已获批世界技能大赛上海市选手培养基地。

上海市高级技工学校和上海工程技术大学高等职业技术学院是"两块牌子、一套班子"，共处一个校园，是同一管理体制的办学单位。本专业根据电气自动化技术专业标准和专业岗位职业能力要求，坚持以服务为宗旨，以职业生涯为目标，以工作任务为引领，以职业能力为核心，将专业知识、职业素养、职业能力、职业资格鉴定融为一体，形成了面向先进电气自动化领域的职业教育专业建设理念，构建出校企合作、"工学交替"、结构合理、形式多样、灵活开放、自主发展的中高职教育贯通的人才培养模式。学院（校）体内循环，资源共享，协调管理，服务社会经济发展，是高素质技能型人才培养基地。

PEB教学模式在中高职贯通国际商务专业的应用和创新拓展

上海市工商外国语学校　胡靖华[①]　林　娟[②]
上海商学院高等技术学院　吴　敏[③]

内容简介：PEB教学模式，即实践（Practice）、英语（English）、商务（Business），以国际贸易业务流程为主线，以"互联网+"为平台，开展全英文商务环境下的真实项目教学。专业教师团队搭建学生公司网站，引入学生公司组织方式，再现真实的商务情境，学生通过参与公司运营，完成真实工作任务。PEB教学模式的创新拓展，有效地促进了学生的专业学习，切实提高了学生的自主学习能力，提升了学生未来职业岗位技能水平，同时激发了学生的创新创业能力。

一、PEB教学模式应用背景介绍

上海市工商外国语学校与上海商学院于2014年合作开展中高职贯通国际商务专业建设，致力于培养具备国际化视野、通晓国际规则、具有国际理解能力、具备较强的商务沟通能力和外语沟通能力的复合型技能人才。两校合作开展专业建设后，在师资队伍建设、教学教研等多个方面开展了共建，专业教学团队以"任务引领型"课改理念为指导，创新运用了PEB教学模式。

PEB教学模式是上海市工商外国语学校国际商务专业教师团队经过多年的探索实践，采用国际合作、校际合作、校企合作、课内外融合的方式，通过与海外"姊妹校"、国际贸易公司合作，开展全英文商务环境下的真实项目教学，形成了以实践

---

① 上海市工商外国语学校国际商务专业带头人。
② 上海市工商外国语学校国际商务专业带头人。
③ 上海商学院高等技术学院，国际商务专业负责人。

(Practice)为主线、以英语(English)为工具、以商务(Business)为情境的教学模式。这项教学研究成果在2014年获"上海市教学成果奖"与"国家级教学成果奖"。

2014年，两校合作开展中高职贯通国际商务专业建设后，将此项教学成果运用于中高职贯通国际商务专业人才培养。本专业组建学生公司，搭建信息化平台，专业教学与现代信息技术相融合，提高学生的综合技能，同时推动专业职业教育融入经济社会发展，推动课程内容与工作对接、教学过程与工作过程对接，实现课堂与产业发展同步，有助于学生提升职业素养，把握产业发展的前沿，更好地适应未来工作岗位的需要。

二、PEB教学模式在专业教与学中的运用

（一）组建学生公司，完成国际贸易实践活动，灵活应用PEB教学模式

PEB教学模式以学生公司为载体，学生以公司员工和学校学生"双重身份"存在。本专业通过在校组建学生公司，完成真实国际贸易项目，提高学生的实践能力，提升学生的学习动机与兴趣。

学生公司的实践活动，主要有以下环节：

市场调研：学生公司的学生每年在中国华东进出口商品交易会、中国国际工业博览会、义乌小商品市场等地寻找适合出口到"姐妹校"国家的商品，进行商品的市场调研并形成调研报告。

合同磋商：在市场调研的基础上，学生通过与国外"姐妹校"同学课内云视频交流以及课后用电子邮件或微信或KaKao Talk函电往来，确定交易商品的价格、数量及合同其他条款细节，制作交易合同。

完成真实贸易：学生公司委托国际贸易公司帮助完成真实出口，学生参与单据缮制、工厂包装与验货、业务总结等环节。

依托"姐妹校"间的国际交流项目，学生赴韩国、日本、芬兰、瑞士等国"姐妹校"交流前，制作营销计划，进行国际采购；回国后搭建展台，核算盈亏，进行商品售卖，并上交税金，撰写销售总结报告。

学生在参与这些实践活动过程中，将课堂所学的单科专业知识进行融会贯通，激发了学生的学习兴趣和自主学习的欲望。

（二）搭建信息化平台，促进学生自主学习，创新拓展 PEB 教学模式

为了帮助学生在专业实践中迅速有效地补充专业知识，我们搭建了学生公司自主学习平台；以学生公司为载体，构建了学生自主学习与合作学习模型，为真实的商务情境的创设提供网络交互平台，为学生自主化、交互式学习创造可能。

学生公司网站分为三大模块，即"公司业务网站""企业学习系统"和"在商言商论坛"。公司网站展示公司业务，创建真实的业务环境，业务领域为各学生公司分公司的创意产品。企业学习系统按照工作流程划分项目模块，发布各种形式的学习资源，鼓励学生自主学习。在"在商言商"论坛设置开放空间，根据学生工作任务设置板块，方便生生、师生随时互动讨论，展示优秀作品。

本专业通过分组成立学生公司，建立信息化平台，探索"学生为主体，工作流程为主线"的中高职贯通国际商务专业学生学习实践，充分调动学生学习的积极性与主动性，让学生进行自主学习，充分利用工作团队进行合作学习，提炼、总结"以信息化为平台，以学生公司为载体"的中高职贯通国际商务专业学生自主学习与合作学习模型（以下简称"学习模型"）。

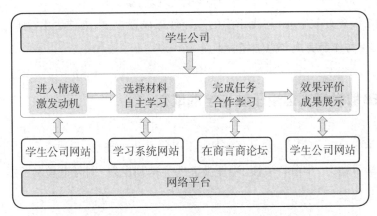

中高职贯通国际商务专业学生自主学习与合作学习模型

1. 以学生公司为载体，创建真实商务情境

学习前，学生根据特长自由组建学生公司。学校给予学生公司实际工作场地，并建立公司网站宣传公司。在整个学习过程中，学生以公司员工的身份在真

实的商务场景中进行学习,为学生的学习创建真实的商务情境。

2. 以真实项目为手段,激发自主学习动机

学生公司的学生在一定的时间内(通常为一年),完成除实际注册以外的公司业务活动。从创建公司、选择产品,到实际运营,学生进行的都是真实项目。学生需自主决定选择何种产品、如何销售。真实的、能自主进行选择的项目产品可以激发学生的学习动机与自我效能感。

3. 以小组分工为方法,促进合作学习效果

学生公司按"组内异质、组间同质"的方法自由组建。公司内部员工角色不同,组内员工分工合作,相互讨论、协商、争辩、妥协,共同完成工作任务,合作解决公司运营各种问题。合作学习能促进学生对知识的掌握、技能的提高,同时与人交流、团队合作能力能增强。

4. 以工作流程为主线,完成真实工作任务

以"组建公司、创意产品、购买产品、销售产品工作业务流程"为主线,教师精心设计工作任务;学生以"自主学习"与"合作学习"为学习方式,分析工作任务,制作工作计划,完成工作任务。

5. 以信息网络为平台,进行学习展示评价

网站设置开放空间,根据学生的工作任务设置板块,方便生生、师生随时互动讨论,优秀作品完成者总结经验上传。

三、PEB教学模式运用于教与学的成效

以学生公司为载体,创设真实情境;以信息化为平台,提供多种学习资源;学生的学习动力、学习自主性、专业技能明显得到提高,同时也激发了学生的创新与创业意识。

(一)学生公司创意创业计划屡获佳绩

学生积极投入专业学习,敢于创新,敢于创意,成长明显,形成的创意创业计划在国内各级别大赛中屡获佳绩。仅2016—2017年,就有30人次学生获市级以上创新创业大赛奖项10项。

（二）学生公司促进学生专业岗位技能锻炼出成效

依托PEB教学模式及信息化学习平台，学生通过自主参与公司运营，完成实际进出口种类与国家数量连年增加，学生取得"运营成效"，专业技能得到了充分锻炼。

光华国际学生公司每年出口袜子6000双至韩国，并完成进口毕业服100套。

学生自主经营的"Fina"学生公司于2016年寒假期间自行出口15副皮手套至芬兰于韦斯屈莱大学学生公司。学生自行联系厂家、进口商，自行完成涉及物流、银行等所有出口手续。

自主经营的"M-R BAG"学生公司课桌壁挂式收纳袋，在中职阶段即完成销售近400个，并将此项目带入高职阶段，与伙伴继续分享创业。

（三）学生在各类职业技能大赛中崭露头角

PEB教学模式的应用与创新激发了中高职贯通国际商务专业学生的学习热情，他们不仅热心于专业学习，还积极参与各类职业技能竞赛，并取得优异成绩。2016—2019年，中职段有10人次获得国家级奖项、100多人次获得省市级奖项，高职段（2届学生）有6人次获得国家级奖项、7人次获得省市级奖项。这些优秀学生带动了整个班级的学习氛围，促进了专业学生整体学习能力的提升。

面对专业未来发展，专业教学团队将继续研究与应用PEB教学模式，分解学习任务，帮助专业学生完成的任务既与真实岗位实践一致，又符合学生的专业认知水平；优化和促进专业学生的学习能力，不断满足学生个性化学习的需求；从而促进中高职贯通国际商务专业人才培养，不断适应上海国际大都市建设高技能人才需求。

依托技能实践平台，培育园林专技工匠

上海市工程技术管理学校　盛红燕

内容简介：中高职院校共同在专业技能教学设计、校外实践及参赛竞赛中一体化设计各类综合实践项目，为学生搭建技能实践平台，以校内外教学实践和参赛竞赛为重要载体，从而实现从理论学习向以职业技能为本位的教学实践转变。技能实践活动，对推动中高职贯通实践教学工作、提高专业技能教学质量起到积极作用，同时促进了中高职贯通人才培养办学质量的进一步提高。

2013年始上海市工程技术管理学校与上海农林职业技术学院开展中高职贯通园林技术专业培养试点工作。自试点以来两院校共同制订、完善、优化贯通人才培养方案，共同构建一体化技能实践平台，努力探索贯通人才培养过程中提高学生专业技能的途径与方法。

一、实施目标

构建一体化技能实践平台，以校内外教学实践项目为载体，通过对实践项目的方案设计，调整和优化项目实施，培养和锻炼学生的实际动手能力、沟通能力、组织能力，及在活动中发现问题和解决问题等综合能力，使学生适应社会和环境变化，更新知识结构，获取新技能。该项目有利于提高学生的实践能力和职业技能，更有利于提高学生的就业能力和创业能力，培育园林技术专业复合型技术技能人才。

二、实施过程

(一) 概念界定

技能实践平台：由两院校共同合作架构组织开展，体现"做学一体、校企融合"的人才培养模式，是提高学生专业技能的中高职贯通技能实践平台，包括一体化课程体系、校内外实践项目及参赛竞赛等方面的技能实践活动。

(二) 组织架构

两院校成立以两院校领导、系部、教研组骨干教师为主体的领导小组和工作小组，依托上海现代农业职业教育集团、上海市农业科学院都市农业研究中心教研组、上海市园林绿化行业协会、校企合作企业等单位，开展项目化教学设计、校内外实践及技能竞赛，共同设计制订技能实践项目、实施方案、保障措施，组织开展技能实践活动。

(三) 运行实施

技能教学实践项目包括校内教学实践项目、校外实践项目和参加竞赛活动。

1. 校内教学，项目任务真实化

根据中高职贯通人才培养方案，共同编制课程体系，体现一体化技能实践内容，由浅入深地设计系统化的技能实践项目，使中职和高职阶段技能培养得到有效衔接。以"生产—设计—施工—养护"为岗位链设置课程，引入真实的实践项目为教学内容。如在"园林设计"课程中，任课教师将社会实践项目（庭院设计）结合到课堂教学中，对实践项目规则要求进行系统讲解，通过"分组设计—教师指导—修改完善"，选取最适合的项目设计方案在实际中应用。学生在真实项目中不仅学习了相关理论知识和职业技能，而且在团队协作中发现问题、分析问题和解决问题等能力也得到了显著提高。

2. 校外实践，项目工程具体化

以校企合作单位为基地，结合新农村建设，承担"农民住宅庭院设计施工"和"企业单位的景点布置"等项目。两院校专业教师共同参与指导学生进行实践项目方案的设计、修改和优化。近年来组织开展的具体工程项目包括："美丽乡村"建设中农民住宅庭院设计施工；上海植物园承办的上海（国际）花展"未来园艺师"景点设计施工；在上海家庭园艺展中，参与"一米花园""组合盆栽""阳台与小花园"的设计与布置；上海森林绿雕园艺展暨"最美庭院"设计与布展等。系列技能实践活动促进了课堂理论教学真正与实践有机结合，既巩固了理论，又锻炼了技能，更提高了学生的社会认识和实践能力。

3. 参赛竞赛，职业竞赛多样化

两院校通过"以赛促学、以赛促练、以赛促教、以赛促改、以赛促建"，坚持"以职业发展为导向"的人才培养模式，重视教学改革和创新实践教育，注重学生创新意识和实践能力的培养。两院校依托上海现代农业职业教育集团、上海农业科学院都市农业研究中心教研组、上海市园林绿化行业协会和校企合作单位共同组织学生参与各类竞赛，使竞赛成为师生切磋技艺、展示风采的大舞台。在选拔参赛学生时共同组织，中职以取得参赛经验和打基础为主，升入高职后学生进一步提升，参加全国职业院校技能大赛取得优异成绩。如参加上海市"星光计划"职业院校技能大赛、世界技能大赛上海市赛区选拔赛、上海市市民海派插花花艺竞赛、上海市职业学校"挑战杯——彩虹人生"创新创效创业大赛、上海市中职学生职业规划设计大赛等。通过竞赛提高学生的综合素质，由技能的比拼，到理念、创新能力、心理素质、团队合作及表现技法综合的比拼。不仅让学生巩固了知识，磨练了意志，更开阔了眼界；同时参赛竞赛对于中高职贯通专业教学来说，更是一个补充和激励。

三、成果与成效

（一）实践出真知，岗位练人才

组织学生参加各级各类专业实践活动，把课堂教学和社会实践有机融合，提高了学生的专业技能和社会实践能力，取得了较好成绩，为学生职业生涯发展奠定了基础。通过实践项目的"一体化设计"，学生在中职阶段打下了扎实的专业基础，在高职有了进一步提升。如黄同学等多人参加2017上海家庭园艺展获"组合盆栽""最美阳台""一米花园"等项目"设计与布展单项奖"后，升入高职后再次参赛获得金奖；胡同学等多人于2016年参加上海市职业学校"挑战杯——彩虹人生"创新创效创业竞赛中获三等奖，升入高职后参加"互联网+"中国大学生创新创业大赛获三等奖。

（二）项目有成果，竞赛获奖多

两院校通过技能实践项目和参赛竞赛活动，提高了学生的综合素质，让学生收获颇多。在参赛竞赛选拔学生方面，注重学生的一体化培养，在技能上让学生由浅入深地达到更高水平。如2013级唐同学等7人参加第6、第7届上海市"星光计划"职业院校技能大赛中"城市绿化"和"花艺制作"2个项目分别获团体第1名和团体第2名，升入高职后又参加全国职业院校技能大赛；2014级许同学连续2届参加上海市"星光计划"职业院校技能大赛中职组"花艺制作"项目技能比赛获奖，升入高职后又参加2019年第8届上海市"星光计划"职业院校技能大赛，获"花艺项目"一等奖，同年参加全国职业院校技能大赛高职组"艺术插花"项目获三等奖。

（三）团队多协作，师生共成长

通过项目实践和参赛竞赛后，中高职贯通班级学生积极向上，团队协作与互助增强，班风正气，学风端正，在班集体建设中脱颖而出。自2016年以来已转段的4个班级中有2个班级先后获得"上海市先进班级"荣誉称号；多名学生在中职期间积极上进，思想进步，递交了入党申请，进入高职成为"入党积极分子"，1名同学成为预备党员；2名学生高职毕业时被评为"上海市优秀毕业生"；2013级和2014级多名学生毕业后回归崇明乡村振兴建设，成为乡镇后备干部人选。同时通过实践项目的教学和参赛竞赛，促进了园林技术专业教师的成长，"以赛促教""以赛促改"，教师的教学能力在不断提升，近几年多次参加上海市中等职业学校信息化教学大赛获奖，多位教师获得"市级优秀指导教师"称号。

四、体会与思考

通过参与真实技能实践项目和专业技能竞赛，学生"以赛促学""以赛促练",提高了学习积极性和将所学知识进行全面整合和运用的能力,同时也提高了专业实践能力和就业创业能力。

两院校通过开展技能实践项目和组织参赛竞赛活动,促进教师与社会接轨,为教师提供教学成果展示的平台,提高了教师专业技能和教学业务水平;同时"以赛促教",教师能了解最新国际化行业标准,及时更新专业知识,更好地适应行业发展。

依托开放实训平台,促进专业办学能力提升

上海市建筑工程学校　邓宇明

内容简介：中高职贯通人才培养是现代职业教育体系的重要组成部分,实训基地作为中高职贯通人才培养的主要载体,是职业教育实训教学开展、职业素质养成与职业技能训练的重要场所。加强实训基地建设是职业院校彰显办学特色、提高教学质量的有效措施；本文主要介绍上海市建筑工程学校建筑装饰工程技术(贯通)专业依托开放实训中心,探索实训实践新策略,从而促进中高职贯通人才培养模式下学生职业能力的提升。

城市化加速发展阶段,促使建筑装饰行业需要大批高素质劳动者和技能型人才。上海市建筑工程学校与上海城建职业学院共同制定中高职贯通建筑装饰工程技术专业一体化人才培养方案和工作方案,确定专业目标是培养能够在装饰材料选择运用、施工做法与管理、软装陈设、建筑设备安装等建筑装饰生产、服务、技术和管理等工作中具有较强实际操作技能的高素质技能型人才；方案坚持中高职贯通人才培养以"人的持续发展需要和综合职业能力培养"为主线,以"职业成长"为导向,科学规划和设计建筑装饰专业开放实训基地；坚持中高职贯通专业核心课程对应的实训环节,创设开放性实训室,让学生在实践中将所学理论知识运用于实际操作中,在亲自动手的过程中积累经验和岗位技能,实现由学生向专业人员的过渡和转变,全面培养中高职贯通学生的职业能力和综合素质,提升专业内涵发展。整合两校教师、设施、实训等资源,构建多元化开放实训平台,实现"工学结合"的实训模式和开放性实训机制,引企入校,实现"实题实做"教学,强化职业技能训练,全面培养中高职贯通学生的职业能力和综合素质,提升学生职业技能。

一、构建"仿真+全真"实训环境,营造多维学习空间

基于"工学结合"的实训模式,构建理论和实践一体、技术和艺术一体、教师与师傅一体的"仿真+全真"实训环境,实训中心搭建实体展示实训室和建筑实训体验中心,营造多维学习空间。一是按"源于现场,高于现场"的集成性原则,构建建筑装饰材料、构造、工艺等实训区,通过现场参观实体展示,学生能直观了解装饰材料的特性及工艺。装饰施工做法知识需要大量的实践经验和工作积累,在校生较难掌握此类型知识点,实训中心将室内装饰中的重要施工节点一一分布展示,例如墙纸铺贴、轻钢龙骨做法、墙面干挂、抹灰找平、地暖铺设等,将施工步骤拆解并放大,配有图纸及文字说明。二是根据装饰设计课程的教学内容,配置全仿真空间格局、典型风格样板间,例如,办公空间按照装饰公司的格局布置,居室空间按照两居室的智能化家居空间进行设计和划分,满足"建筑装饰方案设计"教学在样板间进行案例分析的实践过程,教师摆脱了被动、沉闷的课堂模式,成为引导和指导的角色。三是在实训室中配合激光水平仪、测距仪等工具,开展简单的质量检测试验,检测墙纸铺贴质量、瓷砖铺贴平整度、安装工程质量等,让学生进行参观、模拟施工,将理论教学和实地情境教学融合,实现"做中学,学中做",让学生成为学习的主体。四是专业课程教学资源库及应用项目,选用主屏具有多点触摸的双屏结构,双屏终端可以很好地展示课程的交互性,主、辅屏并置扩大了信息的显示面积,以满足专业教学多元信息同步显示的需要。

二、借助"实题实做和引企入校",强化职业技能训练

实训基地开展实训的核心内容是职业岗位所需求的技能、知识和素质,为此,中高职贯通建筑装饰工程技术专业与上海市建筑装饰工程集团有限公司、上海全筑建筑装饰集团股份有限公司等10多家建筑装饰公司签订校企合作协议,校企共同提炼职业岗位工作过程中具有综合性和代表性的工作任务,将学生引入到企业生产和社会实际情景模式中去"实题实做",将完成此项工作任务所需的技术知识、工作过程(工作流程、组织方式、工具设备等知识)和实践能力(完

成任务所需职业能力、操作能力、技术应用能力)进行有机结合,按照专业实训课程的教学要求,组成目标教学单元,每个教学单元有不同的目标和工作任务,通过设计若干组工作项目构成实训课程的实训项目,以岗位工作为引导,以职业标准为切入点,深化课程内容改革。通过"实题实做和引企入校"这一实训策略,为学生提供一个与实际职业岗位相贴近的技能训练空间,使学生在校期间能完成就业岗位的模拟训练。校企深度融合,实现在校生培养和企业职工培训相融合,校企双方共同组织实施实训课程,共同推动实践教学模式改革,促进教学质量不断提升。

三、融合多方学习资源,增强学生岗位适应能力

实训中心的建筑装饰专业课程教学资源库平台,内含专业核心课程资源,确立了让学生在"行业大资源"下进行设计绘图能力和工艺技术技能的学习,打造"入校即入行"的未来教学理念。该平台以"建筑装饰装修项目实施的工作流程"为主线,以"建筑装饰装修项目实际空间"为载体,打破相对独立的专业课程结构体系,创设互通融合的专业知识体系。通过教学资源和真实载体之间的有效融合,辅助专业核心课程实施项目教学法,推进职场情境教学,使专业教学更加贴近实际,讲究实用。借助于真实载体(设计公司、施工企业),进行模拟现场教学,如"方案竞赛""招标投标"等模拟职场活动,增强学生的职业岗位适应能力,形成人才培养模式的专业训练特色。

四、初步成效

(一)构建了以"能力本位"为特征的课程体系

中职、高职的专业教师与企业专家开展课题研讨,分析岗位群的典型能力,以真实职业工作过程为参照,根据职业教育规律和学生认知规律,突出"创新和审美能力""设计与表现技能""施工与管理技能"三大职业能力培养,构建了以"能力本位"为特征的课程体系。课程体系中突出学生解决实际问题的能力,模块组合充分体现学生的就业优势和学生的可持续发展。

（二）加强了中高职"双师型"师资队伍建设

以实训中心为依托，学校举办了中高职贯通专业师资培训，定期开展学习研讨会，进行相关课题研究，邀请"校、行、企"专家进行经验分享，让教师增加中高职对接专业知识，促进两校教师的合作学习，建立了一支专业理论水平高、专业实践能力强的"双师型"教师队伍，保证中高职贯通人才培养的质量。积极鼓励教师探索适应教改的新模式，引领、带动学校学生职业技能水平的提升，提升中职学校教师水平，学校社会服务能力方面取得了初步成效。本专业教师在历届"上海市教师教学法改革交流评优"活动中，先后有2人获得一等奖、2人获三等奖；在历届上海市"星光计划"职业院校技能大赛和全国职业院校技能大赛中，有3位教师获得"上海市优秀指导教师"称号，有3位教师在全国职业院校技能大赛教学能力比赛中获二等奖，1位教师在"长三角"虚拟现实（VR）设计极限任务挑战赛中荣获"优秀指导老师奖"，1位教师获全国中等职业学校建设职业技能竞赛建筑信息模型（BIM）比赛二等奖。

（三）带动中高职学生职业技能水平提升

随着多元化开放实训平台在实训教学中的深入应用，中高职贯通建筑装饰工程技术专业学生学习效果得到了很大的提升，人才培养质量明显提高，学生在各级各类技能大赛中展露风采，李志超、陆年奕、姜铭等学生获全国职业院校技能大赛"建筑装饰技能"赛项二等奖。

（四）专业"软实力"辐射带动同类院校

中高职贯通建筑装饰工程技术专业是新开办的中高职贯通专业，我校在专业人才培养模式改革、实训课程体系建设方面发挥了良好的示范带动作用，先后有全国各地职业院校前来参观交流学习。

五、思考与展望

中高职贯通专业建设要把"服务就业、促进就业"的理念贯穿至五年人才培养的全过程，因此，我们在抓好核心课程体系建设的同时，也要注重实践教学体系的建设。实践教学是专业教学改革的重点和难点,要系统设计符合本专业需求的实习实训,对实践教学手段、方法、安全和管理等作好综合安排;我校中高职贯通建筑装饰工程技术专业依托校内开放实训中心,构建多元化开放实训平台,深入开展中高职贯通人才培养教学改革,不断强化专业内涵建设,尤其是实训教学体系完善工作,从而不断推动专业建设向前发展。

打造先进实训环境,助推实践教学改革
——中高职贯通实训环境提升建设案例

上海城建职业学院　朱　江
上海市房地产学校　万金宝

内容简介:上海城建职业学院和上海市房地产学校共建的房地产营销策划与物业管理综合实训中心于2017年正式启动实施,于2018年12月完工并投入使用。该中心围绕实训先进环境而建设,集教学、培训和考核为一体,贴近行业企业岗位实际技能需求,为中专和高职之间的贯通提供了实训平台,是一个充分融入现代化、信息化和高科技设备设施的全新实训中心。中心既充分满足中专、高职学生"理实一体"的实践性教学需要,又可作为企业新进员工的培训基地,还可成为中专学生打通面向高职甚至本科段学习的平台和有力助手,也可以成为行业竞赛的赛场。

上海城建职业学院与上海市房地产学校面对近年来房地产业发展的趋势,主动对接、打破中高职贯通的瓶颈,联合开设了中高职贯通房地产经营与管理专业,专业建设取得了丰硕成果。但随着房地产行业快速发展和职业教育教学改革的大踏步推进,实训环境如何为中高职贯通教育提供一个良好实践平台成为迫切问题。为此,两校通力合作,共同改造升级实训环境条件,努力建设具有实用性、示范性和创新性的能适应中高职贯通教学需要、能适应行业新业态新技术的实训平台——房地产营销策划与物业管理综合实训中心。

本着"务实、高效、创新、可持续发展"原则,两校建设集教学、培训和考核为一体的贴近行业企业岗位实际技能需求的全新房地产营销策划与物业管理综合实训中心。在此高科技实训平台上,两校通力合作,进一步推动课程改革和专业内涵建设，精心打造出一系列仿真实训教学系统、校本教材、实训手册、题库、微课、3D全息、虚拟现实（VR）实训软件等配套教学资源。

一、实训室建设概况

（一）打造先进的实训环境

房地产营销策划与物业管理综合实训中心总面积1200平方米，工位数新增334个，新增装备资产717.96万元。在注重教学实训环境与企业岗位场景对接的同时，中心着力打造先进的实训环境，充分体现"任务引领""项目导向"和"岗位对接"的职业教育原则。

中心主要板块分为沙盘实训区、样板房实训区、现场销售接待及服务实训区、营销策划模拟实训区、房地产交易登记模拟实训区、新技术体验区、教学仿真软件实训区、物业客服维修及服务实训区、物业管理及操作实训区等。

（二）信息化和智能化的建设

1. 资源库1套

楼盘样板房资源库收集了北京、上海、广东、海南、江苏、山东等各地不同类型的真实楼盘约100多个，含有楼盘的规划、户型、交通及位置，并具有自主查询功能，供学习房地产销售实务课程时作角色模拟练习使用。

2. 系统软件6套

系统软件有电子楼书实训系统、上海市新建商品房交易仿真系统、房产销售流程管理仿真软件、物业管理服务操作仿真教学软件、智能家居实训系统、虚拟现实（VR）虚拟样板房软件6套。

3. 微课10节

动画微课7节（含电话接听、电话跟踪、签约谈判、房屋交验与交易登记、税费计算、网上签约等内容），视频微课3节（含沙盘介绍、样板房介绍等内容）。

4. 游戏仿真教学系统3套

游戏仿真教学系统包含秩序维护交互式教学系统、保洁交互式教学系统和保留交互式教学系统3套。

（三）教学资源的多样性

1. 校本教材2套

校本教材包括《房地产营销操作实务》和《物业管理操作实务》。

2. 题库2套

题库包括房地产商品住宅买卖实训题库和物业客户服务管理题库。

3. 实训手册5套

实训手册包括房产营销综合教学物理沙盘实训、新建商品房交易仿真实训、样板房实训、房产销售流程管理仿真实训和物业管理服务操作仿真实训5套。

4. 3D全息视频4个

3D全息视频内容涉及房地产销售和物业管理日常服务工作。

二、项目的典型特征

中高职贯通是我国职业教育发展的一大方向，也是高等职业院校进一步提升发展空间的契机。先进的实训实施对中高职的教学和学习都至关重要。该实训中心建设，就是为了服务中高职贯通教育，是贴近学生技能提升要求、市场实际和企业需求的。

（一）以综合案例为主线，教学设计系统化

实训中心模拟真实的房地产楼盘，按照房地产营销业务流程和房地产销售操作实务、房地产营销策划、物业管理操作实务等课程教学要求，委托专业公司研发了"虹桥未来世纪城"这一模拟综合实训沙盘。学生在"项目认识""市场调查""楼盘踩盘""客户咨询手册和""一房一价表制作""电话接听与跟踪""沙盘介绍""带看样板房""签约谈判""房屋交易登记"等业务环节能有系统和完整地理解，能更好地掌握相关业务要求。

（二）"软、硬件"同步开发，提升专业内涵整体质量

本项目在进行顶层设计时，大胆创新和改革。对专业内涵提升工作进行梳理，形成对应的分解任务，并将任务落实到人。围绕"虹桥未来世纪城"楼盘案

例,各任务责任人共同参与研讨和规划,充分论证,使得本项目整体设计合理,前后呼应,"软、硬件"相互弥补,建设质量高。

(三)构建业务流程,提高实践教学成效

主要的岗位职责和工作要求都能通过仿真实训系统表现出来,让学生和受训人员能较为系统和完整地接受房地产营销管理和物业管理业务技能的训练。尤其是中专学生,通过这个实训系统的锤炼,学生能够很好地与高职阶段的学习无缝衔接,提升职业技能。

(四)采用先进技术,确保示范引领

实训中心建设以"实用"为出发点,充分保证学生、学员获得足够时间的高质量的"真刀真枪"的实际动手技能训练,实现与实际工作的"零距离"接触,同时又能通过使用现代化、信息化、新颖的设施设备,开拓眼界与思路,紧跟科技型、创新型社会的发展步伐。

(五)统筹考虑行业培训功能,实现资源共享

实训中心建设实现职前教育与职后培训资源共享,体现职业教育培训"以能力需求、中高职贯通为本位"的办学特色。

三、教学效果和社会成效

上海城建职业学院和上海市房地产学校共建的房地产营销策划与物业管理综合实训中心项目投入使用以来,在短短的一年半时间里,两校相关专业教学效果较好,学生技能显著提升;同时也受到上海市乃至外地专家学者的肯定。

(一)学生使用后学习效果显著提升

一方面,2018年底项目刚刚竣工,两校师生已迫不及待地在此开展实训教学,师生普遍反映良好。在仿真度极高的各实训室内,学生能更快地融入教学场景,提高学习注意力,对相关职业岗位及工作任务也有了更为感性和深刻的认

识,增强了职业认同度;同时,先进的设备设施也开拓了学生眼界,提升了学生的就业自信心,教学成效显著提高。

另一方面,本实训中心为中高职贯通学生搭建平台的作用越来越凸显。上海市房地产学校中专阶段学生通过这个平台,能明显提升职业技能;上海城建职业学院学生通过平台的实训,能掌握面向市场、面向企业需求的本领,提高了就业竞争力,扩大了学校知名度。

(二)项目的外溢效应明显,社会效果良好

一方面,两校联合开设的中高职贯通专业在本市乃至全国具有一定影响力。在本项目落成后,分别有来自广州市土地房产管理职业学校、外国专家、房地产局系统老干部进行了交流和互相学习,得到了参观人员的一致好评,促进了上海市的教学改革成果向外省市乃至国际渗透和推广。

另一方面,实训中心承担了大量本市及外省市房地产相关专业的职业培训任务。上海市房屋管理局、上海市物业管理行业协会、同策房产咨询股份有限公司及农工商旺都物业管理有限公司等机构先后组织单位到校参观综合实训中心,并有意借综合实训中心开展企业内部员工及全市新技能人员培训工作。两校联合建设的先进实训设施设备获得行业及企业方的一致欢迎,外溢效应明显,取得了良好的社会效果。